국내외 사례연구 포함

e

Strategic Information Systems

(개정판)

전략정보시스템

포항공과대학교 서의호 저

홍릉과학출판사

Dedicated to my beloved daughter
Youngeun Grace Suh,
creative writer and bilingualist

eStrategic Information Systems

개정판을 내면서

전략정보시스템의 첫 책을 낸지도 10년이 넘었고 e전략정보시스템이라는 이름으로 업데이트가 된 새로운 책을 낸지도 3년이 되어간다.

그동안 부족한 책을 교재로 사용한 여러 대학의 정보시스템 교수님들께 감사의 말씀을 드리고 또한 본 교재를 사용하고 학습하여 정보시스템 현장에서 일하고 있는 졸업생들에게도 감사를 드린다.

정보시스템은 기본적으로 실제 적용사례가 중요하다. 그러한 점에서 외국사례만을 나열해온 기존의 교과서들과 차별화를 하고 싶었다. 이러한 관점에서 실제 적용사례를 포함한 개정판을 다시 이번에 내놓게 되었다.

개정판에는 각 chapter 별로 실제 적용사례를 포함하였는데 이 사례는 직접 포스텍 학생들이 수집한 사례를 연구실에서 정리한 것이다. 직접 발굴해낸 사례라는 점이 큰 의미를 갖는다.

향후 정보경영 및 기술경영의 사례를 계속 발굴하고 있으며 곧 사례집만을 묶은 책도 출간할 계획을 가지고 있다.

정보경영은 정보를 기반으로 하는 현대사회와 기업경영에 절대적인 의미를 가지고 있다.

일시적인 인기의 부침에도 불구하고 정보경영은 향후 수십 년간 그 중요성이 감소하지 않을 것이다.

개정판을 위해 노력한 포스텍 POSMIT(http://mis.postech.ac.kr)의 연구원들과 출판을 계속 맡고 있는 홍릉과학출판사에 감사의 말을 전한다.

2010. 1.
정보경영의 영원한 미래를 위해...
저자

1998년에 첫판을 내고 8년이 흘렀다. 그동안 전략정보시스템(SIS: Strategic Information Systems), 이 분야에서 새로운 개념들이 등장하고 여러 가지 응용 분야들이 생겨났다. 그럼에도 불구하고 이제야 개정판을 내는 것은 그 혼돈된 개념들이 정착되기를 기다려왔다는 말로 대신해야 할 것 같다.

사실상 어감이 환상적으로 다가오지만 실제로는 감이 잘 잡히지 않는, 그래서 어떻게 보면 아주 애매한 학문인 경영정보시스템(MIS: Management Information Systems)은 1980년대 그 개념이 본격적으로 정착되면서, 이 학문에 입문하려는 학생이나 가르치는 교수들을 끊임없이 괴롭혀 왔다. MIS란 학문은 여러 영역에 대한 복합성과 급속한 개념의 진화로 인하여 가르치기도 힘들고 배우기도 힘든 분야이기 때문이다.

우리는 1998년에 애매한 단어 하나를 보탠 전략정보시스템(SIS: Strategic Information Systems)을 탄생시켰고, 또 이제 e-SIS란 단어로 새로운 책을 출간하려고 한다.

글로벌리즘, 정보경영, 소비자중심, 프로세스중심이라는 경영패러다임의 변천위에서 다시 전자상거래가 보편화되었고 모바일커머스, 유비쿼터스 사회 등으로 급격한 경영환경의 변화를 겪으면서 이제 정보 또는 정보시스템이 도대체 어떻게 전략적으로 쓰일 수 있는가 하는 질문은 기업의 생존의 문제와 직결된다고 여겨진다.

소비자 만족을 위한 공격적 경영과 전략적 경영은 오늘날 기업들에게 정보의 전략적 활용의 중요성을 한층 더 부각시켜 주고 있고 이러한 정보전략을 오프라인뿐만 아니라 온라인상에서 어떻게 적절히 구사할 수 있는가 하는 명제는 이제 확고한 기업의 생존전략으로 자리매김해 가고 있다.

우리는 이제 이를 "e-SIS"라고 이름하고 이 책을 통해서 한 번 파헤쳐 보기로 하자.

이 책은 1998년도 첫 판의 자료를 토대로 포항공대 정보전략경영 연구실(POSMIS Lab: POstech Strategic Management of Information Systems Lab, http:// mis.postech.ac.kr)의 자체 연구와 세미나 자료, 그리고 포항공대 학부 학생들을 위한 MIS 입문 강의자료 등을 더하여 만들어 졌다.

첫 판과 비교할 때 새로운 개념이라고 간주되는 e-비즈니스(e-business), 모바일 커머스(m-commerce), 유비쿼터스 환경 등에 많은 페이지를 할애하였고, 각광을 받고 있는 공급사슬관리, 고객관계관리, 지식경영 등의 개념들이 이러한 환경 하에서 어떻게 운용될 수 있는가를 기술하였다. 이와 아울러 경영혁신, 기술경영, 전략경영의 개념들이 MIS/SIS와 어떻게 연결되고 조화되어 있는가도 살펴보았다. MIS/SIS는 이러한 개념들을 떠나서 존재할 수 없기 때문이다.

실제적인 사례들을 인용하기 위하여 애썼고 실용적인 연습문제들을 첨가하였다. 또한 가르치는 교수님들을 위해 강의교재인 파워포인트자료도 준비되었다. 추후 한국기업의 사례집을 만들어 제공할 계획도 가지고 있다.

이 책이 나올 수 있도록 물심양면으로 도와준 여러 사람들에게 깊은 감사의 말을 전한다. 자료 수집 및 원고 정리에 총책임을 맡아 수고한 POSMIS 연구실의 홍대근(박사과정)군과 석·박사과정 학생들(홍종의, 김성진, 김준영, 리하우(중국), 이윤미, 오원일, 강현, 오윤수)에게도 감사의 말을 전한다. 책의 출간을 맡아 수고하고 있는 홍릉과학출판사에도 깊은 감사를 드린다.

아울러 포항 기슭에 한국을 대표하는 세계적인 대학 창조의 신화를 일구고 있는 포항공대의 모든 교수들과 학생, 직원들에게도 감사의 말을 보내고 싶다.

이제 가족들에게 감사의 말을 전해야 할 것 같다. 일찍이 미국에 이민을 가서 사시며 항상 필자를 격려하고 계시는 부모님과 큰형님을 비롯한 형제자매 가족들의 성원에 감사를 드린다.

그러나, 무엇보다도 그동안 오랜 세월을 미국과 한국을 오가며 살아야 했던 사랑하는 아내와 네 아이(영은, 영경, 영의, 성의)들에게 아빠와 같이 보내지 못했던 많은 시간들이 이 책으로 보상되기를 바라는 마음이다. 많이 떨어져 지냈지만 창의적으로 커가고 있는 아이들과 본 서적 출간의 기쁨을 함께 나누고 싶다.

서영은-큰딸 영은이는 이중 언어를 구사하면서 소설가의 꿈을 꾸던 작가 지망생이었다. 그아이와 서로 진심으로 사랑했던 시현군을 함께 품에 안으면서 이 책을 주고 싶다(http://cafe.daum.net/sihyunyoungeun). 그리고 속삭이고 싶다. 너희들을 너무도 사랑한다고...

2006년 크리스마스이브
포항공대 연구실에서
삶과 사랑의 향기를 가슴에 안고

목 차

Contents

Part VI 정보경영의 새 경향

PART I

경영환경의 변화와 경영혁신

❁ 조용미-자리 ❁

무엇이 있다가
사라진 자리는 적막이 가득하다
절이 있던 터
연못이 있던 터
사람이 앉아 있던 자리
꽃이 머물다 간 자리
고요함의 현현
무엇이 있다 사라진 자리는
바라볼 수 없는 고요로
바글거린다

경영환경은 끊임없이 변한다. 태초부터 끊임없이 발전하고 진보하여 농업혁명, 산업혁명에 이어 정보혁명이 일어났다. 정보혁명은 보이지 않는 혁명이라고도 한다. 조용미님은 무엇인가 있다가 사라진 자리에는 바라볼 수 없는 고요로 바글거린다고 말했다. 이처럼 사라진 것들을 대처하는 새로운 것들이 생겨나 우리의 주변을 가득 채우고 있다. 이렇게 조용히, 혁명적으로 변해가는 환경에 발맞춰 나가기 위해 기업은 언제나 혁신을 위해 노력하고 또한 강요 받고 있다. 기업은 각 기업의 활동에 부합하는 BPR, 다운사이징, 리스트럭처링, 동시공학, 벤치마킹 등 여러 경영혁신 기법을 활용해 경쟁우위를 확보할 수 있다

CHAPTER 1

디지털 시대의 경영환경

1. 디지털 경제와 경영환경

좁은 의미에서 디지털 경제는 IT 산업과 인터넷을 기반으로 하는 전자상거래의 역할을 중시하는 개념이다. 하지만 넓은 의미에서의 디지털 경제는 재화와 서비스의 생산, 분배, 소비 등 주요 경제 활동이 디지털화되고 네트워크화된 정보와 지식이라는 생산요소에 주로 의존하는 경제를 의미한다.

인터넷이 눈부신 속도로 발전하면서 기업의 경영 활동에서 인터넷 및 IT의 역할이 하루가 다르게 커지고 있으며 이에 따라 기업의 경영환경도 빠르게 변화하고 있다. 따라서 디지털 경제에 대한 고찰과 이에 따른 현대의 경영환경의 변화에 대한 연구가 필수적이다.

1.1 디지털 경제의 등장

20세기 후반 IT 기술이 급속하게 발전하면서 디지털에 기반을 둔 다양한 상품과 서비스가 등장하게 되었다. 또한 인터넷을 이용한 정보검색과 자료전달이 쉬워지면서 개인이 제품에 대한 전문적인 지식을 습득하는데 더 나아가 기업의 경제활동의 근본적인 변화를 초래했다. 서두에서 언급했듯이 디지털 경제는 재화와 서비스의 생산, 분배, 소비 등 주요 경제 활동이 디지털화되고 네트워크화된 정보와 지식이라는 생산요소에 주로 의존하는 경제를 의미한다.

사회가 발전하면서 기본적인 의식주가 어느 정도 충족되어 기본적인 재화에 대한 수요보다 정보나 지식 등 자기 개발에 필요한 수요가 늘어나고 있다. 인터넷을 통해 엄청난 양의 정보를 자기가 원하기만 하면 쉽게 전달받을 수 있게 되면서 개인의 지적 욕구가 충족되고 인터넷의 발달로 인해 고객의 목소리가 커지면서 제품의 개발에도 반영되고 있다. 이와 더불어 PC의 보급과 네트워크 기술의 발전으로 글로벌 네트워크가 구축되고 있다. 이러한 여러 영향을 바탕으로 디지털 경제가 도래하고 있는 것이다. 요컨대 디지털 경제로 소비, 생산 등의 경제 활동뿐만 아니라 전반적인 사회구조 또한 급속도로 변하고 있는 것이 사실이다.

디지털 경제의 중요한 특징으로는 첫 번째로 정보의 신속한 공유를 들 수 있다. 디지털 기술의 발전으로 정보의 가공, 공유가 쉬워지고 실시간으로 이러한 정보들이 상호 교환됨으로써 정보의 자유로운 교류가 이루어지고 있다. 또한 소비자와 생산자, 공급자와 생산자, 정부와 국민, 개인과 개인 등 여러 수요자와 공급자의 정보공유는 수요자로 하여금 최적의 선택을 가능케 했다.

또한 디지털 시대에는 공간개념이 점차 소멸되고 있다. 점차 물리적인 입지의 중요성은 줄어들고 있다. 반면에 정보와 지식이 주가 되는 디지털 경제에서 정보와 지식은 공간적인 제약이 거의 없다고 봐도 무방하고 이러한 지리적인 제약이 없어지면서 기업들의 범국가적인 활동이 가능해져 경제 및 경영활동이 글로벌화 되고 있다.

마지막으로 기술의 발전 속도가 불과 몇 년 전에 비해서 비약적으로 발전함으로써 점차 미래를 예측하는 것이 불가능해지고 있다는 것도 디지털 경제의 특징이다. 제품의 라이프사이클이 점차 줄어들고 여러 제품의 컨버전스(Convergence)가 활발히 진행되고 있는 현대의 추세에서는 어떠한 기술이 새로운 시장을 창출할 것인지 예측하기가 점점 어려워지고 있는 실정이다.

1.2 예측불허의 시대

미래학자 앨빈 토플러는 그의 저서 "권력이동(Power Shift)"에서 오늘의 변환시대를 가리켜 "격동과 예측 불허의 시대" 또는 "극한 혼동의 시대"라고 표현하였는데, 지난 몇 년 사이에 일어난 세계의 혁명적인 변화를 살펴보면 이 말을 실감할 수 있다. 오늘날 우리 주변에서 일어나고 있는 모든 변화들은 가히 혁명적이라고 표현할 만큼 계속되고 있으며 기업은 증가하는 불확실성 속에서 이에 대응할 여유조차 부족한 실정이다. 1980년대 이후 기업 경영환경은 체계적이라기보다 국제시장에서의 기술 및 가격경쟁 첨예화로 인해 예측할 수 없을 정도로 급속히 변화하고 있으며, 과거 어느 때 보다 국내외 기업 간의 경쟁도 치열하게 전개되고 있다.

경제학자 피터 드러커는 "혼란기의 관리(Managing in Turbulent Times)"에서 오늘날과 같은 혼란스러운 시대를 헤쳐 나가기 위해 경영자에게 가장 필요한 능력은 "미래예측"이라고 말하고 있는데 미래예측은 너무나 다양하여 매우 어려운 일이다. 정보통신기술의 발달로 정보사회가 진전됨에 따라 신속한 정보의 획득과 활용이 기업경영의 중요한 경쟁요소로 등장하게 되었고, 기업들은 이를 위해 자체적으로 발생되는 거래정보를 데이터베이스화하고 통신망을 구축하여 정보의 신속한 교류와 공유를 도모하고 있다. 즉, 정보는 기업으로 하여금 변화하는 환경에 신속하게 대응하고 이윤창출의 극대화를 이루어내는 데 필수 불가결한 요소가 되었다. 이제 산업사회는 정보사회로 변화하고 있으며 정보에서의 승리 없이는 기업의 성공을 기대할 수 없게 되었다. 하루가 다르게 변하는 현대사회에서 어제의 정보는 이미 쓸모없는 정보가 될 수 있으며 새로운 정보를 찾지 않고서는 미래를 올바로 예측할 수 없게 된 것이다.

전 세계의 자유무역지대 확장과 무역장벽의 제거 등으로 기업경쟁의 지리적 경계가 사라지고 있으며, 기업에서는 세계화의 추진과 더불어 경쟁력 강화를 위한 정보기술의 도입을 통하여 변화를 꾀하고 있다. 이제 전 세계는 정보기술의 지식기반이 국가의 운명을 가름하는 시대로 접어들었다.

1.3 현대 경영환경 변화의 동기

오늘날 우리 주변에서 일어나고 있는 모든 변화들은 점진적이라기보다는 가히 혁명적이라고 표현할 만큼 예측불허의 돌변상태로 진화되고 있다. 또한 변화의 발생 정도도 순간적인 대응조차 힘겨울 정도이다. 이러한 변화는 어느 일부분에서 일어나 확산되어 가는 형태가 아니라 사회, 정치, 경제, 인구, 가치관 등을 통틀어 복잡 다양하게 발생되는 형태이기 때문에 우리는 이를 가리켜 "예측불허의 시대", "패러독스의 시대", 또는 좀 더 현실적인 표현을 사용하여 "무한경쟁의 시대"라고 말한다. 경영패러다임이 변했다고들 하는데 얼마나 변했을까?

경영의 기본적인 형태는 과거 경영학의 아버지 테일러가 과학적 경영을 19세기 초에 주창한 이후 그 형태가 변한 것이 아니라 경영을 보는 관점이 변한 것이다. 경영패러다임의 변화는 여러 가지 측면에서 그 경향을 찾아볼 수 있다. 여기서는 개방시스템, 시장의 세계화, 소비자 중심, 정보기술 위주, 산업 간 경계의 소멸 등이 주요한 변화로 대두된다. 이것이 바로 오늘날 경영환경의 변화를 가져온 주요 동기이다.

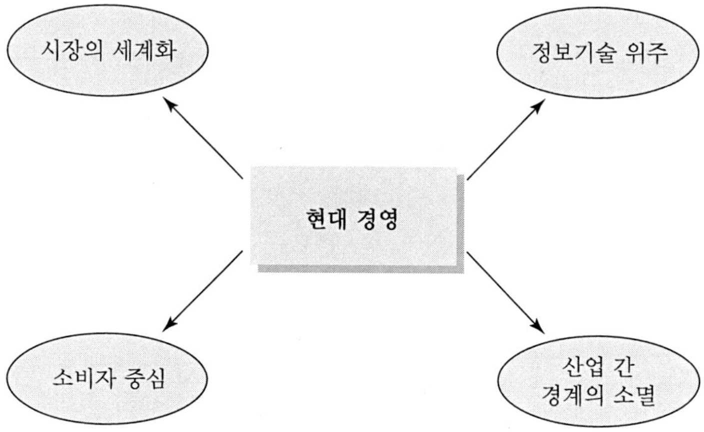

그림 1.1 현대 경영환경 변화의 동기

가. 시장의 세계화(Globalization)

시장의 세계화는 그 원인을 통신과 교통의 발달, 무역장벽의 철폐, 소비자 기호의 동질화 등에서 찾을 수 있는데 규모의 경제도 그 한몫을 한다. 기술의 중요성이 증대되면서, 기술을 위한 연구개발(R&D: Research & Development) 투자가 증대되고 이로 인한 기술개발의 고정비용이 증가, 세계시장을 상대로 하는 규모의 경제가 필요하게 된 것이다. 시장의 세계화는 세상을 보는 시각을 한 차원 더 높여 주고 있는데, 바로 전 세계가 하나의 시장이라는 것이다. 국내에서 생산된 상품이 지구 곳곳에서 팔려 사용되는가 하면, 세계 각국의 상품이 국내로 계속 수입되고 있다. 교통과 통신의 발달은 전 세계를 하나의 시장으로 묶어주었으며 원하는 물건을 즉시 구할 수 있도록 모든 시스템이 갖추어져 있다.

오늘날 기업은 전 세계에 지사를 두고 현지를 직접 관리하고 있으며 현지에서 제품을 직접 생산·수출함으로써 물류비용을 절감하고 있다. 미국, 영국 등 선진국에 현지공장을 갖고 있는 회사는 현지의 높은 임금에도 불구하고 물류비용의 절감과 판매량으로 활로를 모색하고 있다. 현재 우리나라를 비롯한 동남아시아에는 많은 외국회사가 진출해 있으며 저임금과 물류비용, 그리고 시장개방정책에 힘입어 지속적인 진출을 꾀하고 있다. 전 세계를 하나의 시장으로, 그리고 전 지구인을 고객으로 보는 시대가 도래 한 것이다. 사실 지구촌에는 아직도 개척되지 않은 시장이 많다. 기존 시장뿐만 아닌 새로운 시장개척에 대한 계속적인 진출노력과 투자를 통해 시장의 세계화를 더욱더 가속시킬 수 있다.

나. 소비자 중심(Customer-driven)

현대 경영의 패러다임에는 여러 가지가 있을 수 있으나, 그러한 변화를 가장 포괄적으로 대변할 수 있는 것은 바로 "고객만족(Customer Satisfaction)"이라는 단어이다. 고객만족이라 함은 고객이 제품 또는 서비스에 대해 기대하는 것을 그 이상으로 충족시켜 고객을 감동시킴으로써 고객의 재구매율을 높이고 고객의 선호도가 지속되도록 하는 것이다. 고객만족을 높이기 위해서는 고객의 기대를 충족시킬 수 있는 품질의 제품을 제공하여야 하고, 고객의 불만과 요구사항을 효과적으로 반영하는 과정이 필요하다. 따라서 고객만족경영은 시장점유율 확대나 원가절감이라는 단기적인 목표보다 고객만족을 궁극적 경영목표로 추구하는데, 구체적으로는 고객의 만족도를 고객의 입장에서 평가하고 그것을 계량화시켜 경영지표로 삼아 개선활동을 전개해 나가는 것을 말한다. 과거의 기업에 있어 고객이 차지하는 역할이 단순히 자사의 제품을 구입하여 사용하는 것이었다면, 현대 경영에 있어서 고객이란 앞에서 언급한 역할뿐만 아니라 어떠한 제품을 어떻게 생산해야 하는가에 대한 해답을 제공하는 역할까지도 포함한다고 할 수 있다.

따라서 이러한 고객만족을 위한 기업의 활동은 당연히 과거에 비해 질적으로나 양적으로나 증가될 수밖에 없다. 과거에는 고객만족을 위한 기업의 활동은 제품을 구매 후, 그 제품에 문제가 생겼을 때에만 행하여 졌다. 즉 애프터서비스라는 판매 후 활동이 고객만족을 위한 활동의 전부였다. 그러나 1990년대에 들어서 이러한 애프터서비스에 대한 문제점이 거론되고 이에 대한 대책을 마련하고자 하는 기업의 노력이 수행되었고, 이는 곧 현대에 들어서 고객만족을 위한 기업의 활동이 그만큼 다차원적으로 진행이 되어야만 기업의 생존을 보장받을 수 있다는 것을 입증하는 것이다.

다. 정보기술(IT) 위주(IT-driven)

제 2차 세계대전 이후 컴퓨터의 등장으로 정보기술에 대한 투자는 점점 늘어나게 되었다. 반면 호황을 누려왔던 철도, 섬유, 자동차, 고무, 기계 산업 등은 활기를 잃게 되었다. 또한 경제의 중심이 제품의 생산과 분배를 위주로 하는 산업에서 지식과 정보를 생산·분배하는 정보관련 산업으로 이동하게 되었다. 데이비스와 데이비슨이 그들의 저서 "2020 VISION"에서 컴퓨터가 등장한 2차 대전 이후를 "정보경제사회"로 구분하였는데 이제 정보기술 없이는 어떠한 산업도 유지할 수 없게 되었다.

세계 굴지의 은행인 미국 시티은행의 회장 리스턴은 "21세기에 시티뱅크의 라이벌이 누가 될 것인가?"라는 질문에 대해 맨하튼의 증권이나 투자회사가 아닌 AT&T나 IBM이라고 말하였다. 컴퓨터의 황제라고 불리는 빌 게이츠가 세운 정보기술의 대표적 기업인 마이크로소프트사는 이미 어느 회사도 따라올 수 없는 막대한 이윤으로 부를 축적, 거대한 공룡기업으로 자리 잡았는데 이는 불과 20년밖에 안 되는 짧은 기간이었다. 그러나 빌 게이츠가 컴퓨터 소프트웨어가 아닌 다른 전통적인 분야에 손을 대었다면 오늘날의 마이크로소프트사와 같은 규모로 성장할 수 있었는지를 상상해 보라. 이는 수십 년의 전통을 가진, 철강, 자동차 등 그 어떤 회사도 도저히 해낼 수 없는 결과이며, 이제 모든 산업이 정보기술 산업으로 이동중이거나 이미 대부분 이동했음을 의미한다.

오늘날 어느 한 두 부문에서 정보기술을 이용 세계최고의 기술력을 보유한 벤처 중소기업을 흔히 볼 수 있는데, 이는 독자적인 기술력만 가지고 있으면 세계시장에서 충분히 경쟁력을 가질 수 있음을 말해준다. 현재 외국의 대부분 기업은 정보기술의 향상을 위해 자체 연구소를 보유하거나 산·학·연 협동 연구시스템을 가지고 있으며 연구에 투자하는 비용은 실로 엄청나다. 미국의 유명한 실리콘밸리는 정보기술 하나만으로 성공한 대표적인 예이며, 2차 대전 이후의 일본은 전자, 전기, 통신 등 정보산업에 과감한 투자를 아끼지 않았고 그 결과 오늘날 경제적 부를 누리고 있다. 그림 1.2는 정보기술과 기업전략과의 관계를 나타내고 있다.

라. 산업 간 경계의 소멸(Interdisciplinary Industry)

정보화가 진전되고 산업의 스피드가 극히 빠르게 변화하면서 기업들은 새로운 비즈니스를 찾아 진출을 모색하고 있다. 미국의 AT&T사는 기존의 장거리 전화 사업에서 축적해 온 고객정보를 바탕으로 정보·통신사업 외에 대부, 보험 등의 금융업에도 진출하고 있다. 또, 디즈니사는 할리우드의 영화감독들에게 텔레비전 광고를 제작하게 한다는 새로운 아이디어를 가지고 광고 산업에 진출, 코카콜라의 광고를 대행해주고 있다. 또한 천연가스 회사들은 천연가스 액화기술을 이용하여 냉동·저장 물류 사업에 진출하고 있다. 이러한 현상은 주로 대기업에서 발생하는 것

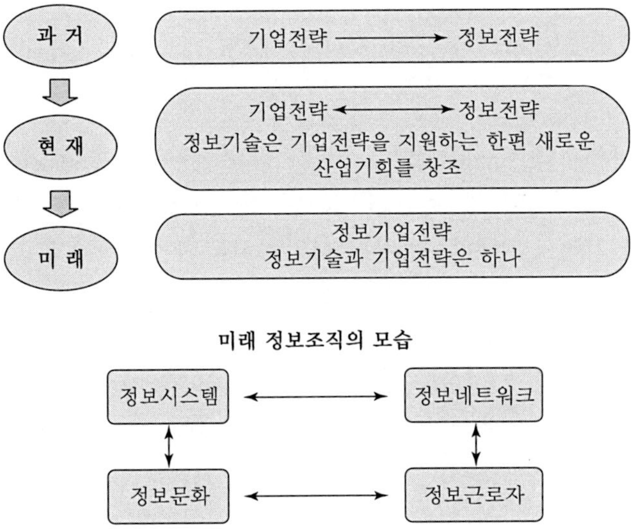

그림 1.2 정보기술과 기업전략

만은 아니며 여러 분야 회사를 가짐으로써 회사의 본래 기업성격이 변해가고 있다.

이처럼 전통적인 산업 간 구분이 쇠퇴해감에 따라, 종래의 경쟁자가 협조자로 변해 가는 반면 생각지도 않았던 업체들이 갑자기 강력한 경쟁자로 등장하게 되는 경우도 발생하게 되었다. AT&T와 치열한 경쟁관계에 놓여있던 소프트웨어 제조업체인 아메리카 온라인, 마이크로소프트, 그리고 넷스케이프사가 1996년 초에 발표한 상호제휴 선언은 인터넷 서비스를 위한 것으로 최근에 나타나고 있는 기업 간 제휴의 대표적인 예라고 할 수 있다.

세계적인 마이크로프로세서 제조업체인 인텔은 1990년대에 통신과 비디오 기능을 가지고 있는 고성능 저원가의 PC를 만드는 계획에 착수하였는데 인텔의 연구원들은 이때야 비로소 소프트웨어와 PC에 대한 기술을 습득할 수 있었다. 그러나 이 계획이 성공하자 마이크로프로세서 칩만을 만들던 제조회사에서 소프트웨어와 PC제조 회사로까지의 변환을 꿈꾸고 있다. 이제 인텔의 경쟁자는 텍사스 인스트루먼트나 NEC와 같은 칩 제조업체가 아닌 전통적인 소프트웨어 업체인 마이크로소프트사나 PC 제조업체인 IBM, 컴팩 등이다.

이처럼 산업 간 경계의 소멸은 자본과 기술력만 충분하면 언제라도 타 회사에 위협이 될 수 있다는 위기의식과 함께 치열한 경쟁에서 살아남기 위한 경영혁신과 기술개발을 촉진시키고 있다. 이제 기업은 종래의 좁은 영역에서 탈피하여 넓은 영역에 진출하면서 기존의 산업지도를 완전히 바꾸어 놓게 된 것이다.

2. 경영패러다임의 시대적 변천

패러다임(Paradigm)의 어원은 그리스 용어로 'Paradeigma'이며 '모델', '패턴' 또는 '전형적인 예' 등을 의미하는 평범한 용어인데, 오늘날 '보는 관점'이라는 의미를 가지게 되었다. 경영패러다임은 1945년을 기준으로 고전적인 경영패러다임과 이후의 현대적 경영패러다임으로 크게 양분될 수 있다. 1945년을 구분 기준으로 하는 것은 2차 대전이 끝나고 나서 본격적인 현대사가 시작되었다고 볼 수 있기 때문이며, 또 하나의 기준 요소는 컴퓨터의 등장이다.

고전적인 경영패러다임은 테일러의 "과학적 경영", 페이욜의 "기능적 분류", 포드의 "대량생산 방식", 메이요의 "인간관계론", "경영 과학적 접근" 등으로 구분되며 모든 경영방식은 효율(Efficiency) 중심이었다. 2차 대전 후 각국의 독립과 전쟁으로 인한 복구로 높은 수요와 성장이 요구되었고, 컴퓨터의 등장은 기존의 경영패러다임에 대한 일대 전환기를 가져오게 되었다. 그리고 이 시기 역시 컴퓨터를 이용한 정보화와 자동화에 의한 효율중심이었다. 1970년대에는 TQM(Total Quality Management: 전사적 품질관리) 등의 등장으로 이제까지의 생산성 위주에서 전체적인 효율을 강조하기 시작하였고 이는 곧바로 전략정보시스템 개념으로 이어져 효율보다는 효과(Effectiveness)를 강조하게 되었다. 효과는 경제성을 고려했던 이전까지의 효율에 비해 시장에서의 상품가치를 중시한 새로운 개념이었다. 1990년대에 들어서면서 BPR(Business Process Reengineering), ERP(Enterprise Resource Planning) 등 경영혁신의 등장으로 프로세스 중심으로의 사고전환이 시작되었고 기업은 최대의 효과성을 추구하기 위한 새로운 경영혁신기법을 도입하게 되었다.

또한 시장의 세계화는 경영패러다임의 새로운 축으로 등장하고 있는데 각국의 신기술 개발과 국가 간 이해관계에 따른 지역무역 블록 출현 등 지역별 그룹화로 나타나고 있다. 또한 정보가 무엇보다 중요한 요소(Factor)로 등장하였으며 컴퓨터 통신 기술발전에 따라 기업 간의 정보획득을 위한 노력은 날로 첨예화되고 있다. 이러한 모든 정보는 기업을 위한 지식으로 간주되고 이제 미래의 경영은 단순한 프로세스 중심에서 정확한 정보분석을 통해 올바른 판단과 조치를 취하는 시대로 변하고 있다.

따라서 본 장에서는 경영패러다임을 2차 대전을 중심으로 고전 패러다임과 현대 패러다임으로 구분하고 고전 패러다임과 현대 경영패러다임 변화, 그리고 현대 기업의 패러다임 변화를 통해 경영패러다임의 새로운 방향을 제시한다.

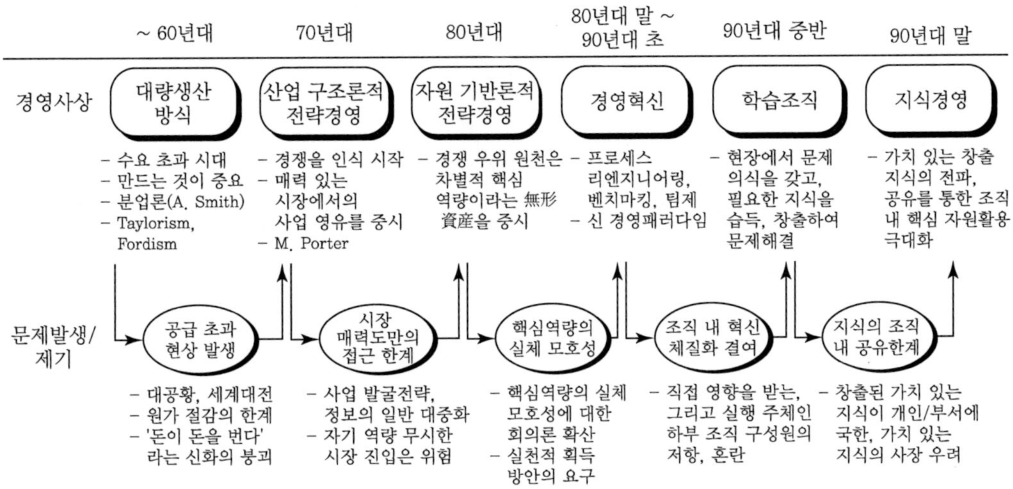

출처: *전략경영에서 지식경영까지, LG주간경제, 1999*

그림 1.3 경영패러다임의 변화

2.1 고전 경영패러다임의 변화

가. 과학적 경영

"경영학의 아버지"라고 불리는 테일러는 노동자에 대한 작업동작 및 노동시간의 분석을 통한 노동의 계량화, 표준화 등 "과학적 경영"을 주창하였다. 이전에 아담 스미스는 기능별 분업을 주장하였는데 산업 혁명기에 노동의 기능별 분업 실시로 작업의 능률과 속도, 제품의 질이 현저히 향상되었으며, 한 노동자로 하여금 한 가지 공정과 작업분야에서 전문가로 자리 잡게 하였다는 점에서 가히 혁명적이라 할 수 있다. 물론 맡은 작업 외에 다른 작업을 할 수 없는 단점이 있었으며 경영은 기초적인 수준이었으며 과학적 경영에 비해 정확한 측정과 분석은 없었고 단순히 작업을 쉽게 하고자 하는 노력의 시작이라고 할 수 있다.

본격적인 경영은 테일러의 과학적 경영이라고 할 수 있는데 테일러는 노동을 과학적 근거에 따라 분석 연구하고자 하는 과학적 합리성을 추구하였다. 이러한 방법은 노동자 개인의 특징을 연구함으로써 가장 적절한 작업장에 할당하는 과학적 분석기법에 기초를 둔 것으로 노동자는 자기에게 맞는 작업장에서 일을 함으로써 효율을 극대화하고 전체 생산량을 증대시킬 수 있었다. 그리고 생산결과를 분석·연구하여 문제점을 도출하여 보다 합리적인 경영을 추구하였다.

나. 관리적 경영

관리적 경영은 페이욜에 의해 주창되었는데, 회사의 규모가 커지고 생산량이 늘어나면서 관리의 문제가 대두되자 경영의 기능을 관리, 회계, 재무, 생산, 판매, 보전 등 각 분야별로 세분화한 것이다. 이처럼 관리적 경영은 기능적 측면을 강조하였으며, 이러한 여러 분야를 모든 관리의 중점으로 두어 각 분야별로 세분화하여 기능을 관리함으로써 회사는 보다 체계적인 모습을 띠게 되었고 새로운 경영방식으로 복잡한 회사를 경영할 수 있었다. 관리적 경영은 각 기능별 전문가를 양성하고 활용함으로써 오늘날 기업경영의 시발점이라고 할 수 있다. 관리적 경영도 과학적 경영과 마찬가지로 생산효과보다는 효율을 중시하였다.

다. 대량생산방식

미국의 자동차 회사인 포드사에 의해 주창된 대량생산방식은 컨베이어 벨트 방식과 분업화, 세분화 등 전문스태프를 처음으로 등장시킨 혁신적인 생산방식에 의한 경영패러다임이다. 이전까지의 단순한 분업화, 세분화에서 생산방식에 컨베이어 벨트시스템의 도입은 엄청난 속도에 바탕을 두고 리드타임(Lead time) 없이 대량으로 제품을 생산할 수 있었다. 컨베이어 벨트시스템에 의한 대량생산은 기업의 거대화를 촉진시켰으며 포드사는 초창기 미국 자동차 시장을 점유 대기업으로 성장할 수 있었다. 대량생산은 기업에 막대한 이윤을 가져왔으며 노동자는 더 많은 제품생산을 위해 일을 함으로써 경영자와 노동자간의 주종관계가 성립되었다. 이러한 대량생산방식은 현대 경영으로 이어져 오늘날에도 대량생산은 경영의 중요한 패러다임이다. 이 시기는 무엇보다도 생산의 효율성을 강조하였다.

라. 인간관계 중시

메이요는 "노동자는 인격적, 사회적으로 존재한다"라고 주창하였는데 이는 노동자는 어디까지나 인간이기에 인격적으로 대우받아야 한다는 내용이다. 즉, 경영자와 노동자 간의 획일적인 주종관계는 기업윤리에 상반되며 상호 상부상조하는 관계이어야 한다는 것이다. 인간은 인간적으로 다룰 때만이 작업의 능률도 오른다고 생각하였으며, 오늘날 노동자를 위한 복지 및 각종 지원은 인간중시 관계의 패러다임에 바탕을 두고 있다. 다만 이 시기에도 인간관계를 통한 작업능률로 효율적인 생산성 향상을 중시하였으며 효과성은 그리 중시되지 않았다.

2차 대전 동안 수학과 컴퓨터의 발달로 경영방식에도 수학적인 의사결정 모델과 컴퓨터를 활용하려는 경향이 있었으며 정확한 분석과 평가는 보다 과학적인 경영을 할 수 있는 중요한 요소로 작용하였다. 경영자는 기업에 대한 보다 정확하고 신뢰성 있는 자료를 분석, 평가하여 OR(Operation Research) 등의 기법을 이용한 최적화(Optimization)를 추구함으로써 보다 과학적인 경영이 가능하도록 노력하였다. 이러한 과학적 경영방식은 2차 대전 이후 컴퓨터의 등장으로 일대 혁신을 맞게 되고 새로운 패러다임으로 발전하는 견인차 역할을 하였다.

2.2 현대 경영패러다임의 변화

현대 경영패러다임은 일반적으로 2차 대전 이후를 말하는데, 컴퓨터의 등장으로 통신, 의학, 무기, 항공기, 자동차, 조선 등 여러 산업분야에서 이전과 비교할 때 괄목할 만한 성장을 이루게 된 역사의 한 획을 긋고 있기 때문이다. 2차 대전으로 인한 전쟁의 피해는 실로 엄청났으며 사상자만도 수억 명에 달하였고 물질적 피해 또한 엄청났다. 이러한 피해를 복구하고 인명을 중시하는 사상이 각종 산업에서의 발달을 촉진시키는 계기가 된 것이다. 미국, 영국, 구 소련은 국제사회에서 정치적 강대국으로 자리를 확고히 하였으며 독일, 일본 등 패전국들은 국가 재건에 온 힘을 기울여 독일은 '라인강의 기적'을 일본은 1970년대 이후 전 세계를 주름잡는 경제대국으로 자리 잡았다. 또한 구 소련과 중국은 사회주의 체제 종주국임을 자처하며 동유럽, 북한, 쿠바를 공산화시켰다. 우리나라도 일본의 식민지에서 벗어나 자유민주주의 국가가 되었으며 이후 6.25 전쟁의 폐허를 딛고 일어나 '한강의 기적'을 이룰 수 있었다.

가. 시대별 단계 구분

2차 대전 이후 경영패러다임의 변화는 보는 관점에 따라 여러 가지로 구분할 수 있으나 정보기술과 국제시장환경을 통해 구분할 때 4단계로 구분할 수 있다. 1단계는 대전 직후부터 1970년까지, 2단계는 이후 1990년 까지, 3단계는 1990년에서 2000년까지, 그리고 2000년 이후부터 현재까지를 4단계로 구분할 수 있는데 이렇게 구분하는 가장 큰 이유는 컴퓨터라는 신기술의 등장과 발전에 따른 것이었다 해도 과언이 아니다. 각 단계별 패러다임은 다음과 같다.

1) 1단계(1945~1970)

이 시기는 컴퓨터라는 신기술의 등장인데 마치 인류가 처음 불을 발견하거나 바퀴를 발명한 것에 버금가는 기술이었다. 컴퓨터에 의해 업무가 자동화 처리되었으며 컴퓨터를 이용한 신속한 정보획득은 생산기간 및 비용절감을 가능케 하여 고도성장을 이룰 수 있었다. 2차 세계대전 이후의 30년은 이처럼 정보기술의 발달과 더불어 높은 수요와 성장으로 특징지어지는데, 이 기간 동안 자유세계의 경제는 번영하였고 생활의 표준이 개선되었다. 또한 기업은 대전 이후의 부족한 생활필수품과 군수물자 등 엄청난 시장의 요구에 따른 대량생산에 초점을 두고 상품의 질보다 양을, 그리고 노동, 자본, 상품의 효율적 사용을 강조하였다. 즉, 대량생산에 의한 이윤 추구만을 목표로 하였으며 따라서 이 시대의 경영환경은 전쟁으로 인한 물자 빈곤으로 당장 눈앞의 의·식·주를 해결하기 위한 대량생산 체제였으므로 제품의 질보다는 양을 중요시했던 시대였다.

2) 2단계(1970~1990)

이 시기에 상품의 질 향상과 신기술의 등장으로 인한 고부가가치의 산업이 발전하였으며 정부와 기업 간의 상호 유기적인 협조로 새로운 경영혁신기법이 도입되는 등 경영에서의 많은 변화가 일어난 시기이다. 이러한 변화는 1970년대 초에서 1980년대 중반 사이에 발생하였는데, 많은 산업에서 생산능력의 증가는 균형과 잉여 공급을 이끌었으며, 이러한 변화는 기업을 증가된 질, 낮은 가격 그리고 기술적 우위에 대해 전략적 우위로 변화시켰다. 기업은 상품의 질, 더 좋은 기술, 저가 생산품 등에 맞물려 번창하였고 정부는 기업으로 하여금 새로운 공장을 건설하도록 적극 권장, 낮은 관세와 세금을 부과하는 등 고무적인 정책을 펴는 등 세계화 정책에 박차를 가하였다. 1980년대에는 전략정보시스템이 등장하였으며 생산성 향상을 위한 효율보다는 효과를 중시하기 시작하였다. 즉, 경비절감 등 경제성이 중시된 효율성보다 효과성을 중요시하기 위해 각종 경영혁신이 등장하게 되었다.

3) 3단계(1990~2000)

1990년 이후는 컴퓨터와 정보통신기술 첨단화로 기업경영은 새로운 패러다임으로 발전하게 되었는데 바로 프로세스 중심으로의 사고 전환이다. 이 시기의 대표적인 경영혁신이라 할 수 있는 BPR, ERP 등은 대부분의 기업이 도입함으로써 기업의 전략적 경영을 가능케 하였다. 또한 최근에는 프로세스에서 분석(Analysis)적 경영으로 변하고 있으며 단순한 프로세스가 아닌 미래 시장에 대한 정확한 분석과 예측이 기업의 성패를 좌우하는 시대가 이미 다가오고 있다.

시장의 세계화로 지역적인 정치적, 경제적 이슈가 경영환경에 영향을 미쳤으며 어떠한 국가에 대한 경제우위를 가진 지역무역 블록의 출현 등 여러 가지 환경적 요인으로 피해를 보는 국가가 증가하게 되었고 이들 피해국들 간의 새로운 지역무역 블록이 자연스럽게 만들어졌다. 또한 매년의 경제성장은 변덕스럽고 끊임없는 변화로 대치되었고 이러한 변화를 대비하여 기회인식, 적절한 글로벌 전략비전의 개발, 조직구조, 새로운 환경에 효과적인 투자를 통해 전략을 수용한 조직은 성공, 발전, 번영하게 되었다. 정보기술의 발전은 어느 정도 미래예측을 가능케 하였으나 사실 미래를 정확히 예측하고 대처한다는 것은 매우 어려운 과제로 인식되고 있다. 따라서 국가 간의 이익, 나아가서 세계의 이익과 공존을 위한 끊임없는 미래지향적인 자세가 필요한 시기이다.

4) 4단계(2000~)

2000년대에 접어들면서 눈에 보이는 천연자원보다 정보, 지식 등 눈에 보이지 않는 지적 자산에 대한 관심이 급속도로 증가하고, 또한 정보를 효율적으로 관리할 수 있는 정보시스템이 발달하면서 자연스럽게 지식경영이 관심을 받고 있다. 기업과 그 기업의 구성원들이 가지고 있는 지식을 어떻게 효율적으로 관리하고 이를 통해 기업의 역량 강화를 이끌어 낼 수 있을 것인지가 지식경영의 핵심 과제다. 지적 자산이 중요하다는 관점에서 기업의 정보나 지식의 보안의 문제도 큰 이슈로 대두되고 있다.

또한 인터넷이 보편화되고 소비자의 힘이 점차 증가하면서 기업은 더 이상 단순히 제품을 생산해서 판매하는 것에서 벗어나 소비자의 요구사항과 불만(VOC: Voice of Customer)에 귀 기울이며 기존의 고객을 잃지 않도록 노력하는 동시에 새로운 고객을 유치하기 위해 노력하고 있다.

마찬가지로 기업은 공급자와의 관계를 개선하여 효율적인 재고관리와 생산을 추구하고자 한다. 적자생존이라는 전통적인 시각에 다라 기존의 기업 및 조직의 관계는 제휴나 협력이 제대로 이루어지지 않았다. 하지만 판매정책의 변화, 제품의 소량화 및 다양화, e-Business, 인터넷 및 물류기술의 발전, 정보의 복잡성, 정보의 채찍효과(Bullwhip Effect), 불확실한 변동의 흡수를 위한 과잉재고의 문제 등을 해결하는 것이 기업이 살아남기 위한 필수적인 해결문제로 인식되고 있다.

마지막으로 기업의 경영에서 인터넷을 비롯한 정보기술은 이제 필수라 할 수 있을 정도로 중요한 부분을 차지하고 있다. 인터넷이 발전하면서 전자상거래가 더욱 더 활성화 되고 e-Business의 등장으로 기업간의 거래에도 여러 정보기술이 사용되고 있다. 기술이 발전하면서 고정되어 있는 컴퓨터의 제약에서 벗어나 핸드폰이나 PDA 같은 모바일 단말기를 이용한 컴퓨팅, 더 나아가 주위의 모든 사물에 컴퓨팅 장치가 심어져 있어 언제 어디서나 컴퓨팅이 가능한 유비쿼터스 컴퓨팅 환경이 등장하게 되면서 기업의 경영패러다임은 큰 변화를 겪게 될 전망이다.

나. 경영패러다임의 변화 요소

세계의 경영패러다임은 거의 대부분 미국에서 만들어지고 이를 가장 잘 활용한 나라는 일본이다. 미국인들은 타고난 개인적인 창의성과 개척정신을 토대로 새로운 아이디어를 끊임없이 추구하는 특성을 가지고 있다. 미국은 전자, 전기, 컴퓨터, 통신과 BPR, TQM 등과 같은 경영혁신에 이르기까지 타의 추종을 불허할 만큼 새로운 것들을 생각해 내고 기존의 패러다임을 전환시켜 왔다. 그리고 모방의 천재라는 일본은 미국에서 시작된 패러다임을 조기에 도입하여 적용하고 더 나은 패러다임을 개척하고 발전시켜 경제적으로 성공한 나라이다.

일본은 미국시장에 그들의 제품을 내놓았고 이에 놀란 미국이 비슷한 제품을 만들게 되면 이미 일본은 성능과 기능이 더 추가된 제품으로 미국을 압도해 나갔던 것이다. 1980년대에 미국은 일본에게 전자, 자동차 등 핵심 산업에서의 주도권을 빼앗기게 되자 새로운 경영혁신을 통한 경영패러다임을 만들었고 현재 미국은 역사상 가장 호황을 누리고 있다. 그렇다면 과연 새로운 경영패러다임이란 무엇인가? 그림 1.4는 경영패러다임의 변화에서 중요시되는 요소들(Factors)이다.

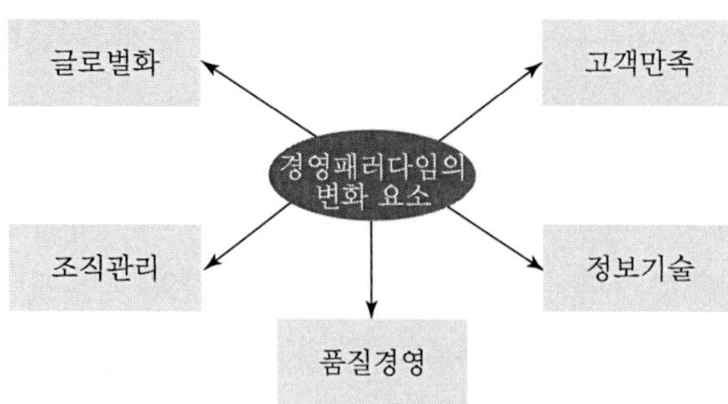

그림 1.4 경영패러다임의 변화요소

1) 고객만족을 위한 고객중심 경영

기업의 "고객중심 경영(Customer-based Management)"은 고객이 원하는 상품이나 서비스에 대한 요구를 기본적으로 충족시켜 줌은 물론, 고객이 예상할 수 없는 가치까지도 제공함으로써 계속해서 재구매가 이루어지도록 하는 경영전략이다. 고객을 만족시키기 위해서는 무엇보다도 우선 상품을 살 때 제품의 품질과 서비스가 고객의 요구를 충족시킬 수 있을 만큼 좋아야 하고, 상품 판매 후 발생하는 모든 불만 요인들을 기업이 신속하게 해결해 주어야 한다.

고객의 이탈을 방지하고 신뢰도를 높여 자사의 상품을 계속 선호하게 하기 위해서는 먼저 고객관리의 기회비용을 낮추어야 한다. 기업이 기존 고객을 계속적인 판매로 연결시키지 못한다면 비용은 더욱 커질 수밖에 없기 때문이다. 일반적으로 새로운 고객을 유치하는 데 드는 비용은 기존 고객을 관리하는 것보다 5배 이상이 소요된다. 따라서 확보된 고객을 효과적으로 관리하기 위해 품질개선을 지속적으로 해야 한다. 새로운 고객 유치를 위해 각종 광고나 선전에 매달리고 있다면 이는 능률적이지 못하다는 것이다.

진정한 고객중심 경영은 고객에게 감동을 주는 것인데 다시 말해 "고객지상주의"를 추구하는 것을 의미한다 고객지상주의 경영전략은 상품생산을 계획하는 단계에서 디자인, 설계, 생산, 유통, 마케팅, 서비스에 이르는 모든 프로세스가 고객을 만족시키고 그들을 즐겁게 하고, 감동하게 할 수 있도록 관리하고 고객을 통하여 가치를 창조해 나갈 수 있도록 하는 최고의 서비스 전략이다.

이렇게 하려면 기업은 먼저 상품이나 서비스의 구매자인 외부 고객은 물론 인접 부서, 하부조직 및 협력업체를 포함하여 기업과 관련된 모든 사람을 고객의 개념으로 전환하여 모든 고객을 만족하게 하는 경영시스템을 구축하여야 한다. 이러한 관점에서 볼 때 전 세계 모든 사람을 고객으로 보는 경영방식이 "고객중심 경영"이다.

2) 정보기술에 의한 경영혁신

직무나 프로세스 재설계 등을 통하여 기업 활동의 각 프로세스에서 발생하는 문제점을 조기에 발견하고 조정함으로써 기업의 생산성을 높이고자 하는 노력은 이미 오래 전부터 계속되어 왔다. 1990년 마이클 해머(Michael Hammer)는 그의 유명한 발표 논문 "Reengineering Work: Don't Automate, Obliterate!"에서 장기적으로 기업의 성패를 결정하는 것은 상품 자체가 아니라 상품을 창조하는 프로세스라고 주장하였다. BPR은 급격하게 발전하고 있는 개인용 컴퓨터, 전자통신 네트워크, 데이터베이스, 문자 및 화상정보시스템 등 다양한 정보처리기술(Information Technology)을 이용하여 기업 활동의 핵심 프로세스를 재설계하는 정보기술에 의한 새로운 경영혁신방법이다.

BPR의 목표를 비즈니스 프로세스에 두지 않고 조직 자체에 둘 경우 또는 경영혁신 과정이 탑-다운(Top-Down) 방식으로 진행되어 실무자에게 권한 위임이나 자율적 의사결정권이 주어지지 않을 때에는 BPR이 성공하기 힘들다. 실제로 BPR의 성공률은 25% 정도인 것으로 나타나 있다. BPR의 실행에 있어서 가장 중요한 것은 BPR이 필요한 시기를 효과적으로 판단하여 시행하고 난 다음에는 다시 새로운 프로세스에 대한 교육과 훈련을 통하여 점진적 개선을 시켜나가야 하는데 문제는 BPR이 기업에 좋다고 속단하여 몇 달마다 같은 시스템에 BPR을 시도하는 기업은 그야말로 "BPR"에 의하여 망할 수 있다는 것이다.

3) 품질경영(TQM)

TQM은 글로벌화 되어 가는 세계시장에서 승리하기 위한 새로운 패러다임으로 사용가능한 모든 정보기술, 정보 및 인력자원을 이용하여 생산공정이나 하부구조를 끊임없이 개선해 나가는 일련의 과정이다. 새로운 경영패러다임인 TQM은 미국의 국방성과 일부 정부기관에서 적용하기 시작하여 지금은 대부분의 중소기업과 서비스 분야, 학교와 병원, 그리고 많은 국가기관 등에서 활발하게 시행하고 있다.

미국의 정부 기관인 회계검사원(GAO: General Accounting Office)의 보고에 의하면 TQM 방식을 도입한 기업들은 제품의 결합률은 물론, 종업원과 고객의 만족도, 결근율, 이직률, 안전, 시장점유율, 이윤 등 기업의 생산성과 관련된 모든 분야에서 5~13%의 가시적 성과가 있었다고 발표했다. 이러한 점진적이고 끊임없는 개선노력은 비즈니스 프로세스를 단기간에 개혁함으로써 50% 이상의 파격적인 결과를 바라고 시도하는 BPR과는 그 성격상 상당한 차이가 있다.

TQM은 비즈니스 프로세스를 중심으로 단기간에 조직을 개혁하려는 노력이 아니라 적어도 5년 정도의 충분한 시간을 가지고 시행되어야 가시적인 성과를 기대할 수 있는 총체적이고 광범위한 경영혁신의 노력이다. 즉, TQM의 전사적(Total)이라는 의미 속에는 기업을 구성하는 모든 구성원, 모든 부서와 하부조직, 공급 및 협력업체, 그리고 내·외부 고객까지도 모두 포함되어야 한다는 뜻이 담겨 있다.

4) 조직관리의 경량화

그 동안 기업의 양적 팽창 위주의 전략은 조직의 계층이 심화되고 관료화됨에 따라 기업관리의 경직성과 비효율성을 노출시켰다. 기업규모와 업종의 지나친 확장은 기업구조를 지역적으로 분리시켰을 뿐 효율성 측면에서는 모든 의사결정 메커니즘과 커뮤니케이션, 그리고 정보의 흐름이 중앙 집권적이고 수직적으로 이루어지는 결과를 낳았다. 이러한 전략으로는 환경변화에 신속하고 유연하게 대응할 수 없으며, 글로벌 시장에서 경쟁하는 데 있어서 취약점으로 작용할 뿐이다. 더구나 이러한 조직관리시스템으로는 세계적으로 흩어져 있는 기술, 정보, 인력 및 각종 생산요소를 효과적으로 통합·관리할 수 없다.

기업의 최고 경영층은 이제 조직관리에 대한 근시안적이고 전통적인 통념에서 벗어나 새로운 패러다임으로 기업을 볼 수 있어야 한다. 즉, 효과적인 글로벌 경영을 위해 나타나는 조직들의 특징은 계층구조의 슬림(Slim)화, 플랫(Flat)화를 통한 다운사이징 현상이다. 이러한 특징들은 세계 어느 곳의 고객이 원하든 그들이 원하는 상품을 만들어서 가장 먼저 달려갈 수 있도록 조직을 경량화시키자는 것이다.

5) 글로벌화

오늘날 무역경쟁을 통해 벌어지고 있는 경제전쟁은 산업과 산업 또는 기업과 기업의 전쟁으로 일컬어질 만큼 국가나 국경의 개념은 점차 희박해지고 있다. 글로벌 경제에 있어서 특정기업의 생산 활동에 소요되는 모든 자원, 기술 및 정보는 국가를 초월한 개념으로 인식되며 이로 인하여 기업 간 경쟁은 가열될 수밖에 없게 되었다. 일반적으로 경제의 글로벌화에 의하여 나타난 가장 두드러진 특징은 다음 두 가지로 요약할 수 있다.

첫째, 지역주의 또는 경제의 블록화 현상이다. NAFTA, EU, APEC 또는 G7 등 지역별 또는 경제규모별로 나눠지는 세계경제의 이와 같은 블록화 현상은 개별 국가 간의 관세 장벽이나 무역규제에서 오는 경제적 손실을 최소화하기 위해 필연적으로 발생한 경제현상이라고 할 수 있다. 더욱이 냉전 이후 이러한 지역적 경제 블록화는 점차 완전한 글로벌 경제로 발전해 나가기 위한 과도기적 현상이라고 할 수 있다. 더구나 자본주의 자체에서 일어나는 경제적 마찰을 제거하고 자유무역 질서를 유지하기 위해서 7년간의 협상 끝에 1993

년 12월에 우루과이라운드(UR)가 타결되었고, 1995년 7월 1일부로 발효된 WTO의 기능은 세계 경제의 글로벌화를 계속해서 가속화시키고 있다.

둘째, 글로벌화에 따른 국경 없는 세계 경제시장의 등장이다. 국경 없는 세계시장에서는 오로지 제품이나 서비스의 질과 가격만이 경쟁요건이 된다. 따라서 국경이나 관세의 보호 아래 저품질의 제품이나 서비스를 제공하면서도 건재해왔던 기업은 더 이상 생존할 수 없다.

다. 기업패러다임의 변화

현대와 같이 날로 변하는 새로운 경영환경에 적응하지 못하는 기업은 도태되고 만다. 따라서 새로운 경영패러다임에 따른 기업패러다임의 변화를 기업의 기능, 경쟁력 기반, 조직 구성양식, 대외적 관계, 대내적 관계, 활동영역의 확대, 국외 투자목적 부문별로 알아볼 수 있는데 간단히 요약하면 다음과 같다.

1) 기업의 기능

기업의 기능은 지금까지 인적·물적 자원과 금융자본을 결합함으로써 최소의 비용으로 재화의 용역을 생산해 내는 것이었다. 그러나 현재는 지식기반을 창출·조직하는 주체가 되어야 한다. 부가가치의 새로운 자본인 지적 자본을 창출해 내고 조직하는 것이 기업의 핵심기능으로 부각되기 때문이다.

2) 경쟁력의 원천

경쟁력의 원천 측면에서 구 패러다임은 유·무형의 특정자산과 투입요소, 시장의 소유 여부 등이 기업경쟁력을 좌우했다. 그러나 앞으로는 기술적 우위와 함께 핵심 역량(기술 또는 조직), 그리고 외부의 경쟁력 요소를 습득하고 개선, 활용하는 능력이 필요하고 요구된다.

3) 조직 구성양식

조직 구성양식에서도 기존의 기업구조는 조직의 혁신 및 인력개발과 관련한 모든 절차가 최고 경영진에 집중된 계급적·수직적 형태를 갖고 있었다. 그러나 최고 경영층은 목표와 비전을 제시하고 기준을 설정해 주되 중간 관리자들에게 기업운영의 책임과 권한을 부여하는 형태로 변하고 있다.

4) 대외적 관계

대외적 관계는 구 패러다임에서 기업을 부품 공급업체나 고객들과 계약적 관계를 유지하고 정부나 경쟁기업들에 대해 적대적 관계로 인식하였으나 새 패러다임에서는 경쟁력 배양을 위해서라면 어느 누구와도 제휴할 수 있고 외부집단과도 밀접한 관계를 유지해야 한다. 그리고 기업 상호 간에 신뢰감, 인내심이 중요한 미덕이 되어야 한다. 기업의 가치창출은 기업 조직 내부에서만 이루어지는 것이 아니라 납품업체나 고객, 연구기관 등에서 획득할 수도 있기 때문이다.

5) 대내적 관계

대내적으로는 과거에는 최고 경영자의 지휘아래 각 부서간의 관계가 일정거리를 유지하여 상호 간에 독립적인 관계가 유지되었으나 이제는 각 부서가 혁신과 생산목표를 달성하기 위해 통합적으로 운용되고 있다.

6) 기업의 활동영역

기업의 활동영역이 과거에는 주로 국내시장이나 인근국가 정도로 제한되었고 국외투자도 대부분 사안에 따라 개별적으로 이루어졌다. 그러나 세계화 추세에 따라 국경장벽이 낮아지면서 전 세계 시장에서 이익을 창출해 내는 비중이 갈수록 커지고 있다. 따라서 국외생산과 무역도 기업 전체의 통합적인 측면에서 고려해야 한다.

7) 국외투자 목적의 변화

국외투자 목적의 변화는 과거에는 생산요소의 획득과 시장 확보가 주목적이었으나, 새로운 패러다임에서는 자원과 시장 확보차원이 아니라 기술력과 조직 등 전략적 자산 확보와 기업 간의 제휴에 초점을 맞추고 있다.

사례연구

GE의 수익은 1998년 처음으로 천억 달러를 넘었으며, 운영 이익은 항상 16.7% 이상이었으며, 이익은 1997년도의 수준을 14% 증가시켰다. 이러한 뛰어난 결과와 회사의 변화는 지난 20년 동안 일어났으며, 포춘지의 "가장 존경 받는 기업"을 2년 연속 수상하였으며 Financial Times로부터 "세계에서 가장 존경 받는 기업"이라는 명칭을 부여 받았다. 이렇게 눈부신 GE의 성과는 모두 잭 웰치가 GE의 회장을 맡아 끊임없는 혁신을 추구하였기에 이룰 수 있었다.

1878 토마스 에디슨에 의해 창립되어 전력의 발전, 분배, 사용에 사업의 초점을 맞추었던 GE는 100년 후 세계 산업변화를 선도하는 기업이 되었다. GE는 1978년 핵심 비즈니스인 전력 생산, 가정 기구, 조명, 전기와 더불어 항공엔진, 의학시스템, 디젤엔진 사업까지 확장하였다.

미국 기업의 선도자로써 GE는 끊임 없는 변화를 겪어왔다. 1930년에 GE는 중앙 집중형태의 회사였다. 하지만 1950년까지 GE는 수백 명의 부서 관리자들을 파견함으로써 여러 분야의 사업으로 분산된 기업의 형태를 갖추었다.

그러나 잭 웰치가 45세의 나이로 1981년 4월 CEO가 되었을 때, 미국의 경기는 큰 침체기에 빠져 있었다. 높은 이자율과 달러의 강세는 회사의 경영환경을 더욱 악화시켰으며, 그 결과 대공항 이후로 미국은 가장 높은 실업률을 기록하고 있었다. 또한 이미 GE의 경영조직은 비대해 질대로 비대해졌으며 무분별한 사업의 확장으로 여러 문제점들이 발견되게 된다. 많은 사업 분야 중 시장의 점유율도 낮고 경쟁사와의 경쟁에서도 밀리는 분야는 기존의 GE가 쌓았던 신뢰도를 무너뜨리는 결과를 초래하기도 했다. 또한 이러한 확장과 성장에서의 자본 투자는 비효율적이 될 수 밖에 없었고 아직 관료적인 조직 운영이 GE에 뿌리깊게 자리하고 있었다.

따라서 잭 웰치는 이러한 문제점을 타개하고 GE의 경쟁력을 확보하기 위해서 다양한 업무 포트폴리오의 조정을 할 필요성을 절실히 느끼게 된다.

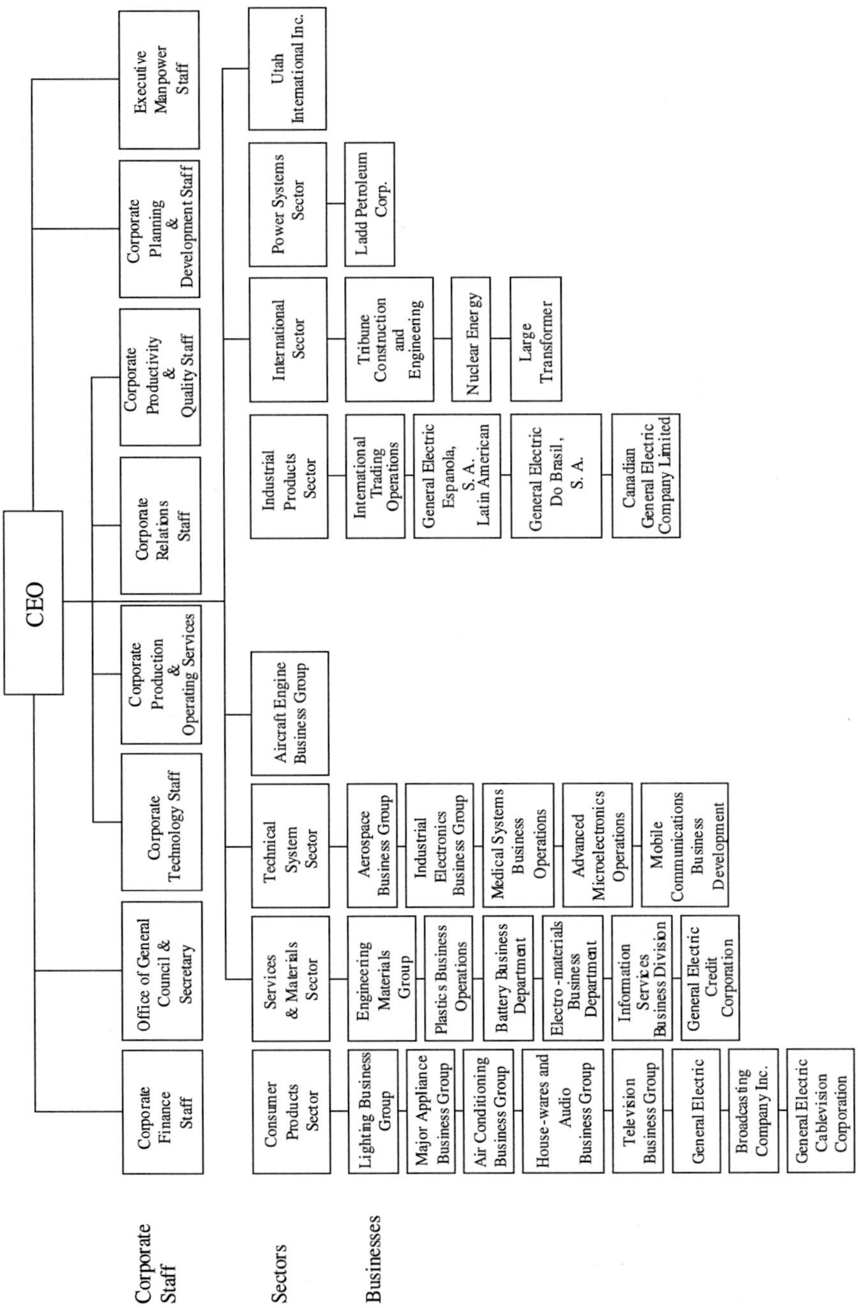

1981년 GE의 조직구조

1. 1981년 GE의 조직구조에서 보듯이 GE는 여러 사업분야에 진출해 있었다. 이러한 기업과 핵심 사업군에 역량을 집중하는 기업의 장단점에 대하여 논의하라.

2. 2장의 사례에서 GE가 시행했던 경영혁신에 대한 내용을 보기 전에 GE가 당면하고 있는 현 상황에서 자신이 기업의 CEO라면 어떠한 변화를 시도할 것인지 생각해보라.

3. 현재 GE(http://www.ge.com/)의 조직구조를 조사하여 1981년의 조직구조와 어떠한 차이가 있는지 비교 분석하라.

주요 단어

경영혁신
과학적 경영
디지털 경제
컨버전스(Convergence)
경영패러다임
관리적 경영
시장의 세계화
고객중심 경영
대량생산
정보사회

토의 과제

1. 1980년대 이후 새로운 경제 이데올로기가 등장하게 된 배경은 무엇인가?

2. 경영패러다임의 변화에서 2차 세계대전의 의미에 대해 설명하시오.

3. 경영패러다임의 시대적 변화에 있어서 컴퓨터가 끼친 영향은 어느 정도인지 예를 들어 설명하시오.

4. 효율(Efficiency)과 효과(Effectiveness)를 구분하여 설명하시오.

5. 오늘날 현대 경영에서 경영패러다임 변화의 주요요소에 대해 설명하시오.

6. 오늘날 최첨단 정보기술이 어느 수준까지 발달할 것인지 예측해 보시오.

7. 기업패러다임의 변화에서 기업의 기능이 어떻게 변하고 있는지 논하시오.

참고 문헌

1. Bakos, J. Y., and M. E. Treacy, Information Technology and Corporate Strategy: A Research Per spective, MIS Quarterly, 10(2), 1986
2. Chandler, Strategy and Structure, p. 16, Richard P. Rumelt, Strategy Structure and

Economic Performance, Boston: Division of Research, Graduate School of Business Adminstration, Harvard University, 1974

3. Licker, Paul S., Management Information System, Harcourt Brace & Company, 1997
4 Suh, Eui-Ho, Management Information for Strategy, POSMIS Lab, 1997
5. Zargham, Mehdi R., Computer Architecture. Prentice Hall, Inc. 1996
6. 변지석, 정보기술과 미래경영, 한·언, 1996
7. 손혁덕, 박봉권, 핵심경영전략 40가지, 매일경제 신문사
8. 이상문, 글로벌 시대의 초일류 기업, 명진출판, 1994
9. 한재민, 경영정보시스템, 하이테크정보, 1996
10. 이용만, 이근태, 전종규, 디지털경제의 도래와 우리경제에의 시사점, LG경제연구원, 2000

CHAPTER 2

경영혁신

1. 경영혁신의 필요성

경영혁신이란 말 그대로 경영의 방법론에 있어서 새로운 접근을 시도하는 것을 말한다. 새로운 시도에 대한 요구는, 경쟁의 환경이 변해감에 따른 기업의 생존방식의 전환이라고도 할 수 있는데, 이러한 기업경쟁에 있어서의 시대적 요구인 경영혁신은 경쟁우위 확보에 있어서의 필수적인 요소라 할 수 있다. 첨단 전자기술과 컴퓨터, 그리고 대중매체의 발달로 하루가 다르게 변하고 있는 경쟁이 치열한 산업 및 정보사회에 있어서 전략적 경영을 추구하지 않는 기업은 결국 소멸될 수밖에 없다.

1980년대 들어서서 경영혁신에 대한 자성의 목소리가 높아졌는데 이는 2차 세계대전 이후 급속한 경제성장을 이룩한 일본에 대한 미국을 중심으로 한 서구 선진국의 위기의식에서 출발하였다. 미국 MIT공대의 경영학 교수인 마이클 해머가 주장한 BPR은 가장 대표적인 경영혁신기법으로 20세기의 새로운 경영을 주도하였다. 벤치마킹, 다운사이징, 시간기준경쟁, 그리고 ERP에 이르기까지 경영혁신을 위한 기법은 계속 발전해 왔으며 새로운 혁신기법이 해를 거듭할수록 생겨나고 있다.

이제 종전처럼 물건만 잘 만들어서 판매만 하는 시절의 기업은 더 이상 경쟁력을 가질 수 없게 되었다. 소비자가 진정 원하는 상품이 무엇이며 생산자와 판매자는 어떻게 하면 구매자의 욕구를 만족시킬 수 있는가를 연구하지 않으면 안 된다.

기업은 경쟁우위를 확보하기 위해 끝없는 경영혁신을 통한 전략적 경영을 추구하여, 세계화의 경쟁에서 살아남아야 한다.

1.1 기업 수명 30년 설

1984년 일본의 일경 비즈니스가 발표한 "기업 수명 30년의 법칙"은 경영혁신의 필요성을 잘 설명해 주는 대표적인 예이다. 일경 비즈니스는 "지금 아무리 전성기에 있다고 하더라도 변신의 노력을 게을리 하면, 결국 언젠가는 존망의 위기를 맞는다. 기업이 번영의 전성기를 유지할 수 있는 것은 기껏해야 30년 정도이다"라고 하였는데, 우리나라의 경우, 표 2.1에서 보듯이 1965년도 국내 30대 기업 중 30년 후인 1995년에 국내 30대 기업의 서열에 드는 기업은 하나도 없다. 이러한 사실이 증명하듯이 경영다각화 전략에 효율적으로 대응치 못하거나 경영혁신에 의한 경쟁력 강화를 꾀하지 못하는 기업은 언제 경쟁의 대열에서 낙오될지 모르는 것이 기업의 현실인 것이다. 흔히 30년은 한 세대에 비교된다. 한 세대 이후 생존하는 기업이 되기 위해서는 다각화(Diversification)와 혁신(Innovation)에 관심을 기울려야 한다. 다각화라는 것은 기업이 기술력과 경쟁력을 가진 사업으로의 진출을 시도하거나 사업 분야를 확장하는 것으로 기업의 주력사업과는 무관한 사업으로 진출하는 문어발식 경영과는 구분된다. 혁신은 다시 기술혁신과 경영혁신으로 나뉜다. 여기서 말하는 경영혁신은 기업의 이윤을 극대화하고 보다 질 높은 상품과 서비스를 위해 업무의 전사적 통합과 관리, 그리고 효과적인 기업 근무환경으로의 경영방식 변화를 의미한다.

표 2.1 한국 30대 기업의 매출액 순위변동

순위	1965년		1994년		2005년	
	회사명	매출액 (억 원)	회사명	매출액 (억 원)	회사명	매출액 (억 원)
1	동명목재	24	삼성물산	155,767	삼성전자	576,323
2	금성방직	20	현대종합상사	128,408	현대자동차	274,724
3	판본방직	18	삼성전자	115,181	LG전자	266,593
4	경성방직	18	대우	105,286	한국전력공사	235,999
5	대성목재	17	현대자동차	90,523	삼성생명보험	226,839

표 2.1 한국 30대 기업의 매출액 순위변동 *(계속)*

순위	1965년		1994년		2005년	
	회사명	매출액 (억 원)	회사명	매출액 (억 원)	회사명	매출액 (억 원)
6	양회수출조합	17	한국전력공사	88,646	국민은행	208,798
7	동일방직	16	삼성생명보험	87,037	포스코	197,924
8	통신화학	16	포항종합제철	73,140	SK	174,060
9	대한제분	16	유공	58,657	기아자동차	152,577
10	제일제당	16	한국전기통신공사	55,397	GS칼텍스	140,632
11	충주비료	16	LG상사	53,611	SK네트웍스	136,137
12	조선견직	15	LG전자	51,492	KT	118,508
13	대한양회	13	교보생명보험	48,115	우리은행	113,711
14	조선방직	13	기아자동차	47,308	교보생명보험	113,604
15	제일모직	13	현대자동차서비스	47,114	대한생명보험	113,058
16	대전방직	12	대한생명보험	44,733	S-Oil	106,887
17	해운공사	12	쌍용	36,835	SK텔레콤	97,036
18	국제화학	12	호남정유	35,307	삼성물산	96,963
19	대한방직	11	선경	34,696	한국가스공사	91,513
20	삼표연탄	10	현대중공업	31,229	현대중공업	90,844
21	성창기업	9	현대건설	31,011	LG필립스	80,798
22	동양맥주	9	대한항공	30,584	롯데쇼핑	76,279
23	삼양사	9	LG화학	28,026	삼성화재해상보험	73,139
24	영풍상사	9	대우자동차	27,859	대한항공	72,108
25	일신	9	우리자동차판매	26,953	LG화학	71,274
26	호남비료	9	대우전자	24,982	신한은행	6,787
27	한국타이어	8	쌍용정유	24,145	중소기업은행	67,260
28	대성산업	8	효성물산	22,175	한국외환은행	65,248
29	일신방직	8	현대전자산업	20,851	신세계	65,121
30	한국유리	8	삼성중공업	20,383	LG상사	65,119

1.2 정보기술의 급격한 발전 및 관점 변화

오늘날 정보기술의 급격한 발전은 경영혁신을 하기 위해 필요한 요구사항들을 충족시켜 나가고 있다. 경영혁신과 기술혁신의 관계는 경영혁신은 기술혁신을 전제로 하며 기술혁신은 경영혁신을 요구하는 상호 밀접한 관계를 유지하고 있다.

정보시스템의 전략화, 즉 경쟁적 우위의 기회충족과 확보를 위한 전략정보시스템(SIS: Strategic Information Systems)의 활용은 정보기술을 전략경영에 적극적으로 이용함으로써 기업혁신에 박차를 가하고 있다. 정보기술이 기업 내부의 시스템적 효율성 측면에서 한정적으로 이용되는 범위를 탈피하여, 전략경영을 지원하고 경영목표를 달성하기 위한 새롭고, 중요한 전략을 형성시키게 되었다.

따라서 정보기술의 활용은 기업에 있어서 전략적 경영요소의 기반이라는 인식 전환이 필요하며, 기업의 미래 청사진의 역할을 수행하는 정보체계 역시 전략경영을 지원하기 위한 끊임없는 개선과 유연성을 가지도록 설계되어야 할 것이다. 그러나 정보기술의 전략적 중요성이 실질적이든 잠재적이든 각 기업마다 다르게 인식될 수 있지만 그 잠재력을 간과해서는 안 된다. 예상치 못한 가운데 어느 순간 갑자기 경쟁력 우위를 제공하는 시스템을 가지고 있는 경쟁자와 경쟁하는 상황을 맞을 수 있기 때문이다.

1.3 경쟁환경의 빠른 변화

현대에 들어서서 기업의 경쟁환경은 실로 하루가 다르게 변해가고 있다. 1980년대 후반 일본에게 세계산업의 주도권을 빼앗긴 미국의 대기업들은 제품의 품질을 개선해 가는 점진적인 방식으로는 일본과의 격차를 줄이기 힘들다고 판단하게 되었다. 즉, 품질의 개선을 주(主)로 하는 일본의 제품에 상대적으로 전략적 우위를 차지하기 위하여 미국의 기업들은 제품의 품질은 일본의 것과 같게 하되, 경영의 효율성과 고객에 대한 서비스의 품질혁신을 단행하였는데 여기서 주로 사용된 도구들이 바로 경영혁신기법들이었다.

결국 미국의 기업은 이러한 경쟁환경의 빠른 변화에 부응하는 첨단의 경영혁신기법을 이용하여 다시 세계경제의 패권을 장악할 수 있게 되었고, 그 후 지금까지 다른 나라 기업들의 추격을 따돌리는 데에 있어서도 앞선 정보기술력을 바탕으로 한 경쟁력을 효과적으로 사용하고 있다.

기업의 경쟁력을 제고하는 데에는 많은 방법이 있을 수 있으나, 경쟁환경에 대한 분석이 없거나 미흡할 경우 그 기업은 도태되고 만다. 정보기술의 전략적 활용이라 함은 단순히 정보기술을 이용하여 생산한 1차적인 제품만을 의미하는 것이 아닌, 정보기술을 이용한 경쟁환경 분석 및 그 기반 위에 수립된 전략까지도 포함을 하는 다차원적인 활용을 의미하는 것이다.

현대의 경쟁환경은 제품을 만드는 데에서만 끝나는 것이 아니라 소비자에게 전달될 때까지의 모든 환경을 말한다. 최고의 기술과 더불어 최고의 정보수집을 통한 정확한 시장분석, 소비자에 대한 최고의 서비스가 일치될 때 기업은 경쟁환경에서 살아남을 수 있다.

2. 경영혁신의 여러 가지 기법들

경영혁신의 기법은 경영혁신에 대한 기업의 요구가 높아짐에 따라 다양한 기법들이 발달하였다. 각 기업들은 각자 기업의 조건에 알맞은 기법들을 채택하거나 또는 개발하여 왔는데, 이는 크게 두 가지로 나눌 수 있다. 즉, 혁신을 위하여 조직의 물리적인 개편을 추구하는 구조개편 기법과 조직의 구조개편보다는 기업 구성원의 마인드(Mind) 조성과 같은 마인드 조성 기법으로 분류될 수 있다.

2.1 조직구조의 개편을 통한 경영혁신

가. BPR(Business Process Reengineering)

BPR은 이미 존재하는 것을 어설프게 고치거나 기본적인 구조는 그대로 둔 채 점진적인 변화를 이루어 나가는 것이 아니라, 처음부터 다시 시작하는 것을 의미한다. 즉, 이제까지의 기업철학과 기본가정, 그리고 조직구성의 원칙 등은 더 이상 변화하는 기업 경영환경에 적합하지 않으므로, 새로운 기업철학과 기본가정, 그리고 조직구성의 원칙 등을 바탕으로 새로운 기업을 만든다는 데에서 경영혁신의 가장 대표적인 방법론으로 꼽을 수 있다. 따라서 이에 대한 좀 더 자세한 내용은 이 장의 3절에서 다루기로 하겠다.

나. 다운사이징

다운사이징(Downsizing)은 일반적으로 비즈니스 다운사이징과 정보시스템 다운사이징으로 구분한다. 비즈니스 다운사이징은 기업의 관료제에 따른 불필요한 낭비조직을 제거하는 것이다. 즉, 불필요하고 불합리한 본사의 임원이나 지원부서가 축소되고, 기업의 계층구조가 줄어들며 중간 관리층이 대폭 감소하게 된다. 이를 위한 조직개편 수단이 팀(Team)제도이다. 이에 반해 정보시스템 다운사이징은 과거 대형 중앙 컴퓨터 위주의 정보시스템구조가 갖는 비경제성, 비능률성, 사용자 불편성 등의 문제점을 가격대비 성능이 우수하고 호환성이 높은 개인용 컴퓨터 위주의 정보시스템으로 경량화하는 것이다. 즉, 기업의 기간 전산화 작업을 LAN을 중심으로 한 네트워크 자료처리 플랫폼으로 이행하는 것으로써 메인 프레임이나 중형 컴퓨터보다 PC가 중요한 정보처리자원으로 사용된다. 표 2.2는 다운사이징의 장단점을 비교한 것이다.

표 2.2 다운사이징의 장·단점

장 점	단 점
• 업무 재설계 및 리엔지니어링에 적합한 정보시스템 • 현업실무와 전산의 높은 적합성 • 비용절감 • 높은 호환성 • 멀티미디어 환경에 적합	• 운영 및 통제의 분산으로 인한 낮은 보안성과 안정성 • 유지 및 관리의 어려움 • 기존 시스템의 폐물화 • 새로운 시스템에 대한 적응의 어려움

다. 리스트럭처링

리스트럭처링(Restructuring)은 기업의 경쟁력 강화와 비전달성을 목표로 전사적 차원에서 미래사업 구조를 근본적으로 재구축하는 경영혁신기법이다. 이는 급변하는 글로벌 경쟁환경의 변화 속에서 기업이 생존과 성장을 위해 제시한 미래의 비전을 사업구조 차원에서 구체화시키는 방법이다. 비전이 기업의 추상적인 미래지향점이라면 리스트럭처링은 이러한 비전을 달성할 수 있는 해답을 사업 구조의 재구축을 통해서 제시하는 경영기법이다.

리스트럭처링은 도입 초기에는 LBO(Leveraged Buy Out: 매수된 기업의 자산을 담보로 차입하는 것)나 전략적 제휴까지를 포괄하는 개념으로서 M&A(Merger & Acquisition: 기업 간의 인수나 합병)를 적극적으로 활용하여 사업단위를 재구축하는 전략을 의미하였다. 그러나 일본에서는 "리스트라"라는 용어로 변형되어 경영합리화, 사업의 축소, 인원감축 등의 명분으로 사용되었다. 사업재구축이라는 말로도 표현되는 리스트럭처링의 시행절차는 그림 2.1처럼 비전 및 미래 목표의 설정에서부터 확정에 이르기까지의 6단계로 구성된다.

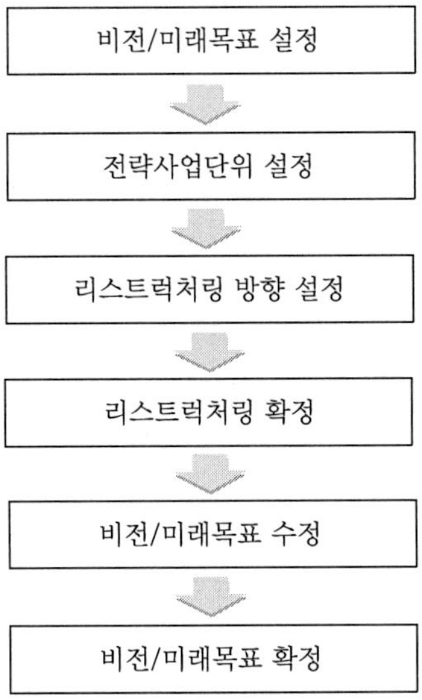

그림 2.1 리스트럭처링 시행절차

라. 벤치마킹

벤치마킹(Benchmarking)은 어느 특정 분야에서 우수한 상대를 표적으로 삼아 자기 기업과의 성과차이를 비교하고 이를 극복하기 위해 그들의 뛰어난 운영 프로세스를 배우면서 부단히 경영혁신을 추구하는 기법이다. 즉, 뛰어난 경쟁회사의 장점을 흡수하여 자사의 역량을 키우는 것이다. 벤치마킹은 경영의 효율성과 자원 활용도를 높임으로써 궁극적으로 고객의 요구충족과 경쟁우위확보에 그 목적이 있다. 벤치마킹은 제품, 서비스 및 업무흐름뿐만 아니라 각 비즈니스 시스템 단위나 그 하위 레벨에서도 적용이 가능하다. 일반적으로 벤치마킹은 내부 벤치마킹, 경쟁사 벤치마킹, 기능 벤치마킹, 원천적 벤치마킹 등으로 구분되며, 그 특징은 표 2.3과 같다.

표 2.3 벤치마킹의 특징

형 태	대 상	방 법	비 고	예
내부 벤치마킹	자사 내 타부서	자사 내 비슷한 기능을 수행하는 부서를 비교기준으로 삼아 벤치마킹	관련자료 수집이 용이	유사한 기능을 수행하는 부서 간의 비교

표 2.3 벤치마킹의 특징 *(계속)*

형태	대상	방법	비고	예
경쟁사 벤치마킹	경쟁사	유사한 업무를 기준으로 경쟁사와의 비교를 통한 벤치마킹	경쟁사 정보수집의 어려움 경쟁사와 정보공유 협상 필요	자사와 주 경쟁사와의 비교
기능 벤치마킹	타 업종의 기업	업종에 관계없이 문제가 되는 분야의 최우수기업을 대상으로 벤치마킹	타 업종 운영방식의 자사 적용 가능성 여부 조사	로지스틱스 - Xerox와 L.L Bean
원천적 벤치마킹	위에서 언급한 대상 모두 가능	기능 벤치마킹의 일종 수주, 발주, 고객서비스 업무 등 기본적인 운영절차에 대한 벤치마킹	가장 근본적인 벤치마킹의 형태 최고의 방법 발견이 가장 용이	수주, 발주 업무

마. 동시공학

동시공학(CE: Concurrent Engineering)은 제품의 디자인에서 생산에 이르기까지의 전 과정을 동시에 수행함으로써 생산 리드타임을 획기적으로 단축시키는 기법이다. 일관화 엔지니어링이라고 불리기도 하는 동시공학은 신제품의 적기출하를 목표로 한다. 이 기법은 제품개발과정을 제품의 라이프사이클로 간주하고, 제품개발과정이 더욱 짧고 원활하게 처리될 수 있도록 재구축한다. 동시공학은 보통 10단계로 추진되는데 도표로 표현하면 그림 2.2와 같다.

바. 물류혁신

물류혁신(Logistics Innovation)이란 조달, 생산, 판매의 전 과정에 걸치는 물류과정을 통합적으로 관리하여 총 물류비 절감과 대 고객 서비스 증진을 추구하고 이를 바탕으로 기업의 경쟁력을 제고시키기 위한 혁신기법이다. 또한 물류시스템의 하부구조인 수송, 보관, 하역, 포장, 정보 등의 각 요소를 효율적으로 관리하여 고객의 요구를 충족시키는 것이 중요한 과제이다. 특히 물류혁신에서는 물류기기 및 시설의 표준화와 이를 바탕으로 한 일관된 시스템의 구축이 선결되어야 한다. 이 밖에도 생산물 통합전략을 뒷받침해 주기 위한 물류정보시스템의 구축, 효율적인 피킹 및 소팅 시스템, 적정 재고의 유지 및 관리를 위한 재고관리시스템, 창고자동화 등도 물류혁신의 중요한 과제로 포함된다.

1. 공학의지 표명
2. 동시공학 교육 실시
3. 목표 설정
4. 마스터플랜 작성
5. 제품개발 프로젝트 선정
6. 추진멤버 및 체제구축
7. 킥오프 및 제품개발 프로세스 구상
8. 기술부문 매니저 교육
9. 모델제품 개발 착수
10. 동시공학 정착

그림 2.2 동시공학 추진 10단계

사. EIS/DSS

EIS(Executive Information Systems: 중역정보시스템)는 기업 내 가장 중요한 의사결정을 하는 경영계층인 최고 경영층의 의사결정에 필요한 정보를 제공하고 필요한 경우 의사결정을 지원하는 시스템이다. 일반적으로 경영자가 필요로 하는 정보는 요약정보(Comfort Information), 경고정보(Warning Information), 주요지표(Key Indicator), 상황정보(Situational Information) 등과 같이 네 가지로 나눌 수 있다. EIS의 구체적 구현은 그림 2.3의 모델을 따른다.

DSS(Decision Support Systems: 의사결정지원시스템)는 여러 가지 의사결정 문제를 해결하기 위해 복수의 대안을 개발하고, 비교, 평가하며, 최적 안을 선택하는 의사결정과정을 지원하는 정보시스템이다. DSS의 사용자는 주로 기업경영의 주요 의사결정을 담당하는 경영 관리자들이다. 이들은 당면한 의사결정에 가장 적절한 모델을 모델베이스(의사결정에 필요한 다양한 모델들을 저장)로부터 제공받거나 직접 입력한 다음, 대안들을 평가하고 분석하여 최적의 대안을 선택하는 의사결정 과정을 수행한다. 일반적인 DSS의 구성은 그림 2.4와 같다.

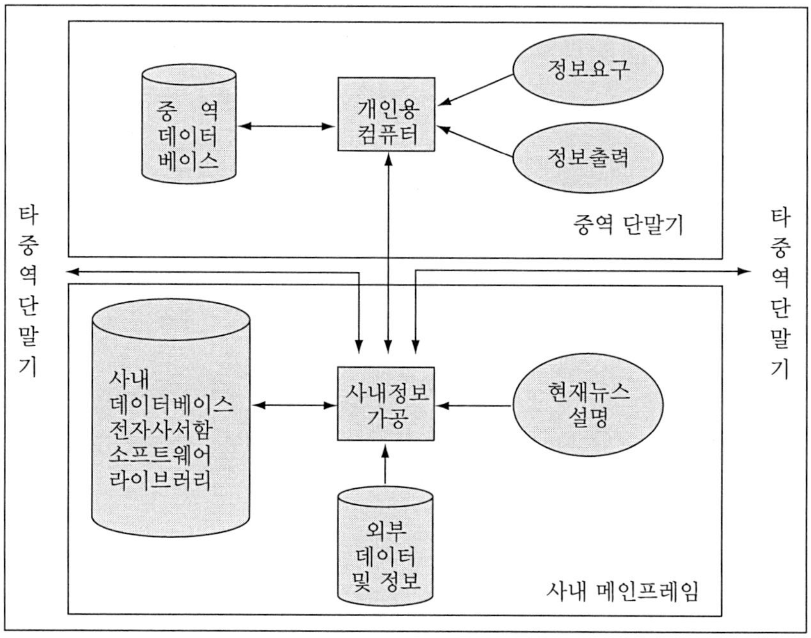

그림 2.3 EIS 모델

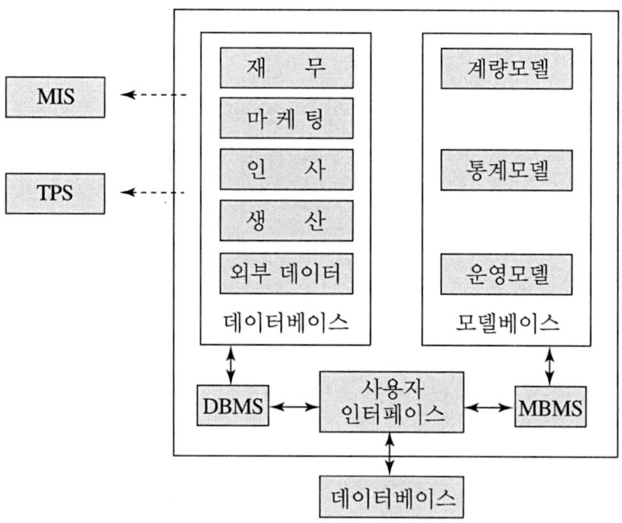

그림 2.4 DSS 구성

아. 시간기준경쟁

시간기준경쟁(TBC: Time-based Competition)은 제품의 기획 및 개발단계에서부터 최종소비자에 대한 서비스에 이르기까지의 전 비즈니스 과정에서 시간이란 측면의 경쟁우위를 확보하기 위한 경영기법이다. 이 전략은 품질, 비용, 시간이라는 경영자원 가운데 시간을 가장 중요한 경쟁자원으로 활용하여 급변하는 고객의 요구에 신속하게 대응하는 것을 중요한 경영목표로 삼는다. 시간의 부가가치를 높이면 자연히 제품과 서비스의 품질은 향상되고 장기적으로는 비용의 절감이 필연적으로 나타난다는 것이다. 시간기준경쟁은 규모의 경제 대신 속도의 경제를 강조하고, 시간을 단축하면 비용이 증가할 것이라는 가정을 허무는 데에 결정적인 기여를 했다. 제품을 다양화하고 대응시간을 줄이면 오히려 비용이 감소한다는 사실을 입증해 보였다. 시간기준경쟁은 비용 및 시간의 경감을 목표로 하는 BPR과 추구하는 목표에서 공통점을 가지고 있지만 시간기준경쟁이 성장 지향적인 반면 BPR은 축소 지향적이라는 점에서 방법론을 달리하고 있다. 시간기준경쟁은 지난 1980년대 보스턴컨설팅그룹(BCG: Boston Consulting Group)의 토마스 하우트와 조지 스톡 부사장에 의해 처음 창안되었고 현재는 광범위하게 사용되는 경영기법의 하나가 되었다.

자. 전사적 자원관리

전사적 자원관리(ERP: Enterprise Resource Planning)는 재무, 인사, 생산 등 기업의 전 부문에 걸쳐 독립적으로 운영되던 시스템을 하나로 통합해 기업 내의 물적, 인적 자원의 활용도를 극대화하고자 하는 것이다. 따라서 ERP를 구축한 기업의 경우 한 부서에서 데이터를 입력하기만 하면 전 부서에서 업무에 반영해 즉시 처리할 수 있게 된다. 생산, 영업, 구매, 재고관리, 회계부서 등 모든 부서가 업무에 관련된 정보를 갖게 되는 것이다. 이러한 경영혁신기법은 ERP 패키지(소프트웨어)를 통해서 실현된다.

차. 아웃소싱

아웃소싱(Outsourcing)은 기업 내부의 경영활동을 기업 외부의 제 3자에 위탁해 처리하는 경영기법으로 인소싱과 반대되는 개념이다. 경쟁의 심화로 인해 한정된 시간과 자원을 가진 기업이 기업의 모든 경영활동을 처리하기 힘들어지면서 핵심 부분에 기업의 역량을 집중시키고 나머지 부분은 전문적인 기업에 위탁함으로써 경쟁력을 극대화하는 전략이다.

2.2 조직 내 마인드(Mind) 조성을 통한 경영혁신

가. 전략경영

전략경영(Strategic Management)이란 상대방을 제압하기 위한 적극적 사고방식을 바탕으로 하는 전략을 수립하여 사용하는 기법이다. 전략경영의 기본적 접근방식은 상대방에게 이기는 것을 목적으로 전략을 세우는 것보다는, 어떠한 적극적인 방식으로 경쟁의 효과(Effectiveness)를 높일 수 있는가에 중점을 둔다. 따라서 상대방과의 경쟁에서 우위를 차지하기 위해서는 기업의 장단기적 목표를 구분 설정하고 이에 맞는 적절한 계획을 구상, 실행에 옮겨야 한다.

나. 가치공학

가치공학(VE: Value Engineering)은 원가절감과 제품가치를 동시에 추구하기 위해 제품개발에서부터 설계, 생산, 유통, 서비스 등 모든 경영활동의 혁신을 추구하는 경영기법이다. 또한 가치공학은 다양한 목표를 수용, 그 목표를 가장 값싸고 효율적인 방법으로 달성하는 길을 찾는 기법이다. 가치공학이 다른 혁신기법과 다른 점은 가치공학은 문제를 해결하는 방법론을 제공한다는 점이다. 가치공학은 BPR과는 보완적인 관계에 있다. BPR을 추진하기 위해 가치공학을 도입하면 효과를 배가할 수 있다. 특히 가치공학은 본 고장인 미국에서 입법화 움직임이 일고 있어 미국시장에 진출하려는 업체들은 가치공학을 의무적으로 도입해야 한다.

다. 기업 아이덴티티

기업 아이덴티티(CI: Corporate Identity)는 통합적인 기업 이미지를 형성하고 내재화시킴으로써 기업문화를 기업비전과 전략에 맞추어 변화시키는 경영혁신기법이다. 기업 아이덴티티는 변화하는 환경 속에서 기업의 정체성을 확보함으로써 기업의 사회적 역할, 기업과 종업원 간의 공통목표, 기업비전 등을 명확하게 인식하는데 기여한다. 기업 아이덴티티는 기업비전과 사업구조에 맞추어 새로운 기업문화를 창출하는 데 중요한 역할을 하는 경영기법으로서, 보다 구체적으로는 사고 아이덴티티(MI: Mind Identity), 행동 아이덴티티(BI: Behavior Identity), 시각 아이덴티티(VI: Visual Identity)를 통해서 달성된다.

라. 비전수립

비전수립(VM: Vision Making)은 조직의 바람직한 미래상을 제시하고 기업에게 목표와 장기적인 운영에 대한 방향을 제공해줌으로써 경영 프로세스의 기본조건을 변화시키는 경영혁신기법이다. 따라서 비전수립은 기업의 특정부문이 아니라 전사적 차원에 영향을 끼치는 근본적인 혁신기법으로 비전수립은 새로운 기업이념을 바탕으로 마땅히 있어야 할 기업의 미래 모습과 거기에 도달하는 시나리오를 제공해 준다. 그리고 기업의 현재와 미래를 연결시켜 주는 고리로서 기업이 추구해야 할 가치를 제시해 주고 이를 토대로 조직 구성원들 간에 공감대를 형성해 준다. 또한 이를 통해 조직에 활력을 불어넣어 주며 직무에 의미를 부여해 주는 역할을 수행한다.

비전수립은 조직의 창설단계뿐만 아니라 조직의 전체 라이프사이클에 걸쳐 조직의 방향을 재설정하거나 완전히 새롭게 변신할 수 있도록 하는 데 꼭 필요한 경영혁신기법이다. 비전수립은 환경의 불확실성이 증가하면서 분석 일변도적인 태도로부터 직관이 중시되고, 안정적 환경 속에서 형성된 패러다임 전환이 필요해지면서 근래 더욱 각광을 받게 된 기법으로서 경영혁신의 종착점이 아니라 출발점이 된다.

마. 지식경영

지식경영(KM: Knowledge Management)은 기술과 지식, 정보 등의 무형자산이 기업의 부가가치 창출에 결정적인 역할을 하게 됨에 따라 새로운 경영 패러다임으로 자리 잡고 있다. 지식경영이란 기업 업무수행에 핵심적인 지식이나 노하우의 사내공유 및 창조를 활성화해 경쟁력을 강화하려는 경영혁신 방식이다. 전 세계 선진기업에서는 지식경제로의 변화에 대응해 조직구성원 개개인의 지식이나 노하우를 체계적으로 발굴하고 이를 공유하는 문화 및 제도 정착에 많은 힘을 기울이고 있다. 지식경영 정착을 위한 가장 중요한 관건은 바로 지식공유문화의 정착이다. 조직 내 각 기능간의 벽을 없애고 직원들 간의 네트워킹을 활성화시키는 다양한 제도의 시행이 필요하다. 또한 사내정보네트워크의 활용을 극대화하는 것은 지식경영의 전제조건은 아니지만 지식경영을 성공적으로 실현하는데 매우 효과적인 수단이 될 수 있다.

바. 고객만족경영

고객만족경영(CSM: Customer Satisfaction Management)은 고객 중심적 사고를

바탕으로 고객만족, 고객지향성, 고객감동 등을 이익창출을 위한 가장 중요한 경영 목표로 설정하고, 이를 위해 기업의 모든 경영활동을 집중하는 경영기법이다. 고객 만족이란 고객이 제품 또는 서비스에 대해 기대하는 것을 그 이상으로 충족시켜 고객을 감동시킴으로써 고객의 재 구매율을 높이고 고객의 선호가 지속되도록 하는 것이다. 고객만족을 높이기 위해서는 고객의 기대를 충족시킬 수 있는 품질을 제공해야 하고 고객의 불만을 효과적으로 처리해야 한다. 따라서 고객만족경영은 시장 점유율 확대나 원가절감이라는 단기적인 목표보다 고객만족을 궁극적 경영목표로 추구한다. 구체적으로는 고객의 만족도를 고객의 입장에서 평가하고 계량화 시켜, 경영지표로 삼아 개선활동을 전개해 나간다.

사. 전사적 품질경영

생산량을 높이고 불량률을 낮추기 위해 전통적으로 품질관리(QC), TQC(전사적 품질관리)기법이 쓰였으며 여기서 그치지 않고 생산현장이 아닌 그 이외의 부분에서도 품질의 개념이 적용된 전사적 품질경영(TQM: Total Quality Management)이라는 개념이 등장하였다. 다시 말해, TQM에서는 제품이나 서비스의 품질뿐만 아니라 경영과 업무, 직장환경, 조직구성원의 자질까지도 품질이라는 개념을 도입하여 관리하는 대상으로 파악한다. 품질의 향상이라는 개념은 점점 발전하여 다음에 나오는 6 시그마로 이어지게 되었다.

아. 6 시그마

6 시그마(Six Sigma)는 모토로라에서 1980년대에 창안된 개념으로써 여기서의 시그마는 확률에서의 표준편차를 의미한다. 6 시그마는 어떠한 행위를 했을 경우 그 결과가 목표범위에 들어올 확률이 99.99966%가 되는 것을 의미하고 이것은 다시 말해 100만 번 중에 3번의 실수만 일어난다는 의미가 된다.

6 시그마는 객관적인 통계수치를 바탕으로 현재 기업의 여러 활동을 평가하고 이를 바탕으로 제품과 서비스의 품질을 높일 수 있고 반대로 원가는 떨어뜨리는 효과를 가져 온다. 또한 6 시그마는 기업 전체의 사고방식에 변화를 가져온다. 6 시그마 프로젝트의 훌륭한 성공사례로 평가되고 있는 GE의 경우 6 시그마를 도입한 후 2년 간 직원들을 교육시키는 데 5억 달러 이상을 투자하였다. 하지만 6 시그마를 도입해서 회사가 얻은 비용절감의 이익은 직원의 교육에 투자한 것 보다 훨씬 상회한다.

3. BPR

3.1 BPR의 정의

마이클 헤머는 BPR에 대해 주요 '프로세스'를 전사적인 관점에서 보고 단가, 품질, 서비스, 속도와 같은 수행능력을 극적(Dramatic)으로 향상시키기 위해 비즈니스 프로세스를 '근본적(Fundamental)'으로 새롭게 생각하고 '급진적(Radical)'으로 재설계하는 것이라고 정의하였다.

프로세스란 하나 이상의 입력을 받아들여 고객에게 가치 있는 결과를 산출하는 행동들의 집합이다. 아담 스미스의 분업화와 전문화의 원칙에 따라 현재의 기업들과 그 경영자들은, 기업의 업무 프로세스가 아니라 이 프로세스 내의 개별적인 과업에 초점을 맞추고 있으며, 그 결과 원하는 제품을 주문한 고객에게 제공한다는 보다 큰 목표를 보지 못하고 있다.

근본적이란 과거의 품질향상 운동이나 생산성 배가 운동같이 근본을 고려하지 않은 기능(Function) 위주의, 소극적이고 점진적인 개선이 아닌, 기능들의 집합체인 프로세스의 흐름에 있어서의 근본과 종결을 모두 고려하여 새로운 프로세스로의 개선을 통해 파급효과를 최대화시키는 것을 말한다. 즉, BPR을 수행함에 있어서 기업에 대해 왜 우리는 지금 우리가 하는 일을 하는가? 그리고 왜 그것을 지금 우리가 하는 방법으로 해야 하는가? 라는 가장 근본적인 질문을 해야 한다는 의미이다.

급진적이란 고정관념의 타파를 의미하며, 프로세스는 기업 내부의 고객과 외부의 고객에게 가치를 전달하는 시작에서 끝까지의 과정, 즉 업무의 횡적 흐름을 의미한다. 이것은 오랫동안 경영원리의 하나였던 분업에 정면 도전하는 개념이다.

여기서 주목해야 할 것은 종적인 기존의 조직은 횡적인 프로세스의 개념에 상치된다는 것이며 따라서 조직개편이 BPR에 필연적으로 수반된다는 점이다. BPR의 대상은 가치의 흐름이다. 가치의 흐름은 고객에게 가치를 창조하는 프로세스들로 구성되는 일련의 순서이다. 예를 들면, 구매의 가치흐름연쇄는 재고파악, 주문작성, 공급자 선정, 구매주문 등의 흐름을 갖는다. 가치흐름에는 반드시 시작과 끝이 있다. 주문처리는 고객의 주문으로부터 시작하고 인도로 끝난다. 제조활동은 조달행위로부터 시작하여 선적으로 종료된다. 지금까지 이러한 가치흐름에 포함되어 있는 기능들은 마치 사일로(Silo)처럼 별개로 진행되어 왔는데, BPR은 업무기능 간 상호 연계되는 프로세스의 흐름을 추적하고 개선하고자 하는 혁신방법인 것이다.

3.2 BPR의 7가지 원칙

업무 중심의 배치가 아닌 결과 중심의 배치가 되게끔 하라. (Organize around outcomes, not tasks)
프로세스의 결과물을 필요로 하는 자가 그 프로세스를 수행하게 하라. (Have those who use the output of the process perform the process)
정보가 발생되는 곳에서 정보의 처리절차를 완료하라. (Subsume information-processing work into the real work that produces the information)
지리적으로 떨어져 있는 정보의 원천들은 집중화된 것처럼 간주하라. (Treat geographically dispersed resources as though they were centralized)
활동들을 일련선상에 두지 말고 동시 다발적으로 병행시켜라. (Link parallel activities instead of integrating their results)
업무가 행해지는 곳에서 정책판단이 이루어지게 하라. (Put the decision point where the work is performed, and build control into the process)
정보의 입력은 발생지역 단 한 곳에서만 이루어지도록 하라. (Capture information once and at the source)

그림 2.5 BPR의 7대 원칙

가. 업무 중심의 배치가 아닌 결과 중심의 배치가 되게끔 하라.

하나의 프로세스 내에 수반되는 모든 단계의 업무를 한 사람이 모두 처리하게끔 하라는 의미로 해석될 수 있다. 예컨대 구매신청을 받아서 입력, 창고확인, 운송, 조립에서 제품을 인도하기까지 여러 부서가 개입되어 개별적인 업무를 담당하고 있다면 이는 결과물 중심의 인원배치가 아닌 업무중심의 인원배치라고 할 수 있다. 즉, 이들 다섯 개의 업무를 하나의 업무부서가 맡게 하면 부서 간 자료이동 시의 오차를 방지할 수 있고 시간을 단축시키며, 또한 고객은 단 하나의 부서만을 상대로 전체 구매일정이 어느 순서에 이르렀는지를 쉽게 알 수 있게 된다.

나. 프로세스의 결과물을 필요로 하는 자가 그 프로세스를 수행하게 하라.

회사 내의 여러 부서에서 필요한 각각의 물품들의 구매활동이 구매부서에서 일괄적으로 발생한다고 했을 때 프로세스의 결과물을 필요로 하는 자와 실제 프로세스를 행하는 자가 이원화되어 있다고 할 수 있다. 물품구매와 관련한 데이터베이스 및 주문시스템을 모든 부서에서 사용할 수 있게 한다면 물품이 필요한 자가 직접 구매주문을 하게 되고 이원화에서 오는 의사전달 상의 착오와 경비 및 시간 손실을 막을 수 있다.

다. 정보가 발생되는 곳에서 정보의 처리절차를 완료하라.

어떤 부서에서는 정보가 발생되고 다른 부서에서는 그 정보를 이용하여 다른 행위를 했을 때 정보 생산자와 정보 처리자가 이원화되었다고 할 수 있다. 정보를 생산하는 자가 정보의 생성과 동시에 필요한 추가 정보처리업무를 수행하여야 한다. 예컨대, 창고에서 입고된 제품의 내역을 입력하면 회계부서에서 입력된 자료와 영수증 자료를 비교 확인하는 작업을 했던 포드사는 프로세스를 재설계하여 입고 창고에서 회계부서의 자료를 볼 수 있게 함으로써 현장에서의 검증확인이 완료되게 하여 업무를 간소화시킬 수 있었다.

라. 지리적으로 떨어져 있는 정보의 원천들은 집중화된 것처럼 간주하라.

휴렛팩커드의 제품생산공장에는 50여종의 개별적인 제품생산단위들이 각기 독자적인 주문 데이터베이스와 구매자를 바탕으로 물품을 구매하고 있었는데, 서로 다른 지역에서 서로 다른 데이터베이스를 바탕으로 진행되던 물품구매신청을 하나로 통합함으로써 협상을 단일화시키고 시간을 단축시켰으며 보다 싼 가격으로 물품을 구매할 수 있게 되었다.

마. 활동들을 일련선상에 두지 말고 동시 다발적으로 병행시켜라.

기존의 업무진행방식은 하나의 업무가 끝나면 그 다음 부서로 이관되면서 업무가 진행되는 연속적인 방식이다. 하나의 업무가 종료되기까지에는 많은 시간이 소요될 뿐만 아니라 자기 부서로부터 떠난 업무의 진행상황을 알 수 없다. 따라서 하나의 결과를 얻기 위해 진행되는 각각의 프로세스들은 동시에 병행시켜 진행시켜야 한다. 동시 진행이 가능하기 위해서는 공유되는 데이터베이스와 원활한 의사소통구조가 뒷받침 되어야 한다.

바. 업무가 행해지는 곳에서 정책판단이 이루어지게 하라.

정보를 입수하는 곳에서 일하는 사람은 판단을 내릴만한 능력이나 시간상의 여력이 부족하다는 선입견으로 인해 기존의 업무구조에서는 피라미드 구조의 조직형태를 지니게 되었다. 정보기술의 지원을 통해 정형화된 판단 및 정보 컨트롤이 가능하게 하여 정보가 수집되는 바로 현장에서 가능한 많은 의사결정이 이루어지도록 해야 한다.

사. 정보의 입력은 발생지역 단 한 곳에서만 이루어지도록 하라.

동일한 정보를 사용하는 여러 지역에서 정보의 채집이 병행하여 발생할 때 필요 없는 지출이 발생할 뿐만 아니라 많은 중복에러를 발생시키게 된다. 따라서 정보의 입력은 발생지역 단 한 곳에서만 이루어져야 한다.

3.3 BPR과 다른 경영혁신기법과의 비교

BPR이란 조직의 비즈니스 프로세스에 대한 전반적인 재설계와 재고를 통해 조직의 급격한 변화를 초래한다. 즉, 전혀 새로운 정보기기나 기술을 사용하는 것이 아니고, 기존에 사용하고 있는 또는 사용이 가능한 정보기기나 정보기술을 혁신에 이용하는 데에 중점을 둔다. 이러한 BPR은 경영개선(KAIZEN), 대량생산(Mass Production), 대량고객(Mass Customization), 자동화(Automation), TQM, 테일러리즘(Taylorism) 등의 개념과 비교될 수 있는데, 이에 대한 내용은 다음과 같다.

가. 경영개선

KAIZEN이란 "개선"이라는 뜻의 일본말로 프로세스를 더욱 효과적이고(Effective) 효율적이도록(Efficient)하고 유연하도록(Adaptable) 하는 연속적인 프로세스 향상을 말한다. 이러한 향상은 때로는 기술개선이나 비용의 지출이 없이 이루어지기도 하는데, BPR과 다른 점은 표 2.4와 같다.

표 2.4 KAIZEN과 BPR의 비교

구 분	KAIZEN	BPR
변화 정도	보완	기본
출발점	현재	원점
변화 영역	기능 내 작은 영역	기능 간 전 영역
구축 툴	통계	정보기술
성과 목표	10~20% 향상	50% 이상 향상
요구 시간	장기간	단기간

나. TQM

고객의 기호가 고급화되어 감에 따라 고품질의 제품을 고객에게 제공하기 위한 목적으로 제품생산의 모든 과정에서의 품질향상을 위한 노력을 말한다. TQM(Total Quality Management: 전사적 품질관리)과 BPR의 비교는 표 2.5와 같다.

표 2.5 TQM과 BPR의 비교

구 분	TQM	BPR
목표	일부 개선을 통한 경영혁신	조직의 근본적 변환
대상	업무, 절차	전과정
변화 정도	연속적, 일부분	불연속, 전체
정보 기술	선택적	필연적

다. 테일러리즘

테일러리즘(Taylorism)은 프레드릭 테일러에 의해 수립된 과학적 경영의 효시가 되는 개념으로, 오랜 기간 동안 이러한 과학적 경영기법은 산업경영에 있어 교과서적인 역할을 담당하여 왔다. 테일러리즘과 BPR의 비교는 표 2.6과 같다.

표 2.6 Taylorism과 BPR의 비교

구 분	Taylorism	BPR
구축 툴	스톱워치, 통계	정보기술
대상 기능	생산관리	기업전체
지향	대량생산	고객만족
시기	산업혁명기	정보혁명기

라 대량생산

대량생산(Mass Production)이라 함은 단일제품을 좀 더 싸게 생산하기 위하여 사용되었던 방법으로 하나의 생산설비는 하나의 제품에 특화되어 있어 그 제품을 생산하는 데에는 효율적이나 그 제품이 더 이상 경쟁우위를 차지하지 못할 경우에는 생산라인 전체가 변경되어야 하는 비효율적인 면을 갖고 있다. 즉, 대량생산이 BPR과 다른 점은 제품이나 프로세스의 변화가 없이 규모의 경제(Economies of Scale)를 추구한다는 것이다.

마. 대량고객

대량고객(Mass Customization)이라 함은 고객의 다양한 요구를 수용하여 그에 맞는 다양한 제품을 생산하려는 전략이다.

글로벌 경쟁 사회에서 고객의 기호는 날로 높아지고 있어 고품질을 유지하는 것이 중요하다. 따라서 이는 TQM와 병행을 이루기도 한다. 따라서 이는 프로세스의 변화없이 제품을 변화시키려 하는 데에서 BPR과 구별된다.

사례연구

1장의 GE가 당면한 경영환경에서 보듯이 GE는 여러 어려움에 처해 있었다. 잭 웰치가 GE의 경쟁력 확보를 위해 시도한 것 중 하나는 리스트럭처링이다. 잭 웰치는 각 사업분야에서 1위나 2위가 되는 것을 목표로, 그렇지 않은 사업분야에서는 과감히 철수하고 매각하는 전략을 설정하였다 냉 난방기 사업과 같은 수익성이 낮은 사업부와 경영방침에 맞지 않는 사업부, 경쟁력이 없는 사업부를 과감히 매각하여 경쟁력 있는 사업분야로의 재투자가 이루어졌다. 이 개념은 GE의 전략으로 대표되었다. 잭 웰치의 GE의 보다 "슬림 하고 민첩"이라는 모토의 결과 GE는 1981년에서 1988년까지 59,290명의 정규직과 64,160명의 비정규직을 해고하게 된다. 그 결과 잭 웰치는 '중성자탄 잭'이라는 별명을 얻게 되었다.

또한 불필요한 관료주의 제거를 목표로 조직을 재개편 하였으며 중간 관리층과 본사의 전략수립 스태프들을 감원하였으며 복잡한 의사결정과정을 간략하게 변화시켰고 섹터 단위로 이루어지고 계층화된 조직을 간소화하고 모든 사업부에서 직접 잭 웰치에게 보고하는 체계를 갖추어 조직을 개편하게 된다.

이러한 혁신의 결과 GE는 1981년 272억 달러였던 수익이 1985년 292억 달러로 증가하였으며 그 중에서 영업이익은 16억 달러에서 24억 달러로 극적인 향상을 가져오게 된다.

잭 웰치는 #1, #2 전략을 "three circle concept"로 보다 정교하게 만들었다. 비즈니스는 핵심(품질과 생산성 향상에 재투자), 고도 기술(R&D에 투자함으로써 기술력 선도지위 유지), 서비스(뛰어난 인재를 확보하고 지속적인 합병)로 분류되었다.

잭 웰치는 조직의 재구성, 관료주의 타파, 다운사이징 등을 통해 경영혁신의 추진력을 얻을 수 있었으나 GE의 근본적인 문화적 변화 없이는 이러한 추진력이 힘을 잃을 수 있다고 판단하였다. 이러한 이유에서 시도한 것이 워크아웃이다. 비전 공유와 논의만 하고 정작 실행을 하지 못하는 관료주의적인 회의의 폐단을 없애기 위해 실시한 워크아웃 제도는 자신의 의견을 주저없이 표현할 수 있는 분위기를 갖춘 GE 크로톤빌 연수원에서 실시되었다. GE 직원들은 그들이 업무에서 직접 겪게 되는 여러 문제점들에 대한 자신들의 의견을 피력했다. 일반적으로 워크아웃은 3일 동안 지속되는데 관리자가 주요 논제와 대략적인 과제를 제시하고 난 후 직원

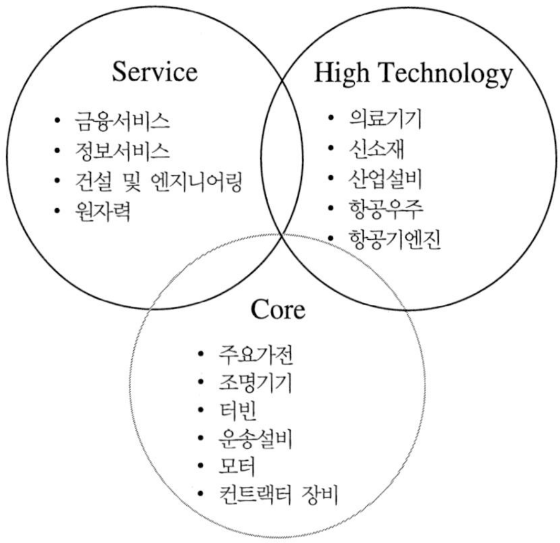

3 Circle Concept

들은 문제와 해결방안에 대한 토론을 하여 발표준비를 하고 마지막에 관리자가 직원들의 토론결과를 듣고 그 자리에서 바로 Yes 혹은 No의 의사결정을 내리게 된다. 이러한 워크아웃 프로그램은 업무는 그 업무를 직접 수행하는 사람이 가장 잘 알고 있다는 것과 자유롭게 자신의 의사를 표현할 수 있는 분위기 속에서 수행되었다.

또한 GE는 GE보다 높은 생산성을 보이는 포드, 휴렛 팩커드, 제록스 등 9개의 회사를 선정하여 이들 회사의 공통점을 찾아 GE의 업무와 어떻게 다른지를 파악하고 이들 회사의 장점을 조직에 소개하는 교육 프로그램을 만들어내는 Best Practice라는 제도를 만들게 된다.

조직의 문화를 변화시키기 위한 또다른 시도로 GE는 'Stretch'라는 것을 도입하게 된다. 'Stretch'는 불가능한 것을 달성하는 것을 기치로 직원에게 진취적인 사고방식을 심어주기 위한 제도였다. GE는 'Stretch'를 통해서 현실적으로 불가능해 보이는 목표를 설정하고 그 목표를 향해 도전하도록 장려하였으며 실제로 그 목표를 달성 시 보상을 해주고 또한 그 목표에 도달하지 못하더라도 그것에 대해 처벌하지 않는 문화를 중시하였다.

위에서 소개된 여러 변화를 바탕으로 GE는 조직의 문화를 솔직하고 현실적이며 열려있는 문화로 변화시켰으며 빠르고 명쾌하고 자신감 넘치는 조직문화를 형성하게 되며 직원들에게도 적극적이고 개방된 사고방식을 심어주어 결과적으로 높은 생산성을 유지하게 된다.

1. GE의 사례에서 파악할 수 있는 GE의 경영혁신 기법을 모두 나열하고 그것의 정의와 효과에 대해서 토의하라.

2. 리스트럭처링, 다운사이징 등의 경영혁신은 불가피하게 인원감축의 결과를 초래하는 경우가 많다. 이때 조직 구성원들을 효과적으로 설득하고 반발을 최소화 할 수 있는 방안에 대하여 생각해보자.

3. GE는 최근 회사의 모태라고도 할 수 있는 가전사업 부문을 매각하기로 결정했다. 이러한 결정의 배경을 위의 사례와 연관지어 토의해보고 이 결정이 GE에 가져올 영향에 대하여 논의해보라.

주요 단어

BPR(Business Process Reengineering)
가치공학(VE: Value Engineering)
고객만족경영(CSM: Customer Satisfaction Management)
기업 아이덴티티(CI: Corporate Identity)
다운사이징(Downsizing)
동시공학(CE: Concurrent Engineering)
리스트럭처링(Restructuring)
물류혁신(Logical innovation)
벤치마킹(Benchmarking)
비전수립(VM: Vision Making)
시간기준경쟁(TBC: Time-Based Competition)
전략경영(SM: Strategic Management)
전사적 자원관리(ERP: Enterprise Resource Planning)

토의 과제

1. 현대에 들어서 기업의 경영혁신이 필요한 이유를 논하시오.

2. 현대 경영의 패러다임 변화에는 어떠한 것이 있는가를 논하고, 그러한 변화에 대한 대처방안을 제시하시오.

3. 경영혁신기법에는 여러 가지가 있다. 각 기법들에 대해 설명을 하고, 공통점과 이점을 논하시오.

4. 여러 가지 경영혁신기법들의 활용사례를 찾아, 각 사례별로 특이한 점들을 비교하시오.

5. BPR의 장점과 단점을 다른 경영혁신기법들과 비교하여 열거하시오.

6. BPR 추진의 7가지 원칙을 우리나라의 예를 들어 설명하시오.

7. 우리나라에 있어서 BPR의 활용사례를 찾아보고, 성공전략 및 문제점을 논하시오.

8. BPR의 앞으로의 전망과 자신이 생각하는 나아갈 방향을 논하시오.

참고 문헌

1. Bakos, J. Y., and M. E. Treacy, Information Technology and Corporate Strategy: A Resaerch Perspective, MIS Quarterly, 10(2), 1986, p.107
2. Chandler, Strategy and Structure, p.16, Richard P. Rumelt, Strategy Structure and Economic Performance, Boston : Division of Research, Graduate School of Business Administration, Harvard University, 1974, p.10
3. Leavitt, H. J., and T. L. Whisle, Management in the 1980's, HRB November-December 1958, p.41
4. Quinn, James B., Strategies for Change Logical Incrementalism (Homewood, Ill.:Irwin, 1980).
5. Schendel & Hofer, Strategic management, Little Brown and Company, 1979, p.11-13
6. Suh, Eui-Ho., Management Information Systems for Strategy(2nd Revision), POSMIS Lab in POSTECH, 1997
7. The American Heritage Dictionary of the English Language 3rd ed. (Boston: Houghton-Mifflin, 1992).
8. Zeithmal, P., An Examination of the Contingency Relationship between Environmental Uncertainty, Business Strategy, and Performance, Unpublish doctoral dissertation, Maryland Univ.
9. 서의호, 중역정보시스템의 첫걸음, 하이테크정보, 1993. 4
10. 서의호, 정보와 경영전략 이야기, 월간 경영과 컴퓨터, 1996. 4
11. 조동성, 경영정책과 장기전략계획, 영지출판사, 1987, p.29-32
12. 한재민, 경영정보시스템, 하이테크정보, 1996

PART II

정보와 경영

❀ 바다와 나비 - 김기림 ❀

아무도 그에게 수심(水深)을 일러준 일이 없기에
흰나비는 도무지 바다가 무섭지 않다.

청(靑)무우 밭인가 해서 내려갔다가는
어린 날개가 물결에 절어서
공주(公主)처럼 지쳐서 돌아온다.

삼월(三月)달 바다가 꽃이 피지 않아서 서글픈
나비 허리에 새파란 초생달이 시리다.

현대사회에서는 경영환경 변화가 급속도로 바뀌기 때문에 정보의 가치가 매우 중요하다. 그리하여 무한경쟁에서 기업이 생존하기 위해서는 무작정 경쟁시장에 뛰어드는 것 보다 시장의 정보를 미리 획득하여 진출하는 것이 좋다. 또한 정보획득에 있어서 경쟁기업보다 발 빠르게 움직여서 앞서나가야만 생존할 수가 있다.

김기림님의 시 '바다와 나비' 에서 나오는 흰나비는 기업으로서 바다인 경쟁시장의 정보를 모르고 진출했다가 시련을 겪는다고 할 수 있다. 하지만 한 번 시련을 겪고 나서 그 경험을 토대로 더 나은 정보 획득을 통하여 기업의 목표를 달성해야 한다.

CHAPTER 3

정보의 본질과 역할

1. 정보의 본질

1.1 정보와 데이터

기업정보의 기본 요소인 데이터(Data)는 특정한 업무와 관련성이 있거나, 적절성 유무에는 관계없이 인간의 오감으로 받아들이는 음성, 이미지(Image), 사실(Fact) 등을 의미한다. 이러한 데이터를 특정한 목적에 맞게 분류, 여과, 요약한 자료를 정보(Information)라고 할 수 있다. 그리고 지식(Knowledge)은 사람이 어떤 행위나 의사결정에 지침을 제공하는 처리, 규칙, 생각, 본능의 결합이라 할 수 있다. 예를 들면, 의류 제조업체에서 옷을 만들기 위한 옷감은 데이터이며 이 옷감을 가지고 재단과정을 거쳐서 아동복, 숙녀복, 신사복을 만들었을 때 그 제품은 정보가 되며, 시장환경 변화에 따라 소비자의 욕구를 반영한 신제품을 만들었다면 신제품 개발의 의사결정은 경영자의 축적된 지식이라고 볼 수 있다.

기업이 필요한 정보를 창출하기 위해서는 가공할 데이터가 필요하고, 이 데이터를 가공하여 정보로 바꾸어 주는 과정이 필요하며, 이러한 데이터와 정보를 바탕으로 어떤 행동과 의사결정을 수행하는 지식이 수반되어야 한다. 이러한 지식은 그 결과를 기대치와 비교하여 수정된 의사결정을 할 수 있는 경험이 축적되어야 한다. 따라서 정보의 개념을 정보시스템과 종합하여 정의하여 보면 다음과 같다.

"사용자에게 의미 있게 가공된 데이터로 현재 또는 미래의 행동이나 의사결정에 영향을 미치는 축적된 지식의 체계"로 볼 수 있다. 그러나 이러한 정보는 누가, 어떤 정보를, 어디에 필요로 하는가에 따라 정보의 생성방법이 달라지게 된다.

1.2 정보의 질

경영자와 의사 결정자에게 가치 있는 정보가 되려면 표 3.1과 같은 특성을 가져야 한다. 대부분의 경우 가치 있는 정보는 정확성(Accuracy), 적시성(Timeliness), 관련성(Relevance), 신뢰성(Reliability), 경제성(Economical Efficiency), 완전성(Completeness), 간편성(Simplicity), 검증 가능성(Verifiability)을 가져야 한다.

표 3.1 가치 있는 정보의 특성

특 성	정 의
정확성	정확한 정보는 오류가 없어야 한다. 이는 "정확한 데이터가 입력되어야 정확한 정보가 발생한다(GIGO: Garbage In Garbage Out)"는 원리처럼 정보의 오류 및 왜곡을 제거한 정보의 속성을 의미한다.
적시성	정보를 필요로 하는 사람에게 적정한 시간에 정보가 제공되어야 한다는 것을 의미한다. 과거의 정보 보다는 최신의 정보가 의사 결정자에게는 더 의미가 있는 것이다.
관련성	정보를 필요로 하는 목적에 맞게 사용될 수 있는 정보를 제공하는 것이다. 가구 제조업자의 상품 디자인 정보는 의류 제조업자에게는 관심이 없는 것과 같은 의미이다.
신뢰성	보통 정보의 신뢰성은 자료수집방법의 신뢰성에 달려있다. 또한 정보원에 따라 신뢰성이 달라진다. 원유가격이 오를 것이라는 익명의 정보원으로부터의 소문은 신뢰할 수 없다.
경제성	정보는 생성하기에 경제적이어야 한다. 이는 정보의 가치가 정보의 생성비용보다 커야 한다는 특성이다.
완전성	정보 속에는 필요한 정보가 모두 포함되어 있는 상태를 말한다. 예를 들어 모든 중요한 비용이 포함되지 않는 투자보고서는 불완전한 정보이다.
간편성	의사결정에 필요한 데이터를 여과 및 요약과정을 거쳐 정보로 생성하여야 한다는 것이다. 너무 자세한 데이터는 의사결정에 혼란과 실수를 초래 할 수 있다.
검정 가능성	많은 정보원을 검토하여 정보의 정확성을 확인할 수 있어야 한다.

정보의 질은 정보가 의사결정에 얼마나 효과적으로 사용될 수 있는가의 측면으로 파악되며, 이러한 정보의 효과는 정보의 유용성, 사용자의 만족도, 오차와 편차 등에 의해 결정지어진다.

정보의 유용성은 필요한 정보의 구성(Form)과 시간(Time), 장소(Place), 그리고 소유(Possession)에 따라서 평가될 수 있다. 이는 정보의 구성형태가 사용자의 요구에 만족하면 할수록 가치가 높아지는 구성, 필요할 때에 사용 가능한 정보가 보다 많은 가치를 가지는 시간, 정보의 소유와 분배가 용이하여 가치가 높아지는 장소, 정보 소유자가 정보의 분배를 통제함으로써 정보가치에 영향을 주는 소유로 구분할 수 있다.

사용자의 만족은 의사 결정자가 공식적인 정보시스템으로부터 출력된 정보에 대한 만족 정도를 의미한다.

의사 결정자는 정보의 양보다는 정보의 질을 더 선호한다는 측면에서 오차와 편이(Error & Bias)도 정보의 효과를 좌우한다. 정보의 질은 사실과의 일치성 정도에 의존되며 이것은 오차와 편이로 측정할 수 있다. 오차와 편이의 발생 원인을 조사하여 보면 다음과 같다.

- 올바르지 못한 자료의 측정과 수집방법
- 적절한 처리절차의 실패
- 자료의 손실 또는 미처리 경우
- 자료의 기록이나 수정 오류
- 부정확한 마스터 파일(Master File)
- 자료 및 프로그램의 오류

사용자의 신뢰한계(Confidence Content)를 증진시키고 정보의 품질을 향상시키는 방법으로서 오차의 발생을 줄이기 위해서 자료와 함께 신뢰 구간을 제시하거나, 측정(Measurement)과 처리절차에 관한 사용자 교육을 통하여 사용자가 오차를 발견할 수 있도록 하며, 편이를 줄이는 방법으로는 내부통제(Internal Control)제도 또는 외부감사제도를 활용함으로써 자료의 불확실성을 줄일 수 있다.

1.3 정보의 표현방법

인간이 지니는 정보처리 능력의 한계로 인하여 정보전달의 능률을 향상시키는 다양한 방법이 고안되고 있는데, 이의 대표적인 형태가 요약과 정보배분 범위를 제한하는 방법이다. 예를 들면 대차대조표나 손익계산서 등의 각종 보고서는 요약을 이용한 것이며, 구매 지시서와 같은 서류는 이를 직접적으로 필요로 하는 생산, 구매 및 회계부서에 국한하여 배포된다. 그런데 동일한 내용의 정보라 하더라도 이를 표현하고 전달하는 방법에 따라 정보의 유용성이 변질될 수 있다. 즉 정보가 제시되는 형태에 따라서 의미해석 및 사용상의 오류정도, 편의성 등이 달라질 수 있다는 것이다.

정보가 제시되는 형태에 따른 오류 및 편의성에 대해서 살펴보면, 정보처리에 과부하가 걸려 정보전달이 지연되는 경우가 발생할 수 있고, 어떤 내용을 왜곡하거나 특정 행위의 유발을 방해할 목적으로 고의적인 정보전달의 지연이 행해지기도 한다. 또한 정보의 전달과정에 개인의 의도를 자의적으로 행사하는 일상적인 수단으로써 정보를 수정하거나 빠뜨리는 방법이 있다. 현장에서 수집되는 정보는 조직의 위계 구조상 상부로 전달된다. 이때 전달의 능률을 향상시키기 위해서 정보를 요약하는 과정을 거치게 되는데, 현장정보의 분류, 요약, 전달은 공식적인 절차가 마련되지 않는 한 중간과정에서 누락의 가능성이 존재한다. 예를 들면, 특정 지역의 고객 불평에 관한 정보는 책임 추궁을 두려워하거나 자체적인 해결이 최선이라 판단하는 지역판매 책임자에 의해 고의로 누락되어 조직 상부에 보고되지 않을 수도 있다.

다음으로 구체적인 자료가 아닌 자료로부터 추론된 결과를 전달하는 경우에는 자료의 양이 줄어든다는 이점은 있지만, 그 과정에서 불확실성이 흡수되어 오류 및 왜곡현상이 발생한다. 추론은 통계적인 추론과 같이 계량적 자료에 기초하기도 하지만 상당한 정도의 주관적인 요소가 개입되어 추론이 이루어지기도 한다. 물론, 이 경우 정보의 수령자는 전달된 정보의 내용을 그대로 믿기보다는 나름대로 추론이 이루어진 자료와 이로부터 추론과정의 신빙성을 평가해서 의사결정에 이용할 수 있을 것이다. 주어진 자료나 정보를 어떻게 표현하는가에 따라 전달의 의미가 왜곡되는 현상이 발생한다. 이처럼 자료나 정보의 표현방법은 의도적이든 비의도적이든 간에 의미의 해석과 사용과정에 영향을 미치게 된다.

2. 정보의 역할

과거의 시장환경은 그저 물건을 만들어 내면 자동적으로 팔리던 생산자 위주의 시장이었다. 이때 기업은 단지 효율적으로 제품을 만드는 데만 전력투구하면 성공이 보장되었다. 그러나 이러한 이야기는 이미 옛이야기가 되어버렸다. 오늘날 기업이 처한 환경은 급속히 변화하고, 소비자의 취향은 하루가 다르게 바뀌고 있으며, 기업 간의 경쟁은 점점 더 심해지고 있다. 이러한 환경에 처한 기업들이 생존과 번영을 누리기 위해서는 우선 환경변화를 신속히 파악하고, 소비자 취향을 신속히 반영하며, 자사는 물론 경쟁사의 강점과 약점을 파악하고 대처할 수 있어야 한다.

그러면, 구체적으로 기업경영에 필요한 정보는 어떠한 것들이 있을까? 물론, 이에 대한 절대적이고 획일적인 대답은 있을 수는 없다. 다만, 기업조직이나 기업경영을 보는 몇 가지 시각을 중심으로 정보라는 것을 재조명해 볼 수는 있을 것이다.

2.1 기업조직과 정보

가. 기업정보의 필요성

조직은 왜 정보를 필요로 하고 이를 필요에 따라 처리하는 것일까? 대프트(R. Daft)와 렌겔(R. Lengel)은 조직의 불확실성과 다의성(Equivocality)을 해결하기 위하여 정보가 필요하고 이를 각각의 목적에 따라 처리한다고 설명하고 있다.

먼저, 조직은 불확실성(Uncertainty)을 감소시키기 위해서 정보를 처리한다. 필요한 정보가 없거나 부족할 경우에 불확실성이 있다고 말한다. 이러한 상황에서 기업은 정보를 수집함으로서 불확실성을 감소시킬 수 있다. 또한, 불확실성이 높으면 높을수록 처리해야 할 정보의 양은 증가하게 된다. 예를 들어, 기업이 미래의 시장 환경에 대처하기 위해서는 장·단기 예측이나 시장조사 등을 통하여 정보를 수집해야 하는데, 미래에 대한 불확실성이 크면 클수록 수집해야 할 정보의 양은 많아지게 된다.

또한, 조직은 다의성을 감소시키기 위해서 정보를 처리한다. 다의성이라는 것은 정보의 모호성으로 인하여 여러 가지 혹은 상충적인 해석이 가능함을 의미한다. 이러한 상황에서 추가적인 정보가 의사결정이나 경영관리 업무에 도움이 되지 않고 오히려 혼란을 가중시킬 가능성도 있다. 그러므로 이러한 상황에서는 더 많은 정보를 요구하기보다는 관련성이 높은 정보를 더욱 정확하게 처리해야 한다.

나. 기업정보의 요구조건

기업마다 서로 다른 경제환경, 산업환경, 작업환경에 처해있고, 불확실성과 다의성의 정도도 다를 뿐만 아니라, 또한 기업 나름의 장점과 단점을 갖고 있기 때문에 각 기업들이 필요로 하는 정보 또한 다르다고 할 수 있다. 그러나 기업경영에 공통적으로 요구되는 정보는 크게 세 가지로 분류할 수 있다.

첫째는 기업이 운영되는 환경에 관한 정보이다. 이것은 국제정보, 사회정보, 시장정보, 기술정보, 고객정보 등 조직의 외부에서 유입되어 기업경영에 영향을 미치는 정보를 의미한다.

둘째는 기업이미지, 분위기, 문화 등과 같은 기업의 실체에 관한 정보이다. 이러한 기업정보는 기업이미지, 신용도, 브랜드에 대한 인식 등과 같이 외부에서 부여되는 정보와 조직풍토, 종업원의 사기 등과 같은 조직 내부에 발생하는 정보로 나눠진다.

셋째는 조직 등을 통하여 처리되고 가공되는 정보로 기업 활동에 대한 정보이다. 재무구조, 수익구조, 매출현황, 제품이나 재고에 관한 정보 등은 기업이 효과적이고 효율적으로 운영되기 위해서 처리해야 할 정보이다. 이러한 정보는 기업의 내외적 상황에 따라 중요도가 달라질 수 있지만 일반적으로 기업경영의 기본적인 자원으로 관리되어야 할 정보이다.

기업은 일정한 목적 및 목표를 갖는 조직체이다. 이러한 조직체는 모두 목적 및 목표를 달성하기 위해 계획을 수립하고, 이를 실행에 옮기며, 실행과정이 계획대로 실천되도록 통제를 한다. 목적이나 목표의 차이에 따라 기업이 수행하는 구체적인 업무내용은 다르다 하더라도 기업을 경영하고 업무를 관리하는 기본적인 기능들은 유사하다고 할 수 있다.

다. 기업정보의 활용

경영관리기능은 계획(Plan), 실행(Do), 통제(See)라는 세 가지 과정의 연속으로 구성된다.

경영을 통해 달성하고자 하는 목적과 목표가 설정되면, 계획은 이를 달성하기 위하여 무엇을, 어떻게, 언제 그리고 누가 할 것인가, 그러면 이를 위해서 어떠한 자원들이 필요한지를 결정한다. 계획이 설정되면 계획에 맞게 실행을 하고, 통제는 경영목표 혹은 경영계획에 의하여 설정된 기업 활동들이 목표 혹은 계획대로 수행되는지를 감독하고, 계획과 실행의 결과에 차이가 나는 경우 그 원인과 문제점을 분석하여 기업 활동을 분석해 나간다. 이러한 과정에서 최적의 목표를 설정하고 이를 효과적으로 달성하기 위한 계획을 수립하기 위해서는 과거의 업적이나 성과, 현재의 상황과 능력, 그리고 시장 및 경제환경 등에 대한 정보가 필요하다.

실행과정에서는 현재 수행되고 있는 업무의 진행사항과 문제점 그리고 향후 계획된 작업 등에 대한 정보가 필요하다.

통제과정에서는 실행이 계획대로 진행되고 있는지를 비교하고 평가할 수 있는 정보가 필요하고, 만일 계획과 실행 간에 차이가 발생한다면 그 원인과 문제점에 관한 정보가 필요하다.

2.2 기업기능과 정보

추구하는 목적과 목표를 효율적으로 달성하기 위해서 기업은 기업 활동을 기능별로 전문화하고 분업화하게 되는데, 일반적으로 기본적인 기업기능은 생산기능, 마케팅기능, 재무기능, 회계기능, 인력관리기능으로 구분된다.

가. 생산기능과 정보

기업의 가장 주된 활동은 소비자나 고객에게 가치 있는 제품이나 서비스를 생산하여 제공하는 것이다. 생산기능은 투입되는 원료를 가장 효율적으로 가공하여 고객에게 최대의 가치를 부여할 수 있는 제품이나 서비스를 산출해 낼 수 있어야 한다. 생산기능은 판매목표를 토대로 생산목표를 설정하고, 생산기능의 실행에 필요한 생산계획 및 원료 조달계획 등을 수립한다. 또한 제품 및 생산공정과 관련된 기술을 연구하고 그 결과를 소비자의 요구와 함께 생산현장에 반영한다.

이러한 활동과 관련된 정보는 생산기능 자체만의 정보도 있지만 다른 기능을 수행할 때 발생하는 정보도 포함된다. 예를 들어, 생산계획을 수립하기 위해서는 생산능력, 가동률 등과 같은 생산기능 내부의 정보뿐만 아니라 기업목표, 전략, 판매계획 등과 같이 조직의 다른 기능으로부터 얻어진 정보도 요구된다. 그리고 생산 활동을 효율적으로 수행하기 위해서 생산성, 품질, 재고, 설비 가동률, 생산원가 등과 관련된 각종 정보를 수집하고 분석한다.

나. 마케팅기능과 정보

오늘날 기업은 제품이나 서비스를 먼저 생산한 후 이를 판매하는 방식을 취하지 않는다. 우선 마케팅 조사를 통해 소비자의 욕구가 무엇인지를 파악하고, 이를 토대로 제품계획을 세워 앞으로 어떠한 제품과 서비스를 생산할 것인지를 결정한 후, 다시 이에 대한 판매예측을 수행한다. 최종적으로 제품이나 서비스가 생산되면

판촉활동을 통해 이를 소비자에게 판매한다.

이와 같이 마케팅기능은 기업을 중심으로 한 사고가 아니라 소비자를 중심으로 한 사고에 기반을 두고 있기 때문에, 무엇보다도 소비자의 욕구가 무엇인지를 파악하는 것이 중요하다. 이를 위해서는 자사 및 경쟁사의 제품과 상표, 그리고 이미지 등과 같은 각종 시장정보, 소비자에 대한 정보, 판매원에 대한 정보, 기술적인 측면과 설비능력 측면에서의 생산능력에 대한 정보가 요구된다.

다. 재무기능과 정보

기업이 추구하는 목적과 목표를 달성하기 위해서는 인력, 원재료, 설비 등을 필요로 한다. 이러한 요소들은 모두 비용을 수반하는데 기업은 이를 충당할 수 있는 자본을 마련하여야 한다. 이와 같은 재무기능의 수행활동은 매우 다양하나 크게 투자결정, 자금조달결정, 소득분배결정의 세 가지 활동으로 대별될 수 있다.

투자결정이란 기업가치 혹은 부를 극대화시키기 위하여 어떻게 자원을 효율적으로 배분할 것인가에 대한 의사결정으로 투자가치의 극대화를 위해 미래의 현금흐름과 위험을 고려하여야 한다.

자금조달이란 결정된 투자를 실행에 옮기기 위하여 자금을 어떻게 공급해야 하는가에 관한 것으로, 자본비용을 최소화하기 위한 최적 자본배합을 결정하는 것이다.

소득배분결정은 생산결과로서 나타나는 이득을 어떻게 배분해야 하는가에 대한 의사결정으로 이것은 주로 배당결정을 의미한다. 이러한 활동을 위해서는 기업의 자본운용에 관한 정보뿐만 아니라 이자율, 주가 등과 같은 금융정보, 그리고 물가, 부동산, 경제 성장률 등과 같은 경제정보 등이 요구된다.

라. 회계기능과 정보

기업의 활동과 성과는 실제적인 거래에 의하여 나타나며, 효과적인 의사결정을 위해서는 기업 활동을 화폐라는 계량적인 형태로 평가하여야 할 필요가 있다. 이러한 측면에서 회계기능은 경영자, 주주, 채권자, 정부 및 노동조합 등의 이해 관계자에게 기업의 상태나 성과에 관한 화폐적 정보를 제공한다.

즉, 회계기능은 기업이 보유하고 있는 재산과 그 재산권에 관한 정보를 제공하고, 기업 활동이 수행됨에 따라 이러한 재산과 재산에 대한 권리가 어떻게 변동되었는지를 알려준다. 그리고 한정된 자원을 효율적으로 운용하고 배분하기 위한 의사결정에 필요한 정보를 제공할 뿐만 아니라, 특정조직이 갖고 있는 인적, 물적 자원을 효율적으로 통제하고, 자원의 보전과 수탁에 관한 정보도 제공한다. 이를 위해 회계기능은 기업의 각종 거래에 관한 정보, 고객의 신용도나 거래실적 등의 정보, 조직 구성원의 급료에 관한 정보, 그리고 외상 매입금, 외상 매출금, 재고, 기타 보유하고 있는 자산과 부채 등에 관한 정보를 처리한다.

마. 인력관리기능과 정보

기업을 구성하고 있는 자원 중에서 기업을 실제로 움직이는 근본적인 힘은 사람으로부터 나온다. 기업은 그 목적을 달성하기 위하여 기업의 업무를 잘 수행할 수 있는 인력을 모집하고, 적절한 직무에 배치하며, 이들이 열심히 일할 수 있도록 동기부여를 하고, 이들의 실제 업적을 평가하여 적절한 보상을 해주고, 조직의 발전이나 개인의 발전을 위하여 이들의 잠재력을 개발해 주어야 한다.

인력관리기능에 필요한 정보로는 다음과 같이 크게 세 가지로 나누어 생각할 수 있다. 업무에 맞는 사원의 모집을 위해서는 우선 업무에 대한 정확한 내용뿐만 아니라 업무수행에 필요한 능력, 입사예정자들의 신상 등과 같은 정보가 필요하다. 입사 후에는 인사기록, 급여기록, 교육 및 복지 등에 관한 정보가 관리되며, 기업의 성과를 측정할 수 있는 노동생산성과 같은 정보들이 관리되어야 한다.

2.3 경영계층과 정보

대규모 조직을 효과적으로 운영하기 위해서는 수평적 분화뿐만 아니라 수직적 분화도 필요하다. 이러한 관점에서 기업에서 수행되는 다양한 경영 활동은 일련의 계층적 활동으로 파악해 볼 수 있다.

경영계층은 일반적으로 최고경영층, 중간경영층, 하위경영층으로 나누어 볼 수 있는데 앤소니(R. Anthony)는 각 계층별 경영 활동을 전략계획(Strategic Planning), 관리통제(Management Control), 그리고 운영통제(Operational Control)로 표현하였다.

전략계획에서는 기업이 나아가야 할 목적을 결정하고 이 목적을 달성하기 위한 장기계획을 수립한다. 예를 들어, 공장은 어디에 건설할 것이며, 자본은 어떻게 조달하고, 어떠한 제품을 생산할 것인가 등은 전략계획에서 행해지는 의사결정이다. 전략계획에서는 일반적으로, 보다 요약되고 사전에 예상하여 준비하기 어려운 정보가 필요하다.

관리통제란 전략계획에서 세워진 목적을 달성하기 위한 실행계획을 수립하고 이러한 계획을 실행하고 통제하는 것을 말한다. 전략계획에서 설정된 목적 달성에 필요한 자원을 어떠한 방식으로 획득하고 조직할 것인지를 결정하고, 이에 필요한 예산을 설정할 뿐만 아니라 예산의 실행을 감독한다. 관리통제에서는 일반적으로 기업의 운영과 관련된 과거와 현재에 대한 정기적인 내부관리 정보를 필요로 한다.

운영통제는 구체적 과업들이 효과적이고 효율적으로 완수되도록 통제하는 것이다. 이는 주로 미리 정하여진 표준에 맞게 과업이 실행될 수 있도록 통제한다. 예를 들어, 특정 고객에게 외상판매를 할 것인가, 개인에게 작업을 어떻게 할당할 것인가 등은 운영통제 수준에서 처리해야 할 과업이다. 이러한 운영통제를 위해서는 과업수준에서의 정형화되어 있는 내부정보를 필요로 한다.

2.4 의사결정과 정보

경영에서 의사결정이란 주어진 문제를 해결할 수 있는 여러 대안들 가운데 가장 적합한 대안을 선택하는 것이라고 할 수 있다. 경영환경이 복잡해지고 경쟁이 심화될수록 경영 관리자들은 더욱 정확하고 합리적인 의사결정을 수행하여야 한다.

사이몬(H. Simon)은 인간의 의사결정과정이 지능(Intelligence), 설계(Design), 선택(Choice)이라는 세 단계의 과정을 거친다고 설명하고 있다.

지능단계에서는 설계나 선택을 요하는 기회상황을 밝혀내는 활동으로 문제를 발견하고, 기회를 추구하며, 데이터를 수집한다. 설계단계에서는 대안을 개발하고 평가하는 창의적인 행위이며 이러한 창의적인 행위는 학습될 수 있다. 창의적인 과정은 문제의 영역과 경계에 대한 적절한 지식과 문제를 해결하기 위한 동기를 요구한다. 이와 같은 조건이 주어지면 창의성은 시나리오(Scenario), 유추(Analogies), 브레인스토밍(Brainstorming), 체크리스트(Check-list), 의사결정과정(Templates)과 같은 보조수단에 의해서 향상될 수 있다. 선택단계에서는 대안을 선택하고 실행을 감시하게 된다.

의사결정에서의 가장 중심적인 정보활동은 지능단계에서의 정보수집이다. 의사결정자는 경제적, 기술적, 사회적인 환경, 기업내부의 강점과 약점, 특정 제품의 판매추세, 조직구성원들의 성과 등에 관한 정보를 수집하여 의사결정에 필요한 상황을 연구한다. 이러한 정보는 다음 단계에서 이루어지는 대안의 개발이나 선택과정에 필요한 정보로 처리되고 가공된다. 다음의 표 3.2는 의사결정과정을 요약한 것이다.

표 3.2 의사결정과정

의사결정과정 단계	설 명
지능 (Intelligence)	의사결정을 필요로 하는 조건에 대해 탐색한다. 문제 혹은 기회를 밝힐 수 있는 단서를 얻기 위하여 입력 데이터를 획득하고, 처리하며, 검토한다.
설계 (Design)	가능한 행동 경로를 만들고 개발하며, 분석한다. 이것은 문제를 이해하고, 해결책을 만들어 내며, 해결책의 타당성을 시험하는 과정을 포함한다.
선택 (Choice)	사용 가능한 해결책 중에서 대안 혹은 행동경로를 선택 후 실행한다.

사례연구

인터파크는 1996년 6월 한국에 처음으로 생긴 인터넷 쇼핑몰이다. 현재 인터파크는 일반적인 상품뿐만 아니라 서적, 음반, 공연, 항공권 등 수많은 종류의 제품을 판매하고 있다. 5백만이 넘는 회원 수와 하루 방문자 수가 85만 명에 이르고 판매하는 제품 수는 30만개 이상을 확보하고 있다. 인터파크는 조그만 벤처사업으로 시작했으나 지속적인 성장으로 350명 이상의 직원이 근무하고 있으며 한달 매출액이 600억 이상일 정도로 한국을 대표하는 인터넷 쇼핑몰로 성장했다.

인터파크의 강점은 한국의 처음 시작한 인터넷 쇼핑몰에서 오는 많은 경험이다. 고객에 대한 축적된 노하우와 고객의 욕구를 파악하는 등 쇼핑몰 운영에서 획득한 여러 경험은 다른 후발 주자들이 쉽게 따라 할 수가 없다. 인터넷 쇼핑몰이 보편화되기 시작한 초창기 여러 전문가들은 하나의 제품 카테고리만 전문적으로 취급하는 쇼핑몰이 인터파크와 같이 여러 제품을 모두 취급하는 쇼핑몰보다 더 많은 강점을 가진다고 여겼다. 하지만 하나의 제품 카테고리를 취급하는 쇼핑몰은 종합쇼핑몰 보다 제품의 수요 변화에 더욱 민감할 수 밖에 없고 취급 제품 수의 부족으로 판매 스케일에서도 차이를 보이게 된다. 인터파크는 이름 그대로 '공원'의 개념을 도입하고 공연티켓, 서적, 화장품 등 여러 제품을 취급하여 인터파크에는 없는 물건이 없다는 인식을 심어주고 여러 제품을 취급하여 특정한 제품의 수요의 변화에도 민감하지 않도록 경쟁력을 확보했다.

데이콤 소사장제로 출범했던 인터파크는 IMF 이후 데이콤에서 분리되었다. 이 시기에 S몰, L몰, H몰 등 여러 업체가 인터넷 쇼핑몰 사업에 착수해 인터파크의 경쟁세력을 형성했다. 특히 이들 업체는 인터파크와 달리 TV 홈쇼핑과 인터넷 쇼핑의 시너지효과를 얻을 수 있었다. 또한 일반 소비자들이 가지고 있는 브랜드 인지도와 신뢰도 측면에서도 대기업을 모기업으로 둔 쇼핑몰이 더욱 강점을 보였다. 그 당시 소비자에게 있어서 인터파크의 인지도는 8%에 불과했으나 다른 라이벌 쇼핑몰의 경우는 18%와 15%로 제법 크게 격차가 벌어져 있었다. 전자상거래에 있어서 브랜드 이미지와 인지도는 매우 중요한 요소이므로 인터파크는 여기에 대한 해법을 찾아야 했다.

LG홈쇼핑 18%

CJ 홈쇼핑 15%

INTER PARK 8%

이러한 상황을 극복하기 위하여 인터파크는 먼저 브랜드 인지도를 높일 필요가 있었다. 인터넷 쇼핑몰 이용자에 대한 조사를 통하여 고객이 가장 중요하게 생각하는 것은 가격과 배송에 대한 것이었다. 따라서 그들은 인터파크에서 판매하는 제품이 저렴하다는 것을 강조하기로 하고 탤런트 정준호를 광고모델로 선정하여 '싸니깐 믿으니깐 인터파크니까'라는 카피를 내세운 광고를 대대적으로 실시하게 된다. 그 결과 인터파크의 브랜드 인지도는 16%로 증가하고 그에 따라 매출도 함께 증가하게 된다. 하지만 광고로 지출하는 비용은 인터파크에 적지 않은 부담으로 작용했으며 이것을 만회하기 위해 인터파크는 매출을 더욱 신장시킬 필요가 있었다. 여기서 등장한 아이디어가 도서 무료배송 서비스다. 하지만 이 아이디어가 처음 제시될 당시 무료배송으로 인해 적자가 더 커질 것이다라는 의견도 상당히 제시되었다. 따라서 인터파크는 컴퓨터 기반의 정보시스템으로써 여러 정보를 이용하여 의사결정을 지원해 주는 시스템인 DSS(4장에서 자세히 다룸)를 이용하여 도서 무료배송 서비스를 시행했을 때의 결과를 예측하고자 하였다.

2003년, 인터파크는 커다란 손해를 보고 있던 서적 판매 사업을 살리기 위해 중대한 결정을 내려야 했다. 왜냐하면 도서정가제의 시행으로 인하여 인터넷을 통하여 더 싼 가격으로 소비자들에게 책을 제공할 수 없게 되었기 때문이다. 인터파크는 이러한 상황에서 무료 배송 서비스라는 대책을 마련하게 되었다. 이 서비스 이전에는 인터파크는 사업을 접어야 할 위기에 직면하고 있었다.

가장 먼저 고객이 한번의 쇼핑에 얼마나 많은 책을 구입하는지 예측하는 것이 필요했다. 무료배송서비스의 가장 큰 문제는 한번의 쇼핑에 1, 2권의 책을 주문하는 고객에서 나오는 적자였다. 통계적 정보에 의하면 50% 이상의 소규모 주문으로 발생하는 배송료가 책을 판매하고 얻는 이익보다 컸다. 하지만 고객의 행동패턴 정보를 이용해 DSS를 통해서 인터파크는 소규모 주문을 하는 고객의 수가 50%이

하로 떨어질 것을 예측했다.

또한 DSS는 무료배송서비스가 실행되면 책의 판매량이 증가할 것임을 보여주었다. 인터파크의 DSS는 무료 배송 이벤트가 다른 제품의 추세에 대한 누적 판매 데이터와 소비자의 사이트 트래픽에 대해 검색하고 분석하였다. 이로써 무료 배송 서비스가 전체 판매량의 증대를 가져올 것임이 판명되었다.

마지막으로 인터파크의 DSS는 무료 배송 시스템과 경쟁사와의 관계를 분석해 주었다. DSS는 경쟁자의 사업 포트폴리오, 재무 상황 등 다양한 조건 하에서 변화 가능성을 보여주었다. 이 분석은 다른 업체가 인터파크의 무료 배송 서비스를 쉽게 따라 하지 못할 것임을 예측하였다. 이 예측은 소비자에게 매력적인 무료 배송 서비스를 독점적으로 제공할 것이라는 것을 보여준 데에 중요한 의미가 있다.

인터파크가 무료 배송 서비스를 시작하자 마자 소비자는 그러한 서비스가 시작되기를 기다렸다는 듯 이용하기 시작했다. 인터파크의 기대 이상으로 전체 고객의 40%가 책을 한 권만 구입하였음에도 불구하고 매출은 4배가 증가하였다. 더욱이 인터파크의 빠르고 정확한 서비스에 고객 만족도가 증가하였다. 오히려 소비자들이 인터파크가 이익을 낼 수 있는지에 대한 걱정을 하기 시작했다. 그래서 소비자들은 책 이외의 다른 제품도 구매하기 시작했다. 다음 그림은 무료 배송 서비스를 시작한 후의 상황 변화의 흐름에 대해 알려준다. 총 매출은 8개월 간 늘어났으며 인터넷 쇼핑몰에서 1위 자리를 되찾게 해주었다. 다음 표는 무료 배송 서비스를 시작한 후의 총매출, 영업이익, 주식 가격의 변화에 대해 보여주고 있다.

	무료 배송 시작 전	무료 배송 시작 후
매출액 (억)	61.5	151.5
영업이익 (억)	5.5	10.6
주가(원)	1500	3100

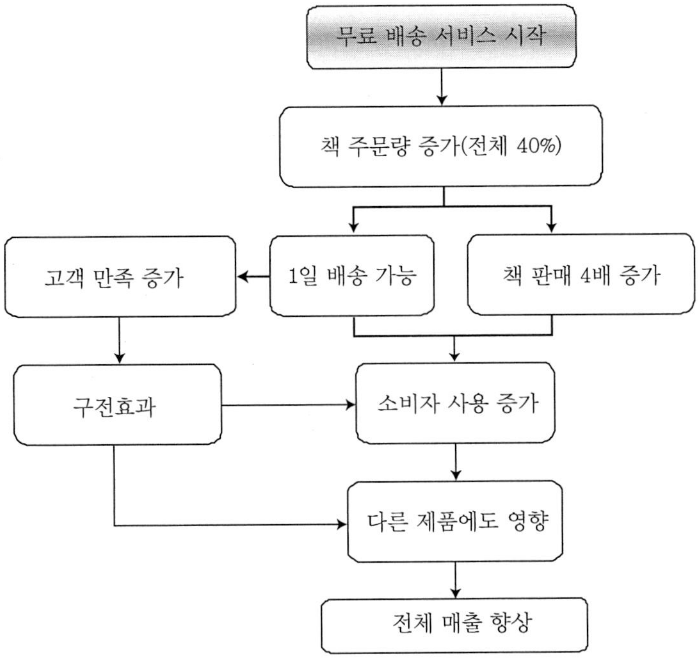

1. 위의 사례에서 인터파크가 도서 무료배송서비스를 시작하기 앞서 고려한 정보는 어떠한 것들이 있는가? 위의 사례에 나타나 있는 것 이외에도 필요하다고 생각되는 정보와 그 이유를 설명하여라.

2. 인터파크와 같이 다양한 제품을 판매하는 쇼핑몰과 하나의 제품을 전문적으로 판매하는 쇼핑몰의 장, 단점을 비교분석하고 만약에 자신이 쇼핑몰 사업을 시작한다면 어떠한 형태의 쇼핑몰을 선호할 것인지 결정하고 그 이유를 설명하여라.

3. 인터파크는 브랜드 인지도의 향상과 무료배송으로 경쟁우위를 확보하였다. 비슷한 상황에 놓여져 있는 상황이라면 어떤 전략으로 경쟁자들을 물리칠 수 있을까?

주요 단어

간편성 / 검정 가능성 / 경제성
관련성 / 다의성(Equivocality) / 데이터(Data)
선택(Choice) / 설계(Design) / 신뢰성
완전성 / 의사결정과정 / 적시성
정보(Information) / 정보의 불확실성 / 정보의 유용성
정보의 질 / 정확성 / 지능(Intelligence)
지식(Knowledge)

토의 과제

1. 정보가 자원으로서 관리되어야 할 필요성을 기업경영의 관점에서 토의하시오.

2. 데이터, 정보, 그리고 지식의 관계를 정보처리의 관점에서 비교 설명하시오.

3. 정보처리에 있어서 지식은 어떻게 활용될 수 있는가?

4. 국내 중장비 제조업체의 기업이 갖추어야 할 정보들에 관해서 기업의 기능적인 측면에서 설명하시오.

5. 중역에게 제공되는 정보시스템이 없는 기업에서 시스템을 구축하고자 한다. 구축해야 할 정보내용들을 의사결정단계의 예를 들어 보시오. 독자들이 알고 있는 기업을 대상으로 해보시오.

참고 문헌

1. Davis, Gordon B., and Margrethe H. Olson, Management Information System, MacGraw Hill, 1985
2. Larry Long, Management Information System, Prentice Hall, 1989
3. Licker, Paul S., Management Information System: A strategic Leader-ship Approach,

The Dryden Press, 1996
4. Pearce, John A., Competitive Strategy fifth edition, Irwin, 1994
5. Plunkett, Warren R., Raymond F. Attner, Introduction To Management, Wadsworth, 1994
6. 박홍국, 전기정 의사결정지원시스템, 경문사, 1996
7. 이경환, 김경구, 정보시스템, 21세기 한국연구 재단, 1990
8. 조동성, 경영정보시스템, 도서출판 석정, 1987
9. 조선형 외 2인, 정보화 경영혁신, 하이테크정보, 1996
10. 한재민, 경영정보시스템, 학현사, 1995

CHAPTER 4

정보시스템

1. 정보통신기술의 발달

정보통신기술은 지난 몇 십 년간 인류의 상상을 뛰어 넘을 정도의 발전을 거듭해 왔다. 실제 정보통신기술의 대표적 예인 컴퓨터의 경우 1946년에 최초로 개발된 컴퓨터 ENIAC이 18,000개의 진공관으로 구성되어 있고 무게만 30 ton이 나가 방 몇 개에 걸쳐 나누어 설치되었으나 트랜지스터와 집적회로의 개발, 마이크로프로세서의 등장과 발전으로 지금은 어디든지 가지고 다닐 수 있는 작고 가벼운 노트북이 일반화되었으며 심지어는 손바닥만 한 컴퓨터도 개발되었다. 실제 노트북 컴퓨터 기술은 1950년대의 컴퓨터에 비해 성능 면에서는 약 1,000배, 크기에서는 약 1/1,000, 가격은 1/10,000 정도에 지나지 않는다. 오늘날과 같은 정보화 사회가 가능하게 된 것도 이 정보통신기술의 눈부신 발전 때문이다. 정보통신기술이란 컴퓨터의 발달로 통신분야와 컴퓨터의 결합을 통하여 정보를 수집, 가공처리, 전달하는 기술을 말한다. 여기서는 정보통신기술의 두 축인 컴퓨터와 통신기술의 발달에 대하여 알아보겠다.

1.1 컴퓨터기술의 발전

1946년 최초의 컴퓨터가 발명된 이후 현재의 강력한 기능을 가지기까지의 발전

단계는 크게 다섯 단계로 나눌 수 있다. 제1세대는 1950년대의 진공관을 이용한 컴퓨터이고 제2세대는 1950년대 말에 개발되어 진공관을 대체하게 된 트랜지스터, 그리고 1960년대 중반에 개발되어 수많은 트랜지스터를 한 칩 위에 올려놓게 된 집적회로(IC: Integrated Circuit)를 이용한 제3세대, 고집적회로(LSI)와 마이크로프로세서를 이용한 제4세대를 거쳐 기존의 폰노이만 방식을 벗어난 병렬처리 컴퓨터나 인공지능을 이용한 신경망 컴퓨터의 개발이 거의 완성된 현재의 제5세대에 이르고 있다.

가. 하드웨어의 발전

입출력장치에 있어서도 초기의 컴퓨터는 단지 숫자와 문자만을 입력할 수 있게 되었으나 현재는 화상자료, 음성자료, 영상자료 등 다양한 데이터를 통합하여 입출력이 가능하게 되어 컴퓨터와 전화, 비디오, 텔레비전, 팩스 등을 함께 이용할 수 있는 멀티미디어 컴퓨터가 이용되고 있다. 입출력 방식에 있어서는 초기에는 일일이 카드에 펀칭을 하여 키펀칭(Key-punching)을 통해 카드판독기에 넣어 입력하는 방식으로 사람이 일일이 펀칭을 해야만 하는 번거로움이 있었지만 키보드를 거쳐 지금은 마우스, 전자펜, 터치스크린, 음성인식기 등을 통해 키보드를 통하지 않고도 데이터의 입출력이 가능하게 되었다.

처리장치에 있어서도 기존의 컴퓨터는 한 번에 한 개의 지시만을 처리하는 순차적인 방식을 이용한 폰-노이만 방식을 이용하였으나 지금 이용되는 병렬 컴퓨터는 여러 개의 CPU를 장착하여 동시에 많은 명령문을 병렬처리할 수 있게 되었다. 즉, 동시에 여러 작업을 한 번에 할 수 있는 멀티-태스킹과 한 작업에 여러 개의 프로세서를 동시에 이용할 수 있는 멀티-프로세싱이 가능하게 되었다.

저장장치에 있어서는 최근 가장 각광 받는 것은 플래시 메모리이다. 플래시 메모리는 소비전력이 작고, 전원이 꺼지더라도 저장된 정보가 사라지지 않은 채 저장되는 특성을 지닌 비휘발성 메모리이다. 또한, 정보의 입출력도 자유로워 디지털텔레비전, 디지털캠코더, 휴대전화, 디지털카메라, 개인휴대단말기(PDA), 게임기, MP3플레이어 등에 널리 이용된다. 저장용량도 256MB, 512MB, 1GB, 2GB, 4GB로 점차 용량도 확대되고 있다.

나. 이용분야의 확대

한편 컴퓨터 이용의 발전과정을 보면 초기의 컴퓨터는 단지 공학분야 등에만 이용되었다. ENIAC이 개발된 것도 2차 대전 중 포탄의 탄도 거리와 낙하지점 등을 정확하게 계산하기 위하여 개발되었고, 1940년 말 IBM에 의해 개발된 컴퓨터도 천문학 분야의 계산을 위하여 개발되었다. 1960년대에 이르러 트랜지스터의 개발로 컴퓨터의 규모가 좀 작아지자 비로소 회사 등에서 상용으로 쓰이기 시작했다. 이때에는 주로 회사의 급여처리 등 기업의 자료처리 도구로 사용되었다. 1970년대에 집적회로를 이용한 미니컴퓨터가 개발되고 최초의 운영체제가 개발됨으로써 타임 쉐어링이 가능하게 되었다. 이로써 컴퓨터는 각 연구소나 대학교에도 널리 보급되었고 많은 사람들이 컴퓨터를 이용하게 되었다. 그리고 1980년대에는 PC(개인용 컴퓨터)가 개발됨으로써 일반 개인에게도 널리 퍼져 누구나 컴퓨터를 이용할 수 있게 되었다. 그러나 대부분의 PC는 독립적인 개인이 소유하고 있기 때문에 사용자 간 정보를 서로 공유하기가 어렵고 유지·관리에도 문제가 있었다. 그리하여 1990년대에는 LAN, VAN, Internet, Intranet 등을 이용하여 사용자와 사용자 간에 서로 정보를 주고받고 대화까지도 가능한 네트워킹 시대로 접어들게 되었다.

1.2 컴퓨터 통신망의 발전: ARPAnet에서 인터넷까지

가. 컴퓨터 네트워크

20세기 정보통신 혁명을 심화시킨 여러 요인 가운데 하나는 20세기 중반 이후에 발전한 컴퓨터 시스템과 20세기를 통해서 꾸준하게 성장해 온 통신 체계와의 결합이라고 할 수 있을 것이다. 제2차 세계대전 직후 폰노이만에 의해서 구체적인 개념으로 제안된 저장 프로그램 전자 컴퓨터의 출현은 정보의 저장매체와 그 처리 방법에 있어서 혁명적인 변화를 가져왔다. 본래 이 컴퓨터는 핵무기 개발, 암호 해독, 방공체계구축 등을 위해서 개발되었지만, 곧 광통신, 무선통신, 더 나아가 위성통신으로 대변되는 20세기 통신혁명과 결합되면서 정보통신혁명을 주도해 나갔다.

나. 모뎀의 출현과 특징

컴퓨터가 통신과 결합되면서 처음으로 나타난 것이 예전 PC통신에서 가장 많이 사용했던 모뎀(Modem: Modulation & Demodulation)이다. 모뎀이란 컴퓨터에서 주로 사용하고 있는 디지털 데이터를 전화선이 이용하는 아날로그 신호로 바꾸어 이미 광범위하게 설치되어 있는 전화선으로 컴퓨터 통신을 가능하게 하는 장치이다. 모뎀은 1950년대 초에 미 국방부가 MIT의 링컨 연구소를 통해서 개발한 방공망 시스템인 SAGE 계획을 통해서 개발되기 시작했다. 1958년 미국 FCC는 컴퓨터 사용자들이 공공 전화선을 통해서 모뎀으로 데이터를 전송하도록 허용했고, 이에 따라 모뎀을 사용하는 컴퓨터 통신망이 발전하기 시작했다.

하지만 모뎀을 컴퓨터 통신망의 주요 통신장치로 활용하기에는 많은 문제점이 있었다. 우선 장거리 전화 요금이 너무 비싸다는 것은 모뎀이 컴퓨터 통신망의 주축으로 발전하기에 극복해야만 했던 가장 커다란 장애였다. 장거리 전화시스템을 이용해서 컴퓨터 통신 네트워크를 구성하는 데 비용이 많이 드는 주된 이유는 전화가 데이터의 전송보다는 음성을 전달하는 데 최적화가 되어있기 때문이었다. 이외에도 모뎀은 중앙집중식 연결방식이어서 한 전화국이 파괴되면 그 전화국이 연결해 주는 모든 통신이 두절되기 때문에, 전시 상황을 염두에 둘 경우 국방 전술상에서도 많은 문제점을 지니고 있었다. 이 문제점을 극복하기 위해 미 국방부의 지원을 받아 국방에 활용할 통신시스템을 연구하던 미국의 과학기술자들은 모뎀방식이 아닌 새로운 통신기술을 모색하게 되었다.

다. 알파넷과 인터넷의 출현

컴퓨터 통신망은 점점 고도로 발전하면서 마침내 세계적인 규모의 인터넷으로 발전하게 되었다. 인터넷은 1960년대에 미국 국방부의 한 부서였던 첨단연구 프로젝트국(ARPA: Advanced Research Project Agency)에서 연구하기 시작한 알파넷(ARPAnet)에서 그 기원을 찾을 수 있다. 1960년대부터 미 국방부는 핵전쟁을 비롯한 중대한 전쟁이 발생할 경우에도 컴퓨터들이 서로 작동할 수 있게 하는 효과적인 방안을 찾게 되었고, 이에 따라 새로운 컴퓨터 네트워크의 개발에 착수했다. 즉, 여러 컴퓨터 통신망 가운데 하나가 적의 공격으로 파괴되더라도 전체 통신시스템에서 안정적으로 데이터를 전송할 수 있는 통신체제의 구축이 시급한 문제로 부각되었고, 이런 문제를 해결하기 위해서 인터넷의 기원이라 할 수 있는 알파넷이 등장하게 되었던 것이다.

1968년 미 국방부의 알파(ARPA)는 훗날 컴퓨터 통신에 지대한 영향을 미치게 될 새로운 분산 네트워크 통신망 연구개발을 지원하기 시작했다. 이 계획으로 등장한 알파넷은 1969년 네트워크 사이에서 최초의 패킷교환을 시작한 이래로 국방통신부(Defense Communication Agency)에 업무가 이관되는 1975년 7월까지는 약 60여 곳이 연결되었다. 그 뒤 이 네트워크는 계속 발전해서 1982년 미 국방부의 공용 네트워크인 국방 데이터 네트워크(Defense Data Network)로 선정되었다. 알파넷은 군사용으로 발전하면서 원래의 알파넷이라는 이름을 유지하는 민간 연구용의 작은 네트워크와 군사용 네트워크인 MILNET이라는 커다란 네트워크 두 개로 나누어졌다. 1983년부터 민간 연구용 알파넷은 인터넷으로 새롭게 태어나서 세계적인 통신망으로 발전하기에 이른다.

1973년 이후 알파넷 팀은 서로 다른 컴퓨터 네트워크를 연결하는 새로운 프로그램을 진행시켜 알파넷과 위성 및 무선 네트워크를 연결할 수 있는 일련의 네트워킹 프로토콜을 발전시켰다. TCP/IP라고 불리게 된 이 통신 프로토콜은 나중에 인터넷을 구성하는 주요 프로토콜이 되게 된다. 초기에 TCP에는 전송방법을 통제하는 기능과 아울러 주소를 찾아가는 기능까지 포함되어 있었지만, 1980년을 전후해서 주소를 찾아가는 기능은 IP라는 새로운 프로토콜에서 수행하게 된다.

라. 무선 및 위성 데이터 전송의 발전

인터넷의 발전에 있어서 커다란 획을 그은 또 다른 역사적 사건은 무선 및 위성통신 데이터 전송을 가능하게 한 알로하넷(ALOHANET)의 등장이었다. 1970년대 초 하와이 대학의 에이브램슨(Norman Abramson) 연구팀은 하와이의 여러 섬을 연결하는 데에는 기존의 케이블을 이용한 전화선이 불편하다는 것을 느끼고, 무선과 위성통신을 이용해서 데이터를 전송할 계획을 세웠다. 1970~1971년 알파넷의 개발을 담당했던 IPTO(Information Processing Technique Office)의 로버츠는 이 패킷 무선 네트워크(Packet Radio Network)를 알파넷에 이용할 생각으로 이 계획을 지원했다. 알로하넷은 하와이의 7개 대학 및 수많은 연구소들을 호놀룰루 근처의 대형 컴퓨터와 연결하게 만들기 위한 네트워크였다. 여기에는 MIT의 로버트 메트컬프(Robert Metcalfe)가 참여했는데, 그는 이 과정에서 이더넷(Ethernet)이라는 근거리 통신망에 핵심적인 시스템을 창안하기도 했다. 알로하넷의 경험에 자극을 받아서 IPTO의 로버트 칸은 ARPA도 독자적인 패킷 무선 네트워크를 구축할 것을 결심하게 된다. 1975년 가을에는 대서양 패킷 위성 네트워크(Atlantic Packet Satellite Network) 혹은 SATNET이 구축되기 시작하는데, SATNET에는 영국 우정국(British Post Office)과 노르웨이 무선국(Norwegian Telecommunication Authority)이 함께 참여해서 네트워크 연구와 지진에 관한 자료를 교환했다.

마. World Wide Web의 출현

1983년 이후 인터넷 프로토콜이 표준화된 이후 인터넷은 전자메일(E-Mail), 파일전송(FTP), 고퍼(Gopher), 네트워크 뉴스, 공개 게시판 등등 다양한 용도로 주로 정부와 대기업 그리고 수많은 학술 전산망을 통해 퍼져 나갔다. 1985년에는 미국 국립과학재단이 NSFNET을 구축할 때에 바로 이 알파의 인터넷 프로토콜인 TCP/IP를 통신의 기본 프로토콜로 채택했다. 이에 따라 NSFNET은 인터넷의 기간네트워크(Backbone Network) 역할을 하게 되었고, 더욱 급속도로 대중화되어 갔다. 1988년 ARPA는 원래의 알파넷의 장치를 철거하기 시작했고, 1990년에 이르면 알파넷을 더 이상 군사용으로 사용하지 않게 되면서, 인터넷은 마침내 명실상부한 민간 네트워크로 재탄생하게 되었던 것이다.

인터넷이 단순한 문서정보교환을 넘어서 멀티미디어 정보통신으로 범위를 넓히는 데 커다란 역할을 한 것은 1989년 스위스의 CERN의 한 물리학자에 의해서 창안된 월드 와이드 웹(World Wide Web)의 출현이었다. 즉 월드 와이드 웹에서는 http라는 새로운 응용 프로토콜을 사용해서 하이퍼 문장을 마우스로 간단히 눌러 전 세계 네트워크를 연결할 수 있게 되었고, 그 결과 인터넷은 보다 대중에게 가까워졌다. 더욱이 모자이크, 넷스케이프, 익스플로러, 자바 등 다양한 응용 소프트웨어가 개발되어 음성, 동화상 등 다양한 정보를 주고받는 인터넷 멀티미디어 시대가 열리게 되었다.

인터넷이 점차로 사회 속에서 자리 잡게 되면서 인터넷의 발전에는 발명가들과 시스템 관계자들의 영향력은 서서히 감소되고, 오히려 기업가들과 언론매체 그리고 정치가들의 영향력이 더욱 커지기 시작했다. 그 대표적인 예가 미국의 상원 의원이자 나중에 부통령이 되는 앨 고어에 의해서 주장된 국가 정보 고속도로(NII: National Information Infrastructure) 계획이라고 할 수 있다.

1.3 정보화 사회의 고찰

가. 정보통신 혁명과 그 사회적 영향

21세기에 우리가 접하게 될 가장 커다란 변화는 아마도 정보통신기술의 발전과 그것에 의해 파생되는 새로운 사회적 변화일 것이다. 이미 저궤도 통신위성, 개인용 휴대전화, 가상현실, 멀티미디어 서비스, 근거리통신망과 인터넷, 쌍방향 텔레비전 및 개별 신문, 신경망이나 인공지능 컴퓨터 등 다양한 분야에서 현재 놀라운 변화가 일어나고 있고, 이들 정보통신분야의 발전은 이미 우리의 생활을 새로운 정보화 사회로 이끌고 있다.

정보화 사회의 진행에 따라 나타나는 현상으로는 우선 미디어와 통신망의 통합을 들 수 있다. 즉 미래에는 과거에 서로 다른 장르 내지 분야를 점유하고 있던 컴퓨터, 통신, 연예, 방송, 신문, 오락 등의 여러 표현매체들이 서로 통합이 되어 나타나고 있다. 표현매체의 통합은 서로 다른 맥락에서 발전하던 전화, 케이블 TV, 방송망, 무선통신망 등의 통합에 의해서 더욱 가속화될 것이다. 즉 컴퓨터, 전화, 팩시밀리, 텔레타이프라이터, 이동통신 등의 수많은 통신망들을 하나로 통합하는 종합정보통신망의 시대가 현실적으로 다가오고 있다.

정보통신혁명이 가속화되면서 나타나는 현상으로는 쌍방향 통신의 보편화를 들 수 있다. 쌍방향 텔레비전을 비롯해서 과거에는 매스컴의 일방적인 대량 전달에 의존하던 통신방식이 고객과 시청자들과 함께 하는 쌍방향 통신방식으로 바꾸어 나가고 있다. 그리고 영화, 음악, 비디오 등 수 많은 매체를 주문자의 요구에 의해 주문형(On Demand) 방식의 매체전달이 늘어나고 있다. 이외에도 신문이나 방송도 고객의 요구에 따라 다양하게 구독하고 청취할 수 있는 개별 방송 내지 개별 신문도 등장하고 있다.

통신과 컴퓨터가 결합된 미디어의 발달로 소위 '사이버공간'(Cyberspace)이라는 새로운 의사소통 공간이 만들어졌으며, 이에 따라 지금까지는 존재하지 않았던 수많은 가상사회가 나타나고 있다. 전자 민주주의와 새로운 정치형태를 모색하는 사이버 파티라든지, 전자출판을 더욱 발전되어 생겨난 사이버 학술잡지, 컴퓨터망을 통해 확산된 사이버 모임 등 수 많은 가상공간 속의 인간 공동체들이 나타나게 되었다. 컴퓨터 통신망과 인터넷을 이용한 전자상거래 역시 CALS라는 개념을 중심으로 해서 다각도로 모색되고 있다. 또한 이런 상거래의 대금결제를 가능케 할 수 있는 전자화폐라든지 이들 화폐체계를 통제할 전자은행의 가능성도 모색되면서 지금과는 다른 새로운 통화체계가 출현할 가능성이 농후해졌다.

사이버 시대에 들어와서는 포르노그래피의 유포, 통신망 파괴, 타인의 인적사항의 도용 등과 같은 새로운 신종 범죄가 나타나고 이런 범죄행위로부터 네티즌들을 보호할 사이버 경찰이 출현되고 있다. 이에 따라 국제적인 범인 검거를 위해 탄생한 기존의 인터폴도 정보화 사회의 변화에 따라 새로운 전기를 맞이하고 있다. 정보화 사회로 진행되면서 세계의 여러 나라들은 서로 자신의 생각을 더욱 쉽게 전달하게 될 것이며, 이에 따라 문화적 통합화가 더욱 가속화하게 될 것이다. 정보의 접근과 공유 가능성이 높아지면서 정보의 소유권 문제와 이를 법적으로 보장해줄 수 있는 새로운 지적 재산권 제도가 정비되어야 한다는 목소리가 높아지고 있다.

미국을 비롯한 정보 선진국은 이미 수 많은 이용 가능한 정보를 확보해서 이를 통해 세계 경제를 주도하려는 움직임을 보이고 있다. 이에 따라 바야흐로 세계는 정보를 둘러싼 새로운 무역질서 출현을 예고하고 있다.

정보에 대한 경제적 가치가 점점 높아지면서 정보의 소유 및 접근 정도에 따른 새로운 계급의 출현 가능성도 조심스럽게 예견되고 있다. 산업혁명 이후 새로운 공장제도의 출현으로 수많은 노동자들이 실업자들로 전락했었고, 이를 보고 분개한 노동자들이 기계 파괴운동을 벌인 적이 있었다. 이와 마찬가지로 최근에 들어와서 정보화 사회로의 전이가 일반인이 따라가기 힘든 정도로 빠르게 진행되면서 정보화 사회에서 소외된 소위 '정보 빈민'들이 정보통신기술 발전을 혐오하는 일까지 나타나고 있다. 반면에 사회 속에서 정보의 공유 가능성이 증대하면서 과거에 비해 보다 발전된 민주적 질서가 출현될 가능성이 있다는 낙관적인 견해도 등장하고 있다. 아무튼 미래는 정보통신혁명의 영향으로 과거에 비해 훨씬 다원화된 사회가 창출될 것이고, 이에 따라 과거와는 다른 아주 새로운 정치사회 질서가 출현할 것이라는 것은 충분히 예견 가능한 일이다.

나. 정보화 사회의 문제점

첨단 정보통신기술들은 그것들이 사회 속에서 점차 자리를 잡게 되면서 수많은 사회적 문제도 야기 시켰다. 네트워크 윤리문제는 미래의 정보화 사회가 해결해야 할 핵심적인 문제로 부상되었다. 일부 언론들이 컴퓨터 통신망에 침입하여 정보를 파괴하는 해커를 마치 정보화 사회의 영웅이라도 되듯이 취급해서 커다란 물의를 일으킨 적이 있었다. 또한 컴퓨터 통신망을 이용해서 은행망에 침투한 컴퓨터 범죄가 보도된 적도 있었다. 더욱더 심각한 것은 컴퓨터 범죄를 저지른 이들 범인들이 범죄를 저지르고도 죄의식을 잘 느끼지 않는 데 있다. 따라서 최근에는 컴퓨터 교육에 앞서 윤리교육이 선행되어야 한다는 목소리가 대학의 컴퓨터 관련학과에서 나오고 있다.

인터넷을 비롯한 정보통신매체가 확산되면서 정보가 중간에서 날조, 혹은 변조될 가능성이 높아지고 있으며, 사이버공간이 지니는 익명성으로 인해서 정보에 대한 무책임성이 증대되고 있는 것도 정보화 사회의 사회적 문제점으로 지적되고 있다. 컴퓨터 통신망에서는 익명의 이름을 주로 사용하기 때문에 신분이 잘 노출되지 않을 수 있으며, 따라서 공격적이고 파괴적인 발언이 거리낌 없이 양산될 여지가 많다. 이에 따라 개인에 대한 중상 비방, 개인 비밀의 무차별 공개 등과 같은 정보화 사회 속에서 나타나는 사생활 침해가 점점 심각한 문제가 되고있다. 인터넷 통신망을 통한 포르노그래피 등과 같은 불건전한 정보의 유포도 이미 심각한 지경에 이르렀다.

앞에서 언급했듯이 사이버 범죄는 정보화 사회가 앞으로 직면해야 할 가장 커다란 사회문제로 비화될 가능성이 있다. 정보통신기술이 폭발적으로 발달하면서 소위 컴맹과 넷맹들이 양산되고 있고 이들은 새로운 기술사회에 대한 많은 불안감을 지니고 있다. 머지않아 정보 빈부의 문제는 우리사회가 해결해야 할 심각한 사회문제로 부상될 것이다. 개인뿐만이 아니라 국가 간에도 정보의 빈부문제가 핵심사항으로 대두될 것이다. 이미 국가 간 정보 역조문제가 우려의 수준을 넘어 심각한 상황에 이르렀다고 지적하는 사람들이 많다. 우리나라에서 미국으로 정보를 찾아 떠나는 빈도와 미국에서 우리나라로 정보를 찾으러 오는 빈도를 비교해 보면 문제의 심각도를 분명하게 느낄 수 있다. 또한 새로운 기술정보 패권주의 역시 국가 간 정보 빈부의 격차와 국가 간 정보의 역조문제를 더욱 심화시킬 것이다.

사이버공간이 점차로 확대되고 생활 속에서 실제 공간의 역할이 반감되면서 실제 세계를 무시하고 가상의 세계 속에 매몰되는 사람들이 늘어나는 것도 커다란 사회문제로 나타날 것이다. 사이버에서만 삶의 의미를 지니고 실제 세계나 역사 속에서는 삶의 가치를 찾지 못하는 것은 아직은 우리사회가 용인하기에는 어려움이 많은 가치체계이다. 만약 이런 삶의 형태가 지속적으로 확대된다면, 인류의 역사는 공상과학소설에 나오는 한 이야기에 불과하다는 의식이 만연할 지도 모른다.

2. 정보시스템의 개요

2.1 정보시스템이란?

정보시스템(IS: Information Systems)은 데이터를 입력받아 이를 정보로 변환시키는 시스템이다. 즉, 경영관리나 의사결정에 필요한 데이터를 획득(Capturing)하고, 저장(Storing)하며, 가공(Manipulating)하고 그 결과를 제시(Displaying)하거나 검색(Retrieving)할 수 있게 한다. 또한, 기업의 관점에서 본 정보시스템은 경영시스템의 하위시스템 중 하나로 볼 수 있다. 경영시스템의 목표인 이익창출을 위해 경영시스템의 다른 하위시스템들인 사람, 기계, 자금, 원료 등이 서로 효율적으로 작용하도록 지원하는 하위시스템이다.

이러한 정의에 의하면 다음의 시스템들은 모두 정보시스템이라 볼 수 있다.

- 항공예약과 탑승관리를 수행하는 항공예약시스템
- 알레르기를 진단하고 처방하는 의료전문가시스템
- 지역 간에 떨어져 있는 공장과 본사를 연결하여 영상회의를 지원하는 원격 영상회의시스템
- 바코드 스캐너를 이용하여 영수증을 발급하고 판매현황을 종합하는 POS시스템
- 경영현황의 주요정보를 다양한 형태로 가공하여 제공하는 경영자 정보시스템
- 기업과 금융기관과의 자금결재 및 이전 기능을 제공하는 자동 자금이체시스템

2.2 정보시스템의 구성

경영시스템의 하위시스템으로서 정보시스템은 경영시스템의 목표달성을 효율적으로 그리고 효과적으로 지원하는 목적을 가지고 그림 4.1과 같이 하드웨어, 소프트웨어, 사용자 및 개발자, 그리고 데이터베이스와 같은 하위시스템으로 구성되며 이러한 하위시스템들 간에는 네트워크로 연결되어 있다.

정보시스템은 데이터와 데이터를 처리하는 절차를 입력 받아 주어진 절차에 따라 데이터를 처리하며, 처리결과를 출력한다. 이는 그림 4.1의 아래 부분과 같이 입력-처리-출력의 시스템 모형으로 표현될 수 있다. 정보시스템은 처리된 데이터나 처리를 위한 데이터를 저장하는 장소를 가지는데 이를 데이터베이스라 한다.

정보시스템은 보는 관점과 목적에 따라 그 구성요소인 하위시스템을 여러 가지 형태로 분류할 수 있다. 정보기술별로는 하드웨어, 소프트웨어, 응용시스템, 통신시스템, 그리고 데이터베이스 관리시스템으로 구성되며, 경영기능별로는 마케팅정보시스템, 생산정보시스템, 인사정보시스템, 재무정보시스템, 회계정보시스템 등으로 구성된다고 할 수 있다. 그리고 경영활동별로는 거래처리시스템, 경영정보시스템, 중역정보시스템, 의사결정지원시스템, 전략정보시스템 등으로 구성될 수 있다.

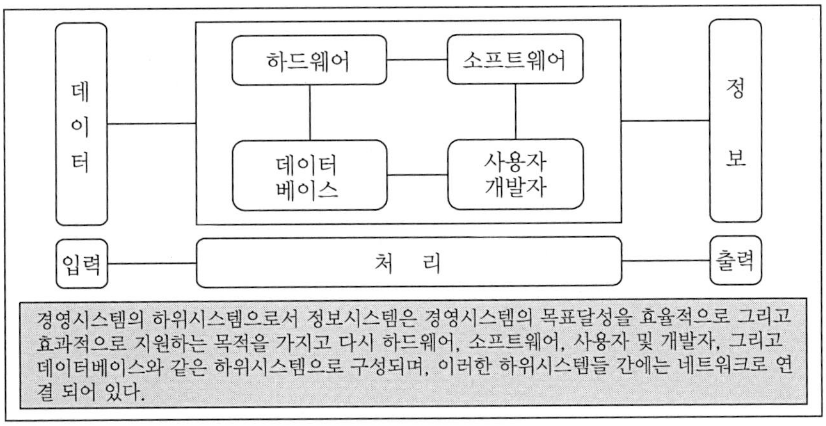

그림 4.1 정보시스템의 구성

2.3 정보시스템 구성요소

정보시스템에 대한 또 다른 시각은 정보시스템은 경영관리나 의사결정에 필요한 유용한 정보를 생산하기 위해 업무방식, 조직구성원, 정보 그리고 정보기술로 구성된다는 것이다. 업무방식, 조직구성원 그리고 정보기술은 조직의 목표달성을 위해 상호 유기적으로 작용할 뿐만 아니라 경영환경의 변화에도 적절한 대응을 할 수 있어야 한다. 이러한 관점은 정보시스템의 환경이라 할 수 있는 경영관리를 더욱 적극적으로 반영한 것이다.

그림 4.2는 조직의 목표, 조직구성원, 업무방식, 정보, 정보기술, 그리고 경영환경의 관계를 통해 정보시스템을 정의한 것이다. 그림 4.2에서 보듯이 정보시스템의 가장 중요한 구성요소는 일반적으로 생각하는 정보기술이 아니라 조직의 목표달성을 위해 조직 구성원들이 수행해야 하는 업무방식임을 알 수 있다. 그러므로 경영조직에 정보시스템을 도입하거나 개발할 경우 가장 관심 있게 연구해야 할 부분은 조직의 목표를 달성하기 위해 수행되는 업무방식이 정보시스템의 다른 구성요소들과 어떠한 관계에 있고 또한 어떤 상호 작용을 하는 가이다.

조직의 목표는 정보시스템의 구성요소는 아니지만 조직 구성원이 수행하는 업무방식을 결정하는 데 있어 절대적인 역할을 한다. 예를 들어, 독점력을 갖는 제품을 생산·판매하고 있는 한 기업을 생각해 보자. 그런데 새로운 경쟁자가 출현하게 되자 시장점유율은 급격히 떨어지고 수익성이 악화된다. 독점적 이윤을 누리던 이 기업은 이제 새로운 경쟁환경에서 살아남기 위해서 새로운 목표와 전략이 필요하다. 어떻게 하면 우리제품에 대한 고객의 만족도를 높일 수 있을까 고민해야 한다. 이른바 '고객만족'이 경영의 최우선 목표로 자리 잡게 된다. 이러한 경영목표의 변화는 궁극적으로 판매부서의 업무방식을 과거 독점 시 공급자의 편의주의식 판매방식에서 고객위주의 방식으로 바뀌게 된다. 기업을 둘러싸고 있는 경영환경은 직접적으로 업무방식에 영향을 미치기도 하지만 일반적으로 조직목표에 영향을 끼쳐 목표의 변화가 궁극적으로 업무방식의 변화를 가져오게 하는 간접적인 변화의 원천이 된다.

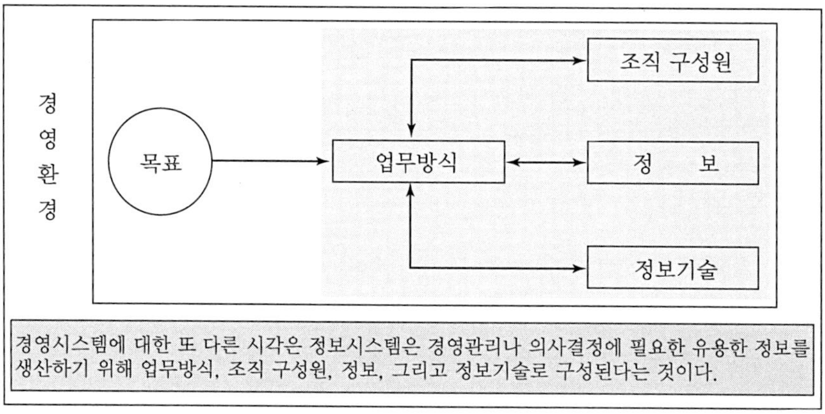

그림 4.2 정보시스템의 구성요소

2.4 정보시스템의 변천

처음 컴퓨터가 기업 활동을 지원하기 위해 사용되었을 때는 컴퓨터의 역할은 단순한 계산의 효율성 증대에 있었다. 급여를 계산하고 고객의 주문을 처리하는 등 과거 수작업 시의 많은 노력을 줄이기 위한 수단으로 컴퓨터의 도입이 시작되었다. 그 후 컴퓨터는 계속적으로 업무의 효율성을 높이기 위해 생산, 판매, 인사 등 업무전반에 걸쳐 적용범위가 확대되어 갔다. 이와 같이 컴퓨터를 이용하여 거래 및 업무를 자동화하기 위해 개발된 시스템을 거래처리시스템(TPS: Transaction Processing Systems)이라 부른다.

가. TPS에서 MIS(IPS)로

거래처리시스템은 경영 활동의 단순작업들을 자동화함으로써 업무의 효율적 수행에는 많은 기여를 하였다. 그러나 전사적인 계획과 통제 없이 기업 내의 각 부서에서 필요로 하는 정보시스템을 독자적으로 구축하여 기업 내에는 서로 다른 종류의 컴퓨터가 존재하고, 서로 다른 언어의 시스템체계를 가진 소프트웨어들이 존재하게 되어 정보시스템 간의 정보교환이 어려워짐은 물론 투자가 중복되는 등의 문제점을 낳게 되었다.

그 후 기업은 업무의 자동화는 물론 업무수행의 효율적인 평가, 통제 및 관리를 위한 컴퓨터 시스템의 필요성을 인식하게 되었고, 정보관리가 조직 활동을 총체적으로 지원할 수 있다는 인식을 바탕으로 시작되었다.

주간생산, 월간 금융정보흐름, 재고, 입금 및 출금내역 등과 같은 종합적이고도 요약된 보고서를 생성시켜 주는 정보공장으로 여겨졌다. 이러한 정보시스템을 정보처리시스템(IPS: Information Processing Systems) 혹은 경영정보시스템(MIS: Management Information Systems)으로 불려 졌고 정보시스템에 대한 이러한 견해는 범용계산기 한 가지 일만 수행하는 것이 아니라 여러 가지 기능을 할 수 있도록 해 주는 하드웨어의 발달에 의해 지원되었다. 이러한 정보시스템의 전략적 사용으로 말미암아 정보의 개념이 많이 변화하고 있다. 정보는 이제 자본이나 노동력과 같은 자원의 일종으로 여겨지고 있다.

나. MIS(IPS)에서 DSS로

정보의 개념은 1970년대와 1980년대 초에 변화하였다. 정보 그리고 그것을 수집하고 저장하고 가공하는 시스템은 조직에 대해서 잘 조정된, 특수목적의, 관례화된 경영통제방법의 일종으로 여겨졌다. 이 시기의 정보시스템은 의사결정지원시스템(DSS: Decision Support Systems) 또는 실무자지원시스템(ESS: Executive Support Systems)이라고 불려졌다. 이들의 목적은 의사결정에 필요한 계량적인 기법이나 통계적인 기법을 컴퓨터에 저장하여 의사결정 대안들을 비교 검토하거나 의사결정에 필요한 정보를 제공하는 것이다. 그리하여 광범위한 문제에 대해서 관리자나 실무자들의 의사결정과정을 더 빠르게 하거나 향상시키기 위한 것이었다.

최근까지 기업들은 특정한 경영결정이나 일상의 행정업무를 지원하기 위해 우수하고 작동 가능한 정보시스템을 구축해 왔다. CAD시스템, 부가가치통신망(VAN), 근거리통신망(LAN) 등을 설치하고 기업 간 혹은 기업과 고객, 공급자 간의 정보유통능력을 향상시키고, 정보처리능력까지도 공유하는 노력을 계속하였다. 정보시스템의 가치를 단순히 기능적 차원에서의 효율성 향상이나 비용절감보다는 기업성과를 획기적으로 증진시킬 수 있는 전략적 차원에서 고려하기 시작하였다.

표 4.1 역할 변천에 따른 정보시스템의 비교

정보시스템	정보에 대한 인식	출현계기	중심되는 문제	대상 경영층
TPS	효율성 증대의 수단 (1950 ~ 1960년대)	컴퓨터의 출현	거래와 업무처리에 관한 데이터 처리의 효율성 증대	하위 경영층
MIS (IPS)	보고 및 통제의 수단 (1950 ~ 1970년대)	데이터베이스 출현	효과적인 경영관리를 위한 효율적인 정보보고	중간 경영층
DSS ESS	의사결정의 기본자료 (1970 ~ 1980년대)	PC와 모델 베이스의 출현	효과적인 의사결정에 필요한 정보의 제공	상급 경영층
EIS	전략적 자원, 경쟁무기 (1980 ~ 1990년대)	중역들의 정보 요구	경쟁우위 획득과 유지 전략경영의 지원	최고 경영층
ERP	기업운영에 필요한 전사적이며 통합적인 자원 (1990~)	프로세스 중심의 업무	전사적 자원관리를 통한 경쟁우위 획득	전사적

다. EIS

의사결정지원시스템(DSS)과 경영정보시스템(MIS) 등 중역들을 지원할 것으로 생각했던 시스템들이 있어 왔지만 실제로 효과적인 지원을 하지 못하고 있음이 밝혀졌다. 특히 1980년대 초의 미국에서는 의사결정지원시스템 및 경영정보시스템과 같은 기존의 정보시스템이 중역들에게 컴퓨터 시스템으로 혜택을 누릴 수 있는 길을 획기적으로 제시하지 못한다는 인식이 있었다. 조직 내의 중역의 필요를 충족시키기 위한 시스템은 그 목적을 위해 특별히 설계되어야 할 필요가 있었다.

중역정보시스템(EIS: Executive Information Systems)은 중역이 그들의 경영기능을 수행하고 경영목적을 달성하는 데 필요한 경영의 주요부분에 관한 정보를 신속하고 신뢰 있게 조회할 수 있도록 지원하는 사용하기 편리한 터미널과 사용자 인터페이스에 의해 제공되는 컴퓨터지원시스템이다. EIS의 목표를 몇 가지 정리하면 다음과 같다.

- 중역에게 쏟아지는 데이터의 양을 감소시킨다.
- 중역에게 들어오는 정보의 적합성, 적시성, 지속적 사용성을 증가시킨다.
- 제시된 자료에 대한 이해를 향상시킨다.
- 다른 사람들과의 통신을 용이하게 한다.

표 4.2는 이와 같은 중역정보시스템이 기존의 의사결정지원시스템 및 경영정보시스템과 다른 점이 무엇인지 비교 정리하였다.

표 4.2 EIS, MIS, DSS 비교

항목	중역정보시스템(EIS)	경영정보시스템(MIS)	의사결정지원시스템(DSS)
초점	현상접근	정보처리	분석, 의사결정지원
지원대상 (사용자)	고급관리자	중간, 하부관리자 때로는 고급관리자	분석가, 전문가, 관리자
개선사항	편의성	효율성	효과성
응용분야	환경조사, 성과평가 문제 및 기회인식	생산통제, 판매예측, 재무분석, 인력관리	관리결정이 있는 다양한 분야 모두
데이터베이스	특별	기업	특별
의사결정지원 능력	간접지원, 고수준의 비정형적 의사결정 및 정책	직접 혹은 간접지원, 표준 활동, 모델을 통한 정형적 정기적 문제	반정형적, 비정형적 의사결정, 수시 및 반복적 의사결정
정보유형	고객, 경쟁자, 환경 등에 관한 새로운 정보 및 내·외부 정보	정기 및 요청에 의한 보고, 내부 활동의 이례적 상황보고	특수상황지원을 위한 정보
주요용도	추적 및 통제	통제	계획, 조직, 통제
개인사용자의 적응성	개별관리자의 의사결정 스타일에 맞춤	보통 없음, 표준화	what-if 기능, 대화 스타일의 선택
그래픽	필수적	선택적	DSS의 통합부분
사용자 편의성	필수적	선택적	보조원이 없으면 필수적
정보처리	정보의 여과 및 압축, 주요자료 및 정보추적	다양한 사용자 그룹에 제공, 필요 시 조작 요약	EIS와 MIS 정보, DSS 입력으로 사용
상세정보지원	요약정보의 상세 내용, 즉시 접근 가능	보고서의 경직성, 상세 정보 신속접근 어려움	DSS 내부에 프로그램화 가능
모델베이스	일반적으로 없으나 추가할 수 있음	표준모델이 있으나 관리되지 않음	DSS의 핵심요소

표 4.2 EIS, MIS, DSS 비교 *(계속)*

항목	중역정보시스템(EIS)	경영정보시스템(MIS)	의사결정지원시스템(DSS)
개발	개발업자 또는 정보시스템 전문가	개발업자 또는 정보시스템 전문가	사용자 단독 혹은 정보센터, 정보시스템 전문가와 공동으로
하드웨어	분산시스템	대형, 미니, PC, 분산	대형, 미니, PC, 분산
컴퓨팅 패키지의 성질	상호 반응적, 복수의 데이터베이스에 접근용이, 온라인 접근	성과보고, 강력한 보고기능, 재무, 회계, 경영과학의 표준모델들	대량의 계산능력, 모델링언어, 시뮬레이션, DSS의 제너레이트

라. 전문가시스템

1) 등장배경

알터(Alter)는 1978년에 56개의 DSS 사례를 분석하면서 DSS를 데이터 중심의 DSS와 모델중심의 DSS로 구분하였는데, 1988년에는 터반(Turban)이 여기에다 지식중심의 DSS를 추가하였다. 즉, 전문가의 지식을 의사결정에 활용하기 위한 시스템인 전문가시스템(ES: Expert Systems)도 DSS의 새로운 분류라고 보았다. 전문가시스템은 인공지능 분야에서 가장 유용하고도 많은 결실을 맺는 부분으로 등장하고 있다. 최근 수년 간 재무, 마케팅, 생산, 등 경영의 여러 영역에서 전문가시스템의 적용이 급속히 확산되고 있으며, 실제로 전문가시스템은 그 자체가 경쟁력을 갖게 된다는 성공적인 사례들이 국내외적으로 많이 보고되고 있다.

인공지능을 연구하는 학자들의 최종목표는 생각할 수 있는 컴퓨터 프로그램을 개발하는 것이다. 예를 들면, 어떤 문제를 해결할 때 사람이 취하는 것과 같은 지능적인 방법으로 문제를 풀어나갈 수 있는 컴퓨터 프로그램을 개발하는 것이다. 전문가시스템은 바로 그러한 노력의 하나의 결실이라고 볼 수 있다.

그림 4.3에서 보는 바와 같이 1960년대의 초기 인공지능분야의 연구가들은 몇 가지 논리적인 추론방법(Reasoning Method)과 컴퓨터의 능력을 결합시킴으로써 모든 문제를 해결할 수 있는 범용문제 해결시스템(General Problem Solver)을 만들 수 있으리라 믿었다. 그러나 연구경험이 축적되면서 그러한 시스템은 그 자체가 부적합하다는 결론과 함께 문제해결의 중요한 요소로서 특정한 문제영역에 대한 지식관리에 관심을 모으기 시작하였다. 1970년대에는 좀 더 특정한 프로그램을 만들기 위한 범용의 접근방법이나 기술을 개발하는 데 역점을 두었으며 나름대로 성

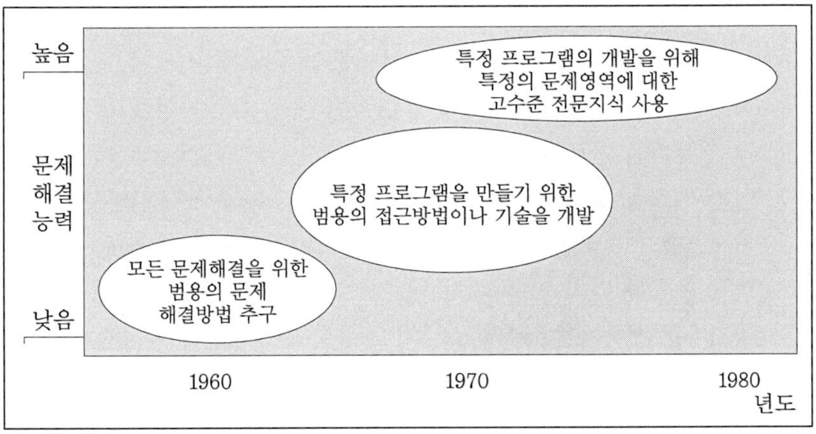

그림 4.3 인공지능 연구초점의 변화

과를 거두었다. 즉, 지식의 표현기법이나 해답을 찾는 탐색기법 등이 그것이다. 그러나 1980년대에 들어서면서 프로그램의 문제해결능력이 획득된 지식에 따라 좌우된다는 중요한 사실을 발견함에 따라 특정한 문제영역에 정통한 특정목적의 컴퓨터 프로그램을 개발하기 시작하였는데, 이 프로그램들이 바로 본격적인 전문가 시스템인 것이다.

2) 구성요소

전문가시스템은 다음의 세 요소로 구성되어 있다.

- 사용자 인터페이스
- 추론기관
- 지식베이스

사용자 인터페이스는 사용자가 해결해야 할 문제를 기술할 수 있도록 화면이 구성되며 이 화면을 통해서 시스템과의 대화형식의 상호작업을 수행할 수 있게 된다. 이들 화면은 단순한 메뉴형식이나 워드작업 등의 모습을 가질 수 있고 데이터베이스나 스프레드시트 형태의 모습을 가질 수도 있다.

추론기관은 지식베이스를 탐색하여 문제의 해답을 찾아내기 위한 추론방법 등이 내재된 소프트웨어가 내장되어 있다. 전문가시스템은 일반적으로 필요한 정보를 사용자로부터 입력받은 다음 추론기관이 규칙 등을 사용하여 적정한 지식을 추출하여 이를 사용자에게 제공하게 된다.

지식베이스는 특정의 애플리케이션에 관련된 데이터와 사실들을 보유하고 있어 추론기관이 문제를 해결하는 논리적인 과정에서 이를 사용하도록 하는 것이다. 지식베이스에 저장되는 지식의 표현방법에는 여러 가지 기법이 존재한다.

전문가의 전문지식을 컴퓨터 프로그램으로 표현하여 전문가시스템을 구축해 나가는 과정을 통칭하여 지식관리(Knowledge Engineering)라 부른다. 여기에는 전문가시스템의 구축을 전담하는 지식관리자(Knowledge Engineer)와 문제영역에 정통한 전문가들 간의 많은 대화 및 정보의 교환이 체계적인 형태로 이루어진다. 지식관리자는 전문가들로부터 그들이 소유한 전문적인 문제해결절차나 전략 및 그들만이 소유한 문제해결방식 등을 추출하여 이를 기술적으로 구성하여 전문가시스템을 만들어내는 역할을 수행하는 것이다. 그림 4.4는 이러한 과정을 보여주고 있다.

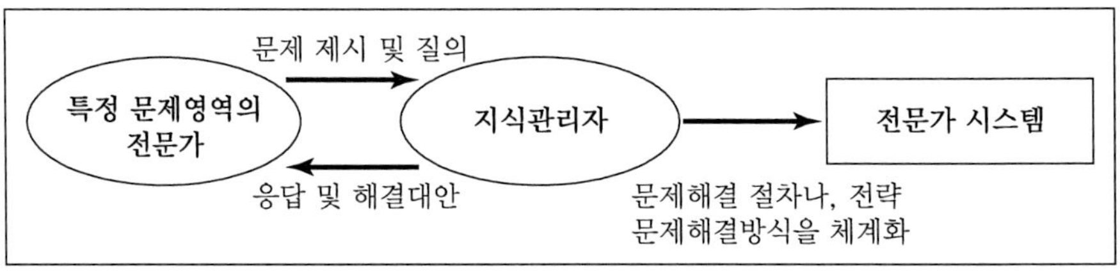

출처: *Waterman, 1986*

그림 4.4 지식관리

마. ERP

1) ERP의 탄생배경

20세기 후반에 들어서면서 경영환경에 많은 변화가 일어났다. 교통과 통신기술의 발달로 글로벌경쟁이 심해졌고, 고객의 요구가 다양해졌고, 또한 제품의 수명주기(Product Life Cycle)가 짧아졌다. 이러한 끊임없이 변하는 경쟁 속에서 도태되지 않고 살아남는 것만이 기업이 승리하는 길이다. 이를 위해서 앞에서 언급했듯이 고객만족경영, 다운사이징, 리스트럭처링, 리엔지니어링, 벤치마킹, 동시공학, 전사적 품질경영 등 최신의 경영기법들을 도입하여 급격히 변화하는 기업환경에 대처해야 한다.

과거에는 회계관리, 인사관리, 급여관리 등의 시스템을 직접 자사의 업무프로세스에 맞게 구축하는 주문식 개발방법이 보편적이였으며, ERP의 전신이라고 할 수 있는 MRP(생산 및 자재관리 시스템)는 생산관련정보의 자동화라는 측면에서 개발되었다. 이에 비해, ERP는 보다 확장된 범위의 전사적 기업정보 즉 모든 기업 내

프로세스를 다룬다는 점에서 차이를 보인다.

이는 과거의 경영패러다임에서 중요하게 여겨 왔던 품질과 가격 이외에도 유연성과 스피드라는 새로운 전략을 요구한다. 이러한 요인들로 인해 기업은 정보기술을 도입하여 비즈니스 프로세스를 효과적으로 재구축하기 위한 노력을 해왔고, 리엔지니어링이라는 경영기법을 통하여 구체화되기에 이르렀다. 최신의 정보기술을 이용하여 각각의 프로세스를 혁신하여 효율성을 높인 것은 두말할 필요가 없지만, 부분적 최적화가 전체적인 최적화로 이어진 것이 아니라서 정보기술투자에 대한 재인식이 필요하게 되었다. 즉 경영혁신에 기업은 엄청난 투자를 해왔지만, 그 효과는 기대 이하에 머물렀고, 이는 정보기술의 한계에서 기인한 것이라고 생각하고 있다. 따라서 기업은 이러한 정보기술의 한계를 극복하고 통합적인 정보기술을 활용하여 전략적 우위를 가질 수 있는 기업정보시스템을 필요로 하게 되었다.

2) ERP의 장점

- 시스템의 설치와 실행이 빠르고 주문형 시스템의 구축도 쉽다.
- 설치과정에서 기업프로세스를 재설계할 수 있다. 즉 Reengineering의 효과도 볼 수 있다.
- 최신 시스템으로의 업그레이드가 용이하여 기업의 백본시스템으로 활용될 수 있다.
- 시스템표준화를 통한 데이트의 일관성 유지와 개방형 정보시스템 구성으로 자율성, 유연성이 극대화되고 클라이언트/서버환경 구현으로 시스템 성능을 최적화할 수 있다.
- 재고관리 능력의 향상 및 업무의 효율화로 계획 생산체계의 구축 및 실적관리가 용이하다.

3) ERP의 사용목적과 문제점

영업에서 자재, 생산, 원가, 회계에 이르는 정보흐름의 일원화로 데이터의 중복 및 오류배제 등의 목적으로 사용될 수 있으나 ERP 도입 시의 문제점으로는 먼저 패키지 구현에 앞서 장기간의 기업업무 재구축 즉 BPR이 필요하며 짧게는 6개월에서 길게는 2년이 소요되기도 한다. 또한 기존 전산실 요원들의 거부감과 초기 현업부서의 업무량이 증가하는 단점이 있다. ERP에 대한 상세한 내용은 뒷부분에서 계속 설명하기로 한다.

3. 정보시스템 평가

정보시스템의 평가(Evaluation of Information Systems)란 시스템이 얼마나 기업에 공헌을 하고 있는가 등을 평가하는 것을 가리킨다. 정보시스템은 여러 가지 측면에서 생각할 수 있다. 들어가는 비용에 대해 얼마나 많은 이익을 가져오는 가를 평가할 수도 있고, 들어간 비용에 관계없이 얼마나 쓸모 있는 시스템인가, 즉 기업에 얼마나 많은 영향을 미치고 있는지를 기준으로 평가할 수도 있다. 적은 비용으로 시스템을 구축했다고 해서 반드시 좋은 것은 아니다. 오히려 비용이 많이 들어가더라도 원래 의도했던 시스템이 만들어지도록 하는 것이 바람직하다고 할 수 있다. 정보시스템의 평가는 여러 가지 측면을 가지고 있다. 정보시스템 자체의 용량이나 처리속도만으로 정보시스템을 평가하기는 어렵다. 정보시스템을 평가할 때에는 정보시스템이 개인에게 미치는 영향, 나아가서는 기업에 미치는 영향 등 수 많은 요소를 고려하여야 한다.

정보시스템의 평가는 시스템 도입 이전에 할 수도 있고 시스템이 도입되고 난 뒤에 실시할 수도 있다. 그러나 대개의 경우 시스템이 도입된 후에 주기적으로 실시하게 된다.

3.1 정보시스템 평가의 의의

개발된 정보시스템이 효율적(Efficient)으로 또는 효과적(Effective)으로 운용되지 못하는 사례가 많은데, 그 이유는 주로 다음과 같다.

- 환경변화에 따른 요구사항 변화의 미수용
- 현 업무흐름과 맞지 않게 설계된 정보시스템 구조
- 효과적인 시스템 관리기능의 부재
- 정보기술이 제공하는 기회포착 능력 미흡
- 기존의 제도, 관행, 업무프로세스를 정비하지 않은 상태에서 단순히 업무흐름만을 빠르게 하기 위한 기계화, 자동화의 추진

이와 같은 이유로 말미암아 정보시스템의 성과가 저하되어 있을 때 정보시스템의 문제점을 분석, 검토하여 이를 수정, 개선하려는 단계가 필요하다. 일반적으로

이런 과정을 정보시스템의 평가라고 정의하고 있다. 정보시스템의 평가는 통산 경영통계의 한 과정으로서 정보시스템의 구성요소를 분석·검토하여 문제점을 파악하고 이의 문제점을 바로 잡음으로써 정보시스템을 개선하는 데 그 목적을 두고 있다.

3.2 정보시스템 평가의 어려움

정보시스템 평가에 대한 영향이 직접적인 경우보다는 간접적인 경우가 많기 때문에 정보시스템의 평가에 대한 중요성에 비해 신뢰성 있는 평가 방법론의 개발이 쉽지 않다. 정보시스템이 조직의 여러 수준에 영향을 준다는 것은 조직의 일선 직원으로부터 최고경영자에 이르기까지 모든 수준에 영향을 준다는 것을 의미한다. 정보시스템의 영향이 간접적이라는 것은 정보시스템의 사용이 주는 효과가 우리가 목표하는 목적에 직접적으로 공헌하지 못한다는 것이다. 예를 들면 정보시스템의 투자효과를 기업의 이윤에서 찾기 어렵다는 것이다. 물론 장기적으로는 정보시스템의 사용이 기업의 이윤창출에 공헌을 할 것이나 그 공헌도를 측정하기란 매우 어렵다 할 것이다.

정보시스템의 영향을 그림 4.5와 같은 입력-출력 모델로 설명하면, 정보시스템은 입력물의 하나로 볼 수 있으며, 입력물로서의 정보시스템은 출력물에 직접적으로 영향을 줄 수 있다. 또한 이 과정을 통해 간접적으로 영향을 줄 수도 있다. 간접적 영향은 개인적 차원에서는 의사결정의 향상과 같은 것을 들 수 있다. 조직적 차원에서는 의사소통의 원활화를 통한 조정의 합리화 등이 있으며, 더 나아가 산업적 측면에서는 조직 간 시스템의 구축을 통한 경쟁력 향상 등이 있을 수 있다. 그러나 정보시스템이 주는 이런 이익들은 측정하기가 매우 곤란하다.

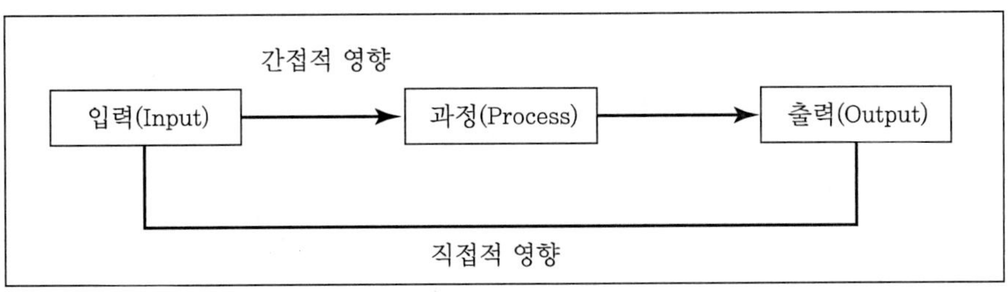

그림 4.5 입력-출력 모델

정보시스템의 간접적 영향을 측정하는 데 있어 첫 번째 어려움은 정보시스템 사용의 효과가 프로세스라는 중간과정을 통해 나타난다는 것이다. 따라서 과정단계에서 작용하는 많은 종류의 중간변수들의 거미줄 같은 상호작용 속에서 정보시스템의 역할을 구별하여 찾아보는 것은 매우 방대하여 복잡한 작업이 된다.

둘째로, 중간변수란 정보시스템과 궁극적 목표인 출력변수와의 관계를 중개해 주는 것으로, 비록 정보시스템과 중간변수와의 관계를 찾았다 하더라도 중간변수들과 출력변수와의 관계를 찾아내어야 한다는 어려움이 있다. 출력변수는 흔히 대리측정변수(Surrogate Measure)이며 이런 대리측정변수를 사용할 때 생기는 모호한 점을 확연히 구별하여 관계를 찾기가 어렵다는 점이다.

3.3 정보시스템 평가방법

정보시스템 평가는 매우 복잡한 차원을 갖기 때문에 관점에 따라 정보시스템 평가 방법을 여러 가지 기준으로 분류할 수 있다.

가. 평가항목에 의한 분류

정보시스템 평가는 그 항목이 목표(Goal)인가 과정(Process)인가에 따라 목표 중심적 평가와 과정 중심적 평가로 나누어 볼 수 있다.

목표 중심적 평가는 정보시스템이 원래 의도했던 목표를 얼마나 달성했는가를 가리키는 것이고, 과정 중심적 평가는 목표를 달성하는 과정에서 얼마만큼의 자원을 사용했는가를 가리키는 것이다. 이와 같이 효율성이 높은 시스템이 반드시 효과성도 높다는 보장은 없다. 예를 들어 정보시스템이 적은 비용으로 많은 이익을 가져온다면 효율성이 높은 것이 된다. 그렇지만 만일 시스템이 원래 목표로 했던 것, 예를 들어 업무의 자동화와 같은 목표를 달성하지 못했다면 효과성은 낮은 것이 된다.

1) 목표 중심적(Goal Oriented) 평가

정보시스템 자체의 과업목표(Task Objective)와 정보시스템을 이용하는 부서 및 조직 전반의 목표를 설정하고 일정한 기준에 의거, 성과와 목표를 비교한다. 따라서 이들 세부적인 목표들이 평가항목으로 이용된다. 이는 조직 내의 정보시스템의 제반자원(Resource)이 효과적으로 이용되는지의 여부를 측정하는 것이다. 이 방법에 의한 평가 항목의 예를 들면 정보시스템 자체의 과업목표인 시스템 사용자에 대해 시스템이 제공하는 정보의 정확성, 관련성, 적시성 등이 있다.

2) 과정 중심적(Process Oriented)평가

정보시스템 도입에 관련된 조직 내 제반 자원이 효율적으로 이용되는지의 여부를 측정하는 것으로 예를 들면 인적자원의 경우 정보시스템 부서와 사용자간의 의사소통, 사용자의 정보시스템 개발에의 참여도 등을 평가항목으로 들 수 있다.

목표 중심적인 평가 항목은 주로 이미 개발된 시스템으로부터 시스템 사용자에게 제공되는 정보에 대한 만족도에 초점을 맞추고 있으며 과정 중심적인 평가 항목은 주로 시스템 개발과정에 있어서의 효율적인 전산자원관리에 초점을 맞추고 있다.

나. 평가방법에 의한 분류

정보시스템의 평가방법은 평가를 주관적인 방법에 의해서 하는지 객관적인 방법에 의해서 하는지에 따라 주관적인 평가와 객관적인 평가로 나누어 볼 수 있다.

1) 주관적(Subjective) 평가

시스템에서 제공되는 정보의 이용자, 시스템 사용자, 관리자, 개발자 등의 정보시스템에 대한 의견을 설문조사나 면담조사 등의 방법에 의해 수집하여 평가하는 방법이다.

2) 객관적(Objective) 평가

사용자의 시스템 사용빈도, 시스템 착오 발생률, 시스템 반응속도, 데이터의 정확도, 시스템 보완 등 주로 객관적으로 관찰 가능한 자료의 분석에 의해 평가하는 방법이다.

정보시스템의 평가가 이상적이기 위해서는 객관적인 방법이어야 함이 자명한 사실이나 앞에서 언급했듯이 정보시스템으로부터 발생하는 이익(Benefit)은 무형적(Intangible)이고 측정하기 어려운 경우가 많고, 또한 정보시스템의 질에 대하여 기록된 자료가 입수하기가 어려운 경우가 대부분이어서 지금까지의 정보시스템 평가는 주로 주관적인 방법에 의존하여 왔다.

3.4 정보시스템의 평가영역

정보시스템이 제공하는 정보와 시스템의 질은 사용자의 만족과 사용빈도에 영향을 미치고 이것은 사용자 개인의 업무수행에 영향을 미치며 나아가서 기업의 성과에 영향을 미친다고 할 수 있다. 이것을 그림으로 나타내 보면 그림 4.6과 같다. 그림 4.6에서 '시스템'과 '사용'이라는 측면은 과정 중심적 평가의 대상이 되며 '개인의 영향'과 '기업의 성과'는 목표 중심적 평가의 대상이 된다고 할 수 있다. 궁극적으로 정보시스템의 평가는 목표 중심적 이여야 할 것이다. 즉, 한 개인이나 어떤 조직이 정보시스템에 자원을 투자해서 사용하고자 할 때에는 그 사용이 목표달성에 도움이 되어야 한다. 그렇지 않고는 자원을 투자할 이유가 없기 때문이다. 목표중심적 평가의 최소단위는 개인적 영향이다. 이 수준에서는 정보시스템이 개인의 업무수행에 주는 영향을 말한다. 여러 개인은 모여서 조직을 구성하며, 조직 수준에서의 정보시스템이 주는 영향을 조직적 영향이라 할 수 있다. 조직적 영향은 정보시스템의 영향을 단순히 기업 구성원 개개인에 대한 영향을 모은 것이라 할 수 없다. 조직수준에서 중요한 것은 개인수준에서 중요한 의사결정 향상이나 자료수집 및 정리의 지원 같은 것이 아니라 정보시스템의 설계나 정보시스템을 통한 조정의 향상과 같은 것이기 때문이다. 조직은 모여서 기업을 이루며, 이 수준에서 정보시스템은 전략적으로 구축되어 기업의 경쟁력 향상을 위해 사용될 수 있다. 따라서 산업 수준에서 정보시스템의 영향을 전략적 영향이라 할 수 있다. 정보시스템의 평가는 이러한 다원적 측정변수들이 서로 독립적이며 상관이 없는 것이 아니라 하나의 큰 틀 안에의 영향을 포괄적으로 평가해야 한다.

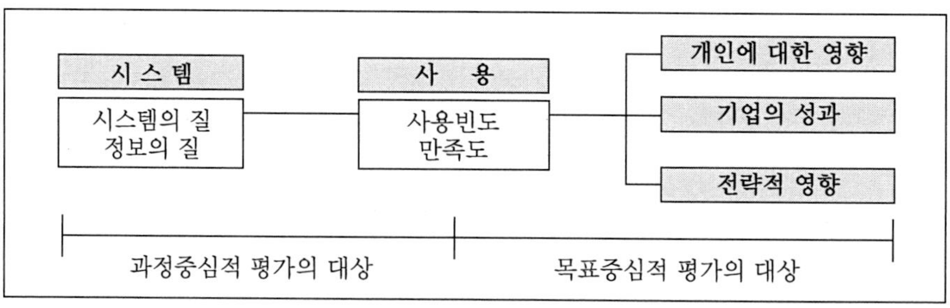

그림 4.6 정보시스템의 평가영역

사례연구

광동제약은 1963년 세워진 기업으로서 OTC 약품, 건강보조식품, 영양제 등을 주로 생산하고 있다. 동양 전통 제조법으로 만들어진 감기약 광동탕, 뇌졸중 상비약 우황청심환, 그리고 비타민 C 음료인 비타 500 이 널리 알려져 있다. 2005년 말, 광동제약은 제약업계 순위 11위이었으며, 연 매출 216억 원을 올렸다. 10위권 제약회사로 도약하기 위하여, 광동제약은 2002년에 전반적인 정보시스템을 개선한다는 경영전략을 세웠다. 광동제약의 전략은 전산 시스템, 교육, 프로세스, 운영정책 등을 포함한 경영시스템의 전반적 업그레이드였으며 이는 ERP 구축을 통해 이루어졌다.

2002년부터 진행된 ERP 구축은 2004년에 완성되었다. 구축작업이 시작된 첫해인 2002년에는 태스크 포스가 조직되어서 ERP 패키지에 대한 평가 및 선택 작업이 진행되었으며 ERP 구축의 구체적인 목적을 설정하였다. 그 다음해인 2003년에는 2002년 평가 자료를 바탕으로 본격적인 ERP 구축에 들어갔다. 태스크 포스 팀은 회사의 프로세스를 분석하고 TO BE 계획을 세웠다. 또한 시스템에 ERP 프로그램을 설치하였고, 테스팅, 사용자를 위한 교육 등 ERP의 실제적 사용을 위한 모든 업무를 성공적으로 완수하였다.

회사는 태스크 포스를 통한 ERP 구축에 만족하지 않고, 구축 이후에도 시스템의 안정화를 위해 많은 노력을 기울였으며, 회사에 특화된 많은 기능 등을 추가하였다. 대부분의 기능은 제약업체 특성상 생기는 제품의 변질을 줄이고 제품의 품질을 관리하는데 중점을 두었다.

광동제약은 ERP 구축 후 프로세스의 개선 효과를 보았다. 시스템 구축 전에는 회사는 9개의 사업본부와, 67개의 부서 그리고 176개의 작은 부서로 나누어져 있었고 이런 거대한 조직을 운영하고 관리하는데 어려움을 겪었다. 하지만 ERP 구축 이후 회사는 이런 거대한 조직을 효율적으로 운영 • 관리 할 수 있었으며 프로세서의 표준화를 통해서 8개의 사업본부와 26개의 부서 그리고 134개의 작은 부서로 몸집을 줄일 수 있었다. 부가적으로 ERP는 종업원의 업무 능력을 향상시켰고, 향상된 업무 능력은 생산성 증가와 이윤의 증가로 재무제표상에 나타났다. 회계 결산에 걸린 시간이 45일에서 7일로 줄어들고 회사의 재정도 투명해졌다. 다음 표는 ERP 구축 전과 구축 후의 이윤의 비교를 나타낸 그래프이다.

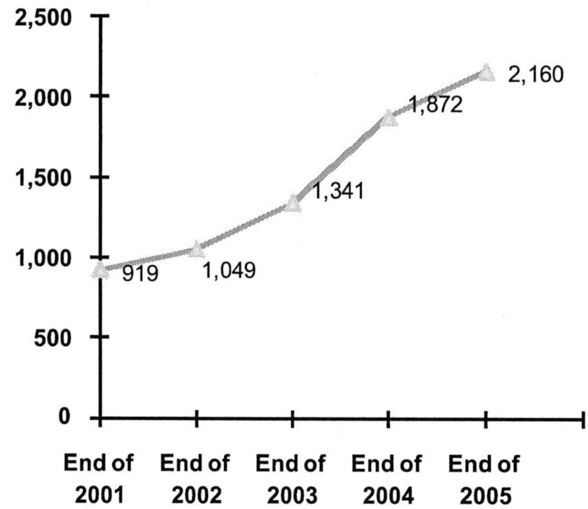

그래프 1. 광동 제약의 이윤 변화 추이 (단위: 억원)

ERP 구축 전인 2002년과 구축 후인 2004년을 비교해보면 광동제약의 이윤이 약 180% 정도 상승한 것을 볼 수가 있다. 이는 ERP가 광동제약의 매출 증가와 이윤 증가에 많은 영향을 끼친다고 말할 수 있다. 광동제약의 예는 ERP 즉 정보시스템의 구축이 회사의 미래에 얼마나 큰 영향을 미치는 지 보여주는 좋은 사례다.

1. 광동제약이 ERP를 도입한 이유와 도입 과정을 설명하여라.

2. 위의 사례에서 나타난 성공적인 ERP 구축의 성과를 설명하고 이 외에 ERP를 구축했을 때 얻을 수 있는 장점들을 나열하여라.

3. 현재 제약업계의 ERP 도입현황을 조사하고 광동제약을 제외한 ERP를 구축한 대표적인 회사를 선정하여 광동제약의 ERP구축과 공통점과 차이점을 분석하라.

주요 단어

정보시스템
정보시스템의 구성
정보시스템의 평가
멀티-프로세싱
TPS(Transaction Processing Systems)
MIS(Management Information Systems)
IPS(Information Processing Systems)
DSS(Decision Support Systems)
EIS(Executive Support Systems)
ERP(Enterprise Resource Planning)
ES(Expert Systems)
LAN(Local Area Network)
VAN(Virtual Area Network)
WWW(World Wide Web)
TCP/IP(Transmission Control Protocol/Internet Protocol)

토의 과제

1. 통신기술의 발전이 전략정보의 발전에 끼친 효과에 대해 토의하시오.
2. 정보시스템의 평가가 중요한 이유를 설명하시오.
3. 정보시스템의 평가가 어려운 이유는 무엇인가?
4. 사용자의 만족을 결정하는 요소에는 어떤 것이 있는가?
5. 사용자가 시스템에 대해서 만족할수록 시스템을 많이 사용한다고 할 수 있는지를 토의하시오.

참고 문헌

1. Davis, Gordon B., and Margrethe H. Olson, Management Information System, MacGraw Hill, 1985
2. Larry Long, Management Information System, Prentice Hall, 1989
3. Licker, Paul S., Management Information System: A strategic Leadership Approach,

The Dryden Press, 1996

4. Pearce, John A., Competitive Strategy fifth edition, Irwin, 1994
5. Plunkett, Warren R., Raymond F. Attner, Introduction To Management, Wadsworth, 1994
6. 박홍국, 전기정 의사결정지원시스템, 경문사, 1996
7. 안중호, 경영과 정보통신기술, 학현사, 1993
8. 이경환, 김경구, 정보시스템, 21세기 한국연구 재단, 1990
9. 조동성, 경영정보시스템, 도서출판 석정, 1987
10. 조선형 외 2인, 정보화 경영혁신, 하이테크정보, 1996
11. 한재민, 경영정보시스템, 학현사, 1995

PART III

경영전략

아무리 좋은 기회를 잡았다 하더라도 제멋대로 움직인다면, 원하는 일을 이룰 수가 없는 법.
행동을 통일시키는 지혜가 필요하다. <손자병법-군쟁편>

이익이 있는 곳에 손해도 있고, 손해가 있는 곳엔 이익도 있다.
그러므로 지혜로운 사람은 자기에게 유리한 것만으로 판단하지 않는다
<손자병법-구변편>

멀리 떨어져 있는 곳은 나아가는데 힘이 든다.
더구나 상대가 나와 힘이 엇비슷하다면 먼 길을 행군하는 쪽이 절대 불리하다.
장수들끼리 호흡이 맞지 않고 윗사람의 능력이 모자라게 되면, 불평 불만이 생기고 제멋대로 싸우게 되어 힘을 제대로 발휘할 수가 없다. <손자병법-지형편>

상대를 알고 나를 알면 백번 싸워도 위태롭지 않으며, 상대를 알지 못하고 나를 알면 한번 이기고 한번 지며, 상대도 나도 알지 못하면 싸울 때마다 반드시 패배한다.
<손자병법-모공편>

전쟁을 잘하는 장수는 끈질기게 기회를 노리다가도 한번 공격이 시작되면, 적이 정신을 차릴 틈도 주지 않고 밀어 붙인다. 기세를 잡게 되면 모든 것이 이로운 쪽으로만 흘러 순식간에 승리를 얻을 수 있다. <손자병법-병세편>

싸움터에 먼저 가 적군은 기다리면 편하고, 뒤늦게 달려가 싸우게 되면 고달프고 불리하다. 그러므로 유능한장수는 뜻대로 적을 움직이게 하여 힘을 뺀 다음 승리를 낚는다.
<손자병법-허실편>

사람을 알아보는 안목이 없으면 정보를 얻을 수가 없다. 또 어질고 의롭지 않으면 첩자를 부릴 수가 없으며, 지혜가 없이는 정보의 옳고 그름을 헤아릴 수가 없다.
<손자병법-용간편>

전략이란 용어는 군사학에서 유래되었다. 전술을 알면 싸움에서 이기고 전략을 알면 전쟁에서 이긴다고 했다. 이처럼 시장에서 경쟁우위를 갖고 싸워서 이기기 위해 전략은 매우 중요하다. " "지피지기면 백전백승" " 이라는 고어가 있다. 먼저 자사의 기업역량을 알아야 하고 기업을 둘러싼 내-외 부적 변수(경쟁자, 소비자, 공급자, 대체품, 경제환경) 등을 분석해 경쟁상황을 파악해야 한다는 것이다. 6장에서 소개하는 SWOT분석, BCG(Boston Consulting Group)매트릭스 등이 이를 위한 대표적인 기법들이다. 기업은 전략을 통해서 미래의 기회와 위협에 대처 함으로써 경쟁우위를 얻을 수 있고 결국 경쟁에서 승리할 수 있다.

CHAPTER 5

전략경영

1. 전략경영의 개념

현대 기업환경을 가장 적절하게 표현하는 용어는 "경쟁"이라고 할 수 있다. 요즘같이 치열한 경쟁상황에서 현 상태를 유지하면서 존재할 수 있는 기업은 없다고 할 수 있으며 만일 어떤 기업이 특정 상태에서 변화 없이 머물러 있다면 틀림없이 생존자체를 위협받을 것이기 때문이다.

따라서 경쟁을 극복하고 궁극적으로는 경쟁의 우위를 확보하여 경쟁상황에 능동적으로 대처할 수 있는 전략을 수립하는 것이 기업경영에 필수적이라고 할 수 있다. 이를 위해서는 기업내부에 대한 철저한 분석과 외부환경에 대한 이해 없이는 불가능한 일이다. 본 장에서는 전략이란 무엇이며 어떤 과정을 거쳐서 수립되는가에 관한 전략의 수립에 대한 일반적 가이드라인과 전략의 구체적 유형에 대하여 설명하고자 한다.

1.1 전략경영의 정의

전략(Strategy)이란 용어는 본래는 군사학에서 "대단위의 전투 운용을 지휘하고 전반적인 실행계획을 지원하기 위한 군 명령 계통의 전술학"으로 정의하고 있고, 경영학에서는 1948년 뉴먼과 모젠스턴에 의해 처음 사용되기 시작하였다.

그 이후에 기업의 경영환경이 더욱 더 치열해지면서 전략의 개념이 기업경영에 있어 그 중요성이 더해감에 따라 전략경영에 관한 논의가 광범위하게 전개되어 왔다. 그러나 전략경영의 개념은 명확하게 통일되지 않고 학자마다 학문영역에 따라 제각기 다르게 서술되고 있다.

경영학에서는 1950년대 중반에 이르러 기업을 둘러싸고 있는 경영환경의 변화에 적응하기 위한 전략경영의 중요성이 날로 더해감에 따라 경영학의 여러 학자들에 의해 전략경영이 학자들에 의해 광범위하게 논의되고 정의되어 왔다. 그중 챈들러는 그의 저서 "경영전략과 조직 구조"에서 전략의 전통적인 접근방식으로 전략이란 "기업의 장기 목표와 목적을 결정하고 이 목표들을 수행하기 위해 필요한 행동경로를 채택하고 자원을 할당하는 것"이라고 정의하고 있으며, 퀴인은 "조직 전체의 결속을 위한 조직의 주요 목표, 정책, 그리고 행동양식을 결합하는 계획 또는 실천양식"으로 정의하고 있다.

이렇듯 한 기업에 있어 전략이란 "기업의 전략적 강점을 환경의 도전에 연결시켜, 조직이 기업의 기본 목표를 적절한 수행으로 달성할 수 있도록 보장해 주는 일체화되고 포괄적이며 통합된 계획"이라 정의할 수 있다. 전략이란 변화하는 외부 환경으로부터 기회와 위협을 포착하여 기업의 자원계획 능력을 최대한 이용, 주어진 제약과 환경 속에서 기업을 만족스러운 성과로 이끄는 방향을 창출하기 위한 요소들의 결합을 말한다. 따라서 여기에서는 경영목적의 결정, 목표의 설정, 사업 활동범위의 선정, 기업 간의 경쟁을 유리하게 전개하기 위한 자원배분, 전략구상과 합치되는 조직의 추진을 포함한 경영시스템의 운용이라는 사항이 모두 포함된다.

1.2 전략경영의 필요성

전략경영의 개념은 1960년대 미국에서 발생한 것으로 그 출현배경은 급속한 경제 성장단계에서 다각화를 추진하는 기업들에게 불확실한 환경, 미래에의 적응을 위한 좌표설정에 지침이 필요했기 때문이다. 최근 기업의 경쟁은 국제화, 개성화, 법적 규제의 완화, 타 업종 진출 등으로 인하여 극심해지고 있으며 앞으로도 기업 경쟁의 강도가 심화될 것으로 예상되어 전략적 경영을 통한 경쟁우위확보가 기업의 사활이 걸린 중요과제로 인식되고 있다.

전략경영이 오늘날 많은 기업에 도입되는 근본적인 이유는 대체로 다음의 세 가지로 설명할 수 있다.

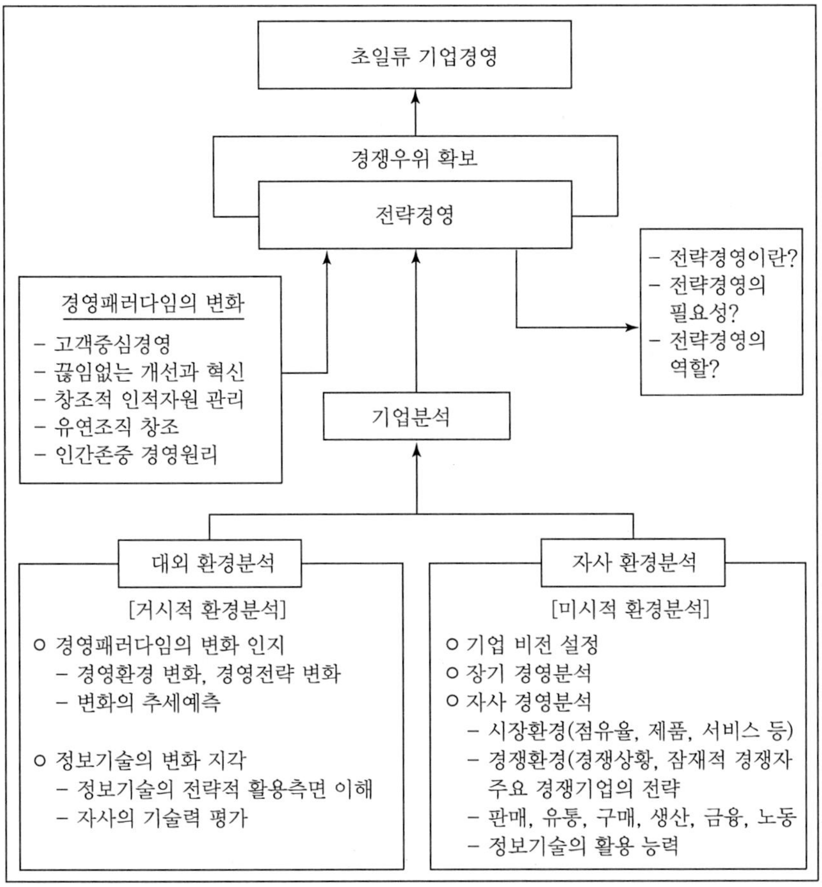

그림 5.1 전략경영의 프레임워크

첫째, 대부분의 기업환경이 급변하는 상황에서 전략적 경영은 기업이 미래의 성공과 위협에 대처할 수 있는 수단과 방법을 제공한다. 날로 새로워지고 있는 고객의 요구와 끊임없이 생성되는 새로운 시장기회에 즉각적으로 대응할 수 있는 능력을 확보하는 것이 기업생존을 위한 관건인 것이다. 전략적 경영은 어떤 기업의 최고 경영자로 하여금 변화를 예견하고, 방향을 설정하게 하여 기업운영의 원활함을 제공해 줄뿐만 아니라 기업으로 하여금 경영환경의 새로운 변화에 능동적으로 대응하게 하고 위험을 감소시키는 데 도움을 준다.

둘째, 전략적 경영은 모든 종업원들에게 기업 장래의 사업구조전략, 경영기능전략, 문화·조직전략을 제시하여 궁극적으로 기업이 추구하는 방향을 제시해 준다. 이는 많은 사람들이 그들이 기대하는 수준과 기업이 나아가는 방향을 구체화하여 전 조직 구성원들의 상상력, 창조력을 환기시킴으로써 전사적 에너지를 하나의 방향으로 결집시켜 좀 더 나은 성과와 만족을 산출할 수 있는 것이다.

셋째, 전략적 경영을 하는 기업은 그렇지 않은 기업보다 능률적이며, 종업원의 만족도가 높다. 목적지향적이고 미래지향적 등의 전략적 사고는 기업을 둘러싸고 있는 환경의 변화에 유연하게 대응할 수 있는 조직 구성원의 결속력을 증대시켜 불황과 시장 경쟁력 저하의 고질적 기업환경변화의 악순환을 슬기롭게 헤쳐 나갈 수 있는 기업의 자생력을 높여 준다.

1.3 전략수립의 절차

전략적 정의에서 알 수 있듯이 "전략경영"이란 "조직환경 속에서 조직이 직면하고 있는 기회와 위협에 조직능력을 대응시켜 어떻게 자원을 이용할 것이며, 어떻게 경쟁을 할 것인가를 제시해 주는 의사결정"이라 정의할 수 있다. 즉, 경영문제에 있어 기업과 외부 환경을 연결하는 동시에 내부적 능력을 재배치하고 또한 전략설정을 포함한 실행 및 통제문제를 포괄하여 기업내외에 존재하는 모든 변수와 환경요인 등을 고려하는 것을 의미한다.

피어스와 로빈슨은 그들의 공동저서 "경쟁전략"에서 기업의 전략에는 조직의 계층과 그에 따른 의사결정수준에 의해 전사적 수준의 전략, 사업부 수준의 전략, 기능별 전략으로 삼분할 수 있다고 하였다.

또한 이러한 의사결정수준과 기업이 처한 환경에 따라서 다소의 차이는 있겠지만 일반적으로 전략을 수립하는 과정은 일반적으로 다음과 같은 단계를 거친다.

- 기업의 이념임무, 즉 궁극적인 기업의 주요한 목표를 선택
- 경쟁환경을 개척하기 위해 기업을 둘러싸고 있는 외적인 기회와 위협을 분석하는 기업외부 분석
- 기업 내부조직의 활성화를 위해 기업조직의 강·약점을 판단하는 내부분석
- 기업 내부에 대한 강·약점의 판단 아래 외부의 위협에 대응하고 경쟁의 우위를 선점하기 위한 전략을 선택
- 위의 결과에 의한 중장기 목표의 설정과 이를 실현하기 위한 중장기 전략의 수립

- 중장기 목표의 달성을 위한 단기목표의 설정 및 운영전략의 수립
- 구체적 실천지침 및 사후평가와 피드백

이러한 일련의 전략경영 프로세스 과정들이 서로 유기적인 관계를 형성하고, 전략경영에 영향을 미치는 조직의 크기 및 구조, 환경변화에의 대응능력, 변화의지, 강력한 리더십 등의 요소들이 적절한 조화를 이룰 때에 비로소 지속적인 성장을 달성할 수 있을 것이다. 그림 5.2는 전략수립 프로세스를 개괄적으로 보여주고 있다.

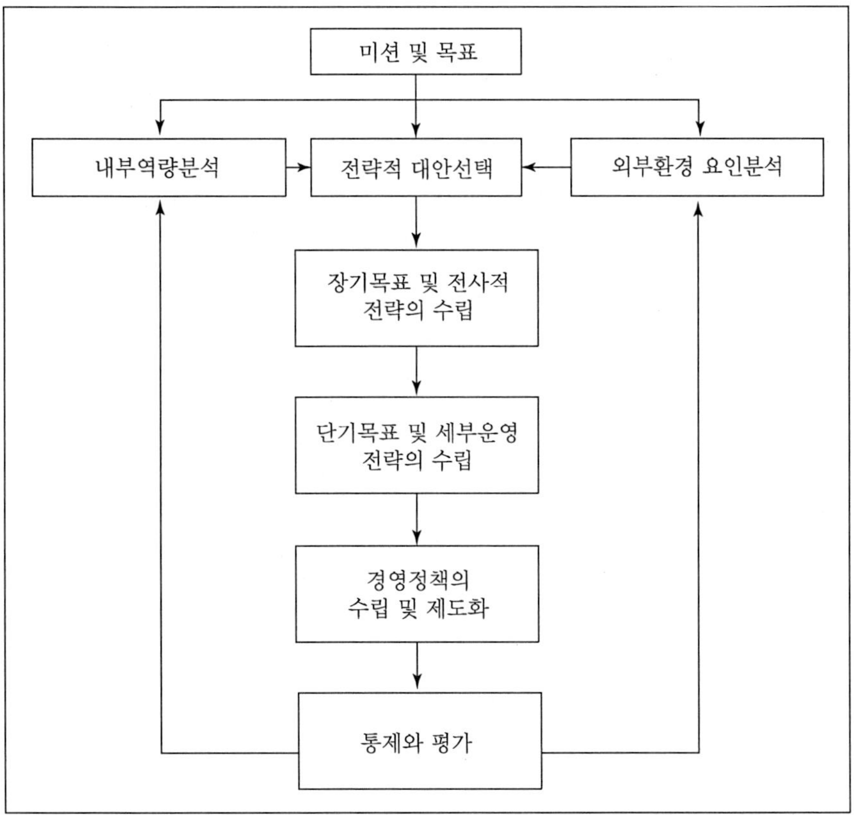

출처: *John A. Pearce, Competitive Stragegy fifith edition, p.18, Irwin, 1994*

그림 5.2 일반적 전략수립 프로세스

2. 전략수립의 구성요소

1절에서 우리는 전략경영의 개념을 정의하고 그 필요성 및 일반적 수립절차에 관하여 살펴보았다. 본 절에서는 이러한 전략의 수립과정에서 분석되어야 할 각 구성요소들에 대하여 좀 더 자세히 살펴보고, 실제로 경영일선에서 전략이 어떻게 구축되는가를 사례를 통해서 살펴봄으로써 전략경영에 관한 이해를 돕기로 하겠다.

2.1 미션의 설정

가. 미션의 정의

미션이란 한마디로 다른 회사와 구분되는 그 기업만이 가지는 정체성(Identity)을 의미한다. 이는 기업의 존립의 근본 목적이기도 하며 장기적으로 기업이 지향하는 바를 나타내는 경영철학이라고 할 수 있다.

기업의 장단기 목표나 세부실행계획에 대한 구체적이고 체계적인 전략수립을 강조하지만 경영철학, 존립목적에 대하여는 막연하고 모호하게 설정하는 경우가 흔히 있다. 이런 경우에 단기적으로는 기업의 목표가 달성되고 있는 것 같지만 장기적으로는 경영자가 원치 않았던 위치에 이르러 있음을 발견하게 되는 경우가 많다. 따라서 미션을 수립하는 경우에 그 성격상 계량화가 어렵다고 할지라도 가능하면 누구에게나 명료하게 이해할 수 있도록 설정되어야 한다. 이런 의미에서 미션은 어떤 내용들을 포함하여야 하는지를 살펴 볼 필요가 있다.

나. 미션의 내용

위에서 언급한 것처럼 미션은 그 특성상 계량화가 쉽지 않다. 그러나 적어도 다음과 같은 내용들을 고려하여 그 의미의 전달을 분명히 해야 할 필요가 있다.

- 무엇을 생산하는 회사이며 고객은 누구인가?
- 추구하는 기술은 무엇이며 시장은 어디인가?
- 어떻게 성장과 이윤을 추구할 것인가?
- 기업철학은 무엇인가?

- 추구하는 기업이미지는 무엇인가?
- 현재 우리는 어떤 위치에 있는가?

위와 같은 여섯 가지 이외에 많은 내용이 있을 수도 있으나 적어도 회사의 미션은 위의 여섯 가지 질문에 분명한 답이 되어야 한다. 물론 위의 내용이 앞에서 언급한 바 있는 여섯 가지 내용을 모두 포함하고 있지는 않지만 상당부분을 수용하고 있다. 위와 같이 기술된 미션은 향후 모든 기업 활동의 방향을 가늠하는 지침서의 역할을 하게 되며 모든 기업 활동의 미션의 범위 내에서 수행하게 된다. 물론 미션도 시간이 흐름에 따라 변해야 할 필요성이 있으며 이때 그 내용을 분명히 명시하지 않으면 그 내용을 충분히 이해하지 못한 관리자의 경영 활동과 충돌을 일으킬 수 있다.

2.2 기업의 외부환경

기업이 장기적으로 나아가야 할 방향이 미션을 통하여 설정되었으면 다음은 기업경영에 영향을 미칠 수 있는 외부적 요인들과 내부적 요인들에 대한 분석과 이해가 요구된다. 본 절에서는 기업에 영향을 미치는 외부환경 중 일반적으로 전략의 수립과정에서 반드시 분석되어져야 하는 요인들은 무엇이며, 각 요인들은 어떤 내용을 담고 있는지를 간단히 설명하기로 하겠다.

가. 환경요인의 분류

기업의 환경은 여러 가지 방법으로 분류될 수 있고, 또한 거의 모든 사회적 요인들이 기업의 경영환경에 영향을 미친다고 해도 과언은 아니다. 따라서 기업의 경영환경을 분석하기 전에 이러한 요인들을 좀 더 체계적으로 분류하고 세분화해야 할 필요가 있다. 앞으로의 설명을 위해서 이 책에서는 환경요인을 크게 외부환경요인, 산업환경요인, 운영환경요인으로 나누어 보았다. 그림 5.3은 기업의 환경요인들을 간단히 분류한 것이다.

나. 외부환경

그림 5.3에 나와 있듯이 기업의 외부환경은 다섯 가지로 분류해 볼 수 있으며 외부환경의 중요한 특성은 기업이 인위적으로 바꿀 수 없는 요인이므로 예측과 대비가 전략의 수립에 있어서 매우 중요한 활동이 된다는 것이다. 실제로 기업들은

이러한 외부환경을 예측하기 위해서 기업들이 전문기관을 자체적으로 설립, 운영하는 경우가 흔히 있는데 각 기업이 보유하고 있는 경제연구소가 그 예이다. 또한 앤더슨, 보스톤컨설팅 등의 전문컨설팅 회사들도 외부환경에 대한 서비스를 제공하고 있다. 각 요인들에 대하여 간단히 살펴보면 다음과 같다.

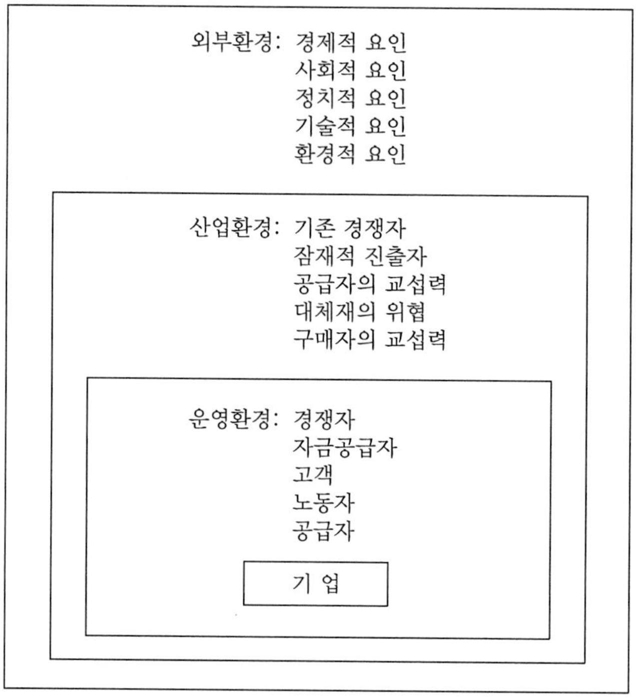

출처: *John A. Pearce, Competitive Stragegy fifith edition, p.63, Irwin, 1994*

그림 5.3 기업의 경영환경

1) 경제적 요인

국민총생산, 국내총생산, 이자율, 소비성향, 가처분소득, 실업률, 물가상승률 등의 거시경제 지표들과 OPEC, EEC, NAFTA 등 지역경제블록 및 IMF, IBRD, OECD 등의 국제경제기구들이 경제에 미치는 영향 등이 경제적 요인으로 고려 될 수 있다.

2) 사회적 요인

사회적 요인은 사회구성원들의 가치관, 종교, 라이프스타일 등을 비롯하여 인구

증가율, 교육수준 등이 고려 될 수 있으며 사회적 변화의 최근의 중요한 변화를 예로 들자면 여성노동인구의 급격한 증가, 인구의 노령화 현상, 삶의 질을 중시하는 라이프스타일 등을 들 수 있다.

3) 정치적 요인

정치적 변화는 기업의 잠재적 이익을 잠식하는 위협이 될 수도 있고 때로는 기업에게 새로운 기회를 제공하는 역할을 하기도 한다. 전자의 예로는 공정거래법, 반트러스트법, 세금, 환경규제, 최저임금제 등의 각종 정부규제를 들 수 있고 후자의 예로는 지적재산권에 대한 보호, 특허권, 물자조달계획, 사회간접자본에 대한 예산편성 등을 들 수 있다.

4) 기술적 요인

기술적 변화는 기업의 경쟁우위를 확보하기 위한 가장 중요한 수단이기 때문에 각 기업은 기술을 개발하기 위해서 끊임없이 노력해야 함은 물론 미래의 기술이 무엇을 요구하는지, 어떻게 변화할 것인지를 예측하는 것은 매우 중요하다고 할 수 있다. 그러나 기술적 요인의 경우 다른 외부요인들 보다 그 예측이 매우 어려운 것으로 알려져 있는데 하트는 그 이유를 "기술변화의 비연속성"로 설명하였다. 즉 기술은 어떤 과정의 일련선상에서 예측될 수 있는 것이 아니라는 것이다. 이런 이유로 기술변화의 예측에는 주로 정성적 분석기법인 시나리오 방법, 델파이 기법 등을 사용하게 된다.

5) 환경적 요인

오늘날 기업들이 일으키는 각종 환경침해요인은 우리의 존립기반인 생태계에 가장 위협적인 요인으로 여겨지고 있다. 따라서 국가나 각종 사회단체, 시민들은 기업들의 이러한 환경침해요인인 배출 억제를 위한 압력을 가하고 있으며 그들의 환경적 요구를 만족시키지 못하는 경우 기업의 생존자체가 위협받을 수 있다는 것이 현실이다. 또한 이는 기업미션의 중요한 구성요소의 하나인 기업이미지의 형성에 중요한 역할을 하기도 한다.

다. 산업환경

외부요인이 기업의 의사와는 상관없이 외부적으로 주어지는 요인인 반면에 산업환경 및 운영환경은 철저한 분석 후 전략을 수립한다면 기업에 유리한 상황으로 변화시킬 수 있다. 앞에서 산업환경요인을 구성하는 다섯 가지의 경쟁세력은 마이클 포터에 의해 제시된 이후에 산업분석을 위한 도구로 폭넓게 사용되고 있다.

여기서는 각 경쟁세력에 대한 간단한 설명과 그들이 어떻게 기업경영에 영향을 미치는 가에 대해서만 간략히 설명하고 이러한 분석을 통해서 주요 성공요인을 파악하고 어떻게 경쟁우위를 확보할 것인가는 6장에서 자세히 설명하기로 하겠다.

그림 5.4는 포터의 경쟁세력모델을 보여준다. 포터는 한 산업내의 수익률은 다섯 가지 경쟁세력의 경쟁의 강도에 의해서 결정된다고 하였는데 즉, 각 세력 간의 경쟁의 강도가 강하면 기업의 잠재적 이윤은 감소하고 경쟁의 강도가 약하면 이익을 추구할 수 있는 기회가 많다는 것이다. 각 세력들에 대해서 간단히 살펴보면 다음과 같다.

1) 기존의 경쟁자

기존의 경쟁자간의 경쟁은 일반적으로 다음과 같은 경우에 증가되며 이로 인하여 잠재적 이윤은 감소한다고 할 수 있다.

- 경쟁자의 수가 많고 규모가 비슷할 때

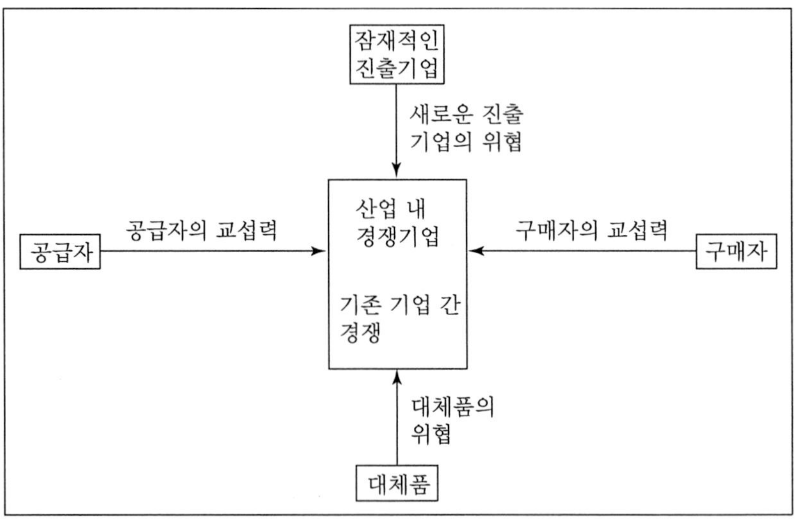

그림 5.4 포터의 경쟁세력모형

- 산업성장률이 낮고 참여기업들의 확장욕구가 강할 때

- 제품과 서비스의 차별화 정도가 약하고 구매자의 전환비용이 적을 때
- 고정비용이 높아서 가격경쟁이 쉽게 유발되는 경우
- 전문화된 설비가 차지하는 비중이 커서 이로 인한 퇴거비용(퇴거장벽: Exit Barrier)이 높을 때

2) 잠재적 진입자

일반적으로 잠재적 진입세력의 강도는 산업내의 진입장벽과 기존 진입자들의 예상되는 보복의 정도에 좌우된다고 할 수 있는데 이러한 진입장벽의 예로는 다음과 같은 것들을 들 수 있다.

- **규모의 경제:** 어떤 산업이 규모의 경제성을 갖는다는 것은 잠재적 진입자로 하여금 진입 초기에 대량의 설비투자를 부담해야 하는 위험을 가중시켜 진입의도를 봉쇄하는 수단이 될 수 있다.
- **제품의 차별화:** 제품 차별화의 정도가 강할수록 잠재적 진입자의 진입의도는 약해진다고 할 수 있다. 제품의 차별화는 제품자체의 품질 외에도 다른 많은 요인들에 의해서 형성되기 때문에 이를 극복하기 위한 불확실한 초기투자를 증가시켜서 결국 진입을 어렵게 하는 요인이 된다.
- **초기 투자자본:** 초기 투자자본은 생산설비를 갖추기 위한 고정비뿐만 아니라 광고비, 연구개발비, 재고유지비, 초기손실의 감수를 위해서도 투자된다. 이러한 비용이 클수록 진입의도는 약해진다고 할 수 있다.
- **경험효과에 의한 비용우위:** 경험효과란 경험곡선(Experience Curve)에 의해서 발생되는 원가우위효과를 말하며 이는 학습효과 및 그 기업고유의 기술, 입지조건, 원재료 공급원 등에 의해서 결정된다. 경험효과가 큰 산업일수록 잠재적 진입자의 진입이 어렵게 된다.
- **유통채널:** 유통채널이 제한되어 있고 기존 경쟁업체들이 이를 완전히 장악하고 있다면 최악의 경우 진입하고자 하는 기업이 자체의 유통채널을 구축해야 되는 경우도 있다. 이 경우 유통채널의 확보 가능성이 진입장벽이 될 수 있다.
- **정부의 정책:** 정부는 어떤 산업에 대해서 여러 가지 이유로 인하여 각종 규제를 행하기도 하는데 예컨대 각종 사업자 허가제도나 품질기준의 제시 및 가격규제 등이 그 예이며 일부 산업에 대해서는 신규진출 자체를 허가하지 않는 경우도 있다. 이러한 정부규제의 강도도 진입장벽이 될 수 있다.

3) 공급자의 교섭력

영향력 있는 공급자의 경우 가격의 인상이나 품질과 서비스의 의도적 저하를 통하여 산업내의 잠재적 이윤을 잠식할 수 있는데 구체적으로 다음과 같은 조건일 때 공급자의 영향력은 커지게 된다고 할 수 있다.

- 소수의 공급자가 공급을 지배하는 경우
- 공급자의 제품이 차별화되어 있고 구매자의 제품사양이 특정 공급자에게 고정되어 전환비용이 높은 경우
- 산업 내에 대체재가 존재하지 않는 경우
- 공급자가 산업 내에 진출할 가능성이 있는 경우
- 그 산업이 공급자의 매출에 주요부분을 차지하지 못하는 경우

4) 구매자의 교섭력

구매자의 경우에도 가격의 인하 또는 품질이나 서비스의 상승을 요구함으로써 산업내의 잠재적 이윤을 잠식할 수 있는데 다음과 같은 경우에 구매자의 영향력이 커진다고 할 수 있다.

- 대량구매가 이루어지고 산업내의 고정비용의 비중이 높은 경우
- 제품의 표준화가 이루어져 차별화가 어려운 경우
- 공급자의 제품을 구매자가 부품용도로 구매하고 그 부품이 원가에서 차지하는 비중이 높은 경우
- 구매자가 현재 수익률이 매우 낮은 산업에 있는 경우
- 공급자가 공급하는 부품이 구매자의 제품의 질이나 서비스의 질에 미치는 영향이 미미한 경우
- 구매자가 산업 내로 진출할 능력과 의도를 갖고 있는 경우

5) 대체재의 위협

대체재의 존재는 제품가격의 상한선을 형성하여 산업내의 잠재적 이윤을 제한하는 역할을 하게 되는데 구체적으로 다음과 같은 경우에 그 영향력이 크다고 할 수 있다.

- 제품의 개선이 쉽게 이루어지지 않는 산업의 경우

- 제품의 가격 탄력성이 큰 산업의 경우
- 기존 제품의 공급자가 수요를 충족시키기 위해 설비투자를 진행한 경우
- 산업 내 수익률이 매우 높은 경우

라. 운영환경

운영환경이란 기업의 경영환경 중에서 기업의 통제권에 가장 근접해 있는 요인들이며 그런 의미에서 과업환경(Task Environment)이라고도 한다. 산업환경이 산업 전체에 영향을 미치는 요인들임에 비해 운영환경은 산업 내에서도 해당 기업에 국한된 환경요인들이라고 할 수 있다. 각 요인들에 대하여 간단히 살펴보면 다음과 같다.

1) 기업의 경쟁적 입지

산업내의 경쟁력을 좌우하는 몇 가지 기준을 선정하고 이를 경쟁자들과 비교하여 자사의 경쟁력의 정도를 표시하는 것으로 평가의 기준으로 고려해야 할 사항으로는 시장점유율, 유통채널의 효율성, 가격경쟁력, 생산능력과 생산성, 재정상태, 연구개발능력, 일반적 이미지 등을 들 수 있다.

2) 고객

회사의 고객에 대한 철저한 이해와 분석 및 예측은 기업의 전략수립에 매우 중요하다고 할 수 있는데 일반적으로 고객의 지역적 특성 및 인구통계학적 특성, 라이프스타일 및 구매행동에 있어서 고객의 특성 및 변화추이 등을 고려해야 한다.

3) 공급자

공급자의 경쟁적 입지 또한 기업의 운영환경에 중요한 요인이 되는데 기업의 경쟁적 입지와 같은 방법으로 공급자의 경쟁력을 파악해야 함은 물론이고 추가적으로 공급자의 가격조건과 제품 표준화의 정도, 불량률, 운송조건 등이 고려되어야 한다.

4) 채권자

채권자 역시 기업의 자금원으로써 중요한 운영환경 중 하나라고 할 수 있으며 이들의 경쟁력이 기업에 미치는 영향은 매우 크다고 할 수 있다. 즉, 예컨대 채권

자의 자금력이 취약한 경우 회사채의 매입 또는 어음의 할인 등이 순조롭게 이루어지지 않아 기업이 도산될 수도 있다. 채권자를 분석할 때 고려되어야 할 사항으로는 신용평가의 공정성, 자금동원능력, 차입조건 등을 들 수 있다.

5) 인적자원

능력 있는 인적자원 확보는 전략의 수립 및 실행에 필수 사항이라고 할 수 있으며 때로는 경쟁력 확보에 중요한 요인이 되기도 한다. 기업의 운영환경으로써의 인적 자원적 주로 고용자로써의 기업의 평판, 노동시장의 취업률 및 노동력의 유용성 등이 고려되어야 한다.

2.3 기업의 내부환경

기업의 외부환경에 대한 분석이 이루어지고 나면 기업의 내부환경에 대한 분석을 하게 된다. 전략수립과정을 간단히 표현하자면 외부환경의 분석 및 예측을 통해 기회와 위험을 파악하고 내부환경 분석을 통해 기업의 강점과 약점을 파악하여 어떻게 그 기업이 가지고 있는 강점을 이용하고 약점을 보완하여 외부환경 분석에서 포착된 기회를 획득할 것인가를 결정하는 과정이라고 할 수 있다.

기업의 환경요인을 분석하는 기법에는 SWOT 분석, 가치사슬모형, BCG 매트릭스 등의 많은 전문적 기법이 존재한다. 그러나 본 장의 목적이 이러한 분석기법의 사용방법을 설명하기 위한 것이 아니므로 본 장에서는 기업의 내부환경 분석에 있어서도 내부환경 분석의 절차와 각 단계별 고려사항만을 간단히 살펴보겠다.

가. 내부환경 분석절차

기업의 내부환경의 분석은 회사의 특성에 따라 그 절차가 매우 다양하다고 할 수 있다. 따라서 일반적으로 분석의 지침으로 삼을 수 있는 분석절차를 제시하는 것이 중요하다고 할 수 있으며 그림 5.5는 내부환경 분석의 일반적 절차를 보여준다.

나. 전략적 내부요소의 선정

기업의 내부환경을 분석함에 있어서 우선은 분석 및 비교의 대상이 되는 전략적 내부요소를 파악해야 한다. 이는 그 기업이 가지고 있는 핵심역량 및 상대적 약

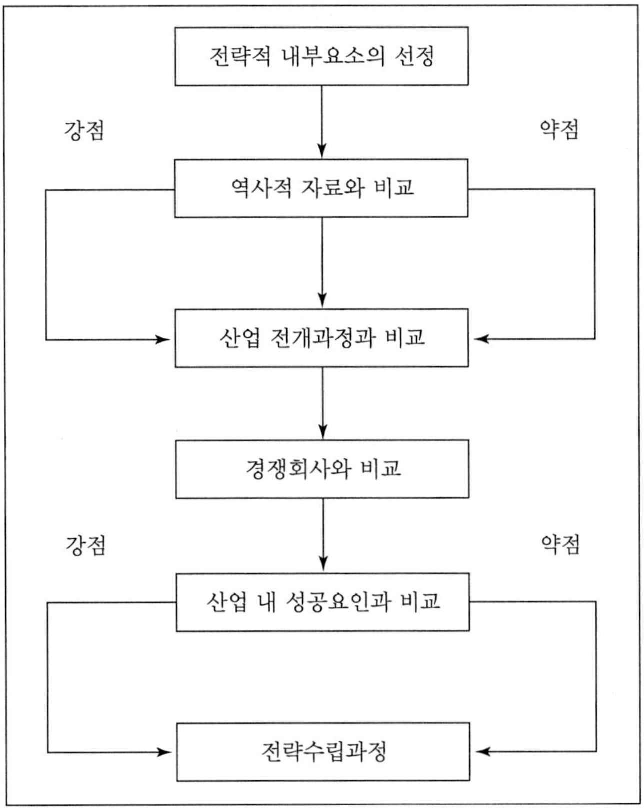

그림 5.5 내부환경 분석절차

점을 파악하는 과정으로서 이러한 기업의 강점 및 약점을 파악하는 방법에는 SWOT 분석법과 포터의 가치사슬 분석법 등이 널리 쓰이고 있다.

여러 분석기법 중 기능별 분석법은 기업의 내부기능별로 기업의 강점과 약점을 파악하는 방법으로 전문적인 분석기법에 익숙하지 않은 관리자들도 쉽게 이해할 수 있는 방법으로 알려져 있으며 이는 기업의 업무기능들을 나열한 후에 각 기능에 대한 기업의 현재 상태를 서술식으로 나열하는 방법으로서 다음에 있는 각 기능별로 가정된 예를 통해 쉽게 이해할 수 있을 것이다.

1) 마케팅 기능

- 제품계열의 폭과 깊이는?
- 시장점유율은?

- 유통채널은 충분하고 잘 통제되는가?
- 제품의 이미지, 품질은?
- 가격전략과 가격탄력성은?
- 애프터서비스는 잘되고 있는가?
- 소비자의 브랜드 로열티는 어느 정도인가?

2) 재무회계기능

- 장·단기자금 조달능력은 충분한가?
- 자금의 차입비용은 경쟁력이 있는가?
- 각종 재무비율은 양호한가?

3) 기술 및 생산기능

- 원재료 값은 경쟁력이 있으며 공급은 안정적인가?
- 재고통제는 원활하며 재고회전율은 좋은가?
- 유휴설비가 존재하는가?
- 연구 개발활동은 잘 이루어지는가?
- 제품의 법적보호는 잘 이루어지는가?

4) 조직 및 인사기능

- 관리자들의 자질은 뛰어난가?
- 근로자들의 숙련도 및 근로의욕은?
- 노동생산성은 경쟁력이 있는가?
- 급여 및 각종 보상제도는 동기부여에 충분한가?
- 인사정책은 공정한가?

위에 열거한 기능 외에도 기업의 정보시스템에 대한 분석 및 경영층에 대한 분석 등이 추가되어야 할 것이다.

2.4 중장기 전략

기업의 미션이 설정되고 기업의 외부환경 및 내부전략 요소가 파악되고 나면 이를 바탕으로 전략적 분석과 대안의 선택과정을 거쳐서 기업의 중장기 목표를 설정하고 이를 달성하기 위한 전사적 전략을 수립하게 된다. 본 절에서는 이러한 과정에 의해서 설정되는 중장기 목표는 어떤 내용을 담고 있으며 그 질적 요건에는 무엇이 있는가를 살펴보기로 하겠다.

가. 중장기 목표의 설정

중장기 목표라는 용어가 의미하듯이 이는 단기목표와 명백히 구분되는 개념이다. 중장기 목표와 단기 목표는 상충되는 경우가 흔히 있다. 예컨대 단기 이익의 극대화는 중장기 이익의 극대화와 명백히 대립된다. 왜냐하면 중장기 이익의 극대화를 위해서는 연구개발투자, 종업원의 교육훈련, 유통채널의 확대 등이 필수적인 데 반하여 단기 이익극대화는 이러한 것들을 희생시킴으로써 달성될 수 있기 때문이다.

따라서 기업의 단기 목표는 이러한 중장기 목표의 설정 이후에 고려되어야 할 단계이며 아울러 중장기 목표와 상충되는 설정이 되어서는 안 된다. 이러한 중장기 목표 설정 시 반드시 고려되어야 할 항목은 다음과 같다.

1) 수익성

수익은 기업의 존속여부를 결정짓는 항목이므로 다른 어떤 항목보다 우선적으로 고려되어야 하며 이때 수익의 의미는 명확히 정의되고 객관적으로 측정되어야 한다. 수익이라고 막연히 얘기할 때 이는 당기순이익, 세후 순이익, 경상이익, 주당순이익 등의 많은 의미를 지닌다. 따라서 그 의미를 명확히 설정해야 할 것이다.

2) 생산성

생산성을 평가하는 지표에도 역시 많은 항목이 있을 수 있으며 또한 중요성에 있어서도 우선순위가 있을 수 있다. 예컨대 원재료가 원가의 중요부분을 차지하는 경우 원재료의 수율이 중요한 생산성 지표가 될 것이고, 노동비가 원가의 중요부분을 차지하는 경우는 단위시간당 노동생산성이 생산성 목표로 알맞을 것이다. 이러한 특성을 고려하여 생산성에 대한 목표설정이 이루어져야 할 것이다.

3) 경쟁적 입지

이는 시장에서 경쟁회사와의 비교를 통한 상대적 시장지배력을 나타내는 항목으로 흔히 매출액이나 시장점유율, 소비자의 브랜드로열티, 기업이미지 등을 측정

기준으로 사용하나 브랜드로열티와 기업이미지는 객관화의 어려움이 있으므로 좋은 평가기준이라고는 할 수 없다.

4) 교육훈련

오늘날 많은 기업들이 교육훈련 목표를 그들의 중장기 목표의 일부로 설정하고 있다. 이는 기업이 인재에 의해서 성공적으로 운영됨을 감안할 때 당연한 일이라고 하겠다. 그러나 많은 경우 기업이 일시적으로 어려움을 겪게 되는 경우 우선적으로 교육예산을 삭감하는 것도 사실이다. 이는 기업이 교육훈련을 기업의 중장기 목표를 달성하기 위한 목표의 일부가 아니라 복지의 일부로 해석하는 경향이 있기 때문이라고 할 수 있다. 그러나 교육훈련의 목표는 기업의 생존과 발전을 위해서 매우 중요한 목표이므로 이를 복지정책의 일부로 취급하는 일은 없어야 하겠다. 이러한 교육훈련의 목표를 설정하는 기준과 평가방법은 기업의 특성에 따라서 매우 다양하다고 할 수 있는데 단위시간당 노동생산성이 가장 보편적인 기준이라고 할 수 있다.

5) 노사관계

기업내의 노동조합의 존재 유무를 떠나서 근로자들과의 원만한 관계의 설정은 매우 중요하다. 이는 기업의 생산성에 직접적인 영향을 미칠 뿐만 아니라 기업이미지에도 미치는 영향이 매우 크며 노사관계가 원만히 확립되지 않는 경우 기업의 채용마저 어려워지는 경우도 있을 수 있다. 따라서 많은 기업의 경우 각종 안전프로그램 및 노사협의회구성, 일일관리자 제도 등을 통해서 원만한 관계 확립을 위해 노력하고 있으며 노사관계에 있어서 목표설정의 기준치로는 연간 노동쟁의 횟수, 안전사고 발생횟수, 스톡옵션 발행액, 종업원 1인당 교육비 및 복지후생비 등을 들 수 있다.

6) 연구개발

기업의 연구개발 활동은 기업의 미래 수익을 결정지을 수 있는 장기적 요인이다. 연구개발에 대한 경영진의 인식이 불분명하고 기업이 달성해야 할 장기목표로 구체화되지 않는다면 기업은 심각한 경쟁의 열위에 놓이게 된다. 이러한 연구개발 목표의 설정기준으로는 연간 특허건수, 연구원 1인당 연구개발비, 연구개발비/매출액 등의 기준이 있을 수 있으며 또는 좀 더 구체적으로 지정된 기간 내에 특정 기술개발을 목표로 삼을 수도 있다.

나. 중장기 목표의 질적 요건

앞에서 기업의 중장기 목표로 설정되어야 할 항목들에 대하여 살펴보았다. 그러나 이러한 목표들이 각 항목별로 빠짐없이 설정되었다 하더라도 반드시 목표설정이 잘 되었다고는 말할 수 없다. 즉 기업의 중장기 목표에는 잘 수립된 목표가 있을 수 있고 그렇지 않은 목표도 있을 수 있다는 것이다. 아래에 열거된 항목들은 중장기 목표의 효과성 확보를 위해서 목표 설정 시에 요구되는 질적 요건들을 보여주고 있다.

1) 수용 가능성

일반적으로 관리자들은 그들의 선호체계와 부합되는 목표인 경우 쉽게 수용하게 되고 반대로 목표의 달성이 그들에게 피해를 준다거나 목표설정 자체가 부당하다고 느끼는 경우에는 무시하거나 심지어는 방해할 수도 있다. 또한 기업의 목표는 관리자들뿐만 아니라 기업외부의 이해 당사자들(주주, 채권자, 정부당국 등)에게도 수용될 수 있어야 한다.

2) 적용의 탄력성

목표를 수립한 이후의 여러 가지 경영환경이 목표를 설정했던 당시의 예측치와 크게 다르다면 목표는 즉각 수정될 수 있는 탄력성을 지녀야 한다. 그러나 이러한 목표의 수정이 너무 자주 발생하는 경우 목표에 대한 신뢰성이 떨어질 뿐만 아니라 근로의욕마저도 저하될 가능성이 있다. 이런 부정적인 결과를 최소화하기 위해서는 목표자체의 취소나 새로운 목표의 추가보다는 목표의 레벨을 조정하는 것이 좋은 방법이라고 할 수 있다.

3) 측정 가능성

목표는 가능하면 계량화하여 비교 및 측정이 가능하도록 설정되어야 한다. 예를 들면 "ROI를 혁신적으로 개선한다"라는 목표는 측정 가능성이 결여되어 매우 모호하다고 할 수 있다. 위와 같은 경우 "가전제품 사업부의 ROI를 최소한 연간 1% 이상 개선하여 3년 간 총 5% 개선을 목표로 한다"라고 구체적으로 설정하여야 한다.

4) 동기 부여성

목표는 너무 높게 설정되어 달성 가능성이 희박해지거나 너무 낮게 설정되어 쉽게 달성되도록 설정되어서는 안 된다. 즉 상당한 노력에 의해서 달성될 수 있는, 동기부여가 가능한 수준에서 설정되어야 한다. 그러나 이러한 달성 가능성에 대한 판단은 개개인마다 또는 각 작업그룹마다 상이하기 마련이다. 이런 경우에는 각 작업그룹(혹은 팀, 부서)별로 목표의 수준을 달리 정해야 한다.

5) 합목적성

목표는 반드시 상위개념이라고 할 수 있는 조직의 미션과 부합되어야 한다. 예를 들자면 기업의 성장지향적 미션에 대하여 “부채/자본 비율을 1 : 1로 유지한다”라는 목표는 성장을 추구하는 기업의 미션에 정면으로 위배된다. 왜냐하면 성장을 위해서는 외부로부터의 자금의 유입이 필수적이기 때문이다. 또한 이 목표는 기업의 안전성과 관련된 미션에도 위배된다. 일반적으로 기업은 안전을 해치지 않는 범위 내에서 성장을 추구하기 마련인데 부채/자본 비율이 1 : 1로 유지하는 것은 안전을 과다하게 추구하는 목표이기 때문이다.

6) 이해 가능성

목표는 관련된 모든 조직원들에게 목표의 내용 및 달성여부에 대한 평가기준이 명확히 이해되어야 한다. 예컨대 “신용카드 부서의 생산성을 5년 이내에 20% 향상시킨다”라는 목표는 이해 가능성이 결여되어 있다. 왜냐하면 생산성의 의미가 발행된 카드의 숫자인지 카드를 통한 매출액인지 모호하고, 해마다 생산성을 개선해야 하는지 5년 간 20%만 달성하면 되는지도 명확히 이해할 수 없기 때문이다. 목표는 이런 점이 명확히 규정되어야 한다.

2.5 전사적 전략

중장기 목표가 수립되고 나면 이들 목표를 달성하기 위해서 사용 가능한 전략적 대안들을 열거하고 이들 중에서 기업의 목표달성에 최적이라고 판단되는 전략을 선택하는 전략적 선택과정을 거쳐서 기업이 구사할 전략을 구체화하게 된다. 본 절에서는 기업이 선택할 수 있는 전략적 대안에는 어떤 것들이 있는지 살펴보기로 하겠다.

가. 본원적 전략

마이클 포터는 기업이 구사하는 모든 전략은 세 가지 본원적 전략(Generic Strategy)으로부터 파생된다고 보았다. 이 세 가지 본원적 전략은 어떤 방법으로 경쟁우위를 확보할 것인가를 설명하는 전략으로서 원가우위 전략, 차별화 전략, 집중화 전략의 세 가지를 말하며 기업이 구사하는 모든 전략은 이 세 가지 전략 중 하나 또는 그 이상의 결합의 형태로 수립된다는 것이다. 각 내용에 대하여 간단히 살펴보면 아래와 같다.

1) 원가우위 전략

원가우위 전략이란 낮은 생산원가에 의한 가격경쟁으로부터 경쟁우위를 확보하는 전략으로서 이러한 원가우위는 규모의 경제가 있는 산업에서 높은 시장점유율을 갖고 있는 기업인 경우, 경험곡선에 의한 원가적 우위를 충분히 확보하고 있는 기업의 경우 또는 원가를 절감할 수 있는 신기술을 확보한 기업의 경우에 주로 선택하는 전략이다. 그러나 이 전략은 경쟁자가 쉽게 모방할 수 있으며 지나친 가격경쟁에 의해 수익을 잠식당할 수 있다는 점, 갑작스런 기술의 변화에 무방비 상태인 전략이라는 단점이 있다.

2) 차별화 전략

차별화 전략이란 제품의 이미지, 특성, 품질, 가격 등의 우수성을 소비자에게 인식시킴으로써 이른바 소비자 충성도를 확보하여 경쟁우위를 추구하는 전략이다. 차별화가 성공적으로 이루어진 기업인 경우 인지장벽(Perceptual Barriers)을 구축하게 되어 소비자는 질적으로 동등한 다른 제품을 인지하지 못하게 된다. 또한 유통구조의 차별화나 애프터서비스의 차별화 등은 소비자의 전환비용을 증가시켜서 소비자 충성도를 확보하는 수단이 되기도 한다. 이러한 차별화 전략은 마케팅능력이 충분한 기업인 경우, 연구개발능력이 뛰어난 기업의 경우 주로 사용한다.

3) 집중화 전략

집중화 전략은 특정시장 세그먼트에 집중하는 전략으로 이는 원가우위 전략에 의한 집중화일 수도 있고 차별화 전략에 의한 집중화일 수도 있다. 집중화 전략의 대상이 되는 시장 세그먼트는 보편적 마케팅으로 접근이 어려우며 소비자 자체도 다른 세그먼트와 구분되는 특성을 갖고 있는 경우가 많다. 또한 제품의 생산측면에서는 다품종 소량생산의 형태인 경우가 많으며, 지역적으로도 특정지역으로 구분되는 경우가 많다. 따라서 이 전략을 구사하는 기업들은 타 기업들이 과소평가하고 있는 특정한 지역의 소비자들을 대상으로 이들이 원하는 제품 및 서비스를 공급함으로써 이윤을 추구한다.

나. 전사적 전략

앞에서 기업의 모든 전략적 대안들은 본원적 전략의 어느 하나 또는 그 이상의 결합의 형태로 나타난다고 설명하였다. 이러한 전략적 대안들은 전략적 유사성에 의해서 몇 개의 소그룹으로 나눌 수 있는데 각 내용에 대하여 이해를 돕기 위해 전략요소 변화격자(Strategy Change Grid)를 이용하여 간단히 살펴보기로 하겠다. 전략변화격자란 기업이 전략을 구사함에 있어서 어떤 전략적 요소에 변화를 통하여 전략을 추구하는지를 설명하는 격자로서 아래 표 5.1에 그 예가 나와 있다. 아래의 표 5.1은 기업이 어떤 전략을 추구하는 경우 위에 열거된 각 항목 중 어느 부분에 변화가 수반되는가를 설명하기 위한 표이다. 예를 들자면 어떤 기업이 산업 내에서 주된 생산업체인가 아니면 하청업체, 또는 유통업체인가를 나타내는 산업위치의 경우 통합화 성장전략을 추구할 때 새로운 수준으로 표시하여 이 전략이 하청업체 또는 유통업체를 내부화함으로써 산업위치에 변화를 가져오는 전략임을 쉽게 파악할 수 있게 한다.

표 5.1 전략요소 변화격자

제품	시장	산업	산업위치	기술
Current or New	Current or New	Current or New	Current or New	Current or New

출처: *Garry D. Smith, Business Strategy Policy second edition, p148, Houghton Mifflin Company, 1988*

1) 집중화 성장전략

집중화 성장전략(Concentrated Growth Strategy)이란 현재의 비즈니스의 범위 내에서 제품의 개선과 표적시장의 변경 및 확대를 추구하는 전략을 말하며 이 전략은 다시 어떤 전략요소의 변화를 통하여 구현하느냐에 따라 세 가지 형태로 구분할 수 있다. 다음 표 5.2는 집중화 성장전략의 전략요소 변화격자이다.

표 5.2 집중화 성장전략의 전략요소 변화격자

제품	시장	산업	산업위치	기술
Current or New	Current or New	Current	Current	Current

- **시장침투전략(Market Penetration)**
  제품의 개선이나 표적시장의 변화 없이 오로지 공격적인 판매활동만을 통하여 매출액을 확장하는 전략이다.

- **시장개발전략(Market Development)**
  현재의 제품을 사용하여 새로운 시장을 개척하는 전략이다. 그 외에 다른 요소에는 변화가 없다.

- **제품개발전략(Product Development)**
  현재의 시장에 새로운 제품을 출시하여 매출액을 확장하고자 하는 전략이다.

위에서 살펴본 것처럼 집중화 성장전략은 기업의 기존 비즈니스 체계에 거의 변화를 가져오지 않는 전략이며 어떤 면에서는 기업이 일상적으로 노력을 기울여야 하는 활동이라는 점에서 전략이라고 보기 어려운 면도 있다.

2) 통합화 성장전략

통합화 성장전략(Integrative Growth Strategy)이란 산업내의 각 단계, 즉 원재료 및 부품의 공급에서 완제품의 생산, 생산된 제품의 유통으로 이어지는 경로 내에서 전방향 또는 후방향의 통합을 통하여 산업 내에서 기업이 점하는 위치를 변경시키고자 하는 전략이다. 그러나 이러한 통합이 이루어진 후에도 제품이나 표적시장, 기술 등은 변하지 않는다. 다음 표 5.3은 통합화 성장전략의 전략요소 변화격자를 보여준다. 이러한 통합화 성장전략은 전방통합화 전략과 후방통합화 전략으로 구분할 수 있는데 각각에 대하여 살펴보면 다음과 같다.

표 5.3 통합화 성장전략의 전략요소 변화격자

제품	시장	산업	산업위치	기술
Current	Current	Current or New	Current	Current

- **전방통합화 전략(Forward Vertical Integration)**
  유통채널의 내부화를 통하여 유통마진을 내부 이윤으로 흡수하기 위한 전략으로 유통채널은 외부로부터 매입할 수도 있고 자체 구축할 수도 있다.

- **후방통합화 전략(Backward Vertical Integration)**
  기존에 다른 업체로부터 매입되는 부품이나 원재료 및 서비스를 내부화하여 이윤을 추구하는 전략이다. 그러나 이윤의 추구 이외에도 안정적인 부품 및 원재료의 공급을 위해서 후방통합화를 추구하는 경우도 흔히 있다.

3) 분산화 성장전략

분산화 성장전략(Diversification Growth Strategy)은 현재 산업 내에서 기존 제품으로 한계를 느낄 때 기업이 선택하는 전략이며, 이 전략은 다시 어떤 전략요소의 변화를 통하여 구현하느냐에 따라 다음과 같은 세 가지 형태로 구분할 수 있다. 각 전략에 대해서 간단히 설명하자면 다음과 같다.

- **중앙형 분산화 전략(Concentric Diversification)**
  기업이 현재 보유하고 있는 기술을 응용하여 새로운 시장에 진출하거나 현재 생산중인 제품과의 시너지효과를 위해 새로운 시장에 진출하고자 할 때 구사하는 전략이다. 예를 들자면 카세트 생산업자가 CD시장이나 플로피디스크 시장에 진출하는 경우를 들 수 있다. 표 5.4에 이 전략의 전략요소 변화격자가 나타나 있다.

- **수평형 분산화 전략(Horizental Diversification)**
  신제품과 신기술로 기존 시장에서의 매출을 확대하고자 하는 전략이다. 예를 들자면 청소년을 위한 케쥬얼 의류생산업체가 10대들을 위한 매거진을 생산하는 경우 동일한 10대 시장에 전혀 다른 기술과 제품으로 분산화 전략을 구사한 것이 된다. 표 5.5에 이 전략의 전략요소 변화격자가 나타나 있다.

- **복합형 분산화 전략(Conglomerate Diversification)**

  신제품과 신기술로 새로운 시장을 개척하는 전략이다. 이 전략은 흔히 기업이 갖고 있는 단점을 보완하기 위해서 사용하는데 예를 들자면 매출의 계절성 극복, 유동성의 부족, 부족한 기술력의 확보 등의 목적으로 많이 사용한다. 또한 자금의 여력이 충분하면서 분산화 전략의 대상이 되는 업체의 주가가 과소평가되어 있다고 판단하는 경우에도 복합형 분산화 전략을 사용하는 경우가 많다. 표 5.6에 이 전략의 전략요소 변화격자가 나타나 있다.

표 5.4 중앙형 분산화 전략의 전략요소 변화격자

제품	시장	산업	산업위치	기술
New	New	Current or New	Current	Current or New

표 5.5 수평형 분산화 전략의 전략요소 변화격자

제품	시장	산업	산업위치	기술
New	Current	Current or New	Current	New

표 5.6 복합형 분산화 전략의 전략요소 변화격자

제품	시장	산업	산업위치	기술
New	New	New	Current or New	New

4) 외부지향 전략(External Corporate Strategy Options)

위에서 열거한 전략적 대안들은 기업 내부적으로 구현되는 전략도 있고 기업 내, 외부 선택적으로 구현할 수도 있는 전략들인 반면 여기서 설명할 전략적 대안들은 그 전략적 초점이 기업의 외부에 있기 때문에 외부지향 전략이라는 용어를 사용하였다. 이 범주의 전략에는 합병, 인수, 조인트벤처가 있는데 이들에 대하여 살펴보면 다음과 같다.

- **인수 및 합병(Merger & Acquisition)**

  흔히들 합병과 인수를 같은 개념으로 많이 사용하지만 인수 및 합병으로 생성되는 조직의 구조는 서로 다르다. 합병의 경우 둘 이상의 기업이 자율적 의사에 의해서 서로 결합하게 되는 경우를 말하며 결합 이후에 기업의 정체성(Identity)은 이전과 달라지게 된다. 예컨대 기업의 이름 및 지분율의 변화, 조직구조의 개편 등이 수반된다. 반면에 인수는 한 기업이 다른 기업을 매입함으로써 발생하나 인수한 이후에 주주의 변경 외에 다른 변화는 없는 경우가 많다. 즉 피인수기업은 소유주가 변경되었다는 사실 외에 기업의 명칭, 조직구조 등이 변하지 않는 경우가 많이 있다. 인수는 위에서 설명한 분산화 전략의 수단으로 많이 사용된다.

- **조인트 벤처(Joint Venture)**

  인수 및 합병이 소유주지분의 변화를 가져오는 영구적 결합인 반면 조인트 벤처는 단일 기업으로서는 달성하기 어려운 특수한 목적을 달성하기 위해서 일시적으로 둘 이상의 기업이 결합하는 형태를 말한다. 이는 타 국가에 진출하기 위해서 정치적 장벽을 넘는 수단으로 사용되기도 하고 소요자본이 매우 큰 대형사업을 추진하기 위해서 사용하기도 하며 서로의 결점을 보완하기 위한 수단으로 사용하기도 한다.

사례연구

지마켓은 2000년에 인터파크의 사내벤처로 창업한 회사이다. 안전하면서도 편리한 온라인 장터를 표방하면서 현재 인터넷 마켓 선두를 달리고 있다. 지마켓은 패션, 옷, 컴퓨터, 전자제품, 음반 가구 등 오프라인 마켓에서 구입 할 수 있는 거의 모든 종류의 제품을 판매하고 있다. 또한 사이트에 등록된 회원수도 천 만이 넘고 판매금액으로 업계 선두인 업체로 발돋움 하였다.

지마켓이 인터넷 오픈 마켓 선두 업체이긴 하지만 지마켓 역시 온라인 오픈마켓이 가진 문제점을 가지고 있었다. E market place는 구매자와 판매자를 가상의 공간에서 연결 시켜 그로 인한 수수료를 받는 구조로 되어있다. 판매와 구입을 위해 가상의 온라인 공간 이외에는 필요하지 않으므로 E market place는 투자 대비 높은 수익률, 빠른 처리 기간, 낮은 처리비용 등으로 오프라인 마켓에 비해 많은 장점을 가지고 있다. 하지만 오프라인 마켓에 비해 전자 상거래로 인해 보안 및 거래 안정성에 문제가 있고, 익명성이 보장되는 온라인 마켓의 특성상 판매자와 구매자간에 신뢰가 구축되지 않아 불량 거래가 발생할 확률이 매우 높다. 또한 온라인 마켓은 별도의 공간이 필요하지 않아 진입 장벽이 낮고, 상품간의 차별화가 힘들어 판매자들은 극심한 경쟁체제에 있게 된다. 원가 이하의 극심한 경쟁체제는 질 나쁜 고객 서비스, 늦은 배송 그리고 품질 저하 등으로 판매자 와 구매자 둘 다에게 해가 되었다.

위에서 언급한 온라인 마켓의 단점을 지마켓은 다음과 같은 경영전략으로 극복하였다. 고질적인 온라인 마켓의 문제점이었던 거래의 보안성과 신뢰성은 SSL 네트워크 보안 시스템의 설치로 향상 시켰다. 또 불량 거래의 빈도를 줄이기 위해, 에스크로 서비스를 런칭하여 구매자가 안전하게 물건을 인수 할 수 있는 제도적 기반을 마련하였다.

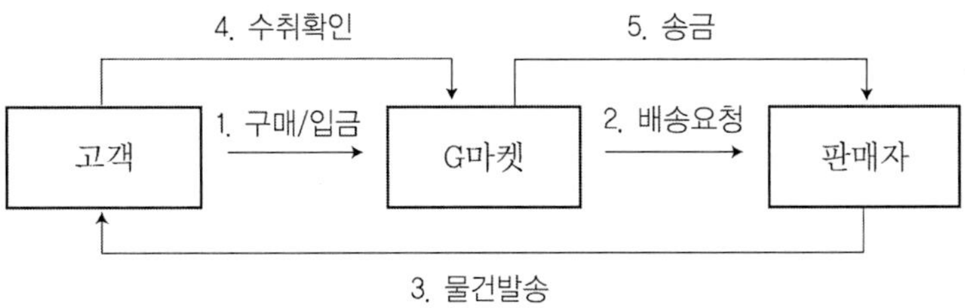

또한 낮은 커미션과 배너수익을 통해서 더 많은 고객을 확보하는 동시에 회사가 안정적인 수익을 낼 수 있었다.

지마켓의 경쟁업체인 옥션은 판매자에게서 경매 등록비, 경매성공 수수료, 아이템 수수료 등을 거두어 들이고, 그에 반해 지마켓은 오직 경매성공 수수료만 판매자로부터 받음으로써, 회사와 고객 사이가 서로 윈 윈 되는 상황을 만들었다. 온라인의 특성상 고객 이동이 빈번하게 발생하고 차별화가 어렵다는 점을 지마켓은 유명 스타들을 이용한 스타샵과 판매자 각 개인이 각자 미니샵이라는 브랜드를 통해 차별화 시킴으로써, 고객 이탈을 방지하였다.

지마켓은 또한 고객의 요구를 이해하는 경영전략을 세웠다. 많은 사람들이 경매시장을 꺼리는 가장 큰 이유는 경매가 가진 불확실성이다. 구매자는 경매가 끝나기를 기다려야 하고 또, 경매가 끝나도 자신한테 낙찰이 된다고 보장 받을 수 없다. 지마켓은 즉시구매라는 제도를 만들어서 일반 온라인 쇼핑몰에서 물건을 사듯이 즉각적인 구입이 가능케 하였다. 오픈 마켓의 특성인 불확실성은 판매자의 개인정보를 알리고 고객 피드백 게시판을 설치함으로써 불량 거래가 일어날 확률을 줄였다. 고객 피드백 게시판을 통해서 고객은 판매자에 대한 다른 사람들의 평가를 보고 물건 구매를 할 수 있게 되었다.

지마켓의 새로운 경영전략 성과는 총 판매액, 등록자수, 매출액, 영업이익 등 여러 가지 경영성과 측정결과에서 나타내어진다. 지마켓 내에서 판매되는 총 판매액은 2007년 1분기에 약 7229억이었다. 2006년 1분기와 비교하면 약 54%, 2006년 4분기와 비교하면 약 6% 증가율을 보였다. 지마켓 아이디 등록자 수도 2006년 1분기 약 971만 명에서 2007월 1분기 1176만 명으로 41% 증가율을 보였다. 50% 이상의 총 판매액 증가와 이용자 수 등록은 고객들이 지마켓의 경영전략에 긍정적인 평가를 했다고 볼 수 있다.

고객도 지마켓의 경영전략의 수혜자지만 지마켓 역시 수혜자가 되었다. 지마켓의 2007년 1분기 수익은 480억 원이었다. 2006년 1분기와 비교하면 70%가 넘는 수익 증가이다. 이는 지마켓의 전략이 단순히 고객확보와 시장점유율 증가 같은 외형적인 성장에 그치지 않고, 수익률 증가라는 질적 성장이 동시에 이루어졌다고 볼 수 있다.

지마켓의 총판매액과 등록자수

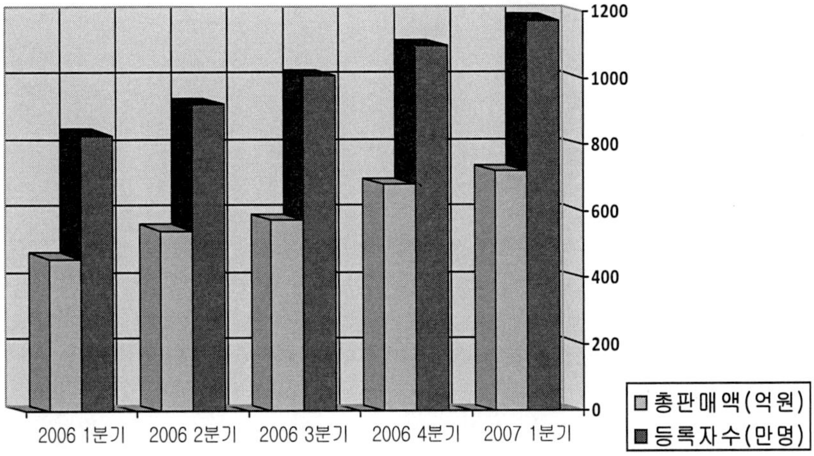

1. 지마켓을 포터의 경쟁세력모형으로 분석하라.

2. 본문에서도 나오듯이 지마켓은 인터파크의 사내벤처로 독립한 회사이다. 인터파크와 지마켓의 차이점은 무엇인지 서술하라.

3. 지마켓 홈페이지를 참고하여 지마켓의 미션은 무엇인지 파악하고 경쟁업체 (옥션, 11번가 등)의 미션과 비교하라.

주요 단어

- SWOT 분석
- 내부환경
- 외부환경
- 퇴거장벽
- 가치사슬
- 본원적 전략
- 전사적 전략
- 포터의 경쟁세력모델
- 경험효과
- 산업환경
- 진입장벽

토의 과제

1. 졸업 후 진로에 대한 전략을 전략수립의 일반적 절차에 따라서 수립하시오.

2. 국내 자동차 업계가 추진하고 있는 전략을 본원적 전략과 전사적 전략으로 나누어 구분하시오.

3. 포터의 경쟁세력모델을 적용하여 국내 반도체 산업의 잠재적 진입세력은 무엇이며 이에 대응하는 진입장벽은 어떤 것이 있는지 열거하시오.

4. 전략의 수립이 기업의 경쟁우위 확보에 도움이 된다고 생각하는가? 자기 생각을 기술하시오.

참고 문헌

1. Dussauge, Pierre, Strategic Technology Management, John Wiley & Sons, 1987
2. Pearce, John A., Competitive Stragegy fifith edition, Irwin, 1994
3. Smith, Garry D., Business Strategy Policy second edition, Houghton Mifflin Company, 1988
4. 서의호, "정보와 경영전략 이야기", 경영과 컴퓨터, 1996
5. 서의호, 박홍국, 중역정보시스템, 명진출판, 1994
6. 서의호, 전략정보시스템, 홍릉과학출판사, 1998

6. 서창석, "조직간 정보시스템과 경쟁력 강화", 경영과 컴퓨터, 1996
7. 윤은기, 정보전략 실천메뉴얼, (주)유나이티드 컨설팅그룹, 1990
8. 이원창, 인트라넷기반의 전략경영을 위한 정보활용방안, 포항공대, 1997

CHAPTER 6

경쟁의 분석과 정보기술

급변하는 기업경영환경에서 기업의 경쟁상황을 이해하고, 자사의 기업역량을 분석하여 경쟁에 있어서 우위를 점하는 것은 기업들이 추구하고 있는 최대의 목표이다. 본 장에서는 기업을 둘러싼 내·외적 변수들을 분석하여 경쟁상황을 파악할 수 있게 해주는 여러 가지 분석기법들과 정보기술을 이용한 경쟁우위 및 전략의 수립에 관하여 살펴본다.

1. 경쟁상황과 기업역량의 분석

어떤 기업이 대처한 경쟁상황은 그 기업의 내적, 외적 환경에 의해 항상 동적으로 변화한다. 따라서, 변화하는 환경에 능동적으로 대처하기 위해서는 타 기업에 비해 가지고 있는 경쟁우위, 즉 핵심역량을 찾아내고 이를 토대로 미래의 경쟁상황에 대처해야 한다. 그럼, 기업의 내·외부역량을 중심으로 하는 SWOT 분석에 관하여 살펴보고, 그 밖의 여러 가지 다양한 분석방법들에 대해서도 소개하겠다.

1.1 SWOT 분석

SWOT이라는 명칭은 강점(Strength), 약점(Weakness), 기회(Opportunity), 위협

(Threat)의 머리글자의 조합에서 유래되었다. 강점과 약점은 기업의 내부 역량 분석에 해당되며 기회와 위협은 시장 상황의 분석 즉, 기업의 외부역량 분석에 해당된다. 강점과 기회를 극대화시키고 약점과 위협을 최소화시키는 것이 효율적인 기업전략의 기본 틀이라는 전제에서 시작하는 SWOT 분석은 적절히 구사될 경우 성공적인 전략을 수립하는 데 강력한 기본 틀을 제공해 준다.

가. SWOT 분석 요소에 관한 설명

1) 강점

경쟁자에 비해 상대적으로 우위에 있다고 판단되는, 경쟁업체와는 차별화된 기업 내 모든 자원을 '강점(Strength)'이라 한다. 이러한 강점은 회계 상의 특징, 대외 이미지, 시장에서의 점유율, 공급 및 구매자와의 관계 등 다양한 형태로 나타날 수 있다.

2) 약점

기업의 효율적인 업무수행에 지장을 초래하고 있다고 판단되거나 혹은 경쟁자에 대해 상대적으로 비교열위의 상태에 있다고 할 수 있는 부족한 기업역량을 통틀어 '약점(Weaknesses)'이라 한다. 경쟁사의 강점은 자사의 약점에 대한 원인이 된다. 즉 약점과 강점은 경쟁자간에 서로 유기적이고 상대적인 관계를 지니게 된다.

3) 기회

시장에서의 상황을 포함한 기업 외부환경에 있어서의 모든 긍정적인 상황을 '기회(Opportunities)'라고 한다. 시장상황의 흐름은 기회에 있어서 주요한 요인으로 작용한다. 그러한 흐름으로는 과거에는 간과되었던 틈새 영역의 부상, 기술의 변화, 공급자 및 구매자와의 관계호전 등 다양한 모습을 띄고 나타난다.

4) 위협

기업 성장에 악영향을 끼치게 될 바람직하지 않은 기업의 외부환경요소를 '위협(Threats)'이라 한다. 그러한 위협요소로는 새로운 경쟁자의 시장진입, 시장 성장률의 둔화, 공급자나 구매자의 교섭력 강화, 기술의 변화, 정부정책의 변화 등을 꼽을 수 있다.

나. SWOT 분석의 전략적 활용

SWOT 분석은 전략적 분석에 여러 가지 다양한 방법으로 이용될 수 있다. 회사의 현재 상황을 체계적으로 분석하고, 어떤 전략적 선택을 할 것인가를 협의하기 위한 논리적인 틀로 사용될 수 있다. 한 회사의 강점은 다른 회사의 약점을 의미한다. 한 회사에 대한 서로 상이한 SWOT 분석은 회사 내 역량과 주변상황에 대한 서로 다른 시각이 존재함을 나타낸다고 볼 수 있다.

그림 6.1에서 가장 바람직한 경우라고 볼 수 있는 1번의 상황에서는 자사 내 모든 자원을 최대한 활용할 수 있는 성장 중심의 공격적 전략을 수립하여야 한다. 인텔이 80×86칩으로부터 펜티엄칩에 이르기까지 일련의 제품들을 내놓으면서 보여주었던 시장 주도형 고성장 정책 등을 그 예로 찾아볼 수 있다. 경쟁우위를 점유하고 있으면서도 시장상황이 좋지 않은 2번과 같은 경우에는 장기적 안목에서 시장기회를 활용할 수 있도록 현재 자사의 역량을 분산시켜 다른 영역의 사업분야로 다각화시키는 전략을 수립하여야 한다.

시장성은 있으나 자사의 역량에 취약점이 존재한다고 판단되는 3번과 같은 경우에는 내부역량의 취약점이 보강될 수 있도록 자사의 모든 역량을 집중하는 데에 전략이 맞추어져야 한다. 일명 '국면의 전환' 전략이라고 할 수 있다. 1992년 애플이 마이크로컴퓨터 시장에서 세계시장으로의 진출을 위해 IBM과 전략적 제휴를

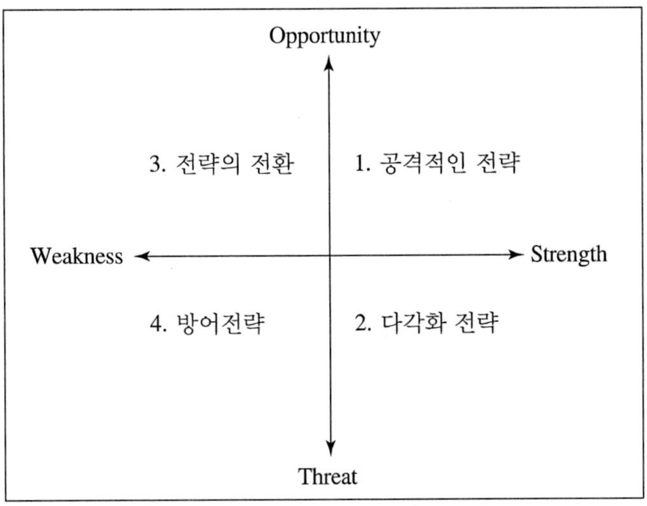

그림 6.1 SWOT 분석과 전략적 대응

맺었는데 이는 기술주도형인 자사전략이 글로벌 시장진입에는 많은 취약점이 있다는 자체 판단에 따라 내려진 결과였다.

가장 어려운 환경에 처해 있다고 할 수 있는 4번의 경우에는 가장 경제적인 철수방법을 찾아내는 것이 목표가 되어야 할 것이다.

1.2 과거 실적에 의한 분석

회사가 운영되는 과정 중에 나타난 실적자료는 가장 중요한 역량 분석자료이다. 시장 점유율, 부채비율, 1인당 생산성 등 객관적 수치를 경쟁업체와 비교함으로써 자사역량에 대한 일반적이고도 객관적인 비교분석이 가능하다. 그러나 판매망, 자금운용능력, 인력수준, 조직 효율성 등 기업내부요소에 대한 평가의 상당부분은 정확히 수치화될 수 없는 영역에 해당하기 때문에 경영자나 평가자의 경험적이고 주관적인 평가에 의지할 수밖에 없다는 한계를 가지고 있다. 예를 들어, IBM과 매킨토시가 일본의 PC 시장에 진출하려 했던 1980년대 NEC를 필두로 하는 일본의 PC 제조업체들은 시장 점유율, 가격, 기술, 판매망, 서비스 등 대부분의 영역에 있어 경쟁우위를 호언했지만 10여 년이 지난 오늘날에는 그들의 초기 예측과는 반대로 전세는 완전히 역전되어 있다. 즉 경험적 실적자료에 의한 내부역량의 평가는 가장 일반적인 분석근거를 제공하지만 주관적 평가로 인한 판단착오의 위험성을 내포하고 있다.

1.3 산업 내 CSF 비교에 의한 분석

자사의 역량을 분석하기 이전에 대상으로 삼고 있는 시장에서 필요로 하는 CSF(Critical Success Factor)가 무엇인지를 우선 분석하고 자사의 역량이 필수요구조건을 얼마나 충족시키는가를 비교하는 방법이다. 미국에서 가장 큰 영화배급회사였던 제너럴 시네마는 자사의 핵심 내부역량을 마케팅 기술, 현지시장 분석력, 융통성 있는 재정운용능력, 지역적으로 분산된 지점망의 운용능력 등 네 가지로 분석하였다. 그런데 이러한 핵심역량은 당시 제너럴 시네마사가 소속된 산업분야와는 전혀 다른 산업이라고 할 수 있는 음료수 병입회사가 가져야 할 핵심역량과 동일하다는 것을 알게 되었다. 이러한 분석결과는 곧바로 전략적으로 실행에 옮겨졌고 음료수 병입사업에 뛰어들게 되었다. 이 회사는 10여 년이 지난 현재 펩시, 세븐업, 선키스트 등을 위탁생산하는 미국에서 가장 큰 프랜차이즈 병입회사로 성장하게 되었다. 이 방법은 특정 시장에 국한된 사고 및 분석방법에서 벗어나서, 그 역으로 자사의 역량이 가장 잘 실현될 수 있는 새로운 시장역량을 찾는 능동적 분석법이다.

1.4 시장 성숙도에 의한 분석

시장 성숙도에 따른 단계별 핵심요소를 분석함으로써 자사의 내부역량을 분석해 낼 수 있다. 도입단계에서는 기술력, 시장진입 우선순위, 일반인들의 광범위한 인식 등을 핵심적인 요소라고 볼 수 있다. 경우에 따라서 어떤 업체들은 후발주자에 비해 기술력이 부족함에도 시장진입이 빨랐다는 사실과 그에 대한 소비자들의 인식에 의해서 추후 강력한 경쟁우위를 점유하기도 한다.

성장단계에서는 브랜드 인지도와 제품 차별화의 정도 그리고 강력한 홍보전략 및 가격경쟁을 가능하게 해주는 재정적 뒷받침이 핵심요소로 작용하게 된다. 메인프레임급 시장에서만 활동하던 IBM이 당시 성장단계에 있던 퍼스널컴퓨터 시장에 뛰어든 후 급속히 빠른 속도로 시장의 리더가 될 수 있었던 것은 건실한 브랜드 이미지와 충분한 홍보를 가능하게끔 해준 재정적인 뒷받침의 영향이 컸기 때문이었다.

표 6.1 시장 성숙도에 따른 핵심전략분야

	도입	성장	성숙	쇠퇴
핵심연구 분야	기술적인 변화를 주도해 가는 능력, 기술적인 단점을 보완할 수 있는 능력	품질의 제고와 새로운 기술적 특성의 개발, 차기 제품군을 개발할 수 있는 능력	원가절감, 제품차별화	성장 중인 다른 산업군을 지원할 수 있는 능력, 소비자 수요에 적합한 독창적인 제품의 개발
전략적 중점분야	공학기술, 시장으로의 침투	판매망, 제품 인지도, 시장 점유율	생산효율성, 차기 제품군 개발	재정, 투자 금액의 회수 능력

시장의 지속적인 성장에도 불구하고 성장률이 점차 둔화되기 시작하는 성숙단계에서는 세분화된 시장영역이 확산되기 시작하고 경쟁이 극도로 치열해지며 그에 반해 제품생산과 관련된 기술적인 변화는 둔화되기 시작한다. 이러한 경쟁상황에서는 가격정책과 제품의 정도가 승부의 관건이라고 할 수 있다. 특히 시장의 도입

단계에서는 R&D가 핵심요소인데 반해 이 단계에서는 얼마나 효율적인 생산을 할 수 있느냐가 핵심요소로 작용하게 된다. 테일러리즘과 컨베이어시스템으로 대변되는 포드의 생산 효율성의 추구는 훗날 미국이 자동차 산업 성숙기에 들어섰을 때 포드의 지속적인 성장과 제너럴모터스사의 지속적인 시장점유율 하락으로 이어지는 계기가 되었다.

쇠퇴기에 있어서의 핵심적인 요소는 가격 경쟁력, 구매자 및 공급자와의 관계 우위, 효율적인 재정 관리 등을 들 수 있다. 일시적이긴 하나 쇠퇴기에도 경쟁우위의 요소는 남아있다. 지금까지 단계별로 논의된 핵심적인 요소들을 표 6.1에 나타내었다. 표 6.2에서는 시장 성숙도의 각 단계 별로 요구되는 성공요인을 기능별로 분류하였다.

표 6.2 시장 성숙도에 따른 주요성공요인의 변화

단계	시장의 특성
도입	기업 간 경쟁이 그다지 치열하지 않고 시장 선점에서 발생하는 각종 기회를 누릴 수 있다. 기술개발 및 노하우 습득이 중요하다.
성장	시장의 급속한 성장과 함께 새로운 경쟁자의 진입이 가속화된다. 제품인지도, 산업차별화, 가격경쟁 및 마케팅을 위한 자금동원력 등이 핵심역량으로 작용할 수 있다.
발전	시장은 계속해서 성장하긴 하나 성장률은 과거에 비해 조금씩 떨어지게 된다. 경쟁이 더욱 더 치열해지며 가격경쟁력과 제품차별화의 정도가 시장 점유율의 핵심적인 역할을 차지하게 된다.
쇠퇴	다양한 경쟁요인들이 단순화되어 가격우위나 유통채널의 차별화 정도로 집중 편향되는 경향이 있다.

1.5 경쟁환경의 분석

경쟁환경의 분석에 대해서는 앞서 5장에서 설명하였다. 앞에서 본 바와 같이 기업의 외부환경은 단기간에는 고정되어 있거나 또는 변화한다고 할지라도 기업의 능력으로 이러한 변화를 통제할 여지가 없는 것들이다. 예를 들어 인구, 문화, 정치, 이자율 등을 생각해 보면 쉽게 이해할 수 있다. 외부환경요인들 중에서 유일하게 기업이 통제할 수 있는 부분이 기술적 환경이다.

예를 들어 컴퓨터 운영체제 시장은 그 기술적 환경자체를 마이크로소프트사에서 지배하고 있다고 해도 과언이 아니다. 이처럼 어떤 기업이 혁신적인 기술을 보유하고 있으며 부단히 기술혁신을 주도해 가고 있다면 그 기업은 기술적 환경에 영향력을 행사할 수 있는 것이다. 마이크로프로세서 시장에서 인텔 역시 기술적 환경에 영향력을 행사할 수 있는 기업이라고 볼 수 있다. 그러나 예로써 제시한 몇몇 회사의 경우를 제외하고는 대부분의 기업들은 기술혁신을 위한 끊임없는 노력에도 불구하고 기술적 환경자체에 영향을 미치는 수준에 이르지 못하고 있다.

이처럼 경쟁요인을 규명하였음에도 불구하고 통제력을 행사할 수 없는 경우에는 환경변화의 방향을 예측하고 미리 대처하는 것이 최선의 방안이다. 따라서 외부환경요인의 경우 환경의 변화를 예측하는 것이 주요성공요인을 규명하는 요건이라고 할 수가 있다. 이러한 외부환경예측에는 각종 기관(통계청, 사설연구기관, 대학...) 등에서 많은 자료들을 제공하고 있으며 예측기법 또한 다양하다. 이러한 예측기법 및 예측자료들에 대해서는 후반부에서 언급하기로 하겠다.

2. 정보기술과 경쟁우위

경쟁우위를 창출하는 기업의 가치 활동에 관하여 알아보고, 정보기술이 어떻게 기업의 가치 활동의 흐름에 영향을 미치는지 그리고 전략과의 상관관계는 어떠한지에 대해서 살펴보자.

2.1 가치사슬과 정보기술

가. 가치사슬 모형

마이클 포터는 '경쟁 우위'라는 그의 저서를 통해, 가치란 기업이 제공하는 제품의 대가로 구매자가 기꺼이 기업에게 지불하려는 금액을 의미하며 기업의 경쟁우위는 고객을 위해 기업이 창출하는 가치에 의해 발생한다고 설명하고 있다. 이처럼 구매자를 위해 비용을 초과하는 가치를 창출하는 것은 모든 전략의 목적이므로 경쟁적 지위를 분석하기 위해서는 원가를 계산하기 이전에 부가되는 가치, 즉 가치창조를 위한 활동(가치사슬)에 대한 분석에 주안점이 맞추어져야 한다.

가치 활동들을 식별해 내기 위해서는 우선 기술적으로나 전략적으로 구분되는 활동들을 분리해야 하는데 그러한 활동들은 투입, 운영, 산출, 마케팅, 서비스와 같은 5단계의 본원적 활동과 획득, 기술개발, 인적자원관리, 기업하부구조 관리 등과 같은 지원활동으로 나눌 수 있다.

이러한 각각의 가치 활동들이 분리되기 위해서는 첫째 각각의 가치 활동들은 독립적인 경제원리를 가져야 하며, 둘째 최종 생산물의 차별화에 영향을 미쳐야 하며, 셋째 원가측면에서 중요한 비중을 차지하고 있거나 그 비중이 증가하고 있어야 한다. 또한 이들 구성요소는 서로 관련성을 가진 활동이 체계적으로 이루어진 것이지, 독립적 활동의 단순한 집합이 아니다. 다시 말해 가치 활동은 가치사슬 내에서 연계되어 있는데 이러한 연계는 최적화와 조정을 통해 경쟁우위 창출에 영향을 미치게 된다. 그림 6.2는 포터가 정의한 가치 사슬에 대한 개념도이다.

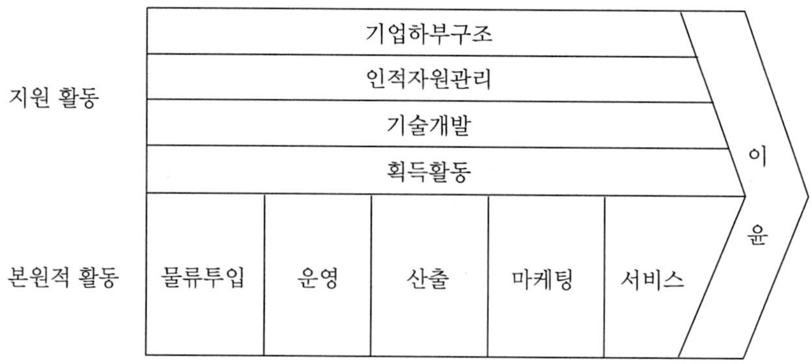

그림 6.2 가치사슬(Value Chain)

나. 정보기술에 의한 가치사슬의 변화

가치사슬이라는 측면에서 바라본 기업의 내부 활동은 다시 공급자와 채널 및 구매자의 가치사슬까지도 포함하는 '가치시스템(Value System)'이라는 거대한 가치사슬의 한 부분으로 이해할 수 있다. 그림 6.3은 가치시스템을 나타내고 있다.

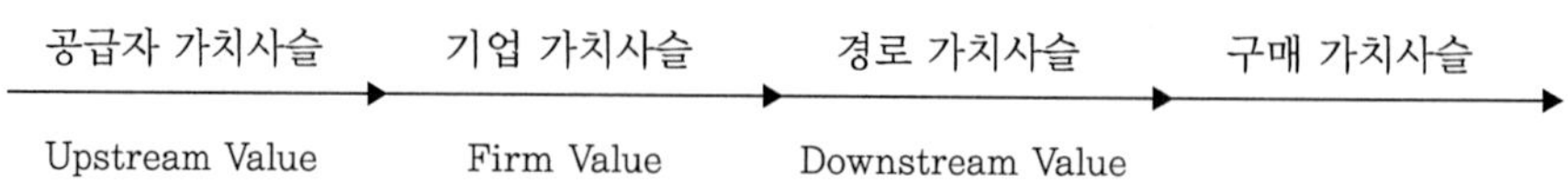

그림 6.3 가치시스템(Value System)

가치시스템에서의 흐름들은 기업 내 가치 활동과 외부와의 단순연결뿐만 아니라 상호 연계방식의 개선을 통한 새로운 가치의 창출 가능성을 시사하고 있다. 예를 들어 사탕을 생산하는 업자가 공급자를 설득하여 고체상태의 원재료를 액체상태로 납품하도록 설득함으로써 사탕제조에 들어가는 프로세스를 단축시킬 수가 있다.

정보기술은 가치사슬 전주기에 영향을 미치며 가치 활동들을 수행하는 방식은 물론 그들 간의 연결구조까지 변환시킴으로써 기업 가치 활동의 근본 구조를 바꾸는데 이러한 근원적인 영향력은 정보기술의 전략적 중요성을 의미한다. 정보기술을 전략적으로 활용하기 위해서는 기업 활동 기저에서 정보기술이 어떤 방식으로 영향을 끼치는가를 이해할 필요가 있다. 다음은 가치창출을 위한 기업 활동과 정보기술의 상관관계를 나타내고 있다.

1) 모든 가치 활동에는 물리적인 활동뿐만 아니라 정보가 처리되는 부분을 반드시 포함한다.
2) 모든 가치 활동들은 어떠한 방식으로든 정보를 사용하게 되고 새로운 정보를 창출한다.
3) 정보기술의 발전은 물리적인 활동들과 상호 발전적인 관계를 유지하는데 최근에 들어서는 정보기술의 발전이 물리적인 기술의 발전을 상회하고 있다.
4) 정보기술은 사업기회 포착 및 한계를 극복하는 데 있어서 경영자의 경영 일반에서의 능력을 상회하는 역할을 수행할 수 있다.
5) 정보기술은 인간 노동력을 대체하는 자동화의 가능성을 열어주었다.
6) 정보기술은 많은 양의 정보를 생성시키고 수집하는 것을 가능하게 해 주었다.
7) 정보기술은 물리적인 공정들의 진행방식을 바꾼다.
8) 활동단위들 간의 연결방식을 개선시킴으로써 기업의 총체적 능력을 배양시킨다.

2.2 정보기술과 포터의 경쟁모델

가. 공급자

도요다의 JIT(Just In Time)는 순수한 의미의 정보시스템은 아니지만 공급자와의 관계에서 정보시스템을 이용하여 경쟁우위를 확보한 예이다. 물품구입과 관련한 자료를 전자적으로 표준화하고, 생산 원재료를 필요한 시점에만 공급받아 사용함으로써 재고관리비용을 공급자에게 전가시킨다. 그리고 공급자 전환비용을 낮춤으로써 공급자로부터의 경쟁우위를 점유할 수 있게 된다.

나. 구매자

IT 기술을 이용한 구매자로부터 경쟁우위점유라는 부분에 있어서 AHS(American Hospital Supply)사의 주문처리시스템 ASAP는 가장 대표되는 사례로 손꼽힌다. 이 회사는 고객에 해당하는 각 병원의 구매담당자에게 무료로 터미널을 설치해 주고 컴퓨터 통신에 의한 주문을 가능하게 하였다. 구매주문은 물론 미납 주문, 대체 제품제안, 주문이력관리 등 자재관리기능 등을 고객들에게 제공함으로써 고객들의 구매처 전환을 어렵게 만들고 따라서 대 구매자와의 경쟁관계에서 경쟁우위를 점유할 수 있게 되었다.

다. 산업 내 경쟁기업

어메리칸 에어라인사는 각 여행사에 단말기를 리스하였는데, 이 단말기를 통하여 예약 및 항공권의 발매가 자동화되었다(SABRE Systems). 지금은 비록 보편화되어 버리긴 하였지만 도입 초창기에 이 시스템이 업계에 미친 파급효과는 엄청난 것이었다. 여타 항공사들이 뒤이어 유사한 시스템을 도입하였지만 그 사이 어메리칸 에어라인사는 시스템 외적인 부분에까지 확실한 차별화 효과를 거둘 수 있었다.

라. 잠재적인 진출기업 / 대체품

일괄판매를 통해 기존의 개별 판매시장을 장악하면서 여타 대체 가능성 있는 제품들의 출현과 잠재적인 기업의 진출을 억제한 정보기술로서 메릴린치사의 CMA(Cash Management Account)를 꼽을 수 있다. 과거에는 증권중개 및 크레디트 카드, 기타 재무 서비스 등이 분리된 업무로 다루어졌으나 이 서비스에서는 결합된 하나의 금융상품으로 선보이게 되었다.

정보기술의 활용은 대개 산업 내 경쟁기업과의 경쟁우위를 1차적인 목적으로 구축되는데 부수적으로는 공급자와 구매자로부터의 경쟁우위를 점할 수 있게 해준다. 잠재적인 진출기업과 대체재로부터의 경쟁우위는 사실상 위의 세 가지로부터의 경쟁우위에 의해 부수적으로 발생하는 효과로 보는 것이 타당하다. 따라서 대체재와 잠재적 진출 기업만을 대상으로 하여 구축된 사례는 찾기 힘들다고 할 수 있으며, 두 가지 중 어떤 부분에 주된 효과를 거두었느냐를 구분하는 것은 사실상 어려운 일이라고 할 수 있다.

2.3 전략과 정보기술

기업의 전략으로서는 여러 가지가 있을 수 있겠으나 가장 중심이 되는 전략으로 원가우위를 꼽을 수 있다. 이것은 일반적으로 성숙된 산업에서의 오랜 경험, 규모의 경제성을 실현할 대폭적인 생산설비에 대한 투자, 높은 시장 점유율 등을 필요로 한다. 적당한 품질과 서비스가 보장되면 이 전략은 강력한 경쟁상의 우위를 확보하게 해준다. 두 번째로 독창적인 제품이나 서비스의 제공을 통한 시장 차별화 정책을 꼽을 수 있다. 여기에는 여러 가지 방법이 있으며, 상표명, 고품질, 기술혁신, 거대 유통망 등을 꼽을 수 있다. 차별화의 결과로 높은 품질, 높은 가격을 실현할 수도 있지만, 낮은 가격으로 차별화를 실현할 수도 있다. 마지막으로 자사의 역량을 최대로 발휘할 수 있는 소규모 특수시장에 특화하는 전략, 즉 틈새시장전략을 꼽을 수 있다. 여기에서 특화는 품질면, 고객면, 지역면에 적용할 수 있으며, 비용면에서의 우위성이나 제품면에서의 우위성 또는 둘 모두를 활용할 수 있다. 각각의 전략에 대해서 정보시스템이 어떻게 활용될 수 있는지 살펴본다.

가. 원가 우위

정보기술은 가치사슬 중 어느 한 부분의 비용을 감소시킨다. 과거엔 정보기술이 사용될 수 있는 영역이 대량의 반복적인 공정에만 한정되었으나 최근엔 이런 한계가 더 이상 존재하지 않는다. 정보시스템을 활용하여 생산성을 증가시키고 생산비를 절감시켜 전략적으로 정보시스템을 활용한 사례들은 여러 군데에서 찾아볼 수 있다.

1991년 BTA(Bankers Trust Australia)라는 투자회사는 고객이 기탁한 70억 불의 투자금을 관리하기 위해 시드니 본사 사무공간 전체의 1/3을 차지하는 17,000상자 분량의 고객기록을 가지고 있었다. 종이서류의 처리에 심각한 문제의식을 가진 경영진은 전자결재와 광파일 저장시스템을 도입하게 되었고 시스템 도입 후 1년 만에 고객 서비스에서 30%, 관리부문에서 25%의 생산성 향상효과를 거둘 수 있었을 뿐만 아니라 매일 평균 1,400불의 종이 보관비용을 절감할 수 있었다.

나. 제품 차별화

정보기술은 과거에는 불가능했던 수준의 제품 커스트마이징과 제품 차별화를 가능하게 한다. 선박용 디젤엔진을 생산하던 슐쳐브러더스라는 회사는 구매자가 원하는 크기, 형식, 출력의 엔진을 고르게 하고 이를 생산현장과 직접 연결하는 정보기술을 도입함으로써 소품종 대량생산 체제의 타 회사와 차별화할 수 있었다.

페더럴 익스프레스(Federal Express)사는 운송단위를 소규모화하고 보다 빠르고 신뢰성 있는 배달이 가능하도록 하는 정보기술을 도입하였는데, 소규모 화물처리 기술의 도입은 이 회사의 가치사슬에 변화를 가져왔다. 또한 규모의 경제를 증대시키는 효과를 가져왔으며 그 산업에서의 초기 진입자 이익을 창출하였다. 이 기술을 도입함으로써 시장 점유율의 증대는 물론이고 경쟁자에 대하여 차별화에 의한 진입장벽을 구축할 수 있었다.

다. 틈새시장 및 시장영역의 조정

정보기술은 시장의 범위를 바꿀 수 있다. 시장의 범위는 지역적 범위는 물론 제품 효용성의 내용까지도 포함한다. 월스트리트저널을 간행하는 다우존스사의 경우 전자적인 정보배달기술을 도입하여 지역신문에서 명실상부한 중앙신문으로 발돋움할 수 있었다.

2.4 새로운 사업영역의 창출과 정보기술

정보기술의 발전은 다음과 같은 세 가지 방식으로 새로운 산업영역을 발생시키고 그에 상응하는 경쟁력을 제공한다.

가. 새로운 사업을 기술적으로 가능하게 해준다.

시스템 통합기술은 예전에는 불가능했던 사업영역을 기술적으로 가능하게 해주었는데 앞서 언급한 메릴린치사의 종합금융서비스와 종합건강진단시스템 등의 경우 각기 개별적으로 수행되던 서비스를 하나의 단일화된 아이템으로 묶은 경우에 해당한다.

나. 새로운 제품에 대한 수요를 발생시킨다.

정보기술의 발전은 과거에는 존재하지 않았던 분야에 대한 수요를 발생시킴으로써 새로운 사업영역을 발생시킨다. 국제전화를 사용할 때 기존의 전화통신망을 사용하지 않고 인터넷망을 통해 음성정보를 전달함으로써 가격 및 부가서비스에 경쟁우위를 지니게 된 인터넷폰의 급격한 성장을 예로 들 수 있다.

다. 기존의 사업영역으로부터 새로운 사업을 가능하게 해준다.

가치사슬 내의 한 부분에서 축적된 정보기술이 단순한 업무수행기능 이상으로까지 발전되었을 경우 여분의 기능이 상품화되어 외부로 판매되어 질 수 있다. 이스트만 코닥사의 경우 회사 내부자료의 전송을 위해 전용라인을 구축하였는데 기술이 축적된 후 고정적으로 남아 있는 여분의 통신라인을 이용하여 본격적으로 통신서비스 제공업체로 진출하게 되었다.

3. 산업환경에 따른 전략의 수립

산업환경을 고려함으로써 전략의 분석과 선택은 그 힘이 배가될 수 있다. 이 장에서는 여러 가지 산업환경에서 경쟁우위를 달성하는 방법을 설명한다. 아래의 개념들을 전략분석과 선택 시에 적용한다면 산업 전략가들은 그들의 성공 가능성을 높일 수 있을 것이다.

3.1 세분화된 산업에서의 전략

세분화된 산업(Fragmented Industry)이란 시장을 뚜렷이 장악하거나 산업 자체의 산출을 조절할 수 있는 회사가 없는 사업을 가리킨다. 이러한 사업의 구조는 경제분야나 전문 서비스, 소매, 판매, 목재나 철제제조, 농업 등에서 쉽게 찾을 수 있다. 세분화된 산업환경에 대처하기 위한 대안으로서의 전략들은 신중히 고려되어야 한다. 이러한 과정은 낮은 가격, 차별화, 틈새시장전략을 수립하기 위한 접근방법의 특수한 케이스 중 하나이다.

가. 권한의 위임을 통한 철저한 경영관리의 유도

지역적 특수성으로 인해 중앙의 획일화된 경영방침이 효과적이지 못할 경우 사용할 수 있다. 지방 분점의 관리자에게 권한을 위임함으로써 지방색에 근거한 경영, 높은 수준의 서비스 등을 가능하게 하고 지역적 상황에 대처하게 하는 방법이다.

나. 표준화된 설비

완벽한 표준화를 통해 낮은 비용으로도 효율적으로 운영되는 지방점을 유지하는 방법이다. 따라서 지역에 위치한 경쟁기업으로부터 낮은 가격에 의한 경쟁우위를 점유할 수 있게 된다. 패스트푸드점과 모텔 등의 경우 이러한 접근법을 사용하여 성공한 예를 쉽게 찾아 볼 수 있다.

다. 제품 가치의 부가적 창출

세분화된 시장에서는 제품을 차별화하기가 쉽지 않다. 따라서 이러한 경우에는 기존의 제품에 양질의 서비스를 추가로 제공하거나 제품의 조합에 의한 할인판매 등을 통해서 제품 고유의 가치 외에 추가적인 기능의 제공을 통해 시장상황에 대처하는 방법이다.

라. 제품 차별화

다음과 같은 제품 차별화 전략을 통해 세분화된 영역에서의 효과적인 대처가 가능하게 된다.

1) 제품의 타입

특정 기능의 제품이나 서비스만을 고수함으로써 그 분야에 특화된 노하우를 축적할 수 있다.

2) 고객의 타입

특정 영역의 소비자 요구에만 부합되는 제품이나 서비스만을 생산한다.

3) 주문의 타입

적은 양의 주문, 커스트마이즈된 주문, 신속한 대처를 해야만 하는 주문 등 특정 영역의 주문에만 특화를 시킨다.

4) 지리적 영역

특정 지리적 영역에만 중점적인 서비스를 제공한다.

위의 방법들 중 하나 또는 그 이상의 방법 등은 세분화된 환경에서의 대응 전략의 바탕이 되긴 하겠지만 각 타입의 제품 차별화는 결국 기업의 총 판매량을 제한하는 반대 효과를 낳기도 한다.

마. 가장 슬림화된 조직구조

치열한 경쟁과 낮은 마진율이 주어지더라도 낮은 총 경비, 최소 임금의 고용인, 긴축적 비용관리 등은 소요경비에 대한 장점을 제공해 준다.

3.2 신규 산업환경에서의 전략

신규 산업환경이란 새로 생기거나 재구성된 사업으로서 기술혁신이나 새로이 등장한 소비자 요구 혹은 경제적 사회적 변화에 의해 새롭게 생겨난 사업을 가리킨다. 지난 20여 년간에 생긴 PC 사업, 광섬유, 비디오게임, 태양열 난방, 셀룰러폰 사업 등이 그 예가 될 수 있다. 전략 형성의 관점에서 신규환경의 중요 성격은 "게임의 룰이 없다"는 것이다. 룰의 부재는 위기와 기회를 동시에 제공한다. 사업전략은 아래에 나열하는 신규환경시장의 성격에 맞추어 만들어져야 한다.

- 전매권의 여부와 제품 표준화 방법의 불확실성
- 경쟁자에 대한 불확실성
- 초기비용은 막대하지만 경험이 축적되면 비용이 감소하는 특성
- 낮은 진입장벽과 새로운 회사들의 진입 가능성
- 표준의 변동과 초기 구입자들의 불평 가능성
- 공급자들이 회사의 요구에 부합할 만큼 성장할 때까지의 원자재와 부품수급의 어려움
- 산업의 불확실한 미래와 자본도입 시의 위험률

이러한 사업의 발주에 성공하기 위해서는, 사업전략은 아래 특성들 중의 하나 이상을 필요로 한다.

- 산업과 기술에 관련된 진입시기, 명성, 성공방법의 결정 및 해당 산업모임에 있어서의 자리 매김을 위한 산업구조 조정능력
- 빠르게 제품의 질과 생산율을 향상시킬 능력
- 주요 공급자와의 유리한 관계형성 및 약정된 판매망 확보능력
- 기술적 불확실성이 약해지기까지 기술적 독점력의 확보능력
- 모델변경, 가격변경, 광고를 통한 충실한 소비자 집단의 조기확보능력
- 미래 경쟁자와 그들의 전략의 예측능력

신규사업환경에서의 성공사례는 3M을 들 수 있다. 지난 20년 간 25%의 3M 제품이 제품출현 5년 전에는 존재하지도 않았던 것들이었다.

3.3 성숙한 산업 환경에서의 전략

산업이 성숙함에 따라 성장률은 둔화된다. 이러한 "성숙으로의 전환"은 경쟁 환경의 몇 가지 변화를 동반한다.

- 시장 점유율 경쟁이 치열해진다.
- 가격, 서비스 면의 경쟁이 치열해진다.
- 치밀하지 못한 계획에 의한 확장은 사업 전체를 포화상태로 치닫게 한다.
- 새 상품과 새 응용기술의 출현이 어려워진다.
- 해외 시장에서의 이익을 노린 국제경쟁이 치열해진다.
- 낮은 가격과 증가한 비용으로 이윤은 계속 떨어진다.

위에서 말한 변화는 필수적인 것이다. 성숙기 사업에서의 성공적인 기업전략은 대개 다음과 같은 요소를 갖는다.

- 기존의 비효율적인 생산라인, 제품, 모델, 부피 등에 대한 불필요한 요소 제거
- 저비용의 제품 디자인, 생산방법, 판매 등을 가져오는 프로세스 혁신 강조
- 공급자 설득, 값싼 부품으로의 교체, 작업효율 강조, 행정적 비용, 판매를 통한 비용절감 강조
- 공급자 선택에 주의: 협조적이고 더 친밀하며, 더 많은 것을 제공할 수 있는 공급자 선택
- 경쟁기업의 인수 등을 통한 수평적 통합
- 국제시장으로의 확장

성숙기 산업에 속한 기업이 염두해 두어야 할 것으로 첫째 세 가지 전략(가격, 차별화, 틈새시장) 중 하나에 대한 명백한 선택을 해야 한다. 기업 내의 사람들과 소비자들 모두를 혼란스럽게 할 중간자적인 위치에 있어서는 안 된다. 둘째로 단기적인 이익을 위해 너무 빨리 시장 점유율을 포기해선 안 된다. 마지막으로 가격 할인에 너무 늦게 대응하거나 불필요한 설비를 처리하는 데 늑장을 부리거나 판매량을 늘리기 위해 비이성적인 시도를 하거나 잘 팔리는 현재의 효자 상품보다 새로운 상품에 기대와 노력을 더 기울여서는 안 된다.

3.4 사양산업에서의 전략

사양산업이란 전체 산업의 수요에 비해 그 수요의 증가가 느리거나 실제로 그 수요가 감소하고 있는 사업을 가리킨다. 이러한 수요율 및 수요량 감소는 대체기술의 출현이나 인구 구성비의 변화, 수요의 변화 등에 기인한다. 사양산업에 속한 기업은 아래의 전략들 중에서 선택을 해야 한다.

- 높은 성장이나 많은 변화를 가져올 부분만을 집중공략
- 제품혁신과 품질향상에 주력
- 생산과 소매의 효율성 강조: 생산공정 능률화, 악성 판매망의 축소와 양성 판매망의 육성
- 사업에서 점진적인 철수

이러한 전략을 적용하는 전략 입안자들은 사양화되는 속도가 느리거나 아직 가능성이 남아있는 시장에서는 상대적인 성공을 기대할 수 있다. 동시에 아래의 세 가지 실수는 저지르지 말아야 한다.

- 사업 부활에의 지나친 기대
- 상대와의 무의미한 경쟁에 몰두
- 불리한 위치에서의 퇴장

3.5 글로벌 산업에서의 전략

글로벌 산업이란 기업의 경쟁적인 위치가 지리적으로나 국가적으로 한 나라 안에 국한되지 않는 산업영역을 가리킨다. 글로벌 산업은 전략적 불이익을 피하기 위해서 세계적 토대 위에서 행동할 것이 요구된다. 오일, 철강, 자동차, 의류, TV, 컴퓨터 등이 글로벌 산업의 예가 된다. 글로벌 산업은 네 가지 전략수립특성을 가진다.

- 국가 간 환율의 차이, 임금과 물가의 변동 등 여러 다른 경제요소에 의한 차이
- 국가 간에 서로 다른 바이어들의 수요
- 경쟁자와 경쟁방법의 차이
- 무역법과 정부규제의 차이

이러한 특성으로 인해 다음과 같은 두 가지 전략이 필요하다.

가. 글로벌 마켓으로의 진출

글로벌 마켓으로 진출하기 위해서는 기업의 제품을 생산·판매하기 위한 외국 기업의 인가가 필요하다. 또한, 국내 생산기지의 유지와 외국으로의 수출, 현지 생산, 판매 기업의 설립 등의 활동들이 필요하다.

나. 경쟁전략

시장진출계획과 더불어 경영자들은 글로벌 경쟁전략의 수립에 앞서 시장환경을 면밀히 살펴야 한다. 시장환경조사가 끝나면 아래와 같은 전략을 세운다.

- 여러 나라에 기업을 설립하고 완제품을 생산하는 데 있어 차별화나 저비용 이익을 보는 위치를 얻기 위한 경쟁
- 전세계적 경쟁의 토대 위에서 특정 영역의 사업영역만을 집중공략하기 위한 전략
- 정부가 다른 나라의 기업에 대해서는 폐쇄적인 규제를 하는 데 반해 자국기업의 독점은 허용해 주는 나라에 대한 진출전략

현재의 많은 기업들은 글로벌 사업환경에 직면해 있다. 경영자들은 가장 적절한 전략을 세우는 데 있어 그들의 기술과 자원을 글로벌 사업의 구조와 상황에 맞게 적용해야 한다.

4. 사업의 성격에 따른 전략의 선택

기업이 수행하고 있는 여러 사업들에 대해서 타당성 평가를 내릴 수 있는 다양한 방법과 현 시점에서 보다 나은 대응방법들을 제공해 주는 전략적 방법론에 관하여 알아보자.

4.1 단일 주력사업을 가진 기업의 전략분석과 그 선택

가. 사업의 복잡성과 기업전략

맥도널드사와 같이 한 가지 사업영역에서 상당한 주도권을 행사하는 기업의 전략은 기존의 사업에 전적으로 주력을 할 지, 아니면 다른 사업에 손을 댈 지에 관한 것이 큰 관심이 될 것이며, 이미 몇 가지 사업에 관여하는 기업은 각 사업들에 투자되는 재원들의 적절한 조절이 전략적 선택의 중요한 문제가 될 것이다.

대개의 미국회사들은 한 가지 사업에 집중적으로 투자하여 기업경영을 시작한다. 이러한 기업전략은 장단점을 가지고 있다. 장점으로는 그 회사의 사업목적을 뚜렷하게 나타낼 수 있고, 회사의 성공에 관련된 핵심요소를 잘 살필 수 있으며, 고객의 요구나 기업의 경영조건에 상당히 민감하며, 강한 경쟁우위를 구축할 수 있도록 해준다. 그러나, 한 가지 사업에 집중투자하는 것은 여러 가지 위험도 내포하고 있다. 단점으로는 그 기업의 사업이 성숙됨에 따라 성장이 점점 어려워지며, 기존시장에서 이미 확보한 시장위치에 반해 이익을 증대시킬 수 있는 여건도 그만큼 줄어든다. 게다가 기술혁명을 통하여 재빨리 기존의 사업들이 과거의 기억 속으로 묻혀버릴 위험성도 크다. 대표적인 예로 타자기제조업이나 예전의 시계산업을 들 수 있는데 각각 워드프로세서와 디지털시계에 의해 산업환경이 크게 달라지게 되었다.

이런 위험성에 대한 한 가지 대안으로 기업의 수직적 통합전략(Vertical Integration)을 들 수 있다. 이는 다시 후방통합(Backward Integration)과 전방통합(Forward Integration)으로 나누어질 수 있는데 후방통합은 기업의 원자재원들에 관한 안정된 공급을 유지시켜 주며, 거기에서 생성되는 이익분(Profit Margin)을 흡수하도록 해준다. 전방통합은 고객에 대한 접근을 용이하게 해주며, 판매이익을 증대시켜 준다. 수직적 통합은 일반적으로 그 기업의 핵심산업을 중심으로 위·아래 사이의 이익을 창출할 수 있는 여건이 좋을 때, 기업의 경영자들이 새로운 사업영역에 손을 대는 것이 여유가 있을 때, 그 기업의 핵심사업이 가격이나 질적인 면에서 경쟁우위에 있을 때에 적절한 전략이다.

두 번째로는 연관성이 있는 사업으로의 다각화 전략을 들 수 있다. 기업의 핵심사업에 관한 전문화가 여러 가지 방면에서 튼튼히 구축되어 있다면, 그런 전문화 방법을 다른 사업분야에 적용시킬 수 있거나 혹은 다른 사업분야에 참여하여 기존사업의 약점을 커버할 수가 있다. 그 예로 펩시회사는 배달, 운송, 판매력, 경영노하우를 이용하여 음료, 스낵류 분야에서 세계적으로 확고한 위치를 차지하게 되었고, 혼다는 소형엔진기술을 응용하여 잔디 깎이 기계, 보트, 자동차 산업에서 세계시장을 뒤흔들고 있다.

마지막으로, 연관성이 없는 사업으로의 다각화는 기업이 현재의 사업에서 생성되는 재원을 다른 사업영역에서 더 잘 투자할 수 있다는 자신감을 가질 때에 비로소 이루어진다. 그러한 전략이 적절히 응용될 수 있는 경우로 다음과 같은 사례들을 들 수 있다.

1) 유동 자산이 풍부하고 시장에서의 성장기회가 약한 사업은 유동자산의 흐름이 좋지 않더라도 시장기회가 큰 사업으로의 다각화를 시도할 수 있다.
2) 계절적 혹은 주기적인 성향을 지닌 사업영역에 종사하는 기업은 반대 주기를 가진 사업영역으로 확장함으로써 재정적인 균형을 유지할 수 있다.
3) 재무 구조상 레버리지 효과(Leverage Effect: 신용창출 등의 방법을 통해 적은 돈으로 큰 규모의 돈을 운용할 수 있게 되는 현상)가 큰 분야에 속한 기업은 건실한 재무구조를 유지하기 위하여 레버리지 효과가 적더라도 부채를 줄일 수 있는 사업에 뛰어들 것이다.

ITT사는 연관성 없는 사업으로의 다각화에 있어서 대표적인 선구자 중 하나로 꼽힐 수 있다. 이 회사가 참여하고 있는 사업은 통신장비, 쉐라톤 호텔, 제빵업, 보험업 등으로 서로 관련이 없는 여러 가지 사업분야에 걸쳐 다각화가 이루어져 있다.

나. 거시적인 전략의 선택

기업의 거시적인 전략의 선택에 관한 방법들이 그림 6.4에 제시되어 있다. 이 매트릭스는 기본적으로 기업의 환경조건에 따라 언제 새로운 전략을 세우고 실행해야 하는지에 관한 기본적인 가이드를 제공해 준다. 매트릭스의 기본적인 개념은 선택과정에서 두 가지의 변수들이 주요 관심사가 되어야 한다는 것이다. 즉, 기업전략의 주요한 목적과 성장 및 이익을 위한 기업의 내적·외적 역량의 선택인 것이다.

과거에 계획입안자들은 전략의 선택에 있어 기존의 규칙이나 범례들을 따르곤 했다. 현재에 있어서는 계획기간 내의 기업 장·단점의 극복이라는 측면에서 전략의 선택이 이루어지고 있다. 그러나, 기존의 방법들도 기업의 단점을 극복하고 장점을 최대한 살리려는 취지로 기업의 내적·외적 성장에 그 초점을 맞추었다는 데에 있어서는 동일하다.

영역 I에 속한 기업은 특정사업에 너무 치중한 나머지 성장속도가 제한되어 있거나 위험성이 너무 클 수가 있다. 이런 문제에 대한 합리적인 해법으로 기업이 고객에 대한 투자나 접촉에 관한 불확실성을 줄임으로써 위험을 낮출 수 있는 수직적 통합과 경영의 관심을 다른 수익 사업으로 돌릴 수 있도록 그 기회를 제공해 줄 수 있는 다각화의 방안을 꼽을 수 있다. 그러나, 약점을 극복하기 위한 이러한 전략들은 상당한 비용이 소요될 수 있다.

약점을 극복하기 위한 가장 일반적인 접근방식이 영역 II에서 나타난다. 기업은 종종 그 내부 사업영역에서 나오는 재원을 다른 사업에 투자한다. 이것은 그 기업이 밑받침이 되는 사업을 계속 유지하며, 이미 경쟁우위에 있는 사업을 한층 더 발전시킬 수 있게 한다. 대표적인 방법이 한 사업에 대한 경비절감과 매각이다. 만약, 어떤 사업의 약점이 비효율에서 비롯된다면, 경비절감 그 자체가 실질적인 전략의 전환으로서 그 역할을 할 것이다. 다시 말해, 그 사업은 유연성의 제고와 낭비의 제거로 새로운 힘을 얻게 된다. 그러나, 만약 그러한 약점이 그 기업의 성공에 대한 주요한 방해물이 되어버리면, 그것들을 극복하기 위한 비용은 너무나 크고, 투자대비 이익의 차원에서 긍정적일 수 없다. 따라서, 그 사업의 철수를 고려해야만 한다.

영역 III에 속한 기업의 일반적인 전략은 집중적인 성장전략 즉, 시장침투전략이다. 기업은 현재의 생산품과 시장에 전력을 다해 재원을 투자하며, 그 경쟁위치를 굳건히 하기 위해 계속적인 투자를 감행한다. 시장의 성장전략은 자사의 제품을 새롭게 형성되는 소비자층이 잘 만족할 수 있을 것이라는 확신이 설 때 이루어질 수 있다. 제품 성장전략은 현 고객들이 자사의 현 제품상태에 호감을 가지고 있다는 판단이 있을 때 수립 가능한 전략이다. 제품 성장전략은 기술우위나 경쟁우위로부터 추진 가능한 전략이다.

영역 IV에서의 방법들은 수평적 통합과 다각화를 들 수 있다. 수평적 통합은 기업의 매출능력을 빠르게 신장시킬 수 있으며, 또한 통합 이전의 핵심적인 노하우가 통합 후의 핵심적인 역량으로 전환되기가 용이하다는 장점이 있다. 즉, 이것은 그 기업의 근본적인 경쟁우위를 더 신장시킨다. 관련분야로의 다각화도 비슷한 이유로 좋은 대안이 될 수 있다. 기존 사업과 새로이 도입된 사업이 관련되어 있기 때문에 다각화를 시도하는 기존 기업의 핵심역량이 상호 상승효과를 일으키며 이익을 증대시킬 수 있을 것이다.

외부환경변수에 주안점을 두고서 자원활용능력을 증대시키기 위한 마지막 대안으로 합작벤처를 들 수 있다. 이 방법은 경쟁력이 있는 시장에 홀로 진입하기를 주저하는 기업에 힘을 실어 줄 수 있다. 그리고, 동업자의 생산력과 기술력, 재원, 시장지배능력 등을 통하여 자사기업의 투자를 훨씬 줄이고, 성공의 확률을 높일 수 있다.

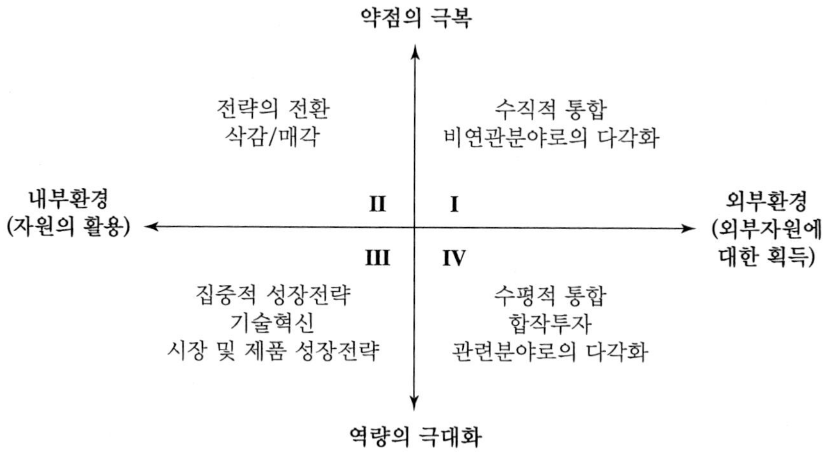

출처: *Pearce II, "Selecting among Alternative Grand Strategy", 내용 수정*

그림 6.4 거시적인 전략 선택 매트릭스

다. 거시적인 전략의 유형별 모델

유망한 기업의 전략적 선택에 관한 두 번째 모델이 그림 6.5에 제시되어 있다. 이 모델은 기업의 사업환경을 시장의 성장률과 기업의 경쟁력 위치에 의해 나타낸다. 이러한 요소들이 동시에 고려될 때, 여러 개의 사업들은 크게 네 가지의 범주로 나뉘어진다(그림 6.5 참고).

1) 성장속도가 빠른 시장에서의 강한 경쟁력

이 그룹에 속한 기업은 월등한 전략적 위치에 있다. 이런 기업들의 거시적 차원의 전략은 현재 시장상황이 가리키는 대로 그들의 현 사업에 대한 계속적인 집중적 투자이다. 왜냐하면, 소비자들은 그 기업의 현재 전략에 만족을 하고 있어서, 갑자기 그 기업의 전략을 바꾸는 것은 기존에 구축된 경쟁우위를 위험하게 할 수 있기 때문이다. 맥도널드사는 이런 전략을 25년간이나 지켜왔다. 그러나, 만약 그 기업이 집중성장전략의 수요를 앞지르는 자원을 가지고 있다면, 그 기업은 수직적 통합을 고려해야 한다. 전방통합 혹은 후방통합의 어느 것이나 고객의 접근과 원자재의 입수를 더욱 더 용이하게 해 줌으로써 그 기업의 수익률과 시장점유를 보호할 수 있게 해준다. 마지막으로, 많지 않은 수의 제품 및 서비스품목과 관련된 위험을 감소시키기 위하여 영역 I에 속한 기업은 집중적인 다각화에 있어 매우 현명해야 한다.

2) 성장속도가 빠른 시장에서의 약한 경쟁력

이 그룹에 속한 기업은 그들의 현재 시장에 대한 접근방식을 냉정하게 평가해야 한다. 그들의 전략이 과연 효과적인 것인지, 그렇지 않다면 효과적으로 경쟁할 수 있는 대안들(집중적인 성장 전략의 형성, 수평적 통합, 매각)이 있는지 결정해야 한다. 성장속도가 빠른 시장에서는 작거나 상대적으로 약한 사업에서 종종 이익을 낼 수 있는 틈을 찾을 수 있다. 따라서, 집중성장전략의 형성은 일반적으로 고려되어야 할 첫 번째 방법이다. 그러나, 만약 그 기업이 결정적인 경쟁요소나 가격 경쟁에서 견줄만한 충분한 규모의 경제가 부족하다면, 거시전략은 수평적 통합으로의 시도가 바람직하다 하겠다.

또 다른 대안으로써 타 기업과의 경쟁을 멈추는 것도 하나의 전략적 해결책이 될 수 있다. 여러 제품을 생산하는 기업이 열위에 놓여있는 제품생산을 포기함으로써 다른 주력사업을 강화할 수 있다. 이런 전략은 자원의 소모를 없애고, 다른 사업으로의 투자에 더 힘을 실어 줄 수 있다. 전략경영자들은 그들의 회사운영능력에 모험을 거는 경향이 많기 때문에 열위에 있는 사업의 철거에 상당히 소극적인 경향이 있다. 사업철수를 위한 적당한 시점을 판단하지 못한 채 지속되다가 결국 사업철거가 외력에 의해 어쩔 수 없이 시행될 즈음에 이르면, 사업전환이나 매각을 통해 끌어들일 수 있었던 다른 영역의 잠재적인 고객을 끌어들이는 데도 실패하게 되어 주력사업 군까지 함께 도산하게 되곤 한다.

3) 성장속도가 느린 시장에서의 약한 경쟁력

이 그룹에 속한 기업의 경영자들은 보통 그들의 현 사업에 관한 투자를 줄이려고 할 것이다. 비용절감을 통한 최소한의 투자철수가 이루어져야 하며, 이런 전략은 남은 투자재원을 다른 사업에 쓸 수 있도록 도와주며, 고용인들의 작업효율을 증대시키는 동기를 부여해 주는 부가적인 효과를 낳는다. 이 그룹의 한 가지 대안은 투자재원을 다른 사업으로 돌려 확장을 꽤 하는 것이다. 일반적으로 이런 접근은 그 기업이 통합이나 발전의 형태보다는 경쟁력을 더 살릴 수 있는 유망한 업종에 대한 집중적인 그리고 통합적인 다각화를 수반한다.

4) 성장속도가 느린 시장에서의 강한 경쟁력을 점할 수 있는 위치

이 그룹에 속한 기업은 더 유망한 업종으로 다각화할 수 있는 강점을 가지고 있다. 이러한 사업들은 자금의 흐름이 상당히 높은 반면에 내적 성장이 제한되어 있다. 따라서, 그들만이 가지고 있는 기술을 응용하여 관련된 사업영역으로의 다각화를 통해 탁월한 능력을 발휘할 수 있다. 혹은 투자위험을 분산시키면서 관련성이 없는 사업영역으로의 다각화를 시도할 수도 있다. 또 다른 대안으로서 특히 다국적 기업에 적합한 합작기업(joint venture)의 경우를 들 수 있다. 합작기업을 통하여 위험을 분산시키면서 장래가 유망한 새로운 사업영역에서 경쟁우위를 얻을 수 있다.

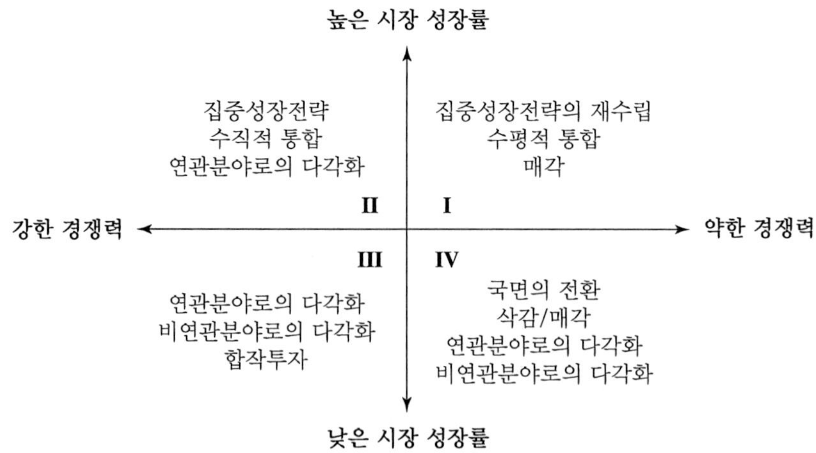

출처: *R. Christensen외 공저, "Policy Formulation and Administration"*

그림 6.5 유형별 거시적 전략 모델

4.2 다중 사업을 가진 기업의 전략적 선택과 분석

여러 산업에 걸쳐 많은 사업영역을 가지고 있는 기업의 전략분석은 이보다 훨씬 더 복잡하다. 이러한 상황에 놓인 문제에 대한 기존의 접근방식이 포트폴리오에 의한 접근방식이다. 포트폴리오란 위험을 분산시키기 위해 투자영역을 다원화시키는 전략을 의미하는데, 하나의 사업을 개별적 사업영역으로 분산시켜 보는 시각을 가리키기도 한다. 광의의 의미에서 기업전략은 기업이 얻을 수 있는 자원의 창출과 할당에 있다. 포트폴리오 상에서의 각 사업들은 이러한 자원의 공급자와 수요자역할을 하며 따라서 이러한 접근방법은 기업자원의 창출과 할당을 위한 여러 가지 대안들을 인식하고 평가하는 데 있어서 간단하고 눈으로 쉽게 파악할 수 있는 여러 가지 방법을 제공해 준다.

가. BCG 매트릭스

1) 정의

기업의 여러 사업을 전략적 사업단위(SBU: Strategic Business Unit)별로 구분하여 분석하는 모델들이 여러 가지 개발되어 사용되고 있는데, 그 중에 하나가 보스턴 컨설팅 그룹이 개발한 BCG(Boston Consulting Group) 매트릭스이다. SWOT 분석과 유사한 형식을 갖추고 있으나, 시장 성장률과 시장 점유율을 분석근거로 삼고 있다는 점에서 다소 다른 점을 보인다.

이 매트릭스는 어떤 사업영역이 기업자원을 가장 효과적으로 창출하고 있는지 그리고 어떤 사업영역이 기업자원의 적합한 사용영역인지를 전략적으로 분석하게 해준다. 기업의 각 사업들은 시장 성장률과 상대적 시장 점유율에 따라 분류되어 그려진다.

시장 성장률은 관련 사업영역에서의 매출액 대비 연평균 판매 성장률을 의미한다. 일반적으로 최근 2년 동안 시장에서의 판매액 증가분으로 측정되며, 그 기

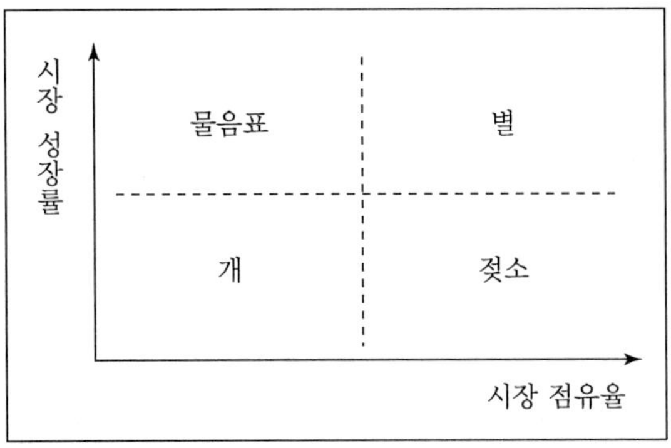

그림 6.6 BCG 매트릭스

업의 각 사업들을 매트릭스 영역 내에서 시장 성장률의 상대적인 비교를 할 수 있도록 해준다. 상대적인 경쟁위치는 일반적으로 특정사업에서 자사의 시장 점유율을 그 시장에서 시장 점유력이 가장 큰 타 기업의 시장 점유율로 나누어 구할 수 있다. 따라서, 상대적인 경쟁위치는 각 사업에서 그들의 각각의 시장의 관점에서 각 사업들의 상대적인 힘을 비교할 수 있는 토대를 제공해 준다. 시장 점유율과 시장 성장률은 종종 10%의 성장선으로 높음과 낮음의 영역으로 분할된다. 경쟁위치의 높음과 낮음의 분할점은 1.0과 1.5 사이에 놓여진다. 1.0을 넘는 어떤 양이라도 가장 큰 시장 점유력을 가진 타 기업에 비해 훨씬 더 큰 시장 점유율을 뜻하기 때문이다.

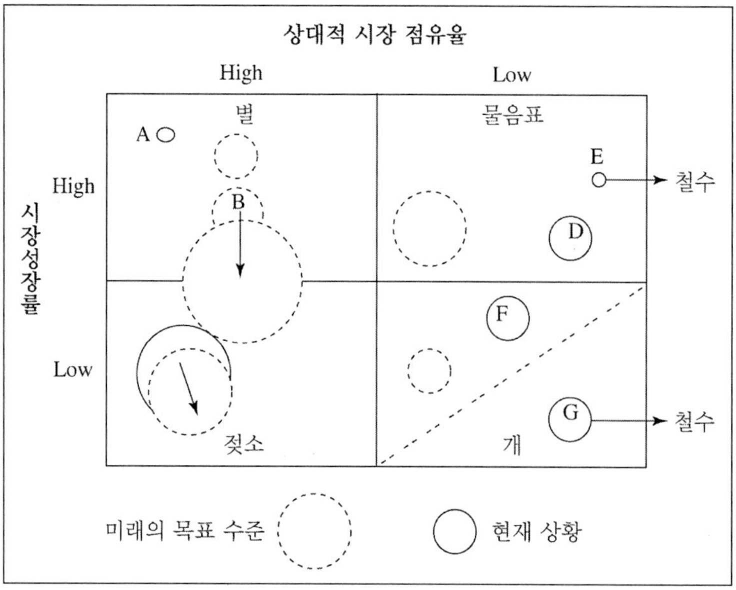

출처: *Pearce II외 공저 "Competitive Strategy"*

그림 6.7 변형된 BCG 매트릭스

① 별 - 높은 성장과 높은 경쟁력을 가지고 있는 위치

시장 점유율과 시장 성장률 둘 다 높은 사업으로서, 최대의 성장과 잠재적 이익의 향유를 위하여 최상의 자원을 투자하여야 한다. 이런 투자는 종종 기업 내부적으로 낳을 수 있는 이상의 것을 요구할 수 있으며 그 결과로 이 사업들은 기업자원들의 단기적인 최상의 우선권을 가질 권리를 가지고 있다. 그리고 이러한 사업들은 가장 좋은 장기적인 성장과 이익에서의 기회를 보장해 준다.

② 물음표 - 높은 성장과 낮은 경쟁력을 가지고 있는 위치

시장 점유율은 낮으나, 시장 성장률은 높은 사업이다. 물음표 영역에 있는 기업은 특정 시장분야에 멈출 것인가, 아니면 자금을 투자하여 시장 점유율을 확대할 것인가를 결정하여야 한다. 물음표는 높은 성장률을 제공하기 때문에 좋으나, 낮은 시장 점유율 때문에 그들의 투자에 대한 잠재적인 이익을 불확실하게 한다. 물음표 영역에서는 막대한 자금투자에 따르는 빠른 성장이 필요하기 때문에 그 기업의 자원을 재빨리 소진시킬 수 있고, 반면에 그 사업의 낮은 시장 점유율로 인한 이익의 창출은 낮다. 따라서, 기업적 차원에서 그 기업은 남는 재원을 투자하여 시장 점유율을 높이고, 빨리 별의 영역에 참여할 수 있는 물음표 그룹에 속하는 사업들을 찾아야 한다.

③ 젖소 - 낮은 성장과 높은 경쟁력을 가지고 있는 위치

시장 점유율은 높으나, 시장 성장률이 낮은 사업을 젖소라고 부르는데 많은 이윤을 이 분야로부터 얻을 수 있기 때문이다. 이 자금을 이용하여 물음표 영역의 사업단위에 투자할 수 있다. 강력한 경쟁적 우위를 지니고 있고 최소한의 재투자를 통하여 필요 이상의 이익을 창출할 수 있기 때문에 기업차원에서 재원을 창출할 수 있는 사업이다.

④ 개 - 낮은 성장과 낮은 경쟁력을 가지고 있는 위치

점유율과 성장률 둘 다 낮아서 경쟁력이 약한 사업이다. 효율적이고 경제적인 철수가 필요한 영역이다. 이러 사업들이 처해있는 상황은 집중적인 경쟁이 있으며, 그에 반해 이익률은 극히 낮다. 주로 단기적인 자금흐름으로 사업이 운영된다.

2) BCG 매트릭스의 한계

BCG 매트릭스가 한 회사의 사업들을 발전시키는 데 있어서 유용한 안목을 제공하고 있지만, 또한 한계도 가지고 있음을 알아야 한다.

첫째, 명확히 시장을 정의하는 것이 종종 어렵기 때문에 정확하게 시장 점유율과 성장률을 측정하는 것이 문제가 될 수 있다. 따라서, 이러한 문제는 회사가 처해있는 상황을 다소 왜곡할 수 있는 가능성을 가지고 있다.

둘째, High/low에 근거하여 매트릭스를 네 개의 영역으로 나누는 것은 다소 단순한 논리이다. 왜냐하면, 평균 시장 성장률을 가진 시장이나 평균 시장 점유율을 가진 사업을 인식하고 있지 않기 때문이다.

셋째, BCG 매트릭스의 대전제와는 달리, 시장점유와 이익성의 관계는 수 없이 많은 산업과 시장에 걸쳐서 다양하게 나타난다. 어떤 산업에서는 시장 점유율이 클수록 단위제품당 비용이 적게 들어갈 수 있지만, 또 어떤 산업에서는 그렇지 않다. 좀 더 나아가 시장 점유율이 작은 어떤 회사들은 제품 차별화, 기술혁신, 혹은 틈새시장전략 등을 통하여 더 월등한 이익과 현금흐름을 낳을 수 있다.

넷째, BCG 매트릭스는 그 회사의 사업들에서 각 사업 단위들에 걸쳐서 상대적으로 투자기회를 비교하는 데 있어서 특별히 도움을 주지 못한다. 예를 들어, 별이면 무조건 젖소보다 낫다고 할 수 있는가? 그리고, 어떻게 하면 물음표의 상태에서 다른 더 좋은 상황으로 나아갈 수 있을까? 라는 질문에 명확한 해답을 제시하지 못한다.

다섯째, 일련의 사업들에 대한 전략적 평가는 상대적인 시장 점유율과 시장 성장률 이상의 더 많은 세심한 부분을 필요로 한다. 어떤 산업의 발전은 그 산업의 성장률, 기술적-계절적-경쟁적 요소 등의 고려를 필요로 하기 때문이다. 비슷하게, 어떤 사업의 가치는 종종 시장점유 이상의 다른 요소와 연관되어 있다.

여섯째, BCG 매트릭스에서의 네 가지 분류는 한 기업의 사업 유형을 너무 단순화시킨 면이 없지 않다. 따라서, BCG 매트릭스를 통한 단순한 전략적 계획이 종종 유용한 여러 가지 옵션들을 반영시키지 못한다.

나. 새로운 BCG 매트릭스

BCG 매트릭스 접근방식에서의 근본적인 단점은 각 사업들에 대한 상대적인 위치를 결정하는 데 있어서, 시장점유를 너무 강조하였다는 것이다. 한 마디로 말해서, 모든 사업들에 대한 개선을 위한 처방은 다음과 같다. “더 높은 시장 점유가 더 많은 생산량을 낳으며, 이는 더 낮은 비용과 더 높은 이익을 유발시킨다.” 1990년대에 들어 보스턴 컨설팅 그룹이 제안한 새로운 접근방식은 2차원을 가진 매트릭스이다. 그림 6.8에서 보듯이, 이 매트릭스는 사업을 네 가지 영역(세분화된 산업영역, 특화된 사업영역, 궁지에 이른 사업영역, 생산량이 중요한 사업영역)으로 분류하였다.

1) 생산량과 관계있는 사업들만이 여전히 이전의 시장 점유율, 비용절감 전략이 적용될 수 있다. 이러한 영역에서 보면 시장 점유율과 이익성의 밀접한 관계가 계속 관찰될 수 있다. 그러한 사업들의 전형적인 예로는 외국의 경쟁기업이 나타나기 이전인 미국의 자동차 메이커들을 들 수 있다.

2) 궁지에 이른 사업영역의 경우 모든 기업들은 수익성이 낮고 또한 기업이 크기와 수익성과의 관계도 없다. 수익성이 가장 큰 회사와 가장 수익성이 작은 회사 간의 수익성 차이는 그다지 크지 않다.

3) 이미 붕괴된 사업의 수익성은 시장 점유와는 상호 관련되어있지 않다. 크고 작은 사업들 사이에는 수완이 좋은 때는 형편없는 사업가들도 있다. 이런 사업 영역에서의 사업의 운영은 경쟁우위를 획득할 수 있는 수 없이 많은 방법들을 사업가들이 어떻게 적절히 이용하는가에 달려있다. 이런 사업들의 적절한 예로

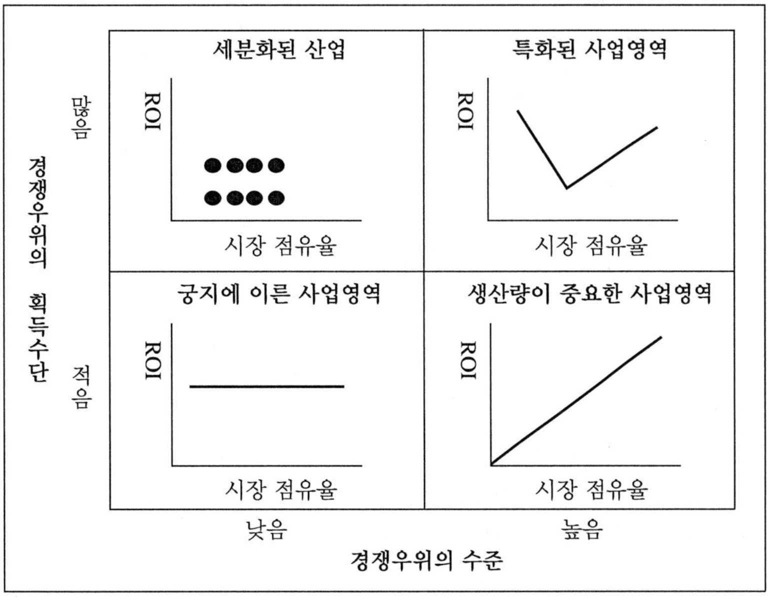

출처: *Pearce II외 공저 "Competitive Strategy"*

그림 6.8 새로운 BCG 매트릭스: ROI(Return of Investment)와 시장 점유율과의 관계

레스토랑 사업을 들 수 있다.

4) 제품 차별화 영역은 만약 집중화 전략을 통한 제품 차별성만 확보할 수 있다면, 최고의 이익은 가장 작은 기업들에 의해 만들어 질 수 있다는 것을 보여준다. 일본의 자동차 메이커들이 미국시장에 진출하기 위하여 이러한 전략을 사용하였다는 것은 잘 알려져 있다.

이 매트릭스에서는 시장 점유율의 크기우위와 관련하여, 가로축은 명확하게 시장진입 장벽과 연관 지어진다. 왜냐하면, 어떤 사업이 다른 경쟁자에 대해서 장기적인 방어위치를 유지할 수 있는 것은 단지 높은 시장 진입장벽을 가지고 있으면 되기 때문이다. 비슷하게, 그 경쟁우위를 얻기 위한 많은 방법은 다각화라는 문제와 아주 강하게 연관되어 있다. 새로운 BCG 매트릭스의 공헌은 사업성공의 관건이 사업 각 요소에 걸쳐 다양하다는 것과 시장 점유율을 획득하는 데 전적으로 기초한 전략이 투자에 대한 높은 수익을 만드는 데 항상 효과적이지 않다는 인식을 우리에게 심어주었다는 것이다.

다. IA/BS(Industry Attractiveness/Business Strength) 매트릭스

제너럴 일렉트릭사는 기존의 접근방식에서 발생하는 문제점을 극복하기 위하여 그림 6.9와 같은 매트릭스를 고안하였다.

첫째, 각 산업의 다른 산업에 대한 경쟁우위성, 사업 타당성 및 발전성을 평가하는 데 있어서 BCG 매트릭스에서 사용된 시장 점유율과 시장 성장률과 같은 단일 측정수단을 지양하고 다양한 요소를 사용하였다. 둘째, 제너럴 일렉트릭사는 사업의 영역을 더 세분화시키기 위하여 매트릭스를 4개의 셀에서 9개의 셀로 확장하였다.

IA/BS 매트릭스를 사용하기 위하여 각 회사의 사업은 여러 가지 전략적 요소들에 의해 평가된다. 매트릭스 내에서 사업의 위치는 그 매트릭스의 2차원적인 공간을 주관적으로 정량화시킴으로써 계산될 수 있다.

어떤 산업의 다른 산업에 대한 경쟁우위성을 측정하기 위하여 전략가는 먼저, 그것을 뒷받침하는 요소를 선택해야 한다. 각각의 우위성을 보이는 요소들은 그 나머지 다른 산업에 대한 상대적인 중요성을 반영하여 할당되어진다. 여기에서 중요한 것은 어떤 요소가 포함되어져야 하고 포함되어지지 않아야 함을 선택하는 것이다.

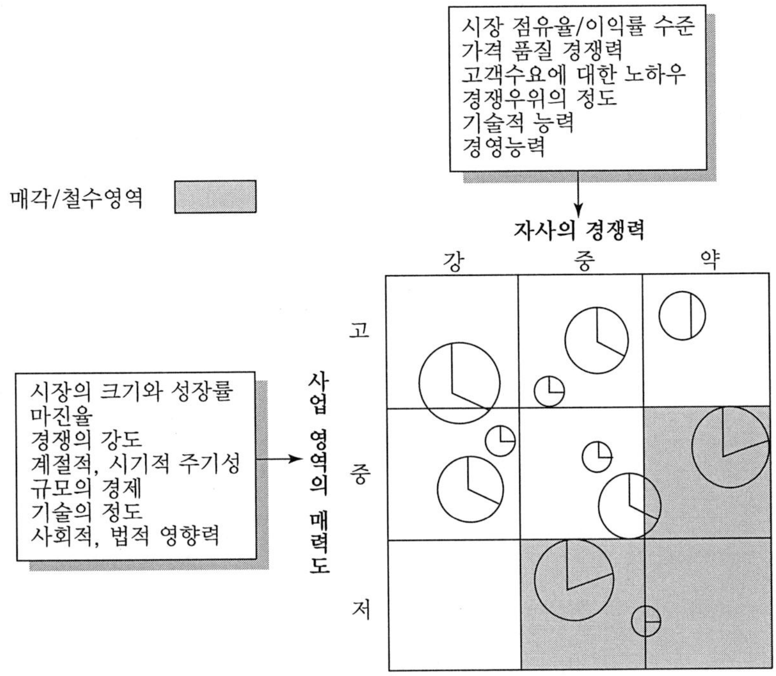

원의 크기는 연매출액으로 본 산업영역의 규모,
원 내부의 분할선은 자회사의 시장 점유율을 나타낸다.

출처: *Pearce II외 공저 "Competitive Strategy"*

그림 6.9 IA/BS 매트릭스

IA/BS 매트릭스에 의한 전략적인 제안들이 BCG 매트릭스에서 제안된 것과 비슷하다 할지라도, IA/BS 매트릭스는 몇 가지 면에서 BCG 매트릭스를 개선시켰다. 우선 관련되어진 여러 가지 평가요소들은 시장점유와 시장성장 뿐만 아니라, 사업의 성장가능성, 시장의 잠재성을 나타내 주는 데 월등한 능력을 발휘하고 있다. 또한 평가의 범위를 넓혀주며, 전략수립 및 시행의 두 가지 측면 모두에 있어서 그 가치를 가지고 있다.

5. 삼성SDS 사례분석

국내 정보기술(IT)업계에서 선두 주자 중 하나인 삼성SDS는 삼성그룹의 계열사 중에서 매년 성장률이 높은 회사 중의 하나로 꼽히며 정보(Information)를 가지고 새로운 가치를 창조하는 기업이다. 이 회사는 1985년 설립이후 꾸준히 성장해 온 국내 최대의 시스템통합(SI: System Integration) 업체로서 다음과 같은 사업 분야를 가지고 있다.

첫째, 시스템 통합분야는 H/W와 S/W의 개발 및 공급, MIS 및 SIS 구축지원, 시스템컨설팅, CAD/CAM 및 관련제품공급, S/W패키지 개발·도입·공급을 주요 사업으로 하는 분야이다.
둘째, CIM 분야는 공정자동화시스템 및 공정제어시스템을 공급하는 분야이다.
셋째, 네트워크 서비스 분야 및 상품판매 등의 사업을 영위하고 있다.

5.1 회사 미션

삼성SDS의 미션을 간략하게 그림으로 나타내면 그림 6.10과 같다.

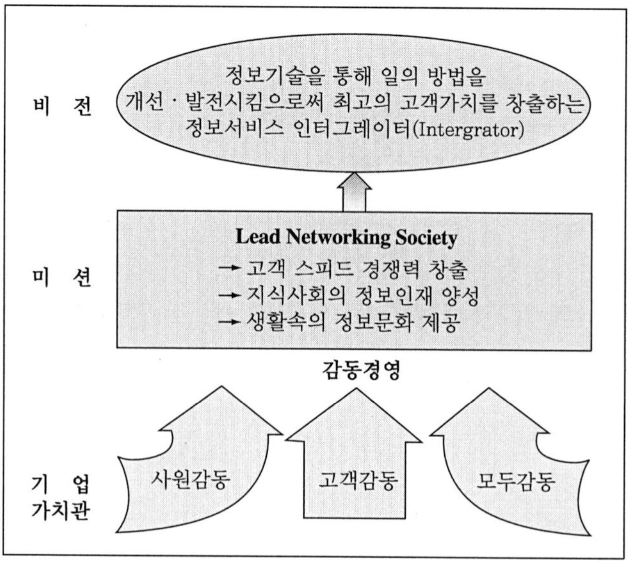

출처: *www.sds.samsung.co.kr*

그림 6.10 삼성SDS 미션

가. 삼성SDS의 2005년 비전

삼성SDS 미션 그림 6.10을 바탕으로 삼성SDS는 회사비전 'DREAM 21'을 선포하였다. '21세기 정보기술혁명을 통한 Networking 사회선도'란 슬로건을 내세우고 삼성SDS가 내건 회사의 2005년 비전과 중장기 전략이 'DREAM 21'이었다.

> **"DREAM 21: 21세기 Networking 사회를 선도하는 삼성SDS"**
>
> - 매출 10조원, 평균 성장률 38%, 이익 5천억 원, 인력 2만, 세계수준 명품 5개 이상을 가진 세계 10위권 내의 IT 서비스 기업
> - 해외 직접진출의 첫 단계로 미국 CTE사와의 합작회사 CSP(Cambridge Samsung Partnership) 설립

나. 삼성SDS의 미션분석

일반적으로 미션은 다음의 8가지 요소를 포함하고 있어야 한다. 'DREAM21'의 내용을 미션이 갖추어야 할 8가지 요소들로 분류하여 미션이 알맞게 만들어졌는지 알 수 있다.

1) 고객시장(Customer Market)

삼성SDS는 고객 경쟁력의 초일류화, 지식사회의 정보인재 양성, 생활 속의 정보문화 구현을 그 구체적 사업영역으로 정하였다.

2) 제품서비스(Product Service)

삼성SDS는 기존 사업분야를 정보의 흐름을 최적화하기 위한 네트워크, 하드웨어, 소프트웨어의 통합사업군인 솔루션 서비스, 컨설팅 사업과 교육의 정보서비스, 통신 네트워크와 인터넷, PC 통신 등의 정보유통 사업군인 통신서비스의 세 가지 서비스를 제공한다.

3) 지리적 여건(Geographic domain)

"삼성SDS는 2005년 세계수준의 IT 서비스 통합자가 되겠다." 이를 위해 삼성SDS는 그룹 내외의 비중을 50:50으로 해외의 비중을 30으로, 신규사업에 매년 20% 이상을 투자하였다. 삼성SDS는 이미 설립한 미주 산호세와 일본 동경사무소

이외에 1997년 중국사무소와 인도 IT 센터를 설립하였고, 구주 법인설립 및 러시아 IT 센터 설립(1998), 그리고 동남아 진출을 계획하였다.

4) 기술(Technology)

삼성SDS의 사업강화전략으로는 위성/화상 교육 등의 글로벌 사이버교육 제공, 세계화 아웃소싱을 통한 현지화 협업채택, 네트워크형 조직체제를 구축으로 프로세스의 최적화, 사무실 내에서의 동화상회의 환경구축, 전략적 제휴 등이 있다.

5) 생존의 조건(Concern for survival)

삼성SDS는 고객 스피드 경쟁력 창출을 가장 중요하게 생각하였다.

6) 기업철학(Philosophy)

삼성SDS는 정보기술을 통해 일의 방법을 개선/발전시킴으로써 최고의 고객가치를 창출하는 정보서비스 통합자(Integrator)를 미래 비전으로 삼았다.

표 6.3 삼성SDS 미션

목표	17억 원 S/W개발 H/W판매	7400억 원 SI 44% SM 38% N/W 16% 교육 2%	2조 원 SI 58% 컨설팅 6% 교육 2% N/W 16% 정보유통 18%	10조 원 SI 50% 컨설팅 10% 교육 5% N/W 20% 정보유통 15%
구분	1985	1996	2000	2005
위상	창립	국내 최고 IT 서비스 기업	세계적 IT 서비스 기업 (25위권)	세계적 IT 서비스 기업 (10위권)
매출/평균 성장률	17억 원	7,400억 원	2조 원 / 28%	10조 원 / 38%
그룹 내/외		87% / 13%	70% / 30%	50% / 50%
이익	-4억 원	100억 원	600억 원	5,000억 원
인력	63명	5,700명	9,000명	20,000명
세계수준 명품			2개	5개 이상
해외거점		2개 사무소 - 미국, 일본 1개 개발센터 - 인도	5개 거점 - (사무소, 법인) 15개 센터 - (IT, 개발)	10개 거점 - (사무소, 법인) 20개 센터 - (IT, 개발)

7) 자인식(Self-concept)

삼성SDS는 해외 사업 강화의 첫 단계로 미국 CTE사(Cambridge Technology Enterprise)와 공동으로 CSP를 설립하였다.

8) 공익성의 고양(Concern for Public Image)

삼성SDS는 생활 속에 정보문화 양성, 인터넷 사업의 선진화를 꾀하고 벤처 비즈니스를 조기에 발굴 공동개발을 추진, 사업화하였다. 앞의 표 6.3은 시간의 흐름에 따른 삼성SDS의 미션을 나타낸 것이다.

5.2 내부 환경분석

앞에서의 외부 환경분석(External Environment Analysis)을 기초로 하여서 내부 환경분석을 하였다. 사용한 분석기법은 SWOT 분석기법을 사용하였다. 여기서 보다 정확한 자료를 찾기 위하여 국내에서 발행되는 신문에서 SI업계와 삼성SDS와 관련된 자료를 찾아서 각 항목에 맞는 요소들을 찾아냈다. 또한 지금까지 삼성SDS가 취해온 여러 가지 전략들도 신문기사를 기본으로 하여 찾아내어 환경분석을 하였다.

가. SWOT 분석

SWOT Analysis는 외부 환경요인(Threat, Opportunity)과 내부 환경요인(Strength, Weakness)을 분석하여 여기에 맞는 전략을 세워나가는 것이다. 먼저 삼성SDS의 내부 환경요인인 약점(Weakness)과 강점(Strength)을 찾아내면 다음 표와 같다.

1) 약점(Weakness)

표 6.4 삼성SDS 약점(Weakness)

항목	관련 기사
저 탄력적 조직운영	앤더슨 컨설팅의 조사가 주는 시사점, [대우 open, 1997.11]
변화대처능력 부족	앤더슨 컨설팅의 조사가 주는 시사점, [대우 open, 1997.11]
짧은 역사(외국 비교)	10여년의 역사
매출을 그룹에 의존	미 가트너사 국내 10대 SI 조사, [한국경제, 1997.7.22]
전문인력 부족	국내 SI업계 작업 수행능력 낮다/미 가트너그룹 평가, [1997.7.22]

표 6.4 삼성SDS 약점 (Weakness) *(계속)*

항목	관련 기사
저인건비 전략에 의존	삼성SDS 강홍기 SI본부장(인터뷰), [한국경제, 1997.7.25]
그룹내 업체의 SM에 의존	시스템통합업체 성장세 둔화, [한국경제, 1997.6.24]
컨설턴트 부족	SDS SI 사업본부 강세호 컨설팅팀장(정보화 이끈다), [한국경제, 1997.1.28]
전문기술력 부족	SI<시스템 통합>업체 특정분야 독점 노린다, [1997.7.21]
취약한 정보 인프라(외국)	비즈니스 전쟁의 열쇠 글로벌 네트워크 구축, [문화일보, 1997.4.28]

2) 강점(Strength)

표 6.5 삼성SDS 강점(Strength)

항목	관련 기사
회사 이미지 상승	삼성데이터 전산 사관학교 부상/정보통신업계에 많은 인물배출, [매일경제, 1997.2.24]
우수한 인적자원 확보 증가	삼성SDS/6천여 명 임직원 중 93%가 자격증 획득, [동아일보, 1997.9.18]
국내 최대의 규모	매출액 보고서
국내 최고 역사	기존 업체와 연혁 비교
우수한 교육제도	박사급 인력에 포스트닥터제 실시/SDS, [한국경제, 1996.8.6]외
SI업계의 사관학교	정보통신업계 CEO산실 삼성SDS, [한국경제, 1997.6.20]
그룹의 적극적 지원	그룹 21세기 비전 참조
최대 정보통신 교육장	세계 최대 정보통신 교육장 등장, [한국일보, 1997.9.19]

삼성SDS의 외부 환경요인인 위협요소(Threat)와 기회요소(Opportunity)를 찾아 내면 다음 표와 같다.

3) 기회요소(Opportunity)

표 6.6 삼성SDS 기회요소(Opportunity)

항목	관련 기사
시장의 세계화 현상	최근의 추세, 최근의 경영환경보고서 등
금융계의 신규프로젝트 가속화	IMF 구제금융과 한국경제, [CEO Information]
축적된 특정분야 기술력	SI<시스템 통합>업체 특정분야 독점 노린다, [1997.7.21]
공공기관의 대형 프로젝트 증가	공공프로젝트 우리 회사가 최고/주요 업체 승부수-SI 산업, [서울경제, 1997.2.25]
세계경제의 성장	최근의 추세, 최근의 경영환경보고서 등
정보기술의 발전(인터넷, 인트라넷)	정보통신의 날/21C부문별 리더 인터넷 SI, [서울경제, 1997.4.22]
사이버 space의 증가	정보통신의 날/21C부문별 리더 인터넷 SI, [서울경제, 1997.4.22]

4) 위협요소(Threat)

표 6.7 삼성SDS 위협요소(Threat)

항목	관련 기사
재계의 전반적 경제침체	SI업계 성장세 주춤/상반기 수주증가율 작년비 20%뿐, [서울경제, 1997.7.22]
IMF 지원 이후 신규 투자감소	IMF 구제금융과 한국경제, [CEO Information]
특정분야의 독점화	SI<시스템 통합>업체 특정분야 독점 노린다, [1997.7.21]
대학의 기업화	최근의 대학 정책
경쟁업체의 치열한 노력	SI<시스템통합>업체 특정분야 독점 노린다, [매일경제, 1907.7.21]
외국업체의 진입	SI<시스템 통합>업체 완만한 성장시대 진입, [매일경제, 1997.4.22]
통신시장 개방	삼성SDS/서비스 다양화 추진, [매일경제, 1997.6.11]
업체난립에 따른 수급불균형	국내 SI업계 작업 수행능력 낮다/미 가트너그룹 평가, [1997.7.22]
덤핑입찰	SI<시스템 통합>업체 완만한 성장시대 진입, [매일경제, 1997.4.22]
그룹계열 신설 SI업체 급증	SI<시스템 통합>업체 완만한 성장시대 진입, [매일경제, 1997.4.22]
하드웨어 및 소프트웨어 업체의 잇따른 진출	SI<시스템 통합>업체 완만한 성장시대 진입, [매일경제, 1997.4.22]
공공프로젝트의 대외 개방	SI<시스템 통합>업체 완만한 성장시대 진입, [매일경제, 1997.4.22]
동 그룹 내 경쟁치열	SI업체 사촌이 더 무섭네, [동아일보 1997.6.5]

5.3 전략수립

- 상황: 약점(W), 강점(S), 위협요소(T), 기회요소(O)
- [주: 각 내용들은 신문기사를 바탕으로 하여 찾아낸 것임(관련기사 출처 생략)]

위의 분석된 자료를 기초로 하여 하나의 도표로 나타내면 다음과 같다.

표 6.8 삼성SDS의 대응전략

Cell	Strategy Action (1997년)
W + T	- 탄력적인 조직의 설계 - 품질경영 - 시스템개발 방법론의 개발 및 활용 - 경쟁업체 간 인력 스카우트 - 그룹 정보통신 인프라 및 네트워크 - 시스템의 효율적인 운영 및 적절한 아웃소싱
W + O	- 외국 컨설팅회사와 전략적 제휴 - 자체교육을 통한 인력양성 - AT&T 월드넷 서비스 개시 - CAD 사업 본격화(사업부로 승격) - 특정분야 집중화(의료부분) - 포스트닥터 제도 실시 - 글로벌 네트워크 구축
S + T	- 대학과의 공동연구 강화 - 지속적인 고급인력 충원 및 시설 강화 - 외국업체와 전략적 제휴
S + T	- 고객서비스 개선활동 - SDS 출신 CEO와 긴밀한 협력관계 - 동·이업종 간 광고, 상표 전략적 제휴
S + O	- 삼성 SDS-MS 전략적 제휴 - 세계화 비전수립 - 사이버대학 및 온라인 서비스 강화 - 외국어 교육 강화 - 금융시장 적극 진출 - 인트라넷 분야 집중투자 - 미 법인 설립 - 대규모 SOC 사업 적극 수주

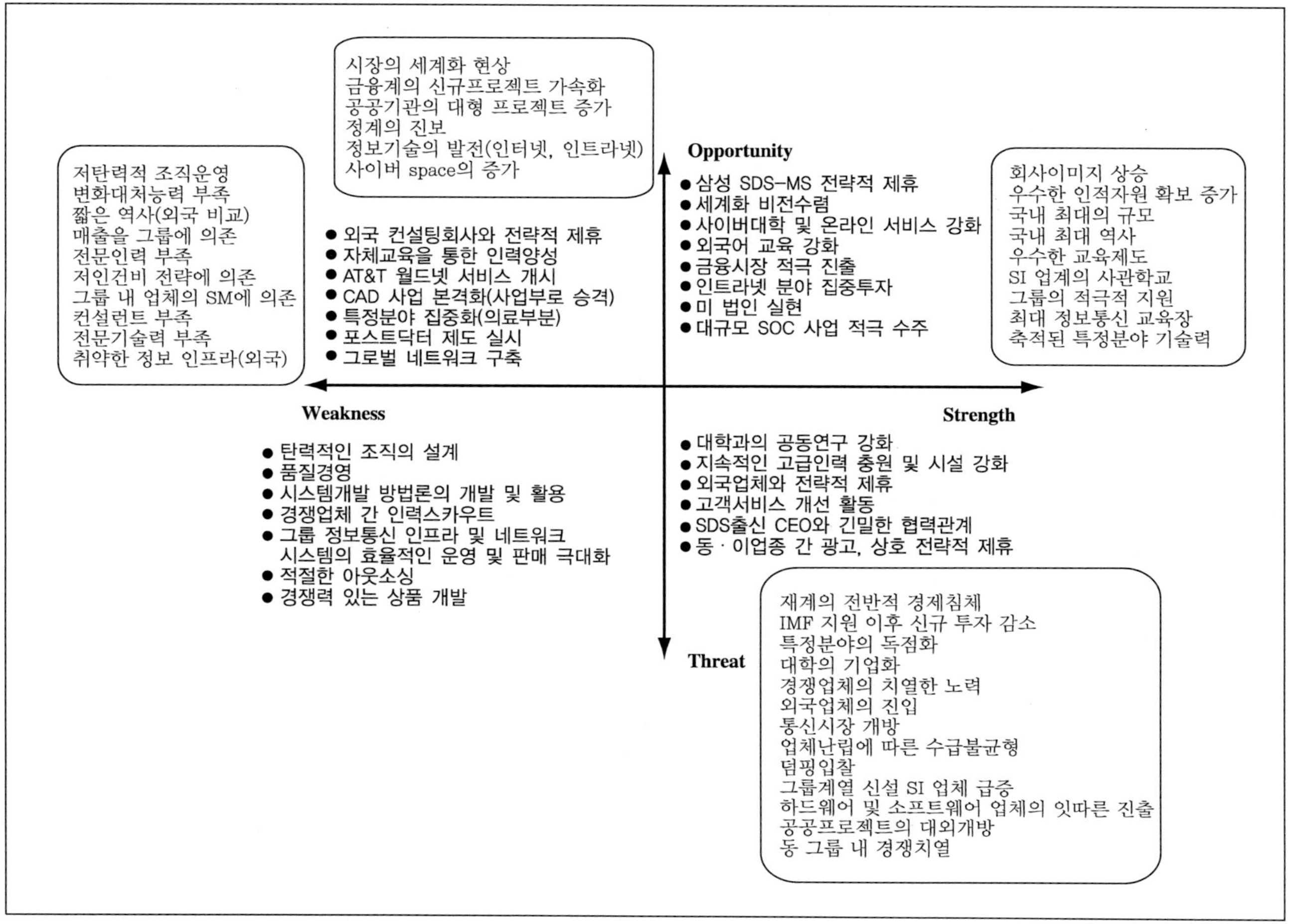

그림 6.11 삼성SDS 내부 환경분석

5.4 전략분석을 통한 새로운 전략 선택

1985년에 삼성SDS(당시 삼성데이타시스템)는 설립이 되었다. 초기에는 단순히 삼성그룹의 전산시설을 통합 인수한 회사에 불과하였다. 삼성그룹 내의 전산시설에 대한 시스템관리(System Management)에서 많은 매출을 기록했다. 이것은 국내 다른 그룹 내의 SI업체와 비슷한 실정이다.

아직 삼성SDS는 사업확장을 하고 있는 회사이다. 유니텔(UniTel)이라는 통신서비스 등을 제공함으로써 정보유통산업에도 뛰어들었다. 기존 삼성그룹 내의 회사들에 대한 시스템통합(System Integration)이라든가 시스템관리, 교육 등을 통하여 많은 매출을 기록한 회사이다.

최근의 중점 사업으로는 해외 유명한 SI업체와 비슷하게 고부가가치 산업인 SI와 컨설팅, 정보통신에 주력하고 있다. 이것은 삼성그룹이라는 주어진 시장뿐만 아니라, 삼성그룹 외에 존재하는 모든 회사 및 공공기관, 대학 등에 대해서 SI업체 나름대로의 위상을 세우기 위해 노력중이다.

가. 삼성SDS의 BCG 매트릭스

그림 6.12는 삼성SDS에서 사업수준별 전략(Business-level Strategy)을 분석하고 선택하기 위해서 그린 BCG 매트릭스이다.

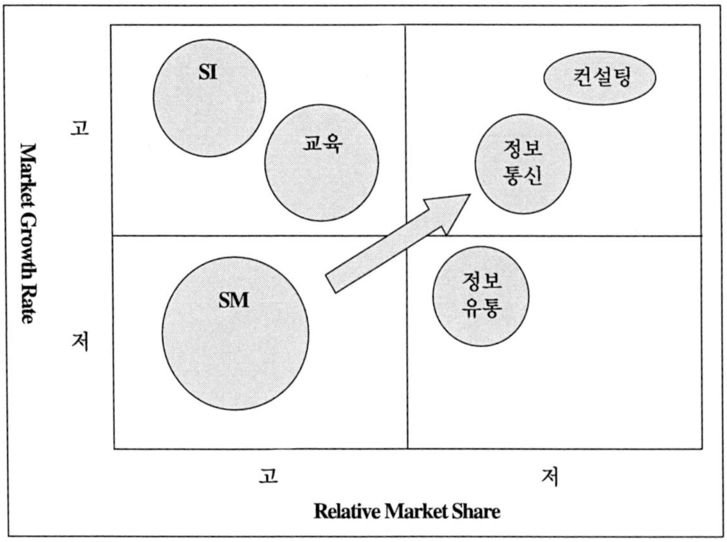

그림 6.12 삼성SDS BCG 매트릭스

그림 6.12의 매트릭스를 살펴보면, 젖소형(Cash Cow)에 해당하는 영역에서 물음표(Question Mark)에 해당하는 컨설팅, 정보통신사업으로 현금이 흘러야 한다는 분석결과가 나온다. 한국은 IMF로부터 달러를 유입하고 그 대신 시장개방이라는 난제에 부닥쳤다. 시장이 개방되며 선진 SI업체들이 들어오게 되면 가혹한 경쟁이 벌어질 것은 확연하다. 역사가 짧고 경쟁우위에 있는 기술이 없는 상황에서 살아남을 수 있는 것은, 현재 이익을 많이 낳고 있는 삼성그룹 내의 SI로 얻은 이익을, 지속적인 경쟁우위를 점해야만 하는 정보기술과 컨설팅 분야로 투자를 해야 된다는 것은 당연한 이야기이다.

나. 전사적 전략 선택 매트릭스와 전사적 전략 단위모델

전사적 전략을 선택하는 데 있어서 사용될 수 있는 전사적 전략 선택(Grand Strategy Selection) 매트릭스와 전사적 전략 단위모델(Model of Grand Strategy Clusters)을 삼성SDS에 적용시켜 전략을 분석할 수 있다. 삼성SDS는 국내에서는 경쟁적 우위가 있다고 판단이 된다. 그리고 해외 진출을 위해서는 삼성SDS가 말하는 명품을 몇 개를 가지고 나가야 한다. 따라서 해외와 국내시장의 경우를 나눠서 설명을 하겠다.

1) 해외의 경우에는 실력이 있는 수 없이 많은 SI업체와 IT업체들이 있다. 삼성SDS가 이런 기업들과의 경쟁에서는 본원적 전략중의 하나인 원가우위전략과 집중화 전략으로 밀고 나가야 할 것이다.

2) 국내의 경우는 급속한 시장성장과 강한 경쟁관계에 위치에 있으므로, 전사적 전략 단위모델(Model of Grand Strategy Clusters)에 의하면 세 가지의 전략이 나온다.
   - 집중화 성장전략(Concentrated Growth)
   - 수직통합화 성장전략(Vertical Integration)
   - 중앙형 분산화 전략(Concentric Diversification)

삼성SDS는 확장단계에 있기 때문에 거의 모든 정보통신분야에 대해 투자를 해왔다. 이것을 중앙형 분산화 전략(Concentric Diversification)이라 할 수 있겠다. 그리고, 중소 정보통신업체들과 수직 통합화 성장전략(Vertical Integration)을 추구하였다. 이것은 국내, 해외에 관련 없이 기술이 부족한 분야에 대해서 다른 업체들과의 제휴 또는 인수를 시도하였다. 현재 삼성SDS는 세계의 SI 업계들과 어깨를 나란히 하며 전문적인 컨설팅을 겸비한 시스템 통합자로서, 집중화 성장전략을 사용하여 새로운 방향으로 나아가고 있다.

사례연구

이마트는 국내에 생긴 최초의 현대식 할인 마켓이다. 이마트의 모회사는 신세계이며, 신세계가 운영하는 신세계 백화점과는 달리 이마트는 정통 할인 마켓을 지향한다. 식음료, 컴퓨터, 전자제품, 그리고 옷 등 일반 백화점에서 구입할 수 있는 대부분의 제품을 저렴한 가격에 제공한다는 점이 이마트의 장점이다. 그러나 할인 마켓의 대표적인 브랜드로 우뚝 선 이마트도 순탄하게 현재의 위치에 설수 있었던 것은 아니었다.

1997년 찾아온 IMF 는 고객들의 취향에 변화를 가져왔다. 고객들은 좀 더 가격에 민감한 소비행태를 보여왔다. 또한 상대적으로 저렴하면서도 우수한 품질의 제품들을 선호하기 시작하였다. 이러한 고객의 소비형태 변화는 이마트에게도 고민거리로 다가왔다. 고객을 유치하기 위해 납품가 인하를 원하는 이마트와 납품가 유지를 원하는 공급자 사이에 갈등, 그리고 가격 인하에 의한 수익성 악화에 따른 내부조직의 반대 등이 있었다. 또한 할인 마켓 시장에 진출하는 신규 사업자들도 문제점으로 지적되어왔다.

이마트는 정보기술의 적극적 활용과 새로운 경영전략을 통해 문제점을 해결하고 업계 선두의 위치를 더욱 굳힐 수 있었다. 이마트의 전략은 크게 4가지로 나누어 볼 수가 있다. 첫 번째 전략은 전략적 위치선점을 통한 경쟁력 우위 확보를 들 수가 있다. 이마트의 지점은 도시의 교통 문화 중심가에 위치하였는데 이는 물류비용의 감소와 각 지점간의 긴밀한 구매 협조로 규모의 경제를 이루었다. 또한 정부의 도시 규제 정책에 의해서 신규 할인 마켓의 건축이 어려워진 상황에서 이마트의 전략점 위치선점은 이마트에게는 호재로 작용되었다. 2005년 이마켓은 83개의 점포를 가지고 있어 2위인 롯데 마트 (41개), 3위인 홈플러스 (40개)보다 2배 가까운 점포 수를 가지고 있다. 타 경쟁업체보다 많은 점포 수는 접근성, 편의점 측면에서 이마트에게 경쟁우위를 제공하였다.

[표] 할인점 연도별 출점 현황(단위: 점)

순위	개점연도	2005	2004	2003	2002	2001	2000	1999	1998	1997	1996	1995	1994	1993
1	이마트	83	71	60	49	41	27	19	13	9	6	4	2	1
2	롯데 마트	41	36	33	32	24	17	8	3					
3	홈플러스	40	31	28	21	14	7	2	1	1				
4	한국 까르푸	31	27	27	25	22	20	11	6	3	3			
5	월마트 코리아	16	16	15	15	9	6	5	4	4	2			

두 번째 전략은 전자자료교환(EDI, Electronic Data Exchange)등의 정보 기술을 활용한 적극적인 공급 사슬관리 (SCM, Supply Chain Management) 이다. EDI은 인터넷이나 인트라넷 등의 네트워크를 통해서 사업에 필요한 문서나 자료를 공유하는 시스템을 말한다. 이마트는 이마트와 상품 공급자간에 EDI 시스템을 이용한 SCM을 구축하였다. EDI시스템을 이용한 SCM은 다음과 같은 경쟁우위를 이마트에게 제공하였다. EDI는 전자적으로 재고 관리, 매출, 주문량을 실시간으로 회사끼리 공유하게 만들어주었다. 이 자료를 바탕으로 이마트는 항상 최소한의 재고를 유지하면서도, 주문에서 물건 납품까지 최소한의 시간을 유지하고 있다. 추가로, 항상 신선한 물건을 공급받으면서도 물류비용을 최소화시켰다. 다른 외국계의 할인마켓이 공산품 위주의 상품을 판매하였다면, 이마트는 효율적인 SCM 관리를 통해 상하기 쉬운 채소나 과일을 소비자에게 판매할 수 있었다.

세번째 전략은 고객의 취향과 패턴에 맞춘 현지화 전략이다. 이마트는 통계와 심리 분석을 동원하여 각 지역 소비자 취향에 맞는 물건을 공급하였다. 이는 곧 매출 증가와 재고 감소로 이어졌다. 또한 이마트는 항공사의 마일리지 프로그램을 벤치마킹하여 유사한 프로그램을 실행하였다. 이마트는 소비자가 구매한 금액의 5%를 마일리지로 적립하여, 이마트에서 다음에 쇼핑할 때 사용할수 있도록 하였다. 마일리지 프로그램은 소비자와 이마트의 관계를 더욱 돈독히 해주고, 매출 향상에 도움이 되었다.

마지막으로는 자체브랜드 상품을 들 수가 있다. 이마트는 중소기업이나 대기업과의 제휴를 통해서 우수한 상품을 OEM으로 공급받아 판매하고 있다. 자체브랜드 상품 판매는 마트에게 공급자와의 납품협상에서 우위에 설 수 있게 만들어 주었고, 소비자는 이마트를 통해 우수한 상품을 저렴하게 구매할 수 있는 Win Win 전략이었다.

이마트의 사례는 정보기술을 적극적으로 활용하고 경쟁에 대한 심도 있는 분석을 하는 기업만이 상대적 우위를 가지고 지속적인 승리자가 될 수 있음을 보여준다.

1. 이마트를 대상으로 SWOT 분석을 실시하고 자신이 이마트의 경영진이라고 가정할 때 앞으로 어떠한 전략을 취하는 것이 좋다고 생각하는가?

2. 이마트는 국내 시장뿐 아니라 중국시장에도 진출하여 소기의 성과를 달성하고 있다. 이마트가 국내시장에서 취하고 있는 전략과 중국시장에서의 전략을 비교 분석하라.

3. 전자상거래가 발달하면서 이마트는 더 이상 대형마켓과의 경쟁뿐 아니라 인터넷 쇼핑몰과도 경쟁을 하여야 한다. 인터넷 쇼핑몰과의 차별화 전략을 제시하여라.

주요 단어

BCG 매트릭스
JIT
SWOT 분석
가치사슬 모형
물음표
본원적 전략
시장 성숙도
전략분석
젖소
테일러리즘
합작기업(Joint Venture)
CSF(Critical Success Factor)
New BCG Matrix
Strength
내부분석(Internal Analysis)
미션
삼성SDS
시장 점유율
전방통합
제품 수명주기
틈새시장
후방통합
Global Industry
Opportunities
Threats
다각화
별
수직적 통합
원가우위
전사적 전략
차별화
포터의 경쟁모델
Weaknesses

토의 과제

1. 1980년대 이후 새로운 경제 이데올로기가 등장하게 된 배경은 무엇인가?

2. CSF, 핵심역량, 포터의 경쟁모델 등 가능하다면 다양한 경영분석기법을 동원하여 자신이 소속한 대학이나 조직을 평가하고 SWOT 분석을 통해 처방을 내려 보시오.

3. 주변에 잘 알려진 기업을 정하고 관련 서적이나, 신문기사, 웹사이트 등을 통해 정보를 모아서 BCG 매트릭스, SBU(Strategic Business Unit), IA/BS 매트릭스 등의 기법을 적용한 분석을 실시하시오.

4. 우리나라 10대 대기업의 하나를 선택하고 마이클 포터의 경쟁모델을 사용하여 경쟁환경을 분석하시오.

5. 이번 장에서 배운 내용들을 바탕으로 마이크로소프트사의 윈도우 시리즈에 대한 전략을 분석하시오. 전략 분석 기법 및 전략 분석 방향에 대한 제약이 없으므로 자신의 창의적인 생각들을 전개하고 경쟁사의 상황들에 대한 자료도 수집하시오.

6. 2008년까지 국내의 SI 업계의 현황에 대해서 정리하고, 최근의 SI 업계 동향에 대해서 조사하시오.

7. 삼성SDS의 전략을 토대로 국내의 SI업계가 취해야 할 전략에 대해서 서술하시오.

참고 문헌

1. Pearce II, John A., and Richard B. Robinson. Jr., "Competitive Strategy", fifth edition, IRWIN Inc., 1994
2. Porter, Michael E., and Victor E. Millar, How information gives you competitive advantage.
3. Synnott, William R. 저, 이경덕, 윤은기 편저, "경영전략무기 SIS", (주)유나이티드컨설팅그룹, 1991
4. http://www.sds.samsung.co.kr
5. 한재민, "경영정보시스템", 학현사, 1995
6. 황한웅, "SIS와 전략경영", (주)유나이티드컨설팅그룹, 1992

PART IV

전략정보시스템

(SIS: Strategic Information Systems)

❊ 초승달 - 곽말약 ❊

초승달이 낫 같아
산마루의 나무를 베는데
땅 위에 넘어져도 소리 나지 않고
곁가지가 길 위에 가로 걸리네

❊ 낡은 벼루 ❊

벽돌이나 기와가 하찮은 물건이지만
붓과 먹 함께 문구로도 쓰였다네
물건에는 제각기 그 쓰임이 있나니
밉고 곱고를 따지지 않는다네
금이 어찌 보물이 아니며
옥이 어찌 단단하지 않으랴만
먹을 가는 데에는
기와조각만 못하다네
그러니 비록 천한 물건이라도
꼭 필요할 땐 값을 견주기 어려운 줄 알겠네
어찌 기와조각만 그렇겠는가
사람 쓰는 일 옛날부터 어려웠더라네.

급변하는 경영환경에 대처하기 위해서 기업은 경쟁우위를 확보해야 한다. 기업의 경쟁우위 확보수단으로 활용되는 정보시스템이 바로 전략정보시스템이다. 따라서 경쟁자보다 앞서나가려면 이 정보시스템을 어떻게 전략적으로 쓸 것인가에 초점이 맞춰진다. 그러기 위해서는 기업의 내부환경과 외부환경의 폭넓은 이해와 분석, 판단을 바탕으로 창의적이며 효과적인 정보시스템의 활용이 필요하다. 곽말약 님의 시 '초승달'에서는 초승달을 남들과 다른 시각, 즉 낫으로 비유하여 창의적이며 기발한 표현을 보여주고 있다. 이처럼 같은 정보시스템이라 할지라도 다양한 관점에서 살펴보고 전략적으로 쓰일 수 있도록 해야 한다.

위 시의 저자 구양수님은 가난해서 어머니가 모래 위에 갈대로 써준 글씨로 공부했지만 송나라의 최고 시인으로 아직까지 칭송받고 있다. 낡은 벼루도 먹을 가는 데에는 탁월하다는 그의 시처럼 뛰어난 경영자는 사람과 사물의 쓰임새를 알아보는 안목을 갖춰야 한다는 한시이다. 정보시스템도 이와 다르지 않다. 기업이 전략을 수행하는데 있어 정보시스템을 활용하고자 하는 경우 어떠한 전략을 위해 어떠한 정보시스템을 개발해야 하는지를 먼저 파악하여야 한다. 전략정보시스템(SIS)은 정보기술 및 시스템과 전략을 결합하여 정보를 전략적으로 활용함으로써 경쟁우위를 확보하기 위한 시스템이다. 4부에서는 전략정보시스템의 필요성과 기획, 성공요소 등을 살펴보겠다.

Chapter 7

SIS의 개념과 발전배경

1. SIS의 개요

오늘날과 같은 정보화 시대에 전략경영에 있어서 정보기술은 없어서는 안 될 중요한 요소이다. 1980년대 이후 컴퓨터와 통신에 의한 네트워크의 발전은 인간의 생활환경을 바꾸어 놓은 혁명적인 것이었다. 가정·기업·산업·사회의 모든 곳에서 정보네트워크의 역할은 매우 중요하게 되었다. 남보다 한발 먼저 정보를 접한 기업은 신속한 대처로 이익을 볼 수 있고, 그 반대의 경우 막대한 손실을 볼 수밖에 없는 현실이다. 이와 같은 정보화 시대에 기업의 발전을 위한 현대적 감각의 정보시스템인 SIS의 중요성이 날로 높아가고 있다.

1.1 SIS의 발달배경

컴퓨터와 통신의 발달로 정보는 전 세계 어느 곳에서나 시시각각 생산되고 있다. 기업은 매일 쉬지 않고 쏟아지는 수많은 정보 중에서 가장 가치 있는 정보를 찾아 기업운영에 활용하고자 노력하고 있다. 때로는 정보에 대한 오판으로 적절하다고 판단했던 정보가 무용지물이 되거나 오히려 해가 될 수도 있다. 정보기술을 이용한 정보의 정확한 활용은 날로 그 중요성이 높아지고 있는데, 이는 과거 1960년대의 TPS와 1970년대 MIS가 정보기술에 대한 이해부족으로 크게 성공할 수 없었던 것에 대한 반성이기도 하다.

정보기술의 전략적 활용은 경쟁하고 있는 산업에 새로운 제품이나 서비스, 유통경로 및 새로운 규모의 경제를 실현시키며 전통적 경쟁의 규칙마저 변환시키고 있어 기업의 존속과 성장에 기회와 위협을 동시에 주고 있다. 오늘날 기업에서 정보기술을 전략적으로 활용하는 이유는 다음과 같은 다섯 가지 측면에서 살펴볼 수 있다.

첫째, 정보사회가 급진전됨에 따라 모든 분야에서 정보자체가 전략자원으로 이용되고 있으며, 고객들 또한 정보를 서비스의 핵심요소 또는 정보자체를 상품으로 간주하는 경향을 보이고 있다.

둘째, 치열한 기업경쟁에서 생존하기 위하여 기업들이 다각적인 방법을 모색하고 있으며, 정보기술을 하나의 수단으로 인식하게 된 사실이다. 즉 정보기술의 역할을 단순 자료처리나 기본업무의 자동화, 또는 경영자에게 정보를 제공하는 차원과 달리 기본전략의 지원 내지는 그 수단으로 사용하려는 경향이다.

셋째, 정보기술의 급격한 발전이다. 컴퓨터, 텔레커뮤니케이션, 영상, 그래픽스, CAD/CAM, 로봇, 정보저장기술, 소형 컴퓨터 등의 부분에서 정보기술의 발전은 가격과 성능 면에서 경이적인 진보를 가져옴으로써 과거와는 다른 새로운 전략기회를 창출하고 있다.

넷째, 기업의 최고 경영층이 정보기술에 대한 투자로부터 더욱 실질적인 이득을 얻어야 한다고 생각하는 데서 그 이유를 찾을 수 있다.

다섯째, 최근 기업의 경쟁은 국제화, 개성화, 법적 규제의 완화, 다른 업종으로의 진출 등으로 인하여 극심해지고 있으며 향후에도 기업경쟁의 강도가 심화될 것으로 예상되어 경쟁우위 확보가 기업의 사활이 걸린 중요과제로 인식되고 있다.

즉, 정보기술의 발달로 정보의 취급 및 처리, 전송비용이 하락하여 LAN, VAN 등과 같은 새로운 미디어 체계가 출현함으로써 조직 간 정보교환이 가능하게 되었다는 원인적 측면과 탈규제화, 시장요구의 변화, 경쟁의 격화와 같은 경영여건의 변화, 즉 필요적 측면 때문에 SIS가 탄생했다고 할 수 있다.

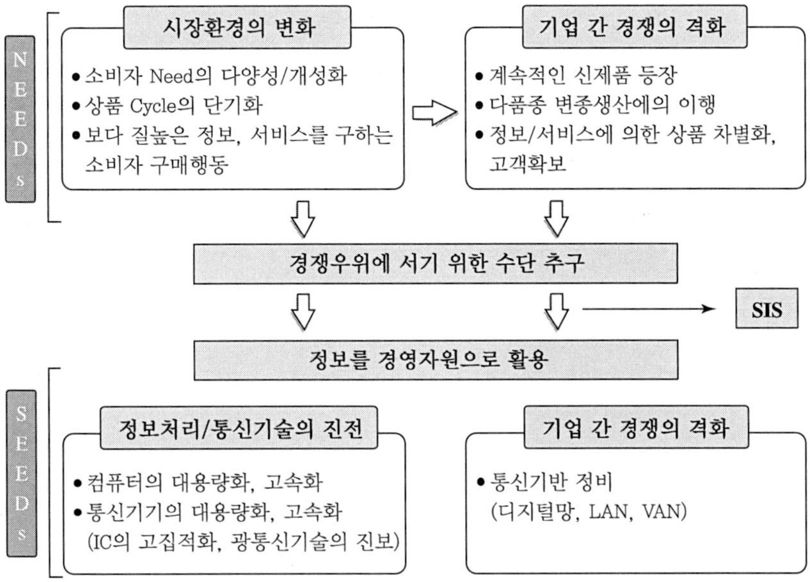

그림 7.1 SIS 구축의 배경

1.2 SIS의 정의

"SIS란 무엇인가?"라는 질문에 정확하게 답할 수 있는 사람이 많지 않다. 어떤 사람은 정보시스템을 사용하여 경쟁우위를 확보하는 것이라고 하였고, 어떤 사람은 거래처에 단말기를 설치하고 이를 포섭하는 것이라고 하기도 하였다. 사실 SIS에서 전략이란 한 기업이 고객의 요구를 보다 잘 만족시키기 위해 그 기업의 상대적 장점을 이용하여 경쟁상대보다 경쟁우위를 점하기 위해 취하는 제반 방법을 의미한다.

SIS의 정의에 대해서는 학자나 전문가들 사이에 다소간의 이견이 존재하나 이는 SIS가 비교적 최신의 이론이며 현재도 발전하고 있는 시스템이라는 점과 표준화되거나 정형화될 성격의 시스템이 아니라 기업에 따라 최적 시스템이 상이할 수 있다는 비구조적 성격을 지니고 있기 때문이다. 또한 SIS가 학문적인 측면보다는 기업의 실무적인 측면에서 발전하기 시작한 것도 SIS의 개념정의가 통일되지 않은 이유 중의 하나일 것이다. 현재 여러 사람이 주장하고 있는 SIS에 관한 정의는 다음과 같다.

다비스(Davis, 1990)는 "어떤 시스템을 전략적이라고 부를 때, 이것은 그 시스템이 갖고 있는 고유한 성격을 말하는 것이 아니다. 전략적이란 시스템이 기업과 그 기업의 전략에 어떠한 영향을 미치는 가에 달려있다. 근본적으로 기업의 경쟁력 우위를 장기적으로 유지하도록 도와주는 시스템이 SIS다"라고 정의하였다. 닉 락코프(Nick Rackoff, 1985)는 "정보시스템이 과거에는 업무 및 경영관리기능을 효율적으로 수행할 수 있도록 도와주는 역할에 그쳤으나 최근에는 기업들이 정보시스템을 경쟁적 우위를 확보하기 위해 전략적으로 활용하는 사례가 늘고 있으며, 이러한 경향에서 중요한 점은 정보시스템이 높은 기술이나 새로운 보고서를 개발하는 것에 있는 것이 아니라 기업들이 경쟁적 우위확보를 위한 노력으로 이러한 정보시스템을 SIS라고 한다"고 정의하였다.

또한 윤은기의 "경쟁전략과 SIS, 1991"에서 구체적으로 SIS를 정의하고 있는데 다음과 같다.

- 정보기술을 이용하여 경쟁우위를 확보하려는 의도로 구축된 시스템
- 상품의 부가가치를 비약적으로 높이기 위해 판매채널을 강화하는 정보시스템
- 경쟁기업과의 격차를 만들어 자사의 시장 점유율을 높이기 위한 정보시스템
- 경쟁우위를 획득하려는 경영정책의 수단으로 컴퓨터를 이용하는 정보시스템
- 경영전략의 성공적 실행을 위한 정보시스템
- 정보자체를 중요한 경영자원으로 인식하고 이를 전략적으로 활용하는 시스템
- 정보기술을 전략적 무기로 사용하려는 정보시스템

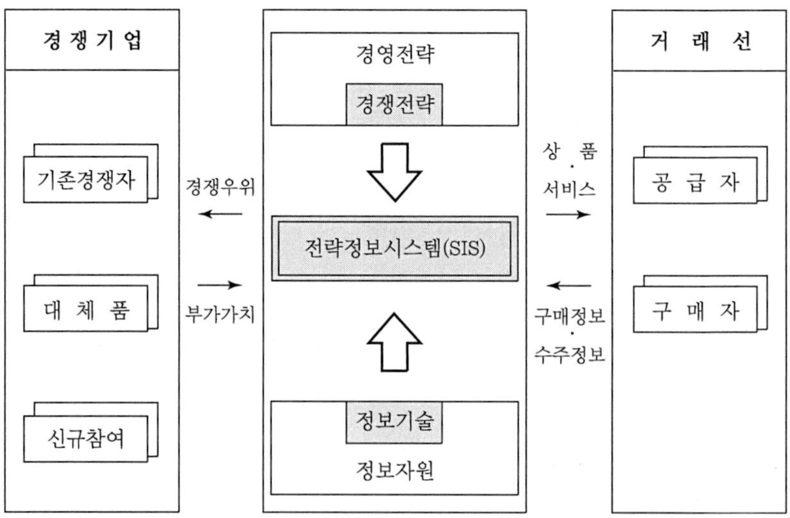

출처: *윤은기, 경쟁전략과 SIS, 1991*

그림 7.2 SIS의 정의

이상 7개의 정의를 통하여 다음과 같은 몇 가지의 공통된 조건을 도출함으로써 SIS의 개념에 대한 이해를 높일 수 있다.

첫째, 경쟁우위를 얻을 수 있는 정보시스템이어야 한다. SIS가 탄생하게 된 주요원인은 현대 경영환경을 단적으로 표현한 경쟁의 심화 때문이며 현재 SIS가 추구하고 있는 최고의 목표는 경쟁력의 확보에 있다.

둘째, 새로운 경영환경으로 CEO(Chief Executive Officer: 최고경영자)에 의해 인식되고 있다는 것을 전제로 하고 있다. 이는 SIS 추진을 위해서는 전략개념의 설정과 조직구조의 변경 그리고 많은 투자가 필요하기 때문이다.

셋째, 사무처리의 합리화를 도모하는 사무관련 측면과 매출확대에 기여하는 정보관련 측면 등이 일체화하여 최대의 효과를 발휘할 수 있도록 정보네트워크가 중시된 시스템이어야 한다.

넷째, 고객지향일 뿐만 아니라 당연히 인간적인 요소를 중시한 시스템이어야 한다.

이처럼 여러 사람의 주장을 종합해 볼 때 SIS란 "일반적으로 기업이 경쟁력을 유지, 오래 살아남기 위해 정보기술과 경쟁전략을 결합하여 정보를 전략적으로 활용함으로써 경쟁자에 대해 경쟁우위에 서려고 하는 시스템"이라고 말할 수 있다.

1.3 SIS의 구성요소

SIS도 정보시스템의 하나인 이상 정보시스템의 공통되는 구성요소, 즉 정보원으로부터의 입력, 처리기능, 저장기능, 출력으로서 전략정보 제공 등 4개의 기본적 구성과 유사하다.

처리기능에는 수집, 평가, 검색, 분석, 종합 및 판단을 포함하는 것이 보통이다. 이러한 각 기능의 순서는 대략 기술한 순서와 같지만 수집→평가→분석 후 다시 수집활동에 들어가기도 하고 분석→종합 후에 다시 평가가 행해지기도 하는 피드백 과정이 반복된다. 특히 정보원이 확실히 없는 경우 경쟁대상의 허위 공작정보나 외부의 매스컴, 전문가 등이 만들어 낸 정보에 좌우되기 때문에 몇 번이고 피드백(Feedback)이나 피드포워드(Feed forward: 정상적으로 위에서 밑으로의 정보활동 흐름) 과정을 반복할 필요가 생기게 된다.

SIS의 구성요소를 좀 더 구체적으로 보여주는 좋은 예가 있다. 독자들의 보다 명확한 이해를 위해 정보전략을 최고 핵심으로 여기는 군(軍)의 예를 들어보았다. 미국의 현역 케네디 대령 등은 “THE INTELLIGENCE WAR” 가운데서 군의 첩보(전략정보) 시스템의 구성요소를 그림 7.3과 같이 표로 만들었다. 이에 따르면 ① 우주, 해상, 항공, 지상 및 정보원으로부터의 정보, ② 수중센서, 무선의 제 3자 수신, 공판문서, 동맹국 및 망명자로부터의 정보, ③ 훈련, 요원, 경험, 실적에 바탕을 둔 무형의 입력요소, ④ 기만, 역정보, 물리적 보안, 요원보전이라는 방첩요소, ⑤ 데이터베이스로부터의 첩보, ⑥ 그에 플러스한 X요소, 그리고 ⑦ 육·해·공 고객에의 출력정보를 SIS의 구성요소로 보고 있다.

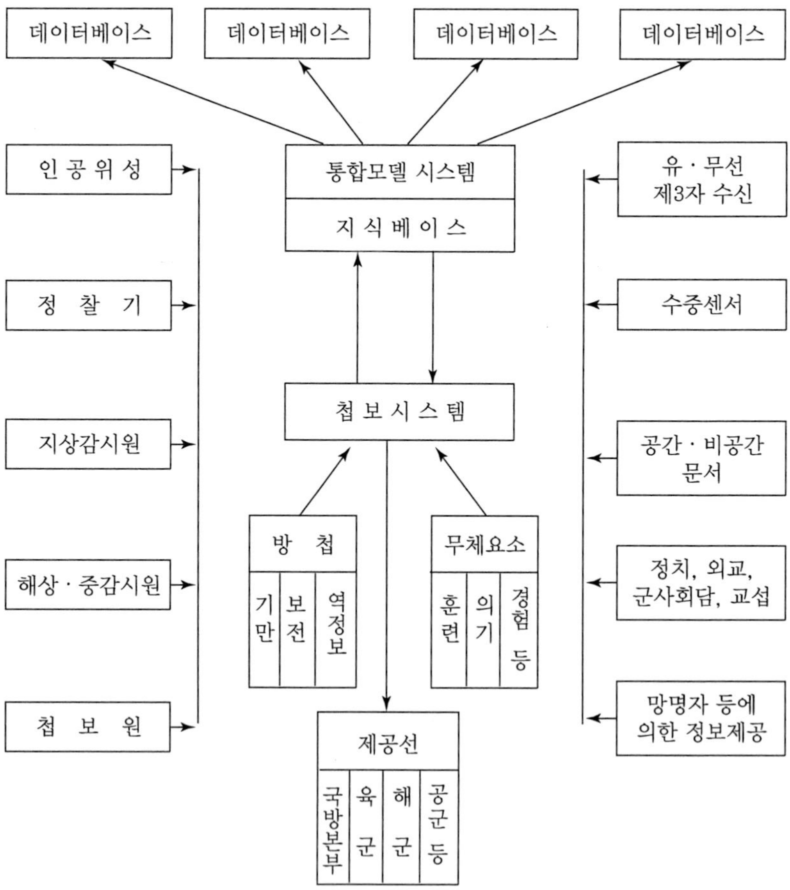

출처: *최인수, 전략정보시스템 입문, 1991*

그림 7.3 첩보(Intelligence) 시스템의 개요

이에 대해 워싱턴 프래트는 전략정보의 구성요인에 초점을 맞추어 다음 8가지 종류의 사회, 자연 두 과학에 기초를 둔 정보를 전략정보의 구성요소라고 생각하고 있다.

- 과학적 정보 = 자연과학, 위생, 과학적 입력, 공업, 과학적 조사, 개발을 지원하는 과학적 능력(공업기술 포함)
- 지리학 = 기상, 풍토, 해양학을 포함
- 교통기관 = 도로, 전기통신
- 경제정보 = 공업, 재정, 고용을 포함
- 군사정보 = 군(軍)과 관련된 모든 정보(전략, 전술정보는 제외)
- 사회과학적 정보 = 인구, 종교, 교육, 민속, 국민정신을 포함
- 정치적 정보 = 정부, 정당, 외교를 포함
- 전기적 정보

이와 같이 군사뿐만 아니라 정치, 경제, 사회, 문화까지 망라한 이들의 전략정보의 수집범위가 얼마나 광범위한가를 나타내고 있다.

1.4 SIS에 대한 편견과 오해

SIS에 대한 편견과 오해는 크게 4가지 측면에서 살펴 볼 수 있다.

첫째, SIS에서 시스템이 전략적이라고 하는 것은 그 시스템의 고유한 성격을 말하는 것이 아니고 시스템이 기업과 그 기업의 전략에 어떠한 영향을 미치고 있는 것인가를 항시 체크해 보아야 한다는 것이다. 가령 어떠한 시스템이 일시적으로 전략시스템이었다가 다시 상황의 변화에 의해 전략적 성질을 상실할 수도 있기 때문이다. 즉 SIS는 영구히 그 이름이 정해지는 것이 아니고 마치 생명을 가진 것처럼 경쟁환경에 있어 경쟁우위를 점하기 위해 사용되었다면 살아 있는 것이지만 그 시스템이 경쟁환경에 있어 일반적인 것이 되었다거나 더 이상 경쟁우위를 점하는 데 이용되지 않는다면 그것은 죽어버린 SIS가 되어 그냥 단순한 정보시스템에 지나지 않는 것이다.

둘째, SIS가 전략계획을 위해 정보를 제공해 주는 시스템이라는 착각이다. 이러한 오류가 생긴 이유는 그 이름만으로 유추하여 해석하였기 때문인 것이다. 그러나 SIS란 원래 정보시스템의 전략적 활용현상을 나타내기 위한 용어로 기존의 시스템과는 전혀 관계없는 시스템을 지칭하는 것이 아니라 기존의 정

보시스템(TPS, MIS, DSS, EIS, ERP 등)을 전략적 무기로 활용하는 것을 의미한다. 기본적으로 정보시스템이 단순한 TPS 또는 EIS을 막론하고 그러한 시스템이 기업전략에 유용하게 사용되어야만 SIS라고 부를 수 있는 것이다. 즉, 전략계획에 의해 정보시스템이 전략적으로 사용되는 것이지 SIS가 전략 자체를 제공하는 것은 아니다.

셋째, SIS에 대한 또 하나의 오해는 MIS 계획을 잘 수립하여 시스템을 개발하면 전략적 효과를 가져다주는 시스템을 구축할 수 있다는 견해이다. 그러나 전통적인 MIS 계획기법이 SIS 개발에 성공하기 어렵다고 할 수 있는데 그 이유로는 기업에 뚜렷한 전략이 없는 경우가 많으며, 환경의 급속한 변화 때문에 MIS가 개발된 시점에 비해 기업이 전혀 다른 환경에 처해 있을 수 있으며, 일반적으로 전략을 수립하는 사람들이 정보통신기술이 부족한 경우가 많으며, 정보시스템을 염두에 두지 않고 먼저 중장기적 전략계획을 수립한 이후에 정보시스템은 단순히 보조적인 역할만을 담당하게 하기 때문이다.

이상에서와 같이 SIS에 대한 세 가지 측면의 오해와 편견을 살펴보았는데 결국 SIS의 핵심은 정보시스템 그 자체를 경쟁무기로 활용하는 것이다. SIS는 정확하게 바로 이것이 SIS라고 말할 수 있는 정형화된 것이 아니고 경쟁전략을 실천하기 위한 컴퓨터 시스템으로 새로운 사업을 창조하고 시장 점유율을 높여갈 수 있는 기업 특유의 정보시스템이 있다면 이러한 시스템을 SIS라고 할 수 있을 것이다.

2. SIS의 필요성

2.1 정보시스템의 발전 추이

정보시스템의 큰 흐름은 TPS에서 IPS로 다시 EIS/DSS에서 ERP로 발전하고 있다. 그림 7.4에서 TPS는 1960년대 후반에 등장하여 기업에서 수작업으로 이루어지던 업무를 컴퓨터로 대신하여 기업경영의 활성화와 합리화를 달성하기 위한 것이었다. 1970년대 중반부터 나타난 IPS는 경영과 정보의 일원화로 경영활동의 정보를 모든 구성원이 활용하자는 것으로 기업의 기능별 하위시스템을 통합하여 관리자가 필요로 하는 정보를 필요한 때에 제공하고자 하는 것으로서 주로 정형적이고 구조적인 문제에 대해 유효한 시스템이다. 그 후 1980년대에는 CEO를 지원하기

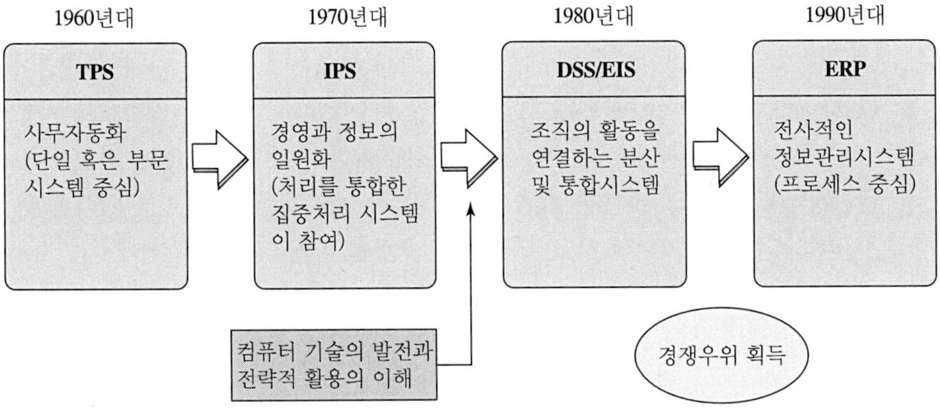

그림 7.4 정보시스템의 출현시기와 배경

위한 시스템으로 EIS, 의사결정을 지원하는 DSS 등이 등장했다. EIS는 중역이나 고급관리자의 의사결정을 위해서 개발된 시스템으로서 반구조적이거나 비구조적인 문제를 사례별로 대응하는 데 유용한 시스템이다. 그것은 인간의 의사결정을 대신하여 기계로 의사결정을 내리도록 하는 것이 아니라 인간의 의사결정을 지원하는 데 목적이 있었던 것이다. 1990년대에 기업은 통합된 애플리케이션을 이용해 업무를 효율적으로 처리할 뿐만 아니라, 최적의 의사결정을 위한 시스템으로 ERP가 등장했다. ERP는 기업 내 경영활동을 최적화·효율화할 수 있도록 기업 내 비즈니스 프로세스를 가장 효율적으로 지원해야 하며, 기업의 정보활용을 위해 전체적인 기반을 제공하여 정보시스템을 전략적으로 활용하는 데 목적이 있다.

그러나 MIS는 CIO(Chief Information Officer: 최고정보관리책임자)한테는 환영받았으나 CEO에게는 환영을 주지 못했다. MIS가 경영자들에게 받아들여지지 않았던 이유는 크게 2가지로 요약될 수 있다.

첫째, 컴퓨터의 성능인데 당시 경영에서 발생하는 정보를 대규모로 축적하여 이를 자유로이 빼내 사용하는데 컴퓨터의 하드웨어, 소프트웨어 모두가 미숙했다. MIS 완성까지의 시간 및 투자금액도 방대한 것이었다. 이 경우 CEO는 현실적으로 받아들일 수 없었던 것이다.

둘째, MIS 구축이 기업에 혁신을 줄 수 있는가에 대한 CEO의 의문이 강했다는 것이다. 즉, 기업의 비즈니스 구조를 혁신하려고 하는 CEO의 시각이 결여되어 있다는 것이다.

이처럼 MIS가 1970년대 이후 기업의 경영지원시스템을 주도하긴 했으나 뭔가 기업경영에 혁신적인 정보시스템을 갈망하게 되었는데 이로써 나타난 개념이 SIS이다. SIS가 경영자들에게 환영받을 수 있었던 정보시스템을 전략적으로 이용하여 경쟁우위를 이룩한다는 점이다. 경쟁우위에 대한 경영자의 이해는 경영자 스스로가 경영을 전략적으로 하지 않으면 안 된다는 생각을 갖게 하였고 이러한 위로부터의 하향(Top-Down)식 사고방식은 SIS 구축을 더욱 더 필요로 하게 되었다. 1980년대의 컴퓨터 신기술개발은 MIS를 구축하는 과정에서 나타난 컴퓨터의 성능 문제를 해결하였는데, 바로 컴퓨터와 통신네트워크가 결합한 정보네트워크이다. 정보네트워크는 SIS가 성공할 수 있는 가장 특징적인 요소(Factor)로 1990년대 들어서 기업 간 정보네트워크가 급속히 구축되었다.

최근 SIS에 의해 기업 간의 경쟁은 더욱더 치열해지고 SIS는 기업의 경쟁이 지속하는 한 없어질 수 없을 것이다.

2.2 SIS의 적용

기업이 전략을 수행하는 데 있어 정보통신기술을 활용하고자 하는 경우 어떠한 전략을 위해 어떠한 정보시스템을 개발해야 하는지를 먼저 파악해야 한다. 즉, 원가우위를 통해 경쟁우위를 확보할 것인지, 차별화를 통해 경쟁우위를 확보할 것인지, 아니면 집중화를 통해 경쟁우위를 확보할 것인지 등에 따라 기업 활동을 기업이 설정한 전략에 맞게 재구성하고, 이를 어떻게 효과적으로 정보시스템에 실행할 것인지를 파악하여야 한다. 만일, 원가우위전략으로 경쟁우위를 유지하기 원한다면, 좀 더 구체적으로 기업 활동의 어느 부문으로부터 원가우위를 달성할 수 있는 경쟁원천을 찾을 것인지를 생각하여야 한다.

예를 들어, 가치사슬을 구성하는 가치 활동들 중에서 원가를 절감할 수 있는 여지가 있는 활동은 무엇이며, 이를 정보시스템을 통해 달성할 수 있는지의 여부를 찾아내야 한다. 만일 제품의 설계에서 개발에 이르는 제품개발주기에서 원가경쟁력을 확보하기 위해서는 CAD를 이용한 정보시스템을 개발할 수 있다. 또한 구매나 출하와 관련된 물류비용을 줄임으로써 원가우위를 달성할 수 있다면 물류시스템을 구축하여야 한다.

정보시스템의 전략적 활용은 가치사슬의 내부적인 가치 활동으로만 제한되지 않는다. 즉, 공급자 가치사슬과 구매자 가치사슬의 집합체인 가치시스템의 관점에서 공급자 가치 활동의 경쟁력을 키워줄 수 있거나 구매자 가치 활동력을 키워줌으로써, 공급자나 구매자와의 교섭력을 강화할 수 있고, 이에 따라 자사의 경쟁력을 향상시킬 수 있다.

이와 같이 정보시스템의 전략적 활용을 종합해 보면, 다음과 같이 두 가지 관점에서 분류할 수 있다. 첫째, 정보시스템은 기업 내부 활동의 효율성 증진을 통한 경쟁우위 확보를 목적으로 하는 내부지향적 활용과 둘째, 경쟁시장에서의 경쟁세력에 대한 효과적 대응을 가능케 함으로써 경쟁우위를 확보하게 하는 외부지향적 활용으로 나눌 수 있다. 또한 경쟁우위 전략이 원가 주도형인지 혹은 차별화 전략인지에 따라 구분할 수도 있다.

기업이 원가 주도형 전략을 택할 것인가, 또는 차별화 전략을 택할 것인가는 시장에서 경쟁세력간의 역학관계, 상업의 특성, 생산되는 제품의 수명주기상의 위치, 기업의 사업추진방향, 생산설비의 규모 및 자동화 정도 등 다양한 요소에 의해 결정된다. 또한 원가주도나 차별화 전략을 추구할 때, 그것을 내부지향적으로 할 것인지 외부지향적으로 할 것인지를 결정할 때에도 그 기업의 인적·물적 요소의 결합특성, 외부 경쟁세력 등이 고려되어야 한다.

앞에서 설명한 경쟁전략과 시스템의 활용지향성을 결합해 보면, 그림 7.5와 같이 4가지의 적용방안이 도출된다. 이러한 4가지 적용방안은 기업이 SIS 개발을 위한 구상을 할 때, 각 기업이 추구하는 전략이 어떤 방안에 속하는지에 따라 정보기술의 조합과 시스템이 개발되는 대상 및 영역에 있어 차이를 가져올 수 있음을 의미한다.

구 분		경 쟁 전 략	
		원가주도형 전략	차별화 전략
활 용 지향성	기업내부	내부지향적 원가주도 전략	내부지향적 차별화 전략
	기업외부	외부지향적 원가주도 전략	외부지향적 차별화 전략

그림 7.5 SIS의 적용방안

3. SIS 기획

SIS를 구축하는 목적은 기업이 경쟁우위를 확보하거나 업계내의 변혁, 기업 전체의 혁신 등에서 효과를 얻기 위한 것으로, 시스템 구축에 많은 노력과 투자가 요구된다. 따라서 SIS의 실패는 전략적 실패를 의미하며, 기업경영의 위기를 초래할 수 있기 때문에 신중한 검토가 요구된다. SIS는 각 기업이 안고 있는 경영환경과 정보시스템 환경에 따라 기회의 파악과 구축과정이 달라질 수 있기 때문에, 한 가지의 바람직한 절차를 제시한다는 것은 현실적으로 불가능하다. 그러나 SIS 구축이 기업 전략수행의 성패를 좌우할 수 있을 정도로 기업경영에 미치는 영향이 크고, 환경변화에 민감하기 때문에 시스템을 개발하기 전에 철저한 계획 수립이 이루어져야 한다.

3.1 SIS 기획의 의의

각 기업의 입장에서 볼 때 자사의 경영활동이 정보기술을 적용하기에 적합한가의 문제와 정보기술이 자사의 경쟁환경에 미칠 영향을 분석해야 한다. 다시 말해서 정보기술의 전략적 활용기회가 존재해야 하며, 이 경우 기업이 처한 경쟁여건에서 이를 얼마나 활용할 수 있을지를 평가해야 하는 것이다. 한 예로서 경쟁이 약한 산업에 속해 있는 기업이나 타사의 정보기술활용에 의한 위협을 예상하지 않는 기업은 정보기술투자를 적극적으로 고려하지 않을 것이다.

전략적 활용기회가 존재한다면 그 대안들을 탐색하고, 이들을 평가하여 기술적, 재무적으로 실행 가능하며 기업에 가장 큰 전략적 우위를 제공하는 기회를 선택하게 될 것이다. 제안된 활용기회를 우선순위화하고 선택하는 것은 정보기술의 전략적 활용단계에서 매우 중요한 단계이다. 왜냐하면 제안된 모든 기회를 시도할 수는 없으며, 궁극적으로 가장 성공적인 기업은 가장 적은 비용으로 가장 큰 전략적 우위를 창출하는 기업이기 때문이다.

이처럼 전략적 활용기회가 우선순위화하고 선택되면 다음으로 전략적 활용을 위한 실행계획을 수립해야 한다. 실행계획에는 정보기술의 전략적 활용을 위한 부문별 역할의 명확화, 구체적인 예산안 마련, 전략의 실행을 위한 책임자의 선정, 정보시스템 개발을 위한 절차계획의 수립, 통제기준의 정립 등을 들 수 있다.

3.2 SIS 기획과정

SIS가 성공적으로 구축되기 위해서는 시스템 구축을 주도하는 조직이 SIS에 대한 명확한 이해와 확고한 의지를 가져야 한다. 추진조직이 정보시스템의 전략적 활용가치를 인식하게 되면, 정보시스템의 전략적 활용기회 포착을 위한 전사적인 계획 수립에 착수하게 되는데 이 기획과정의 목적은 두 가지로 요약될 수 있다. 첫째, 경영층과 관리자에게 '정보시스템의 전략적 활용'이라는 새로운 관점을 소개하고 그에 대한 지원을 얻는 것이다. 둘째, SIS의 제안서를 작성하고, 이를 평가하여 경쟁우위의 획득과 유지를 위한 정보기술의 구체적인 활용 방안을 강구하는 것이다.

전사적으로 SIS 개념을 보급하며 기회를 파악하는 일로부터 CEO의 최종 승인까지의 SIS 기획과정은 CIO, 중간정보관리담당자, CEO를 활동대상으로 그림 7.6과 같은 5단계로 나눌 수 있다.

단계	활 동	활동내용	목 적
A	최고 정보시스템 책임자에게 SIS 개념 소개	SIS 개념 소개 및 타사에서의 SIS 활용사례 교육	다음 단계의 SIS에 관한 아이디어 개발을 위한 회합의 승인획득
B	중간정보관리 담당자 대상의 SIS 아이디어 개발회합	SIS 아이디어 개발 방법 적용 및 개발된 아이디어 평가	SIS 아이디어 개발 방법의 시험적용과 주요한 SIS 아이디어 개발
C	중간관리 담당 중역 대상의 SIS 아이디어 개발회합	SIS 아이디어 개발 방법적용 및 개발된 아이디어 평가	SIS 아이디어 개발 및 B단계에서 개발된 아이디어와 통합평가
D	최고 경영층에 SIS 개념소개	SIS 개념 및 전단계들에서 개발된 가능한 SIS 아이디어의 소거	경영기획 담당자 대상의 SIS 아이디어 개발회합의 승인획득
E	기업경영계획 담당자 대상의 아이디어 개발회합	SIS 아이디어 개발 방법 적용 및 개발된 아이디어 평가	SIS 아이디어 개발 및 전단계들에서 개발된 아이디어의 통합평가

그림 7.6 SIS 기획과정

단계별 활동내용은 그림 7.6에서 보듯이 A단계에서는 CIO에게 SIS 개념 및 타사에서의 SIS 활동사례를 소개하고 B와 C단계에서는 중간정보시스템 담당자와 중간관리 담당중역을 대상으로 SIS 아이디어 개발회합을 한다. D단계에서는 CEO에게 SIS 개념을 소개하며 마지막으로 E단계에서 기업경영계획 담당자 대상의 SIS 아이디어 개발을 위한 회합을 한다.

3.3 아이디어 개발을 위한 절차

SIS 구축에 있어서 효과적인 아이디어 개발을 위해서는 다음과 같은 7단계의 절차가 요구된다. 이 과정에서 참여자들로 하여금 정보시스템의 전략적 활용가치를 인식하게 하고, 조직 전체의 관점에서 SIS의 기회를 포착하고 평가할 수 있게 한다.

단계	활 동	목 적
1	경쟁전략 및 SIS에 관한 교육	전략방안, 전략목표, 경쟁전략 등에 관한 개념소개
2	실례를 통한 SIS 개념 설명	SIS 가능성과 전략방안 및 전략목표에 관한 인식제고
3	기업의 경쟁적 위치검토	기업의 경쟁적 위치 및 전략에 관한 이해
4	SIS의 기회포착을 위한 브레인스토밍	소그룹별 SIS 아이디어 개발
5	SIS의 기회에 따른 토론	중복되는 SIS 아이디어의 제거 및 요약
6	SIS의 기회평가	SIS 아이디어의 경쟁적 중요도 평가
7	최적의 SIS 제안 상술	• 가장 중요하다고 인정되는 SIS 아이디어의 상세한 기술 • 경쟁적 우위, 개발상의 주요 고려사항 등의 상술

그림 7.7 SIS 아이디어 개발회합의 절차

1단계: 경쟁전략과 SIS에 관한 교육

1단계에서는 외부 컨설턴트에 의해서 SIS에 관한 교육이 이루어진다. 교육에서는 전략방안, 전략목표 및 경쟁전략의 지원에 있어서 정보시스템의 역할이 설명된다. 교육 참여자들은 기업의 SWOT 분석이나 가치사슬 등의 분석을 이용하여 전략적 목표와 전략방안의 개념을 명확히 이해하게 된다.

2단계: 실례를 통한 SIS 개념 설명

2단계에서는 교육을 받은 참여자들이 다양한 산업에서 구현된 실제사례들을 분석함으로써, SIS에 대한 개념에 대한 이해를 더욱 확고히 할 수 있다. 과거 다른 기업들이 어떤 경영환경에서 어떠한 목표와 전략을 수립하였으며, 이러한 전략을 효과적으로 수행하기 위해 어떠한 방안을 마련했는지를 조사하여 비교해 봄으로써, 전략목표와 방안을 인식하는 방법을 배운다.

3단계: 기업의 경쟁적 위치검토

3단계에서는 기업이 당면하고 있는 경쟁상의 현실을 참가자들에게 이해시키도록 한다. 이는 정보관리 계획담당자들이 준비하며, 시장, 제품, 고객, 공급자, 경쟁자에 대한 분석과 토의가 이루어진다. 이러한 환경분석과 SWOT 분석을 통해 어떻게 정보기술이 기업의 전략목표를 겨냥한 전략방안의 확립에 사용될 수 있을 것인가에 대한 답을 할 수 있도록 준비 한다.

4단계: SIS의 기회포착을 위한 브레인스토밍

이 단계에서는 참가자들을 5~6명씩 여러 팀으로 나누어 각기 다른 종류의 SIS 기회를 찾아내기 위한 브레인스토밍(Brainstorming)을 실시한다. 어느 팀은 기존 정보자원의 확대에 관심을 두고, 어느 팀은 새로운 정보자원의 창출 가능성에 대해 연구하기도 하며, 또는 전략목표(공급자, 고객, 경쟁자)별로 기회포착을 하기 위해 노력하기도 한다. 이 SIS 아이디어 개발과정에서의 창의성을 해치지 않기 위하여 아이디어에 관한 비판이나 평가는 절대 하지 말아야 한다. 정보기술의 전략적 활용 기회포착을 용이하게 하기 위한 질문사항은 표 7.1과 같다.

5단계: SIS의 기회에 대한 토론

5단계에서 각 팀은 SIS 아이디어를 전체 그룹에 보고하고 모든 사람이 볼 수 있도록 차트(Chart)를 만든다. 그룹토론을 통해서 중복되는 제안들을 명료히 하는 작업을 진행하되 4단계와 마찬가지로 상대 아이디어를 절대 비판하지 않는다.

6단계: SIS의 기회평가

6단계에서는 SIS의 제안을 평가하고 그 중요도에 따라 등급을 평가한다. 참여자들은 전략적 우위를 점유할 가능성을 획득 가능한 경쟁우위의 정도, 개발 및 설치비용, 기술과 자원측면에서의 실행 가능성, 위험도의 4가지 평가 기준에 의거 SIS 제안사항을 4가지로 구분한다.

- 가능성이 가장 높은 최적의 제안
- 가능성이 상당히 높은 제안
- 가능성이 있으므로 재고의 가치가 있는 제안
- 가능성이 거의 없으므로 가치가 없는 제안

표 7.1 정보기술의 전략적 활용 기회포착을 위한 질문

구분	질문 내용
공급자와의 관계	자사의 교섭력을 증진시키거나, 공급자의 교섭력을 약화시킬 수 있는가?
	정보시스템을 이용함으로써 구매비용을 감소시킬 수 있는가?
	공급자로부터 받는 제품이나 서비스의 품질을 향상시킬 수 있는가?
	대체제나 대체서비스를 발견할 수 있는가?
구매자와의 관계	구매자와의 커뮤니케이션 비용을 절감할 수 있는가?
	구매자의 교체비용을 증가시킬 수 있는가?
	대금청구, 수금, 재고관리 등 관리적 지원을 제공할 수 있는가?
	구매자에 대한 정보관리를 효과적으로 할 수 있는가?
	고객 매출증가로 수익증가에 도움을 주는가?
경쟁자와의 관계	진입장벽을 높일 수 있는가?
	자사의 제품이나 서비스를 차별화할 수 있는가?
	유통비용을 개선하거나 감소시킬 수 있는가?
	새로운 시장으로의 진입을 용이하게 만들 수 있는가?
	경쟁자의 기존제품에 대응할 수 있은 제품을 제공할 수 있는가?
	새로운 틈새시장(Niche Market)을 구축할 수 있는가?
	보다 나은 새로운 경영기법을 사용할 수 있는가?

7단계: 최적의 SIS 제안상술

7단계는 마지막 단계로 제시된 최적의 SIS 제안을 더욱 다듬는 데 중점을 둔다. 아이디어를 실제 시스템으로 변환하기 위해서는 기술적 문제, 경쟁우위의 원천, 관련된 경쟁세력, 담당자들의 책임과 기타 개발상의 주요 문제점 등에 대한 상세한 조사와 검토과정을 거친다.

4. SIS의 성공요소

SIS를 도입하고 구축하는 데 있어서 성공여부는 모든 시스템이 그러하듯이 CEO의 확고한 의지와 CIO의 추진력에 달려있다고 할 수 있다. SIS가 MIS와는 달리 CEO의 SIS에 대한 기대가 큰 만큼 여러 요인이 요구된다. 먼저, SIS의 성공을 위한 경영과제가 무엇이며, 조직구성을 어떻게 할 것인가를 명확히 알고 있어야 한다. 그런 후에 기획과정을 통해 아이디어를 창출, 올바르게 적용하고 구축하여야 한다. 그리고 하부조직의 문제점은 주로 시스템의 운용에 의하여 발생하므로 컴퓨터 산업의 발전이 이 부문의 많은 난점을 해결해 주고 있다.

4.1 성공을 위한 조직구성

SIS는 기업의 경영전략을 반영한 것이므로 기획, 구축, 운용하기 위해서는 경영을 직접 관여하는 사람, 다시 말해 CEO가 직접 참여하지 않으면 안 된다. CEO가 직접 시스템에 관여하면 사원의 사기도 올라가고 정보시스템의 예산 승인도 신속히 될 수 있다. 새로운 시스템을 기획할 때 계획서를 작성하여 상사의 승인을 받고 중역회의에서 토의를 걸친 후 결정하는 과정에 소비되는 시간과 노력을 줄일 수 있기 때문이다.

CEO는 생산·판매에서부터 재무·인사·경영계획에 이르기까지 경영 활동의 모든 면을 알아야 하지만 워낙 방대한 기업의 모든 면을 상세히 알 수는 없다. 따라서 경영에 관여하면서 주로 정보시스템을 담당하는 CIO를 두는 것이 필요하다.

CIO는 1980년대 미국에서 생긴 용어로 전 세계로 정착되어가고 있다. 사실 SIS가 성공하기 위해서는 반드시 CIO가 필요하다. CIO는 정보기술을 충분히 활용할 수 있도록 CEO에게 조언을 할 수 있어야 하며 기업의 정보시스템 투자계획을 계획하고 필요한 시스템을 구축하는 책임이 있다.

한마디로 말해 CIO는 기업 정보시스템 부문의 총 책임자로 효율적인 시스템 개발을 위한 제반업무를 수행하고 필요에 따라서는 CEO에게 건의, 정보시스템 요원의 인사문제에도 적극 관여할 수 있어야 한다. SIS 구축을 위해 CIO는 업무담당 책임자(COO: Chief Operation Officer), 재무담당 책임자(CFO: Chief Financial Officer)와 동급에 위치해야 하며 CEO는 이러한 조직으로의 개편을 최우선적으로 해야 한다. 그리고 CEO의 사고방식을 이해하고 정보시스템을 사내에서 어떻게 활용해 나가느냐를 생각하거나 실제로 시스템을 구축하기 위한 참모팀도 필요하다. 해당 참모팀들로부터 얻어지는 필요한 정보를 시스템에 반영시킴으로써 올바른 SIS가 구축되는 것이다.

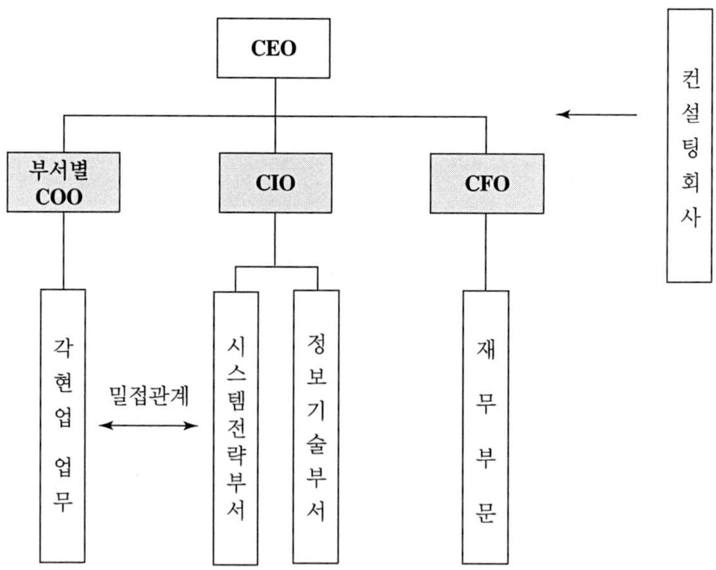

그림 7.8 SIS 구축을 위한 조직체계

4.2 성공을 위한 요건

기업에서 SIS를 도입하고 효과적으로 운영하기 위해 필요한 요건은 무엇인가에 대해 살펴보면 다음과 같이 세 가지로 요약된다.

첫째, CEO의 이해와 결단이다.

SIS는 전사적 규모의 시스템일 뿐만 아니라 각종 정보기기의 도입과 조직구조의 변경 등이 요구되기 때문에 CEO의 SIS에 대한 이해가 요구된다. 즉, CEO는 확고한 의지를 가지고 경영혁신을 적극 추진할 수 있어야 한다. 기업의 CEO가 새로운 경영혁신을 찾지 않고 과거 시스템만을 고집한다면 어쩔 수 없는 일이다. 물론 그러한 기업은 경쟁에서 살아날 수도 없다. CEO가 CIO를 통하여 모든 정보시스템 개발에 대한 권한을 위임하고 강력히 추진하고 지원할 때 SIS 구축은 성공한다.

둘째, 전략입안 및 수행능력이 있어야 한다.

기업환경의 변화를 사업의 전략기회로 활용하기 위해 최신 정보기술을 채택하여 지금까지의 사업을 포괄화하거나 신사업으로 진출하는 것은 성장지향의 기업에 있어서 중요한 경영과제가 된다. 이런 관점에서 전략과 정보자원의 적절한 통합을 위한 정보전략이 요구된다. 또한 SIS 자체가 대고객 서비스인 동시에 상품으로서의 성격을 가지므로 그것을 수단으로 하는 기업활동에 있어서 정보전략의 확립은 성공에 대한 관건이라 할 수 있다. SIS가 성공하기 위해 추구하여야 할 정보전략은 지속적인 경쟁우위의 정보전략, 경쟁과 협조의 정보전략, 사업통합화의 정보전략 등이다.

셋째, 시스템 구축능력이다.

SIS의 구축에는 컴퓨터와 정보통신망이 필수적이기 때문에 이 분야의 기술적 지식과 이러한 지식의 축적을 위한 적극적인 노력이 필요하다. 정보기술의 기능과 용도에 대한 인식과 전사적인 응용분야의 새로운 사고 없이는 경쟁우위를 창출하거나 지속적인 비교우위를 확보할 수 없다. 또한 부가적으로 기존 정보시스템 부서의 응용능력과 기업환경의 변화를 사업의 전략기회로 활용하기 위해 최신 정보기술을 채택하여 시스템을 효과적으로 구축하여야 한다. 이러한 시스템 구축능력은 CIO를 중심으로 한 정보시스템 개발부서의 능력이 선행되어야 하는데 이를 위해 유능한 정보관리자를 육성하기 위한 교육과 투자가 요구된다.

이상과 같이 SIS 구축을 위한 요건을 세 가지로 알아보았으나 모든 기업이 기업구조, 회사원의 특성, 업종의 차이가 있으므로 SIS는 기업의 현 상황에 맞는 정보기술을 전략적으로 활용하는 정보시스템이어야 한다. 현재 나타나 있는 SIS를 중심으로 고정관념에 사로잡혀서도 안 되고 다른 기업을 단순히 모방해서도 안 된다. 자기 회사에 맞는 시스템 구축방법을 찾아내는 것이야말로 무엇보다도 중요한 과제인 것이다.

5. SIS의 미래와 전망

SIS는 더욱 더 발전하여 대규모화, 복잡화 내지는 세분화라고 생각할 수 있다. 그런가 하면 지금보다 훨씬 더 진보한 SIS가 등장할 수도 있다. SIS의 미래 발전방향을 요약하면 그림 7.9와 같다.

첫째, 현재에는 거래선에 정보서비스의 제공으로 외부 경쟁세력의 진입장벽을 높이는 데에 사용되던 것이 앞으로는 직접 SIS를 통해 부가가치를 창출해나가는 방향으로 발전한다.

둘째, 한 기업, 국가 내에서의 SIS에서 전 세계를 대상으로 한 글로벌(Global)한 SIS로 발전한다. 글로벌한 SIS로의 발전은 다양화되어 가는 국제관계 속에서 더욱 복잡해지면서, 자사 및 자국의 이해를 추구하는 양상을 띠게 될 것이다.

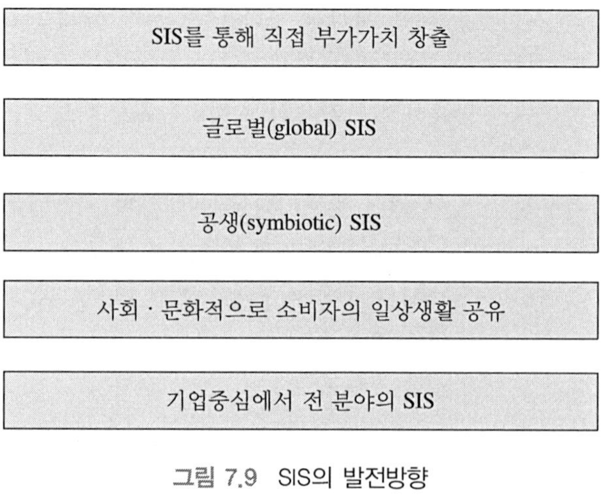

그림 7.9 SIS의 발전방향

셋째, 미래에는 SIS간의 제휴·협력으로 공생(symbiotic)관계 SIS로 발전함으로써 서로 다른 기업 간의 연결을 통한 상승(synergy)효과를 추구하게 된다.

넷째, 기존의 거래선 관리를 위한 SIS에서 앞으로는 최종소비자인 가정에까지 직접 연결됨으로써 사회·문화적으로 소비자들의 일상생활에 공유되어 가는 방향으로 발전한다.

다섯째, 기존의 기업중심의 SIS로부터 정부기관 등 각종 비영리 단체에까지 점차 확산되면서 전 사회·각 분야에 걸쳐 정보화 사회의 기반구조로 자리잡아간다.

6. 사례를 통한 SIS

SIS의 성공 및 실패사례는 무수히 많다. 미국, 일본, 유럽 선진국과 우리 나라에도 성공한 예가 많으며, 또한 실패한 예가 많다. 특히 미국은 SIS를 최초 주장한 나라로, 일본은 모방의 천재답게 일본식 SIS 구축에 성공함으로써 한때 미국을 위협하기도 했다. 따라서 성공과 실패사례를 통해 성공과 실패요인을 찾아 분석해 보는 것은 올바른 SIS를 구축하는 데 많은 교훈이 될 것으로 생각된다. 따라서 성공의 가장 대표적인 예라고 하는 미국의 아메리칸 항공의 SABRE(Semi-Automated Business Research Environment)와 일본의 야마토운수를 성공사례로 들었고, 실패사례로는 미국의 팬암 항공을 예를 들어 성공과 실패 원인을 조명해 보았다.

6.1 성공사례

가. 아메라칸 항공(American Air Line)

항공업계의 격렬한 경쟁에서 이기기 위해 아메리칸 항공이 타사에 앞서 심혈을 기울려 구축한 SIS 컴퓨터 예약시스템(CRS: Computer Reservation Systems)이 SABRE이다. 이 SABRE는 한마디로 말하면, 어디든지 항공회사의 단말기 1대만 있으면 전세계 650여 항공사, 28개 렌트카, 14,000개의 호텔뿐만 아니라 여객선, 극장의 예약, 꽃다발 주문까지 예약이 가능한 시스템이다.

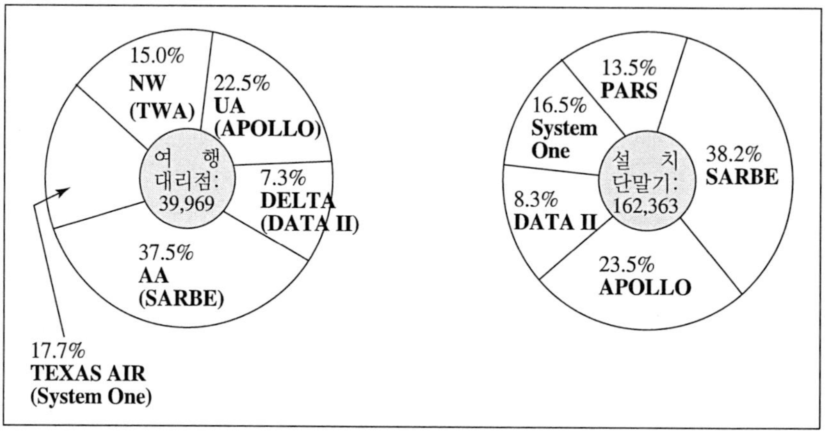

그림 7.10 미국 5대 CRS의 대리점·단말기 점유율 (1988년)

수십 개의 항공회사가 난립하고 있는 미국에서 특정회사만 예약이 가능한 단말기를 만든다면, 각각의 여행사는 수십 대의 단말기에 한 사람이 여러 대의 단말기를 담당해야 하는 문제가 발생할 것이다. 그래서 항공회사는 서로 어떤 단말기로도 예약할 수 있는 계약을 맺어 항공권의 서식을 통일하였다.

SABRE의 단말을 여행사가 설치하면 동일 출발시각의 다른 회사의 비행기가 있어도 아메리칸 항공사에 예약을 할 것이다. 다른 회사 편에서는 예약의 최종확인 등으로 상당한 시간이 걸리기 때문이다. 자사의 단말기를 여행사에 설치하면 그 여행사로부터 예약이 평균 15%는 증가하기 때문에 대단히 유리해진다고 할 수 있다. 그 외에 자사 단말기에서 타사의 티켓을 팔아도 1매당 2달러의 수수료를 받을 수 있다. 단말기의 점유율에 따라 수입도 크게 달라진 것이다.

게다가 여행대리점은 어디나 1개사의 단말기밖에는 들어가지 않는다. 힘 있는 각 항공사는 경쟁을 벌여 자사의 CRS 단말기를 여행사에 설치하려고 안간힘을 썼다. 따라서 각 항공사는 CRS의 확보에 수억 달러의 자금을 투자하여 자유경쟁의 위협에 대비하였다. 아메리칸 항공은 일찍부터 여행사와 고객의 욕구를 파악하여 CRS의 중요성을 인식, 타사에 앞서 구축함으로써 여행사에 단말기 설치경쟁에서 승리하였다. 여행사로서는 1대의 단말기로 항공예약뿐만 아니라, 호텔, 렌트카 등의 모든 예약을 처리하였고, 고객은 각종 고객우대 프로그램을 통한 VIP 대우를 받고자 하는 욕구를 가지고 있다는 점을 아메리칸 항공은 먼저 포착한 것이다. 물론 모든 항공사의 CRS 투자가 성공한 것은 아니며, 프론티어 항공 같은 중소항공회사는 파산상태까지 이르렀고 당시 미국 제 1의 항공사였던 유나이티드 항공은

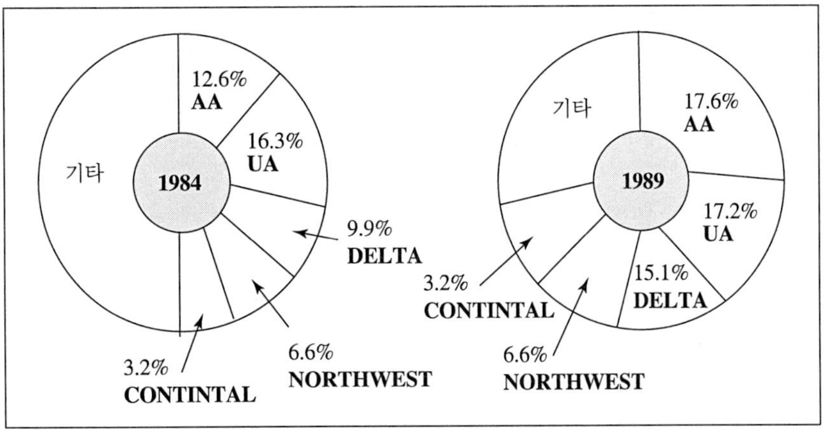

그림 7.11 미국 5대 항공사의 시장 점유율 추이

아메리칸 항공에게 밀려나고 말았다.

아메리칸 항공은 판매채널의 확보로 미국 내에서 38%에 달하는 높은 CRS 설치로 승리할 수 있었고, 한 발 더 나아가 보다 강력한 판매채널을 만들기 위해 SABRE 단말에 항공권 예약 이외의 다양한 기능을 부가시켰다. 예를 들면 스키장의 적설량까지도 알려주는 정보시스템 서비스였다. 여행대리점은 SABRE 단말기만 있으면 모든 일을 처리할 수 있게 되었다.

SABRE의 기능이 높아질수록 여행사의 SABRE 의존도도 높아지고 여행사는 SABRE에 모든 기능을 의존할 수밖에 없었다. 다른 회사들도 아메리칸 항공을 추격하고 있지만 그 격차는 좀처럼 줄어들지 않고 있다. 아메리칸 항공의 SABRE가 SIS의 전형적인 성공 예로서 높게 평가받고 있는 것은 한 번 구축한 경쟁우위를 지속시키기 위해 사내자원을 중점적으로 투입하여, 새로운 시스템 개발을 계속적으로 해왔다는 점이다. 그러면 결론적으로 이러한 SABRE 시스템이 아메리칸 항공에게 어떤 효과를 주었는가?

첫째, 1978년 미 항공업계의 규제가 완화되고 자유경쟁에 돌입했을 때, 많은 항공사들이 도태·병합하는 사태를 빚었으나 1976년부터 SABRE를 가동했던 아메리칸 항공은 오히려 시장을 확대하는 호기로 이용하였다.

둘째, 1984년까지만 해도 유나이티드 항공이 시장 점유율 1위였으나 1989년에 이르러서는 아메리칸 항공이 1위를 차지하게 되었다. 물론 유나이티드도 아폴로라고 하는 CRS를 개발·운용하고 있었지만 아메리칸 항공보다 늦게 출발하였고 아메리칸 항공이 여행사 대리점을 우선순위로 정하여 항공여행 후의 업무(호텔, 랜트카, 스키장 안내 등)까지 했음에 비해 유나이티드는 여행객들의 항공운송만을 생각했던 전략의 실수로 인해 선두자리를 빼앗기게 된 것이다.

셋째, 1985년의 경우 SABRE 예약시스템만(사용료)으로 연간 1억 7천만 달러 이상의 매출을 기록했으며 이것은 아메리칸 항공 총 매출의 1/3을 차지하는 액수로 항공티켓 판매보다 훨씬 수익이 좋은 신규사업을 창출하는 결과를 가져온 것이다.

나. 일본 야마토 운수

일본의 야마토 운수는 택배를 성공시켜 세계 화물의 유통구조를 바꾸었다. 이러한 혁신적인 서비스를 가능하게 한 배후에는 야마토 운수가 네코 시스템이라 불리는 SIS를 가지고 있었기 때문이다. 일본 국내뿐만 아니라 세계로 확장되고 있는 네코 시스템으로 인하여 현재 세계의 화물이 어느 곳에 있는가를 한눈에 알아 볼 수 있게 되었다. 이러한 정보력으로 인해 전체 택배의 40%라는 놀랄만한 시장 점유율을 차지하게 되었다.

야마토 운수는 자사 내에 야마토 시스템이라는 자체적인 VAN 회사를 갖추고 있어, 야마토 운수로 하여금 새로운 사업에 진출하는 데 기여할 뿐만 아니라 그 밖에 여러 가지 이점을 제공하고 있다.

원래 운수업은 제조업자·창고·도매상·소매상 등의 관계를 연결시켜 타인의 화물을 운반한다고 하는 점에서 본질적으로 업무대행업자의 측면을 가지고 있고, VAN 업자 또한 타사의 정보교환을 원활하게 하기 위한 대행업자로 볼 수 있다. 한편 대규모의 운수업자는 일본 전국 어디에서든지 화물을 운반하여야 되기 때문에 다수의 영업기점과 트럭을 전국에 갖고 있지 않으면 안 된다.

1977년 당시만 해도 개인화물의 경우 6kg 이하는 우편국, 그 이상은 우편 소포나 철도를 이용하여 수송하였는데 시간이 오래 소요되었다. 따라서 손쉽게 화물을 배달할 수 있는 택배 서비스를 생각해 내게 된 것이다. 시작한 첫해에 불과 2개의 화물을 배달하여 회사는 적자를 허덕이게 되었다. 그러나 전국에 직영점을 설치하고 정보시스템을 확충함으로써 3년 후인 1980년에는 연간 3천만 개 이상을 배달하였다. 이후 영향을 받은 다른 대형 운수업체들도 모두 택배서비스 시장으로 진입하기 시작하였다.

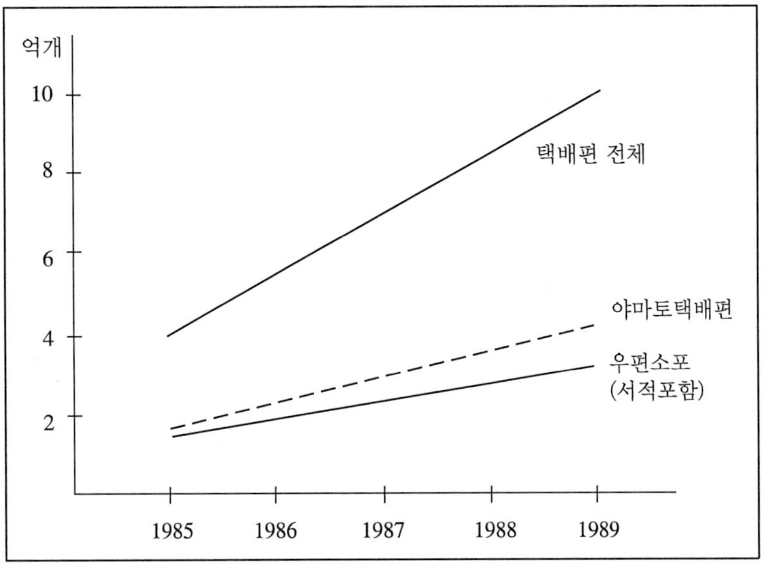

그림 7.12 택배 취급품목 수

택배의 장점은 일일이 우체국이나 역에 가지 않아도 가정까지 배달해 준다는데 있다. 최대 2일이면 일본 전역 어디라도 배달이 이루어졌다. 점점 취급하는 양이 늘어나자 1981년 사내 온라인 시스템인 네코를 구축하고 그 후 전략적으로 정보를 활용하고자 하는 생각으로 네트워크를 발전시켜 나갔다. 이 컴퓨터 네트워크는 야마토 운수가 압도적으로 시장 점유율을 차지하도록 하였으며 과일, 야채, 어물, 아이스크림 등의 식료품까지도 트럭에 냉장고를 장치하여 배달하였다. 1988년말 택배 취급 개수는 7억 6천만 개가 되었다.

야마토 운수는 제 3차 네코 시스템을 개발하였는데, 이 시스템은 1986년 10월부터 운용되기 시작하였다. 통신망은 야마토 시스템개발의 VAN을 사용하여 본사와 전국의 영업소 그리고 배달차가 서로 연결되어 있다. 그리고 지점을 중심으로 미니 컴퓨터가 설치되고 영업소에는 각각 워크스테이션이 배치되어 있으며, 또한 종업원에게는 포터블 단말기가 약 25만대 지급되었다. 각 영업소는 정보의 관리를 통해 화물이 현재 어디를 달리는가, 몇 시경에 어디에 도착할 것인가 등을 한 눈에 알아볼 수 있어 최적의 배차와 신속한 운반이 가능하도록 되어있다.

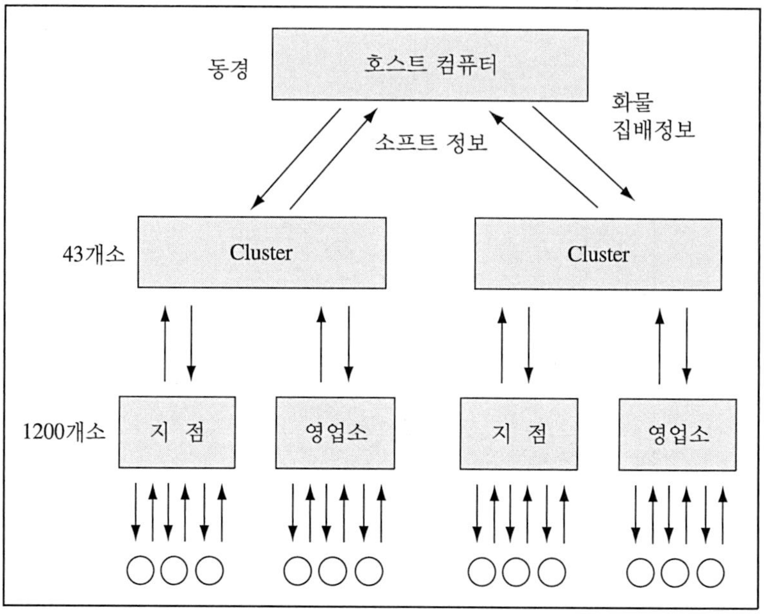

그림 7.13 야마토 정보시스템

또한 야마토 운수는 국내에서 사용하고 있는 화물추적시스템을 국제 항공화물의 추적에도 사용하기 위해 동경본사와 구미, 아시아, 싱가포르, 대만, 홍콩 등의 해외 현지법인을 연결하는 온라인 통신망을 개발하였다. 이 온라인화에 의해 국제 항공화물의 추적이 용이하게 되어 이용자가 화물의 배달상황을 알고자 할 경우, 가장 가까운 영업소에 연락하면 그곳의 컴퓨터를 통해 화물을 추적하여 5분 이내에 회답할 수 있도록 되어있다.

해외에 화물을 보낼 때 가장 염려스러운 것은 중간에 화물이 행방불명되는 것인데, 완벽한 화물추적시스템이 있으면 그러한 염려가 필요 없게 된다. 야마토 운수는 국제 항공화물 분야에는 출발이 늦었으나 컴퓨터 통신망을 최대한으로 활용, 그 열세를 만회하고 있다. 야마토 운수는 이 밖에도 이러한 강점을 이용하여 상품판매에도 적극 참여, 오늘날 일본의 대표적인 SIS 성공업체로 불리고 있다.

6.2 실패사례: 팬암항공

아메리칸 에어라인이 CRS로 성공했으나 CRS의 위력도 항공수요가 왕성했던 1981년까지는 거의 두드러진 점이 없었다(실제로 CRS가 SIS로서 위협의 눈으로 인식된 것은 1984년 이후의 일이다). 신흥 항공회사는 수요가 왕성한 만큼 상당한 수준까지 운임인하를 단행할 수 있었으며 채산성이 없는 노선도 함께 운영하고 있던 기존 항공사와 달리 수요가 높은 노선에 경영을 집중할 수 있었기 때문이다.

그런데 1982년 들어 미국경기가 침체의 양상을 보이자, 항공수요도 약세로 전환되면서 CRS의 위력이 갑자기 표면화되었다. CRS를 보유한 기업은 업적을 보통 수준으로 유지하는 한편 보유하지 못한 대기업은 업적부진에 몰리게 되었다. 항공업계의 정리·통합이 과거에 볼 수 없었던 급격한 기세로 진행된 것이다.

이러한 가운데 매우 대조적인 항공사가 있었는데 아틀란타에 본사를 둔 델타항공(DELTA Air Line)이었다. 이 회사는 다른 회사와는 달리 항공자유화에 따른 격렬한 운임경쟁에 빠져들지 않는 한편 양질의 서비스를 제공하는 전략을 취했다. 좌석이용률은 낮지만 운임인하를 하지 않은 만큼 수익의 악화는 없는 것이다. 말하자면 건실한 보수적 경영이었다. 하지만 CRS가 없어서 다른 항공사와의 경쟁에서 이기기 어려운 처지였다.

그러나 1982년 델타항공은 자사 CRS인 DATAS를 개발, 아메리카 항공이나 유나이티드 항공에 대항할 수 있는 방침을 내놓았다. 당시 미국에는 SABRE, APOLLO 외에도 트랜스월드항공의 PARS, 텍사스 에어의 System One 등의 CRS가 있었으며, DATAS는 그 중 가장 늦게 발족했지만 1987년에는 8%의 시장 점유율을 차지하기에 이르렀다. 델타항공은 서비스와 재정내용에 있어서 두드러진 항공사로 미 항공업계에서 확고한 위치를 구축하고 있었으나 그 배경으로 늦게 발족했어도 독자적으로 CRS를 보유하지 않으면 살아남지 못한다는 판단을 했던 것이다.

한편 세계적으로 지명도가 높은 팬 아메리칸 항공(팬암 항공)은 대조적으로 무너지고 있었는데 경영난과 적자운영으로 1985년에는 달러박스인 태평양 노선을 유나이티드 항공에 매각하였으며, 또 뉴욕의 명물인 팬암빌딩도 매각하는 처지에 이르렀다.

1987년에는 대서양 노선 매각설도 나왔으나 그럴 경우 국제 항공사라는 간판마저 상실하게 되는 만큼 이는 철회되었으나 보스톤-뉴욕간의 셔틀편도 어쩔 수 없이 매각하는 처지에 이르렀다. 셔틀편은 팬암이 보유한 달러박스 가운데 빙산의 일각에 지나지 않으며, 너무 부진한데다 흑자였던 노선을 잇 따라 매각했기 때문에 역경에서 허덕이다가 결국 1991년 도산하고 말았다.

이렇게 된 가장 큰 원인은 CRS에 대한 투자를 게을리 했기 때문이다. 독자적으로 CRS를 구축하지 않았기 때문에 남은 좌석률에 따라 세밀하게 할인요금을 설정한다는 것이 불가능해 판매경쟁에 뒤쳐지게 된 것이다. 인기노선의 정보수집이나 이에 따른 노선확대도 할 수 없었으며 렌트카나 호텔과 손을 잡고 좌석판매를 할 수 없었던 것도 발목을 잡힌 원인이었다. 물론 인건비를 억제하지 못한 채 가격경쟁에 돌입했기 때문에 이익이 대폭 떨어졌다는 등 CRS 이외에도 원인이 있다.

1970년대까지 세계 탑클래스의 항공회사라는 자존심이 사원의 급여삭감을 거부했던 것이다. 그러나 이는 아메리칸이나 유나이티드도 마찬가지였다. 팬암만의 경영부진 원인은 CRS의 위력이나 장점을 중시하지 않았던 경영진의 책임인 것이다. 팬암 항공의 실패사례를 통해 SIS 구축은 제때에 해야 되며 그 기회를 놓치면 이미 때가 늦었다는 사실을 보여주고 있다. 지금과 같은 경쟁시대에 과거의 번영만을 생각하고 경영혁신을 게을리 한다면 그 기업은 영원히 사라지고 만다. 그리고 누구도 그 기업을 안타까워하거나 기억하지 않는다.

7. SIS의 체크리스트

성공적인 SIS를 구축하기 위해 CEO 및 CIO는 어떻게 해야 하는가를 고민해야 한다. CEO는 자신의 의지대로 정보시스템이 구축될 것인가에 대한 염려가 있을 수는 있으나 도중에 포기하지 말고 끝까지 밀고 나가야 한다. CIO는 소속 기업의 정보시스템 구축을 위해 팀원들에 대한 교육과 회사 내의 모든 현황을 정확히 파악하여 절대 그르치는 일이 없도록 해야 함은 물론이다. 자칫, CEO와 CIO간의 의견차이가 있을 수도 있다. 이럴 때 각각 자신의 의지대로만 밀고 나가게 되면 결국 SIS의 구축은 실패로 끝나게 된다. 회사 경영진과 정보시스템 구축 팀은 수시로 의견을 교환하고, 진행 상태를 확인·점검해야 한다.

따라서 참여자들은 사전에 체크리스트(Check List)를 작성 각 단계별로 철저한 점검을 통해 확인·감독을 해야 한다. 체크리스트는 크게 기업의 SIS도와 개인의 SIS도로 나눌 수 있다. 각각의 세부사항은 다음과 같다.

7.1 기업 SIS도 체크리스트

기업의 SIS도는 회사의 기술혁신도와 회사의 정보화도로 구분된다. 평가는 각 설문부문을 10점 만점으로 하며, 방법은 절대 자신이 있는 것에 10점, 전혀 안된다고 여겨지는 것에 0점, 그 중간은 직감에 따라 배점한다. 그리고 모르는 설문도 추측으로 점수를 주어 점수가 기록되지 않는 설문이 없도록 한다.

가. 기업의 기술혁신도 체크

- 사장이나 경영진은 정보시스템 활용에 흥미가 있다
- 사원들은 자기들의 업무를 개선하려는 의지가 강하다.
- 나서는 사람을 막는 분위기가 없다.
- 사원개개인이 자기업무에 명확한 목표를 갖고 있다.
- 학력이나 성별로 대우하거나 승진의 차이가 없다.
- 파벌조성의 경향이나 상사에 대한 아첨은 거의 없다.
- 한 일에 대해 엄격하지만 공개적이고 공정한 평가제도가 있다.
- 작업실패에 대해 재도전할 기회가 주어진다.
- 기업의 분위기는 밝고 항상 활기찬 분위기다.
- 시스템 담당자가 현장을 방문해 곤란한 점이나 앞으로의 관계를 듣는 기회가 종종 있다.

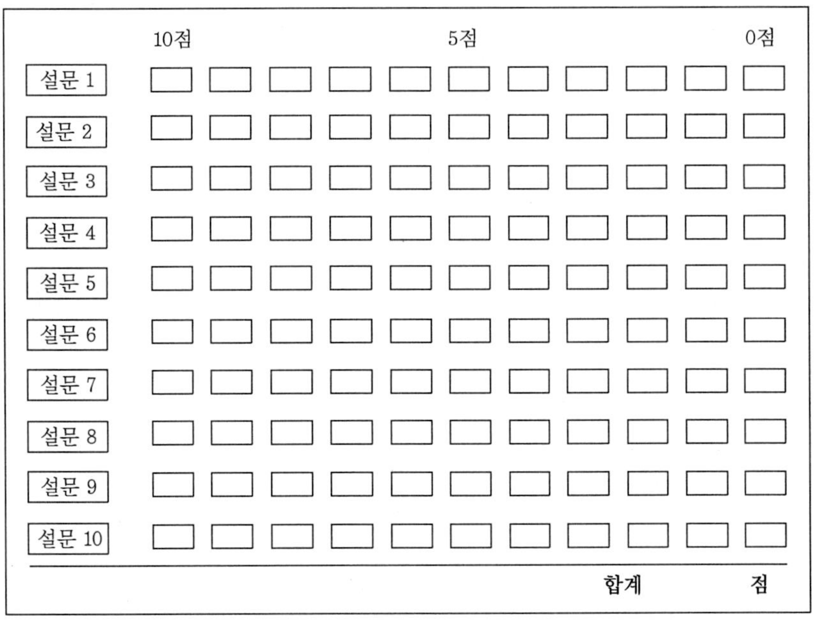

그림 7.14 기업의 SIS 기술혁신 및 정보화 체크

나. 기업의 정보화도 체크

- PC·워드프로세서 등 OA 기기는 1인당 1대의 비율로 도입하고 있다.
- 팩시밀리는 충분한 대수가 있어 사용하고 싶을 때는 언제라도 사용할 수 있다.
- 사내에 조사부나 자료실이 있어 온갖 정보를 관리하고 있다.
- 상사는 모두 스스로 워드프로세서를 사용할 수 있다.
- 정보시스템 부문 내에 OA화 상담에 응하는 조직이 있다.
- 오피스 빌딩은 신축으로 정보기기를 설치하는 데 시간이 걸리지 않는다.
- 자사의 정보시스템은 업계에서도 우수해 견학자가 많고 신문에 게재된 일도 있다.
- 사내 각 부문, 거래처와의 업무에 정보네트워크가 충분히 활용되고 있다.
- 정보시스템에 의해 사원의 업무가 창조적·전문적으로 되어있다.

기술혁신도와 정보화도의 이용 점수합계를 구하여 그림 7.15에 적용시켜 보자. 도표 X축을 기술혁신도를 Y축을 정보화도라 할 때 각 영역의 의미는 다음과 같다.

- **영역 I(대수술형):** 정확하게 말해 사내의 대수술이 필요하다. 그야말로 위기적 증상으로 대담한 계획을 수립하지 않는 한 앞으로의 성장은 바랄 수 없다. 가령 지금의 업적이 양호하다 하더라도 이는 일시적인 것이며 방치해 두면 쇠퇴하거나 타사에 흡수되는 것을 기다릴 수밖에 없다.

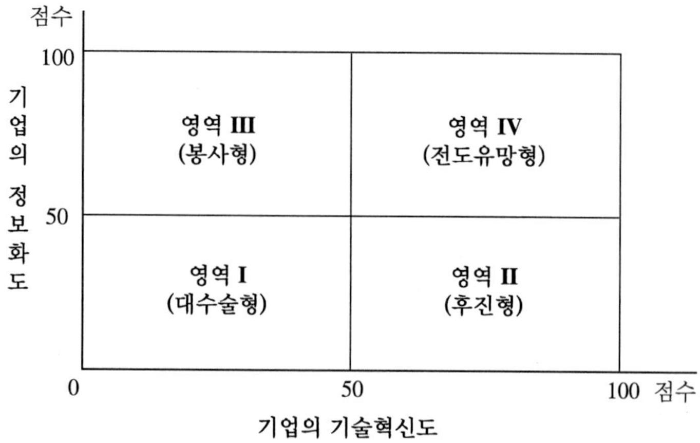

그림 7.15 기업의 SIS도 체크

- **영역 II(후진형):** 기술혁신도는 높지만 투자여력이 없거나 경영최고 책임자가 인색한 기업이다. 이 상한에 속하는 기업은 상당히 드문 존재로 상한 IV에 근접한다면 몰라도 상한 I에 근접한 기업은 꽤 고통스럽다.
- **영역 III(봉사형):** 기술혁신도는 낮지만 정보시스템에 대한 투자는 분에 넘칠 정도로 컴퓨터 메이커에 지나치게 봉사한다. 기술혁신을 추진하지 않으면 모처럼의 정보시스템이 무용지물이 된다.
- **영역 IV(전망유도형):** 기술혁신도, 정보화도 다 같이 균형이 잡혀있다. 전도유망한 타입으로 향후 되도록 우상에 근접하도록 노력하면 더 말할 나위 없다.

7.2 개인 SIS도 체크리스트

다음은 개인의 SIS도 체크이다. 하이테크도와 하이터치도의 2가지로 하이테크도는 정보기술의 사용 요령이 어느 정도인가를 보는 것이며, 하이터치도는 비즈니스맨으로써 생존하기 위한 감성을 보는 것이다. 또한 채점방법은 기업의 SIS도 체크와 같다.

가. 개인의 하이테크도 체크

- 워드프로세서를 자유자재로 사용할 수 있다.
- 표계산 소프트웨어를 자유자재로 사용할 수 있다.
- 데이터베이스 소프트웨어를 사용, 주소록 관리 등이 가능하다.
- 통신 소프트웨어를 사용, 퍼스컴 통신 등이 가능하다.
- 프리젠테이션 소프트웨어를 사용, 설득력 있는 자료를 만들 수 있다.
- 컴퓨터 관련 전문지를 정기 구독하고 있다.
- PC가 취미의 하나이다.
- 정보처리 기술 등 컴퓨터나 통신관련 자격을 보유하고 있다.
- 하나 이상의 프로그래밍 언어를 구사하여 시스템을 짤 수 있다.
- 컴퓨터 바이러스를 간단히 퇴치할 수 있다.

나. 개인의 하이터치도 체크

- 경영의 창조성 개발기법을 평소 사용하고 있다.
- 인터뷰로 상대의 본성을 유도해낼 자신이 있다.

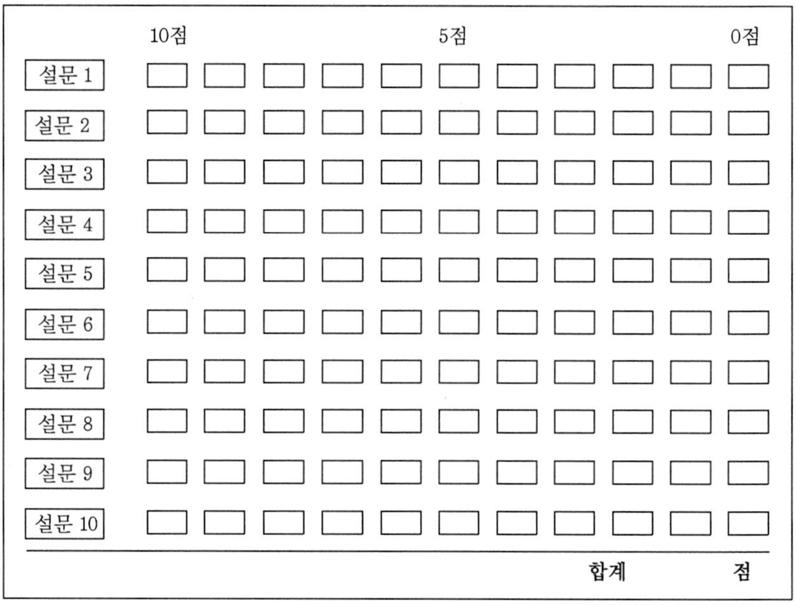

그림 7.16 개인의 SIS 하이테크·하이터치 체크

- 자기가 믿고 있는 것이라면 상대를 설득할 자신이 있다.
- 정보론이나 전략론을 두 가지 이상 알고 있다.
- 가치사슬이라는 사고방식을 이해할 수 있다.
- 주요 성공요인(CSF)이라는 사고방식을 타인에게 설명할 수 있다.
- RFM(Recency, Frequency, Money), DPP(Direct, Product,Profile) 같은 경영 관리를 위한 수법을 이해하고 있다.
- 월 3권 이상의 비즈니스 책을 읽는다.
- 사내보다 사외의 인맥이 더 많다.
- 자기의 시간은 확고히 관리할 수 있는 편이다.

기업의 SIS도와 마찬가지로 개인의 SIS도의 점수합계를 구하여 그림 7.17에 적용시켜 보자. 도표 X축을 하이터치도, Y축을 하이테크도라 하면 그 의미는 다음과 같다.

- **영역 I(무기력형):** 개인적으로 무엇인가 문제가 있으며 배우겠다는 사고방식의 전환이 필요하다. 정보화가 전혀 되지 않은 상태이므로 개인 스스로 노력해야 한다. 그리고 개인용 컴퓨터를 사서 가능한 한 쉬운 것부터 단계적으로 배우려는 자세를 가져야 한다.

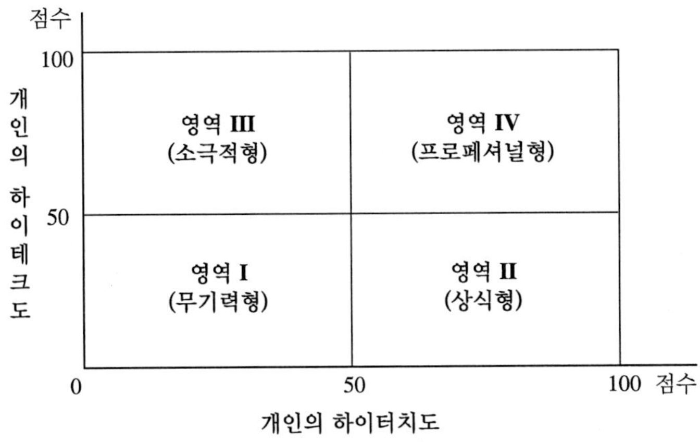

그림 7.17 개인의 SIS도 체크

- **영역 II(상식형):** 워드프로세서, 표계산 등의 소프트웨어 사용은 지극히 당연한 것으로 이미 일반화되어 있는 만큼 특별한 것은 아니다. 좀 더 깊이 있는 컴퓨터 공부가 필요한 사람이라고 할 수 있다.
- **영역 III(소극적형):** 퍼스컴이나 컴퓨터에만 지나치게 관심을 가지고 있고 대인관계가 부족한 편이다. 대인관계를 잘 가질 수 있도록 노력해야 하는 경우이다.
- **영역 IV(프로페셔널형):** 이 상한에 해당하는 사람은 상당한 수완가로서 언제, 어떤 일이라도 이상 없이 해낼 수 있는 능력을 인정받는 사람이다. 다만 자만하거나 현 상태에만 만족하지 말고 더욱 더 발전할 수 있도록 정진해야 한다.

사례연구

메가스터디는 학생들을 주 고객으로 한 온라인으로 학습을 제공하는 회사이다. 자본금 약 3억 원으로 2000년에 설립되었다. 메가스터디의 주 상품은 대학교 입시에 관련된 교육, 및 입시 컨설팅이다. 처음 설립된 2000년에 메가스터디는 수학, 과학, 영어, 국어 등 대학 입시에 관련된 온라인 학습만 제공하였지만 회사 규모가 커질수록 제공하는 교육 컨텐츠 양을 늘리면서 경쟁자들을 시장에서 몰아내었다. 온라인 대학 입시 상품의 성공을 바탕으로 행정고시 시험 대비 온라인 학습, 중학생을 대상으로 한 고등학교 선행 학습 프로그램 등을 제공하기 시작하였다. 이에 만족하지 않고 메가스터디는 보유하고 있는 온라인 학습 컨텐츠를 책으로 만들어 출판하는 출판업까지 진출하게 되었다. 또한 모바일 학습 비즈니스에도 진출하였으며 최근에는 의치학 전문대학원 시장, 초등 고학년 시장 등에도 잇따라 진출 영역을 넓혀가고 있다.

종로학원, 대성학원 등 기존의 대학 입시 학원과 다르게 메가스터디는 블루오션이라는 전략을 채택하였다. 블루오선 전략은 프랑스 MBA 스쿨인 인사이드의 김위찬교수와 르네 모보르뉴 교수가 제안한 것으로서 새로운 수요와 경쟁 공간을 만들어 기존의 경쟁자와의 차별화를 시도하는 전략이다. 기존의 대학 입시학원과 같이 스타 강사를 채용하여 강의 면에서 뒤쳐지지 않게 하면서도 VOD의 질은 향상 시켜 경쟁력을 유지시켰다. 온라인 학습 컨텐츠를 부가적으로 제공하는 다른 회사들의 VOD 화질은 평균 150k~200k 정도 인데 반해 메가스터디는 500k 이상의 고화질 VOD를 제공하였다. 또한 1:1 관리가 힘든 온라인 학습의 단점을 보안하고자 Total Contact Center (TCC, 통합연락센터) 와 CRM (고객관계관리)를 적극 활용하였다.

TCC는 메가스터디사가 이러닝 회사최초로 시작한 프로그램이다. 이러닝 회사의 특성상 고객과 회사 사이의 직접적인 피드백이 어려운데, 메가스터디사는 TCC를 이용하여서 이메일, 전화 혹은 게시판의 질의답변 코너를 통해 고객의 질문을 직접적으로 수용할 수 있었다. 이 메일은 ERMS(이메일 답변관리 시스템)을 통해 전화문의는 CTI (컴퓨터 전화 통화관리 시스템)을 통해 질문의 내용이나 답변 내용 등을 추적하여 효율적으로 관리하는 시스템을 구축하였다. 또 ERMS와 CTI는 TCC에 통합되어서 메가스터디가 고객이 필요한 답변을 효율적이면서 효과적으로 제공할 수 있게 만들었다.

메가스터디는 TCC뿐만 아니라 CRM을 적극 활용하여 이 러닝 회사가 가진 단점을 극복하였다. 이러닝의 특성상 고객(학생)과 회사(교사)사이에 긴밀한 관계를 유지하는 것은 어려운 것이다. 하지만 메가스터디는 금융업계에서 많이 사용하는 CRM을 통하여 고객의 요구를 분석, 그에 맞는 합리적인 해결책을 제공하였다. 또한 초등학교, 중학교, 고등학교 혹은 대학 입학후의 과정까지 체계적인 교육 관리를 통해서 초등학교 고객들을 중학교, 고등학교까지 유지하여 꾸준한 수요와 매출을 달성할 수 있었다.

메가스터디의 뒤를 이어서 많은 이러닝 업체들이 우후죽순처럼 나타나게 되었지만 메가스터디는 아직도 업계 정상의 업체로 군림하고 있다. 메가스터디의 성공요인은 기존의 업체와 경쟁하지 않고 온라인 학습이라는 새로운 블루오션에 뛰어든 데 있다고 보여진다. 블루오션에서만 만족하지 않고 고화질 VOD와 컨텐츠의 향상을 통해 지속적인 노력과 또 CRM, TCC 등의 SIS 솔루션의 적극적인 활용이 현재의 메가스터디를 만들었다고 할 수 있겠다.

1. 위의 메가스터디 사례에서 언급된 정보시스템에는 어떤 것들이 있으며, 어떻게 메가스터디에서 전략적으로 사용되었는지 서술하라.

2. 메가스터디는 블루오션 전략을 이용하여 경쟁우위를 확보했다. 블루오션 전략을 취해서 성공한 대표적인 회사를 하나 선정해 간략히 논의하라.

3. 메가스터디는 2003년 강남을 시작으로 온라인뿐만 아니라 오프라인 학원 시장에도 진출하고 지속적인 확장을 시도하고 있다. 메가스터디의 오프라인 학원을 대상으로 SWOT 분석을 실시하라.

주요 단어

경쟁전략 경쟁우위 SIS 구축배경
SIS CIO(최고정보관리책임자) CEO(최고경영자)
SIS 기획 SIS 아이디어 개발 SIS 성공요소
SIS 체크리스트

토의 과제

1. SIS에 대한 정의를 내리시오.

2. 정보시스템의 초기 단계인 거래처리시스템이 SIS로 불릴 수가 있는지 SIS의 정의에 의거하여 설명하시오.

3. 여러 가지 정보시스템 중에서 SIS로 불리는 사례에 대해 국내외로 나누어 각각 조사하고 각 시스템에 대하여 포터의 경쟁세력 모형을 사용하여 분석하시오.

4. 기존의 정보시스템이 SIS으로 활용될 수 있는 분야나 사례에 대하여 정리하시오.

5. SIS 구축방법론이 등장하게 된 배경을 설명하시오.

6. 정보시스템 방법론을 구성하고 있는 요소들을 나열하고 각각을 설명하시오.

참고 문헌

1. Davis, G.B, 전략정보시스템, 한국경영정보학회 추계학술대회: 전략정보시 스템사례집, 1990
2. Porter, M. and Victor E. Millar, How Information Gives you Competitive Advantage, Harvard Business Review, July-Aug., 1985
3. Porter, M., Competitive Advantage, New York : The Free Press, 1985

4. Rackoff, Nick., Charles Wiseman, and Walter A, Ullrich, Information Systems for Competitive Advantage : Implementation of a Planning Process, MIS Quarterly, December 1985
5. Senn, J., Information Systems in Management, Wadsworth, 1987
6. Wiseman, C., Strategic Information System, Homewood, Illinois, 1988
7. 윤은기, 경쟁전략과 전략정보시스템, 유나이티드 컨설팅 그룹, 1991
8. 일본전략정보시스템연구회, 전략정보시스템 구축론, 푸른산, 1993
9. 최이수 역, 전략정보시스템 입문, 매일경제신문사, 1991, 한국능률협회, SIS 경영혁명, 1993
10. 한재민, 경영정보시스템, 학현사, 1996
11. 황한웅, SIS와 경영전략, 유나이티드 컨설팅 그룹, 1992

CHAPTER 8

전략정보시스템 구축방법론

1. 전략정보시스템 계획

최근의 급변하는 경영환경과 기술환경 속에서 정보는 기업 경쟁력 제고를 위한 주요 성공요소로 인지되고 있는 만큼 기업들은 자신들의 정보시스템 계획에 많은 관심을 쏟고 있다. 실제로 정보시스템이 전략적으로 활용되기 위해서는 초기 단계서부터 정보시스템을 전략적으로 계획해야 한다. 따라서 기업의 정보시스템이 전략적으로 활용되는지 안 되는지는 계획단계에 달려 있다고 봐도 과언이 아닐 것이다. 정보시스템을 위한 계획을 갖추고 있는 기업과 그렇지 않은 기업의 차이는 지도를 가지고 있는 운전사와 그렇지 않은 운전사의 차이와 같다. 정보시스템을 위한 전략적인 계획을 갖추고 있는 기업은 자신의 정보시스템이 나아갈 방향과 목표 지점을 알고 있으며 구체적으로 다른 기업과 차별을 두어 경쟁적인 우위를 얻을 수 있을 것이다.

기업은 자신의 전략계획을 세울 때 기업의 현재상황, 기업의 목표, 그리고 기업의 목표에 도달하는 수단 또는 방법을 분석해야 한다. 전략정보시스템 계획(Strategic Information Systems Planning)은 위의 세 가지에 대해서 구체적으로 정보시스템과 연관해서 분석하는 과정이다. 전략정보시스템 계획은 기업전략에 부합하여 정보시스템의 전략적 효과성과 효율성을 최대화하기 위한 과정이다. 즉, 전략정보시스템 계획은 기업의 정보시스템이 전략적으로 활용될 수 있도록 계획하는 것이다.

1.1 전략정보시스템 계획의 목표

전략정보시스템 계획을 세우는 것은 기업의 조직적 환경, 외부환경, 현재 정보시스템에 대한 평가 및 정보, 기업전략 등을 주요성공요소(Critical Success Factors) 분석, SWOT(Strength, Weakness, Opportunity, Threat) 분석 등 다양한 분석을 이용하여 전략정보시스템 계획으로 변환하는 과정이라고 할 수 있겠다. 그림 8.1은 이러한 관계를 그림으로 나타내었다. 그러면 기업은 전략정보시스템의 계획절차를 통해서 무엇을 얻으려고 하는가? 기업은 전략정보시스템 계획을 통해서 기업의 전반적인 효과성 및 효율성을 극대화시켜 경쟁적 우위를 가져다 줄 수 있는 정보시스템을 계획하는 것이 목표라고 할 수 있다. 이 목표를 달성하기 위해서는 여러 세부목표가 이루어져야 하는데 다음과 같다.

- **정보기술과 경영학적인 측면을 대응시킴**
  경영학적인 전략, 즉 일반 기업전략들이 정보기술 및 정보시스템을 통해서 어떻게 지원 받을 수 있는지 분석해야 한다. 또한 정보기술 기회들이 경영학적인 측면에서 전략적으로 어떻게 활용될 수 있는지 분석해야 할 것이다.

- **이익을 가져다 줄 수 있는 애플리케이션 분석**
  어떤 애플리케이션들이 즉각 필요하며 투자에 비해 가장 큰 이익을 가져다줄 수 있는지 분석해야 할 것이다.

- **경영진의 정보시스템에 대한 이해를 높임**
  계획을 하면서 중간보고를 통해 정보시스템이 앞으로 기업에서 어떤 위치를 차지할 것이며 기업의 전략에 어떻게 부응할 것인지 파악해야 한다.

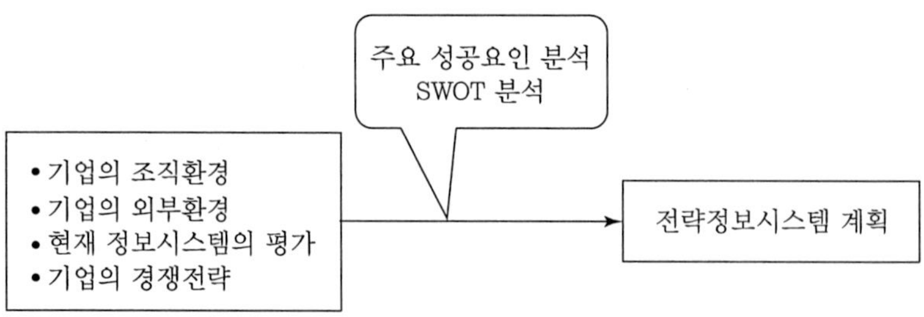

그림 8.1 전략정보시스템의 계획

- **사용자들이 정보시스템으로부터 얻고자 하는 것에 대한 이해**

  앞으로 정보시스템을 사용할 사용자들이 정보시스템으로부터 어떠한 정보를 얻고자 하며 어떻게 활용하려 하는가에 대한 분석이 필요하다.

- **구체적인 정보시스템 전략수립**

  구체적으로 기업전략에 부응하기 위한 정보시스템 전략 및 정보기술 기회를 이용하기 위한 정보시스템 전략을 세워야 한다.

- **정보체계 개발**

  현재 정보시스템을 갖추고 있는 회사의 경우 자신의 현재 정보체계와 구조적인 개선점을 분석하여 정보시스템의 개발을 위해서 정보체계를 개선해야 하고, 그렇지 않은 기업의 경우 현재 업무절차 및 기업의 자료흐름을 토대로 기업의 정보체계를 개발하여야 한다.

- **필요한 정보기술 요소분석**

  기업의 정보시스템 전략을 토대로 어떠한 정보기술 요소가 필요한지 분석하고 해당 요소를 얻기 위해 어떤 과정 또는 절차가 필요한지 분석해야 할 것이다.

1.2 전략정보시스템 계획의 구성요소

각 기업은 그 자체의 내, 외부적 특성에 따라서 전략정보시스템 계획절차는 영향을 받을 것이다. 이는 두 개의 기업이 같은 구축방법론에 입각하여 전략정보 시스템의 계획을 수립한다 해도 기업이 내, 외부적 특성에 의해서 계획의 세부과정은 달라질 수 있으며 이는 전략정보시스템의 기획이 업종별 내지는 산업별로 공통된 일련의 절차에 의해서 진행되는 것은 아니라는 뜻이다.

계획절차에 영향을 줄 수 있는 요소들은 6가지로 중점적으로 나누어 질 수 있으며 이들은 또한 두 가지 요소(경영학적 요소, 기술적 요소)로 구분될 수 있다. 물론 전략정보시스템 계획단계가 영향을 받는 것에 따라서 전략정보시스템의 활용 역시 영향을 받을 것이다. 표 8.1은 6가지 요소를 보여주고 있다.

표 8.1 전략정보시스템 계획의 구성요소

구분	구성요소
경영학적 측면	기업의 시장에서의 위치 경영진이 정보시스템에 두는 비중 전략적 제휴의 가능성 및 새로운 시장의 가능성
기술적 측면	현재 사용하는 정보시스템 현재 직원들의 정보시스템 개발 및 사용능력 변화하는 정보기술환경

가. 경영학적 요소

첫 번째 요소는 기업의 시장(Market)에서의 전반적인 위치라고 할 수 있다. 기업의 위치가 현재 시장에서 리더인지 아니면 이제 시장에 진입했는지에 따라서 기업의 전략이 다를 것이며, 전략정보시스템 계획절차 역시 그에 따라서 크게 좌우될 것이다. 기업이 리더라면 그 위치를 지키기 위한, 또는 시장지분(Market Share)을 늘리기 위한 전략을 세울 것이며, 기업이 시장에 진입한지 얼마 안 되었다면 시장 리더들의 시장지분을 확보하기 위한 전략을 세워야 할 것이다.

두 번째 요소는 기업의 경영진이 정보기술 및 정보시스템에 두는 비중이다. 경영진이 정보기술이 기업에게 얼마만큼 경쟁우위를 가져다 줄 수 있다고 생각하는지에 따라서 계획과정은 영향을 받을 것이다. 만약에 경영진이 정보시스템에 100억 정도 투자할 수 있다고 여긴다면 그 금액에 따라서 계획을 세워야 할 것이며 1억 정도 투자할 수 있다고 여긴다면 그 금액에 맞추어 투자해야 할 것이다. 따라서 경영진에게 정보시스템의 중요성을 인식하게 해주는 작업도 중요하다.

세 번째 요소는 기업의 전략적 제휴의 가능성 및 새로운 시장의 가능성이라고 할 수 있다. 기업이 사업확장을 한다든지, 인수합병(M&A: Merger and Acquisition) 등 여러 전략적 제휴의 가능성에 따라서 기업은 구조적인 면에서 많은 영향을 받을 수 있는 만큼 기업의 정보시스템도 그에 맞추어 계획되어야 할 것이다.

나. 기술적 요소

첫 번째 기술적인 요소(Technological Factors)는 기업이 가지고 있는 정보시스템이다. 현재 기업이 전산화가 잘 되었는지 또는 그렇지 않은가에 따라서 미래 정보시스템의 계획도 많은 영향을 받을 것이다. 예컨대, 기업의 전산화가 잘 되어 있지 않은 기업은 전산화에 따라 많은 여분 인원이 발생할 수 있고 그에 따라 실직 인원도 발생할 수 있는 만큼 전산화가 기업문화에 전반적으로 어떤 영향을 끼칠 수 있는지 분석해야 할 것이다.

두 번째 기술적인 요소는 현재 기업 직원들의 정보시스템의 사용, 개발능력이다. 기업의 직원들이 시스템 개발능력이 없다면 계획에 참여 가능한 인원도 부족할 것이며 이에 따라 인원을 새로 채용하든지 외부 컨설팅 업체로부터 교육 또는 조언을 받아야 할 것인데 그만큼 비용도 늘어날 것이다.

마지막으로 변화하는 정보기술환경은 정보시스템의 계획절차에 많은 영향을 준다. 새로 등장하는 기술, 효율적인 기술 등을 올바르게 포착해서 정보시스템을 전략적으로 활용하기 위한 계획을 세워야 할 것이다.

1.3 정보시스템 계획에 대한 접근방법

각 기업이 여러 경영학적, 기술적인 요소에 의해서 많은 영향을 받을 수 있는 만큼 정보시스템 계획에 대한 접근방법도 다양하다. 히레샤임(Hirscheim)은 전략정보시스템 계획을 정보시스템 유도 접근방법과 정보기술 유도 접근방법으로 구분했으며 레더러와 세시(Lederer & Sethi)는 전략정보시스템에 대한 접근방법을 적극적인 접근과 비적극적인 접근으로 구분했다. 마지막으로 전략적인 접근과 비전략적인 접근으로 나눌 수 있겠다. 물론 실제 전략정보시스템 계획 상황에서는 접근이 뚜렷하게 한 가지로만 되는 경우는 적다.

가. 정보시스템 유도 접근방법 vs. 정보기술 유도 접근방법

정보시스템 유도 접근방법은 현재의 기업전략에 부응하기 위한 정보시스템을 구축하는 데에 초점을 둔 접근방법이며 정보기술 유도 접근방법은 최근 정보기술 환경의 새로운 추세 및 정보기술 동향을 분석하여 전략정보시스템 계획을 구축하기 위한 접근이다.

나. 적극적 접근방법 vs. 소극적 접근방법

적극적인 정보시스템 계획에 대한 접근은 새로운 기회를 계속 포착하고 그를 통해 새로운 전략을 구축하는 접근인 반면에 소극적인 접근방법은 다른 기업 또는 기업 전반적인 분위기에 따라 전략을 세우는 것이다. 즉, 적극적인 방법은 차별화하기 위한 방법을 계속 포착하는 접근인 반면에 소극적인 접근은 다른 기업에게 경쟁적 우위를 잃지 않기 위해서 정보시스템에 대한 전략을 세우는 접근방법이다.

다. 전략적 접근방법 vs. 비전략적 접근방법

정보시스템에 대한 전략적인 접근은 경쟁적인 우위를 얻기 위해서 차별화를 위주로 계획하는 방법이며 비전략적 접근방법은 차별화보다는 기업의 전반적인 효과 및 효율 개선 위주로 정보시스템을 계획하는 접근 방법이다.

1.4 전략정보시스템 계획의 성과물

최근 들어 전략정보시스템 계획에 관한 관심이 높아짐에 따라 전략정보시스템 계획의 전반적인 과정을 지원하기 위한 전략정보시스템 계획 방법론에 대한 필요성이 대두되고 있다. 전략정보시스템 계획 방법론은 기업이 전략정보시스템을 적절하게 구축할 수 있도록 처음부터 끝까지 전체적으로 지원해 주는 방법론이다. 기본적으로 전략정보시스템 계획 방법론은 다음의 5가지를 제공한다.

- **개요(Overview)**
  기업을 전체적인 관점에서 보고, 하향식 접근을 유도한다. 이를 통해 전략정보시스템 계획을 세우는 사람들이 기업의 내, 외부적 환경을 분석하고, 계획을 세울 수 있도록 한다.
- **일관성(Consistency)**
  전략정보시스템 계획을 세우는 절차에서 각 단계마다 일관성을 유지할 수 있도록 전략정보시스템 계획 단계를 합리적으로 제시하여야 한다.
- **커뮤니케이션(Communication)**
  전략정보시스템 계획을 세우는 단계별로 정보를 구성원들 간에 적절하게 주고받을 수 있도록 해야 한다.
- **문서화(Documentation)**
  전략정보시스템 계획의 결과는 전략정보시스템 개발을 위한 문서이다. 이러한 문서가 올바르게 만들어질 수 있도록 지원해 주어야 한다.
- **합리적 의사결정(Rational Decisions)**
  구성원들이 올바르게, 합리적으로 의사결정을 내릴 수 있도록 지원해줄 수 있어야 한다.

1.5 전략정보시스템 계획의 기대효과

이제 정보가 기업들에 있어서 경쟁우위를 다지기 위한 필수 조건이 된 만큼 기업들은 전략정보시스템 계획에 많은 투자를 하고 있다. 최소한의 투자로 최대한의 효과를 내기 위해서 기업들은 전략정보시스템 계획을 수행하며 이를 지원하기 위해서 전략정보시스템 계획 방법론을 사용한다. 기업은 계획을 세우는 데에 있어서 경영학적, 기술적 요소들을 조심스럽게 고려하여 접근방법과 방법론을 선택하여 계획과정을 수행한다.

기업들이 전략정보시스템 계획으로부터 얻고자 하는 기대효과는 최고경영진, CIO, 일반직원, 사용자 4가지 관점으로 구분할 수 있다.

최고 경영진 측면에서는 경영진의 의사결정에 필요한 정보를 제공하도록 계획해야 할 것이며 경영목표와 경영전략을 지원하는 정보전략을 구축하는 것이 기대효과이다. CIO 측면에서는 장기적이고 안정적인 정보시스템 계획수립, 정보시스템 분야의 효율적인 투자방안 제시, 완벽한 프로세스 모델의 구축, 통합데이터베이스 및 데이터웨어하우스 모델 수립, 및 안정적 시스템 구축을 통한 시스템 유지비용 절감이 기대효과이다. 일반직원의 측면에서는 차별화된 상품전략 개발을 통한 경쟁우위 확보, 관리비용 절감을 위한 전략과 프로세스 개발을 통한 경쟁우위 확보가 기대효과이다. 마지막으로 사용자 측면에서는 End User Computing 기반의 확립, 각부서/영업 조직의 정보지원 요구충족이 기대효과라고 할 수 있겠다.

1.6 전략정보시스템 계획 방법론

이 절에서는 전략정보시스템 계획 방법론(IBM의 BSP, 제임스 마틴(James Martin)의 정보공학, 아더 앤더슨 컨설팅의 Method/1, 어니스트 앤드 영의 Navigator, 딜로이트의 4Front, 쿠퍼스 앤드 라이블랜드(Coopers & Lybrand)의 SUMMIT-S)의 특징, 개발시기, 적용사례 면에서 비교분석하겠다.

가. IBM의 BSP

1970년에 개발된 IBM의 BSP는 경영지향적 구현방법으로 하향식 계획과 상향식 구현방식으로 절차가 구성되었다. 이는 정보의 일관성, 경영과 목표, 경영지향적인 접근법을 제공한다. 문제점으로는 부적절한 문서화, 컴퓨터 지원부족, 연구의 계획활동과 구현 단계간의 연결 부족을 들 수 있다. 국내 회사 중에서는 외환은행에서 BSP를 사용해서 정보시스템 계획을 세웠다.

나. 제임스 마틴의 정보공학

1982년에 개발된 제임스 마틴(James Martin)의 정보공학 방법론(Information Engineering Methodology)은 정보공학을 실현하기 위해서 시스템 계획에서 코드생성까지 지원해 준다. 또한 방법론, 기법, CASE, 프로젝트 관리 및 교육 훈련의 집대성이 특징이며 기업의 형태에 맞는 Route Map을 제공한다. 정보시스템 개발과 유지보수 전반에 대한 포괄적인 지식베이스(Knowledge Base) 형성계획, 분석, 설계, 구축/도입 단계를 지원해 준다. 국내 기업 중에서는 장기신용은행(1998년 국민은행에 합병)에서 이 방법론을 통해서 정보시스템 계획을 세웠다.

다. 아더 앤더슨 컨설팅의 Method/1

1979년에 아더 앤더슨 컨설팅이 개발한 Method/1은 단계적, 포괄적, 구조적으로 정보시스템 계획에 접근하였다. 구조적인 접근은 단계, 분야, 개발, 수준의 네 가지 차원으로 이루어진 구조적 접근으로 이루어져 있다. 프로젝트 관리는 계획, 편성, 관리, 완료의 순서로 진행되며 통합 CASE인 Foundation에 의해 지원된다. 국내 기업 중에서는 증권감독원(1999년 금융감독원에 통합)에서 이를 사용해서 전략정보시스템 계획을 세웠다.

라. 어니스트 앤드 영의 Navigator

1991년도에 개발된 어니스트 앤드 영의 Navigator는 정보공학과 유사한 방법으로 전략정보시스템 계획을 접근한다. 소프트웨어 개발 생명주기 전 단계를 지원하며 통합 CASE를 기초로 하는 방법론을 별도로 지원한다. 또한 방법론 구축을 위한 Road Map을 제공한다. 이는 계획, 분석, 설계, 구축/도입 단계로 구성되어 있으며, 단계적 산출물에 관한 체계적인 조직기구를 관리한다. 국내 업체 중에서는 국민은행이 이를 사용해 전략정보시스템 계획을 세웠다.

마. 딜로이트의 4Front

딜로이트의 4Front는 1989년에 개발되었으며 방법론, 소프트웨어, 교육, 컨설팅의 네 가지 영역을 지원하며 경영, 정보시스템의 통합을 목표로 하고 있다. 4Front는 네 부분으로 구성되어 있다: 4Front Strategy, 4Front Designer, 4Front Builder, 4Front

Imple- menter. 또한 정보전략에서 구축까지 전 공정을 포함하며 교육 프로그램에 충실하다. SK C&C에서 이 방법론을 통해 전략정보시스템 계획을 세우고 있다.

바. 쿠퍼스 앤드 라이블랜드의 SUMMIT-S

1987년에 쿠퍼스 앤드 라이블랜드에서 개발한 SUMMIT-S가 있다. 이는 요구분석, 사양정의, 설계 및 개발, 테스트, 이해단계를 지원한다. 이의 접근방식은 구조화되어 있어 시스템 전문가 이외의 사람도 이해하기 쉽다. 이는 국제적 경험을 기초로 개발, 유지되며 다양한 기업규모에 적용이 용이한 Route Map을 지원한다. 또한 프로젝트 관리 및 품질을 보증한다.

2. 전략정보시스템 구축 방법론의 프레임 워크

전략정보시스템 구축은 기업의 내, 외부적 특성에 의해서 많은 영향을 받는다고 할 수 있다. 또한 이러한 기업의 특성은 시스템 구축의 세부적 절차에 많은 영향을 주어 결국은 같은 구축 방법론을 사용하더라도 그 결과물인 전략정보시스템은 다른 특성을 가지게 된다고 했다.

그러나 이러한 세부 구축 방법론의 절차에는 차이가 있다고 할지라도 전략정보시스템의 구축은 그림 8.2와 같은 공통된 프레임워크 하에서 진행된다고 할 수 있다.

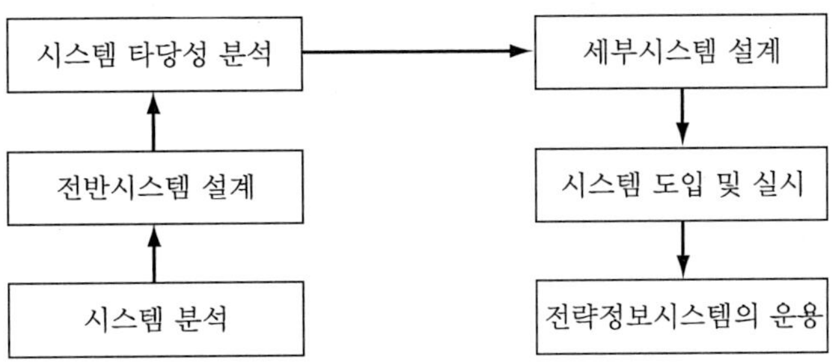

출처: 이시카와 아키라, "전략정보시스템 입문" 매일경제신문사, 1991

그림 8.2 전략정보시스템 구축 방법론의 프레임워크

2.1 시스템 분석

전략정보시스템을 구축함에 있어서 가장 중요한 부분을 차지하는 활동은 바로 시스템 분석과정이다. 이는 비단 전략정보시스템의 구축에만 해당하는 얘기는 아닐 것이다. 계획과정은 모든 관리활동의 시발점이라고 할 수 있기 때문에 어떤 업무에서도 중요시되는 부분이다. 왜냐하면 시발점이 잘못된 행위로부터 좋은 결과물은 기대할 수 없기 때문이다. 이런 맥락에서 볼 때 시스템 분석은 전략정보시스템 구축활동의 시발점이라고 할 수 있으며 기존 시스템이 가지고 있는 문제점, 요구사항 등이 제대로 분석되어야 시스템 구축과정 전체가 제대로 진행된다.

이런 의미에서 시스템 분석은 사전분석이라고도 하며 이는 기존 시스템의 분석을 통해서 다음과 같은 사항을 파악해 내는 것이 목적이라고 할 수 있다.

가. 이용자의 문제의식 요구사항

시스템개발을 담당하는 입장에서는 현재 시스템에 어떤 문제가 있는가, 혹은 어떻게 개선해야 하는가 하는 이용자들의 문제의식과 요구사항을 파악하는 것이 최대의 관심사가 된다. 또한 새로운 시스템을 개발하는 경우에는 시스템 이용자가 시스템에 대해 기대하는 것으로부터 시작해서 현실적인 요구사항을 찾아내어 확인해 가는 것이 주요업무가 된다.

나. 시스템의 목표 이용자의 유형 및 시스템 접근방법 설계

시스템 분석의 다음 단계는 시스템 이용자가 생각하고 있는 시스템의 궁극적인 목적, 예정하고 있는 이용자의 유형 등을 명확히 하는 것이다. 또 시스템 개발담당자로서는 어떠한 접근방법(상향식 또는 하향식 방식)을 사용할 것인지를 명확히 하는 단계인 것이다.

이에 기초를 두어야 자연히 시스템분석 자체의 목적, 범위 등이 명확하게 된다.

다. 분석 및 검토를 요하는 사실 및 자료의 수집

가장 중요한 정보의 수집원은 사람이고 그 가운데서도 시스템 이용자는 빼놓을 수 없는 정보 제공자이다. 그러나 시스템 이용자가 제공하는 정보내용은 잘 정리되지 않고 감정적, 주관적 내용을 다분히 포함하고 있기 때문에 시스템 개발자는 긴요한 정보 상의 요구사항과 그렇지 않은 것을 판별하면서 정보를 수집해야 한다.

다음으로 분석 및 검토가 필요한 정보는 기업 내에 축적된 사실적 자료로써 수집 및 분석이 비교적 용이한 객관적 자료들이다. 예를 들면 각종 재무제표, 실적보고서, 각종 계획서 및 상거래 서류를 들 수 있다.

그 외에도 분석, 검토해야 할 자료로서 각종의 표면화되지 않은 자료를 들 수 있다. 이와 같은 자료는 어떤 경우에는 메모나 비공식의 자료로서 남기도 하고 또 어떤 때는 질문서나 인터뷰를 통해 비로소 확실히 되는 것도 있을 것이다.

라. 종합적 분석 및 제안

종합분석에 포함되는 분석의 종류는 시스템 개발의 종류나 특성 등에 따라 매우 다양하다. 그들 가운데는 의사결정 수준별로 분석을 하는 의사결정 수준분석, 우선 입출력을 확인하고 어떻게 해서 입력이 출력으로 바뀌는가를 규명하는 입출력분석, 기능 혹은 의사결정의 구조를 추구하는 구조분석과 그 외에도 테이블 파이법, 고튼법, NM법 등을 포함한다.

중요한 것은 이러한 분석기법을 분석의 단계에 따라 적시에 채택하여 전반적 제언의 기초가 되는 분석을 하게 되는 것이다. 이와 같은 분석기법을 구사해서 종합분석이 끝나면 여러 가지 시스템 분석의 최종 단계로서 시스템 분석보고서를 작성, 전반적 제안을 하게 된다.

2.2 전반시스템의 설계

전반시스템 설계란 전 단계에서 파악된 요구사항을 만족하기 위해 시스템 설계에 관한 기본적 순서를 명확히 하는 것이다. 이 경우 시스템 설계란 시스템을 구성하는 개개의 구성요소를 명확히 하여 실효성 있는 전체 시스템에 정리해 넣으려는 노력을 가리킨다. 따라서 시스템 분석이 “시스템이 어떠한 목적을 달성하기 위해 무엇을 하는 것인가?” 혹은 “시스템 이용자의 요구사항을 만족시키기 위해 무엇이 되지 않으면 안 되는가?”하는 것과 같은 의문에 대답하기 위한 작업을 하는 것인 데에 반해서 시스템 설계에서는 “이와 같은 이용자의 요구사항을 만족시키기 위해 어떻게 시스템을 개발해야 하는가?”하는 의문에 대답해 가는 것이라고 할 수 있다.

그러나 전반시스템 설계의 단계에서 최종적으로 결과물은 전반시스템 설계 제안서를 사용자에게 제출하는 것이다. 이 일은 요구사항의 개요가 설명되는 것이지, 결코 입출력 장치의 선택, 파일의 규모, 프로그래밍의 종류 등 기술적 세부사항까

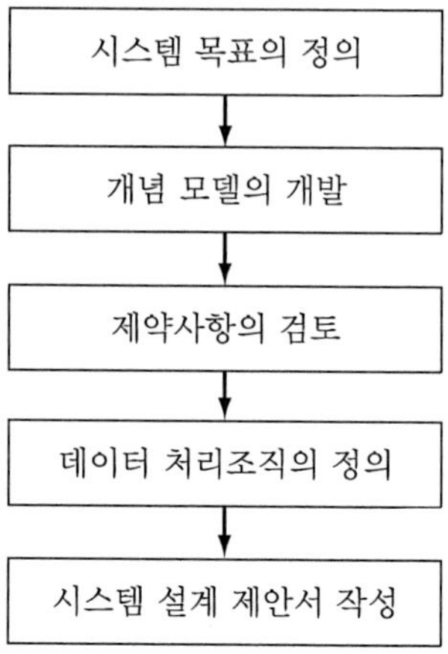

출처: *이시카와 아키라, "전략정보시스템 입문", 매일경제신문사, 1991*

그림 8.3 시스템설계 절차

지 설명하는 것은 아니다. 이 다음으로는 다시 다음 단계인 '시스템 검토와 정당성'이나 '세부시스템 설계'로 인계된다.

가. 시스템 목표의 정의

시스템 목표의 정의는 '시스템 분석 완결보고서'에 기재된 요구사항을 검토·평가해서 결정하기 때문에 보통 시스템 목표는 모든 요구사항의 공통된 특성을 선명하게 정의해야 한다. 이것은 특정의 사용자에 대한 특정의 요구사항을 추상, 선명화하는 것은 아니다. 예를 들면 전략정보시스템의 목표로서 다음과 같은 것을 제시할 수 있다.

- 시스템 이용자에게 적시에 양질의 합목적적인 전략정보를 제공한다.
- 시스템 성능의 신뢰성이 가장 높게 되게끔 컨트롤 기구를 공급·유지한다.
- 시스템의 보안성을 최고도로 한다.

이 단계에서는 될 수 있는 한 공통불변의 독립목표를 만들어 상세 시스템 설계의 단계에서 그렇지 않아도 혼란, 비효율화되어 버린 요인을 배제해 가는 노력이 필요하다.

나. 개념모델의 개발

다음 단계는 개념적 설계모델의 개발이다. 만약 시스템 목표의 정의가 곤란한 경우에는 개념적 설계모델이 유용하게 된다. 개념모델을 한마디로 어떤 것이라고 표현하기는 매우 어려우나 대체로 "시스템 구축의 대상이 되는 현상, 일, 업무 등을 모방하는 노력이라고 이해하면 되겠다. 이를 위해서 ERD(Entity Relationship Diagram), DFD(Data Flow Diagram) 등 각종의 모델링 기법들과 시나리오 기법 등의 도구가 요구된다.

이 개념모델의 설계에서 중요한 것은 모델의 설계란 결코 한 가지 종류에 그치지 않는다고 하는 것이다. 인간의 개념구성은 거의 무한이라고 할 정도의 가능성을 내포하고 있고 모델의 종류나 표현방법도 실로 여러 가지가 있기 때문이다. 그러나 시스템 개발에는 기본적인 순서가 있고 이하의 단계, 특히 세부설계의 단계에서는 전반적인 정보 상의 요구사항이 다시 입출력, 정보처리, 데이터베이스 및 컨트롤 장치 등 기술적 제약에 의존하기 때문에 이러한 사실을 충분히 고려하여 전환이 용이한 개념모델을 개발할 필요가 있다.

다. 제약사항의 검토

전략정보시스템을 개발하여 운용하기 위해서는 그 조직의 유형·무형자원을 최대한 이용해야 한다. 이를 위해 보통 비용·효과, 비용·유효도, 또는 비용·편익이라는 선택기준을 가지고 될 수 있는 한 조직에 기존의 틀에 얽매이지 않고 널리 유형·무형의 자원조합을 구한다. 일반적으로 단기적 관점으로부터 얽매이는 비용, 성능, 신뢰성, 정보 유지성 등이 있다. 이에 대해서 장기적 관점에서는 시스템 도입 스케줄, 사용자 요구사항의 변경을 수용할 수 있는 시스템의 유연성, 시스템의 수명, 시스템에 넣어져 있는 필요 개발자원 등이 있다.

이러한 단기적 혹은 장기적 요인이 상호의존적 관계에 있는 경우도 존재한다. 예를 들면 유연성이나 신뢰성을 높이려면 반드시 비용이라는 요인을 감안해야 한다. 또 새로운 필요 개발자원에 힘을 기울이면 기울일수록 시스템 성능은 좋게 되고 시스템 수명을 늘리는 반면 허용될 수 없는 시스템 비용이 되어 돌아올지도 모른다.

이와 같은 상호의존성을 고려하는 것도 중요하지만 지나치면 종종 여러 가지 요인이나 요구사항의 상대적 중요성이 희석되기 때문에 우선 그들의 상대적 중요성을 결정하고 중요도를 표시하는 방식을 택하는 것이 좋다.

라. 데이터 처리조직의 정의

이 단계에서는 지금까지의 순서를 밟아 여러 가지 시스템 이용자의 요구사항을 세부까지 충족시키고 그것을 데이터 처리조직으로서 편성한다.

이용자의 요구사항을 다시 충족시키기 위한 유효한 방법으로서는 HIPO(Hierarchy Plus Input Processing and Output)가 있다. 이 방법에 의하면 최고위의 기능이 컨트롤 로직을 갖고 순위가 낮아지면 낮아질수록 보다 고위의 기능통제를 받는 집합의 일부가 된다. 그래서 특수성이나 구체성이 늘어난다. 예를 들면 "최신의 전략정보를 계속적으로 유지한다"를 최고위의 컨트롤 로직으로 삼는 경우 이 주 기능은 "최신의 전략정보를 수집한다"와 "이미 수집을 마친 전략정보를 가공해서 최신의 전략정보를 작성한다"고 하는 부 기능으로 나눌 수 있는 것이다.

마. 시스템 설계제안서 작성

위에 언급한 세 단계를 거쳐서 전반시스템 설계의 최종 결과물로써 시스템 설계제안서를 작성하게 되는데 이 시스템 설계제안서에 포함되어야 할 제안은 크게 다음 네 가지로 나누어 볼 수 있다.

1) 시스템 개발을 무기한 연장

이 경우는 시스템 개발의 포기를 제안하는 것과 사실상 다를 바가 없는데 그 이유는 많은 경우 시스템 이용자의 정보 상의 요구사항이 불명확해서 모순으로 차 있고 사용자의 필요성을 만족시키는 시스템 개발을 할 수 없다고 판정되기 때문이다.

2) 시스템 개발시기를 연기

시스템의 개발시기를 연기하는 제안을 하게 되는 경우는 대개의 경우 조직의 전반적인 요구사항이나 프로젝트의 우선순위 등이 결정되어 있지 않기 때문에 시기상조라는 경우가 대단히 많다.

3) 현행 시스템의 수정

이 경우는 가장 현실적인 제안으로 지금까지 쌓아올린 것에 새로운 기능을 더하기도 하고 낡은 기능을 없애는 것으로 족한 경우가 많기 때문에 시스템 개발기간이 짧고 새 시스템 도입과 비교하면 경비도 절감될 수 있다.

그러나 한편에서는 시스템 성능이 급격히 향상된다든가 정보시스템 조직이 모두 새롭게 재편성되는 것은 불가능하기 때문에 급격히 정보의 질이나 생산성이 향상되는 것은 기대하기 어렵다.

4) 새로운 시스템의 개발을 수행

마지막으로 새로운 시스템을 설계한다는 것은 자체개발을 할 것인가 아니면 외부로부터 구매할 것인가의 선택의 문제로 귀착된다. 이들의 선택문제를 해결하기 위해서는 전략 및 재무관리나 관리회계의 영역에서 사용되고 있는 현재 가치법, 내부수익률법, 회수기간법 등의 투자안 평가기법을 사용하는 것이 좋은 수단이 될 수 있다.

이러한 시스템 설계제안서를 준비함에 있어서 일반적으로 주의해야 할 사항은 다음과 같다.

- 시스템 개발을 추진하는 이유를 재 기술한다.
- 모든 사용자의 요구사항을 현행의 시스템 설계제안서에 포함한다.
- 제안된 시스템 설계에 관한 간결한 모델을 준비한다.
- 각 대체안 실현을 위해 유형·무형의 모든 자원을 기술한다.
- 최종적인 시스템 설계에 영향을 미치는 미해결 문제를 기술한다.

여기서 유의할 점은 이 보고서에 포함된 내용은 조직의 특성 및 요구사항의 특성에 의해서 대단히 큰 차이가 있다는 것이다. 그러나 가장 중요한 것은 시스템 설계제안서를 준비하는 때에 전략정보시스템 구축에 결정권을 갖고 있는 사용자에 대해서 충분한 정보가 바르게 전달되어야 한다는 것이다.

2.3 타당성 분석

전 단계의 최종목표가 '전반시스템 설계제안서'의 작성이었는데, 이 단계에서는 시스템 설계 최종보고서를 작성하는 것이다. 따라서 전 단계와의 근본적인 차이점은 이미 제안이 아니고 최종보고서라는 점이다.

가. 시스템 선택의 근본적 접근방법

특히 컴퓨터나 통신시스템의 선택, 취득이 필요한 경우에는 이 단계에서 본격적으로 취급된다. 하드웨어나 소프트웨어를 취득하는 때의 기본적인 접근방법은 다음 3가지로 나누어진다.

1) 특정의 시스템 구성을 제안한다.

이 방법은 시스템 개발자가 특정의 시스템 구성을 설계하고 시스템 제공자에게 이것을 기초해서 제안하는 접근방법이다. 이 접근방법에서는 시스템 제공자가 제출하는 여러 가지 제안에 대한 잘못된 평가를 피할 수 있고 제공자 측에 제안을 준비하는 시간을 절약시킬 수가 있다.

2) 시스템의 요구사항을 성능 및 목적으로 전환하여 제안한다.

이 접근방법은 시스템 개발자의 대상 시스템에 대한 지식부족을 보충, 요구사항의 최저수준을 확보하기 위해 대체안을 만들어낼 수 있는 반면 시스템 제공자는 제안작성을 위한 여분의 시간을 허비, 평가 프로세스는 보다 복잡하게 되는 것을 각오해야 한다.

3) 정보시스템의 제공자로부터 직접 제안을 받는다.

이 경우는 특정의 시스템 제공자에 맡기기 위해 시스템 구성이나 평가의 시간을 대폭 절약할 수는 있으나 하드웨어나 소프트웨어는 그 회사 혹은 회사그룹의 것에 한정하는 방법이다.

이러한 장단점, 자사 시스템 개발에 대해서의 경험축적 정도, 시스템 개발자의 능력 등을 고려해서 어떠한 접근방법을 선택해 갈까 결정할 필요가 있다.

나. 평정프로세스

여러 회사로부터 시스템 제안서를 받게되는 경우 각 제안서에 대한 효과적 평가가 이루어져야 한다. 이에 대한 일반적 절차가 존재하는 것은 아니나 다음과 같은 단계에 의해서 시스템을 평정하는 것이 효과적이다.

1) 제1차 평정

우선 처음은 불가결한 요구사항을 만족시키지 못하는 시스템 제공자의 시스템을 탈락시키는 방법이다. 시스템 개발예산은 항상 요구사항에 맞추고 있으나 성능상의 요구사항, 예를 들면 호스트 컴퓨터에 접속 가능한 단말기의 수, 동시처리 능력, 오퍼레이팅 시스템의 양립성 정도 등을 만족시키는가 어떤가도 본질적으로 불가결한 요구사항에 들어간다.

2) 여러 가지 평정기준에 의한 비교

남은 시스템 제공자를 평정기준에 기초해서 상대적으로 비교한다. 예를 들면 프로세서의 구입가격, 연간 유지보수비, 사이클 타임, 최대 기억용량, 시간당 추론 수, 보조기억장치의 추가 가능성, 최대의 입출력 채널의 수, 디스크 성능, 최대 출력스피드 등이 포함된다.

3) 최종평정

평정기준 이외에 보다 고도의 성능을 추구하는 평정기준이다. 예를 들면 구성요소의 부가 가능성, 양립성, 신뢰성, 교육훈련 제공여부 등을 들 수 있다.

이러한 평정기준은 기본적인 것이나 시스템의 목표나 요구사항에 응해서 탄력적으로 정의하는 것이 가능한 평정기준이다.

2.4 세부시스템의 설계

시스템 설계에 관한 최종제안이 이루어지고, 사용자에게 수용되고 난 후 후보시스템 가운데 하나가 선택되면 다음은 세부시스템 설계에 들어간다. 이 단계에서의 최종 결과물은 세부시스템 설계에 관한 최종 보고서이기 때문에 다음과 같은 사항을 명확히 할 필요가 있다.

가. 폼 설계

어떤 입출력에서도 그 목적에 응해서 소정의 표현형식을 갖고 있는데 이것을 폼이라고 부른다. 예를 들면 전략정보의 출력 폼 가운데는 정보의 입수자, 입수에 관한 일시, 장소, 입수한 정보의 내용, 요약이나 키워드 등이 최소한 필요하게 된다. 이와 관련된 폼의 구성요소, 표현형식, 제반비용 등 고려해야 할 조건이 많이 있지만 그 가운데 대표적인 것으로는 다음과 같은 것들이 있다.

- 출력물의 적절한 사이즈, 인자형식, 카피의 수, 관련된 소모품(자기테이프, 플로피디스크) 등의 종류, 질, 양
- 적절한 파일링 방법 및 파일의 주제, 키워드
- 재발주 시점, 경제적 주문량

나. 처리방식

입출력 폼의 명세가 결정되면 다음은 '무엇을 사용해서' '어떻게 처리하는가' 하는 단계가 된다. 전자에 해답을 주는 것은 컴퓨터 시스템의 경우 일반적으로 특수한 소프트웨어로, 예를 들면 보고서 발생 프로그램이 이에 해당한다고 할 수 있다. 반면에 후자의 경우는 필요한 때에 언제나 처리할 수 있도록 하는 방식과 필요한 때에는 언제나 입수할 수 있도록 하는 방식으로 나눌 수 있다. 전자를 온라인 인터랙티브(Interactive) 처리방식이라 하고 후자는 오프라인 넌인터랙티브(Non-interactive) 방식이라고 부른다.

전략정보의 중요성으로 보아 정보가 입수된 때 즉각 이용자에 전달할 필요가 있는 것은 온라인 인터랙티브로 처리해야 한다.

다. 데이터베이스 시스템의 특성

이용할 수 있는 데이터베이스나 시스템의 규모나 질에 의해서 얻어지는 전략정보의 양과 질이 좌우되는 것이기 때문에 이 시스템의 성능도 세부시스템 설계의 중요한 관심사가 된다. 현대 정보기술의 놀라운 발전은 단순한 데이터베이스 차원을 넘어서 이른바 지식베이스, 인텔리전트베이스로 확장되어 가는 추세이다.

라. 시스템 컨트롤

시스템 설계를 성공시키기 위해서는 컨트롤해야 할 포인트에 응해서 시스템을 적절히 컨트롤해 가는 일이 필요하게 된다. 구체적으로 다음과 같은 항목에 대한 컨트롤이 요구된다.

- 외부 전문가에 의한 외적 컨트롤
- 정보시스템의 관리자가 행하는 행정적 컨트롤
- 시스템 구성요소와 연관된 입출력, 프로그래밍 및 데이터베이스 컨트롤
- 시스템 설명서와 관련된 다큐멘테이션 컨트롤
- 하드웨어 소프트웨어 컨트롤
- 운용컨트롤 및 시큐리티 컨트롤 등을 들 수 있다.

2.5 시스템 도입 및 실시

이전 단계가 제대로 진행되었다면 그 시스템은 도입의 단계에 이르게 된다. 여

기서는 최종 결과물로서 시스템 도입에 관한 최종 보고서를 작성하게 되는데 이 가운데는 테스트 그룹이 명기되어 입출력 처리, 데이터베이스 컨트롤, 데이터 처리 등의 테스트 내용, 그리고 테스트 결과의 보고, 시스템의 정식운용까지 취해야 할 조치를 명기해야 한다.

만약 테스트의 결과 성능이 불충분하다고 판단되면 당연히 도입시기를 늦춰야 한다. 반대로 교육, 훈련이 사전에 일찍부터 행해지지 않은 경우에는 시스템 도입 후에 곧 준비기간을 두지 않으면 정상가동이 될 수 없는 경우도 종종 볼 수 있다.

2.6 전략정보시스템의 운용

전략정보시스템이 도입되었으면 그 다음 단계에서 고려되어야 할 사항은 어떻게 운용할 것이며, 또 어떻게 유지보수해야 할 것인가에 관한 문제이다. 다음은 각각의 단계에서 고려되어야 할 사항들을 열거하였다.

가. 전략정보시스템 운용 시의 고려사항

전략정보시스템 운용에는 이용자나 설계자에 공통한 여러 가지 고려해야 할 사항이 있다. 다음은 그 대표적인 것을 요약한 것이다.

- 극비, 대외비, 부외비 등의 비밀정보와 이사, 부장, 과장별로 배포를 제한하는 비구분이 없는 일반정보 등 정보의 종류에 따른 배포구분과 정보시스템상의 접속구분을 일치시키는 것
- 패스워드의 내용과 할당에 관해서 만전을 기하고 중요한 정보에 접속할 수 있는 자라도 복잡한 패스워드, 혹은 2중, 3중의 패스워드 등의 머리를 짜는 것
- 패스워드는 불변이 아니고 기한부로 다른 것으로 바꿀 것

나. 전략정보시스템의 유지보수

시스템의 개발과 개량에 대해서는 시스템 사용자의 적극적인 협력이 없으면 안 된다. 다음은 시스템 유지보수를 다섯 가지로 나누어 설명하고 있다.

- 이용자의 정보 상의 요구사항에 응할 수 없는 것에 대해서는 그 이유를 철저히 조사, 규명해서 소요되는 하드웨어, 소프트웨어 등을 점진적으로 충실하게 해 나갈 것

- 정보의 수집, 분석, 평가, 제공이 가능하도록 정보전문가의 수를 늘림과 동시에 적절한 교육훈련을 실시할 것
- 만일 시스템에 재해나 고장이 있어도 참아낼 수 있는 백업시스템을 계속적으로 구축해 갈 것
- 시스템의 개선, 개량에 대해서는 적절한 중장기 계획을 확립해 갈 것
- 전략정보시스템의 적절한 운용관리가 될 수 있는 조직, 예를 들면 전략정보센터 혹은 전략의사결정 지원센터를 편성, 정비할 것

3. 전략정보시스템 구축 방법론

대부분의 정보시스템 구축 시 비즈니스 차원의 요구사항을 명확하게 정의하고 그 것을 시스템 차원의 요구로 변환시키는 과정 및 그 후에 시스템으로 구현하는 과정에서 많은 활동을 개인의 능력에 의존하고 있다. 그래서 구성요소가 많고 최첨단의 기술을 구사하는 SIS 구축에서는 종래부터 지적되어 온 정보기술(IT: Information Technology) 관리 문제가 집중적으로 드러나게 된다. 즉, 다음과 같은 과제가 설정될 수 있다.

- 정보시스템의 구축에서 개인의 경험이나 능력에 의존하는 부분을 줄일 수는 없는가?
- 최신의 기술을 IT 전략에 반영시키는 효과적인 방법론은 없는가?
- 다양한 능력을 가지고 있고, 입장이 서로 다른 사람들을 조직적이고도 효과적으로 정보시스템 구축에 참여시킬 수는 없는가?

이러한 과제들을 해결하기 위하여 방법론의 활용이 집중적인 주목을 받고 있다. 이것은 기존의 조직체계나 방법에 의존할 경우 급격한 변화를 싫어하고 해결을 지연시키는 경향이 있다는 점을 자각하기 시작했기 때문일 것으로 생각할 수 있다.

본 절에서는 전략정보시스템 구축 방법론의 구성요소와 실제 각 회사에서 사용하고 있는 방법들을 소개하고자 한다.

3.1 전략정보시스템 구축 방법론의 구성요소

가. 작업

모든 작업은 모듈(Module), 과업(Task), 활동(Activity) 등의 단위로 나누어져 구조화되어 있다. 몇 개의 단위마다 검토사항(Review Point)이나 행동지침이 주어지며 그 작업항목 완료시의 성과물 품질이 일정한 수준 이상이 되도록 고안되어 있다.

나. 성과물

모든 작업항목마다 성과물로 작성되어야 할 사항이 미리 가이드라인으로 주어진다. 성과물의 구체적 내용은 작업의 결과에 따라 변한다. 이로써 프로젝트 개시 전에 성과물에 관하여 고객과 쉽게 검토할 수 있게 되며 이와 동시에 작업 후의 성과물에 대해서도 보다 정확한 검토가 가능하게 된다.

성과물은 그 사용방법에 따라서 고객에게 제시할 것을 전제로 하여 작성되는 것과 프로젝트 내부에서 이용할 목적으로 작성되는 것으로 크게 구별된다.

다. 기법

기법(Technique)이란 어떠한 방법으로 문제를 해결하는가를 말한다. 컨설팅을 하려면 독특한 기법을 구사하기 위해서 숙련된 기술을 필요로 하는데 이 기술을 사용하여 기법을 구사하는 가이드로 준비되어 있는 것이 기법 사용자지침서(Manual)이다. 기법은 그것이 필요한 작업항목들 속에 짜여져 들어가 있는 경우와 독립되어 있는 경우로 구분되는데 각각 장단점이 있으며 사용하는 사람이 사용하기 편하고 또 선호하는 쪽을 선택하면 된다.

라. 도구

도구(Tool)란 작업효율, 즉 생산성을 높이기 위한 수단이다. 현재 방법론에 대한 자동화 지원 도구는 확실히 증가하는 추세에 있다. 방법론에 의한 작업의 표준화는 IT를 비롯한 각종 자동화 지원도구의 이용기회를 증가시킨다.

마. 관리

관리(Management)란 프로젝트에서 방법론의 적용과 프로젝트 요원의 업무배정을 비롯하여 고객관리, 품질관리, 프로젝트관리 및 지휘, 계획에 이르는 프로젝트의 전 과정에 대한 관리상의 핵심사항을 지적하고 관리상의 조언을 해준다.

3.2 전략정보시스템 구축 방법론의 실례

가. Method/1

Method/1은 시스템 구축과 운용에 대한 앤더슨 컨설팅사의 방법론이다. Method/1은 경영전략에 따른 고품질의 시스템을 최적 투자환경에서 신속하게 실현하는 것을 목적으로 한다. 그 때문에 기획에서 설계, 개발, 운용에 관계되는 시스템 라이프사이클 전반에 대한 접근을 통일된 사상에 기초하여 구체화한다. 이 가운데에는 작업체제, 작업계획, 진척관리 등 프로젝트 관리에 관한 요점도 상세하게 나와 있다. 프로젝트 관리는 상황에 따른 최적 접근과 위험에 대한 통제방법을 구체적으로 파악하여 적용할 수 있다.

Method/1은 앤더슨 컨설팅사의 30여 년에 걸친 컨설팅 경험의 틀을 집약한 것이다. 어떻게 하면 성공하는가, 어떠한 상황이 위험을 가져 오는가 등의 수많은 사례에 입각하여 만들어진 것이다. 매년 전 세계적으로 5,500개가 넘은 프로젝트에 적용되고 있고 전문가들로부터 다시 조언을 받아 정기적으로 개정하고 기능을 확장하고 있다. 또 최신 기술에 대한 조사연구기관(Technical Service Organization)으로부터 적시에 검토와 조언을 받고 있다. 이러한 피드백 때문에 작업에 참여하고 있는 요원이 알고 싶은 것을 가장 적절한 형태로 제공해 준다.

Method/1은 기획입안에서부터 설계, 개발단계로 시스템 구축을 실제로 추진해 나갈 때에는 다음과 같은 문제가 발생할 수 있다고 본다.

- 시스템화의 범위가 명확히 규정되어 있지 않기 때문에 프로젝트의 규모가 확대되어 개발공수가 견적과 대폭 다르게 되거나 경영자가 기대하는 기능이 시스템에 포함되지 않는다.
- 시스템화의 대상이 되는 데이터에 관한 검토가 충분히 이루어지지 않음으로써 데이터를 중복하여 보유하게 되어 시스템 자원의 낭비나 데이터 간의 비일관성 상태가 초래된다. 또 각각의 데이터에 대해서 갱신처리가 필요하게 되기 때문에 프로그램의 수가 늘어남으로써 시스템의 유지보수 공수가 늘어난다.
- 시스템 기술의 고도화, 복잡화, 개발자의 경험부족, 철저하지 않은 표준화 등이 원인이 되어 시스템 개발 생산성이 오르지 않는다.

Method/1에서는 기능분석, 데이터분석, 아키텍처라는 세 개의 관점에 입각하여 설계와 개발작업을 진행함으로써 위에서 열거한 문제점을 해결해 가면서 시스템을 구축해 나간다.

나. Navigator

Navigator는 언스트 앤드 영의 시스템 개발 방법론에 붙여진 명칭이다. 이 명칭에는 시스템이라는 바다로 나아가는 항해자의 이미지가 담겨져 있다. 항해자인 시스템 개발자가 조난을 당하거나 목적지와는 다른 항구에 도달하지 않도록 항해자의 나침반 역할을 하는 시스템 개발 방법론이 바로 Navigator이다. 이 나침반은 5권의 단계별 가이드, 3권의 프로젝트 관리 가이드, 2권의 기법·개발도구 가이드, 그리고 몇 개의 논문집(또는 이 모든 것들을 하이퍼텍스트로 정리한 1장의 CD-ROM) 형태를 취하고 있다.

Navigator에 대한 공식적인 정의는 정보공학(IE: Information Engineering)을 기초로 한 정보시스템의 계획, 분석, 설계, 구축·도입, 진화를 위한 접근방법이다. Navigator는 시스템 개발 방법론으로서 시스템의 계획에서부터 도입, 유지보수 과정 및 차기 시스템으로의 중개역할에 이르기까지의 시스템 라이프사이클 전체를 포괄하는 방법론을 기법 및 프로젝트 관리방법과 함께 제공한다.

다. 4Front

4Front는 딜로이트 트쉬 토마쓰 인터내셔널이 개발한 방법론으로 딜로이트 트쉬 토마쓰의 세계 표준으로 채택되고 있다. 4Front는 forefront(성장 또는 활동의 중심이라는 의미)를 나타냄과 동시에 이 역할을 수행하는 데 필요한 (1) 방법론, (2) 소프트웨어, (3) 교육, (4) 컨설팅이라는 네 가지 필수 구성요소도 표현하고 있다.

라. Summit

Summit이란 쿠퍼스 앤드 라이브랜드(C&L) 컨설팅사의 컨설턴트가 전세계적으로 사용하고 있는 방법론 전체에 붙여진 명칭이다. Summit은 고객이 정보시스템, 기술기반(Infrastructure), IT 관련 인적자원에 대한 투자로부터 계속적으로 이익을 얻도록 지원하며 다음과 같은 특징이 있다.

- 다양한 기업규모, 시스템 내용에 적용할 수 있다.

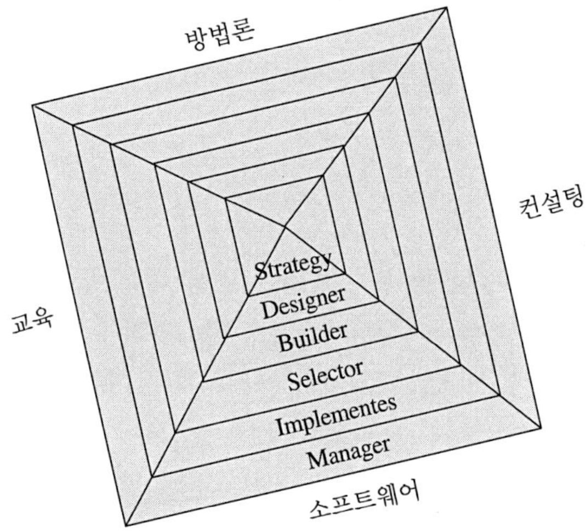

그림 8.4 4Front의 필수 구성요소

- 국제적 경험을 기초로 개발되고 있고 계속적으로 유지·개정되고 있다.
- 접근방식이 명확히 구조화되어 있어 시스템 부서 이외의 사람도 이해하기 쉽다.
- 성과물을 지향하고 있다.

마. NNM

KPMG 피트 마윅 컨설팅에서 채택한 하버드 대학 교수인 놀런과 토턴이 설립한 회사의 방법론으로 그 특징은 경영전략 입안과정 속에서 정보시스템을 만들어 내는 것이다.

보통 SIS라고 하면 일상적으로 이루어지는 업무의 시스템 구축단계에서부터 상위단계로 거슬러 올라가 전략단계로까지 높여 가는 방법, 즉 운용시스템의 전략요건확인이라는 접근방법이 취해진다. 결국 하위에서 상위로의 접근이다.

이에 반해 NNM에서는 먼저 경영전략을 개발하고 그 전략개발과정 속에서 시스템의 목적과 역할을 규정해 가는 상위에서 하위로의 접근방법을 취하는 것이 다른 방법론과 180도 다른 점이다.

NNM은 전략책정에서 연역적 접근을 강조한다. 그 이유는 전략효과를 발휘하게 하는 것이 아니라 전략효과를 만들어내기 위해 개발되어야 하는 것이기 때문이다. 즉 NNM은 전략효과를 목적으로 한 목적지향형의 접근 방법론이다.

사례연구

KT는 초고속 인터넷 통신, 유선전화, 그리고 국제 전화 서비스를 제공하는 국내 제일 규모의 통신회사이다. 1983년 공기업으로 설립되어 2002년에는 완전 민영화되었다. 또한 KT는 2003년 아시아 최우수 기업상을 수상하였다. 2003년 아시아 최우수 기업상을 수상하기까지 KT는 경영혁신을 위해서 전략정보시스템에 많은 자원과 시간을 투자하였다.

KT는 경영혁신을 위해서 BPR, 경영 합리화, 지식 경영, ABC/ERP 등에 중점을 두고 투자를 하였다. 이런 경영혁신과정에서 KT가 직면했던 문제는 어떻게 경영을 합리화하고' 사업라인을 좀더 효율적으로 운용할지, 어떻게 새로운 수익모델을 창출할지 등 이었다.

이런 문제들을 해결하고자 KT는 첫 번째로 재무 관련 부서에 ERP솔루션을 설치하였다. 추가적인 ERP 을 재무 관련 부서에 구축한 뒤에 구매부서에도 ERP를 설치하였다. 1차적으로 선택된 부서의 ERP 구축이 성공한 다음, KT는 다음과 같은 목표를 가지고 전사적인 ERP 솔루션 구축에 나섰다.

- 회계계정의 정산속도 증가
- 유저중심의 작업환경 실현
- 효율적인 자원, 자금관리를 통한 자재 공급 비용의 감소
- 자료의 전산화로 효율적인 의사결정이 가능
- 다른 사업분야간의 효과적인 분업 및 협업 가능
- 기업의 재무, 회계, 마케팅, 생산, 판매 등 전분야에 대한 전산화 가능

전사적인 ERP 구축을 위해서 KT는 먼저 이미 구축된 재무부서와 공급사슬 부서의 ERP 결과를 피드백 받았다. 피드백 결과를 바탕으로 KT는 전사적 ERP 솔루션이 구축될 경우 회사에 미칠 수 있는 영향들을 심도 있게 분석하였다. 특히 ERP 솔루션이 회사 전체에 시너지 효과를 가져다 올 수 있는 가에 큰 비중을 주었다. 분석 결과가 나온 후로는 본격적인 솔루션 구축을 위한 회사 선정 절차를 가졌다. 회사 선정 평가 결과를 바탕으로 패키지는 오라클 소프트웨어, 구축업체로는 IBM BCS HIT 컨소시엄 선정되어 ERP가 구축되었다. KT는 오라클 소프트웨어와 ERP 구축 컨소시엄에게 리드 타임의 65% 감소, 업무 대비 수익의 25% 증가, 그리고

ROI의 30% 증가 등의 스펙을 요구하였다.

ERP 컨소시엄은 KT 요구에 맞추기 위해서 KT 상황에 맞는 ERP를 구축했는데, KT용 ERP 시스템은 다음과 같은 특징을 가지고 있다. 첫 번째로 ERP 시스템은 KT의 모든 자원을 효과적으로 관리할 수 있도록 경영자에게 모든 자료가 통합된 경영정보 시스템을 제공하였다. 두 번째로 시스템은 회사의 불필요한 프로세스를 없애고, 생산 및 구매 비용을 최소화 할 수 있도록 하여 KT로 하여금 타회사에 대한 경쟁적 우위를 가능케 만들었다.

KT는 ERP 솔루션이 구축된 다음에도 혁신을 게을리하지 않았다. 테스트 기간 동안 얻어진 데이터를 바탕으로 ERP 시스템을 최적화했다. 최적화된 ERP 솔루션은 KT에게 믿기지 못할 경영 성과를 가져다 주었다. 리드타임은 45일에서 17일로 줄어들었다. 이는 ERP 솔루션이 효율적으로 자원을 관리하고 에러율을 줄인데 따른 결과이다. 또한 그 동안 분산되어 비효율적으로 관리되던 인적, 물적 자원들을 중앙에서 관리하는 것과 같은 효과도 얻었다. 그리고 시스템의 전산화를 통해 하루 24.7억 원을 절약 할 수 있게 되었고, ERP가 재고 관리 시스템과 연동되었기 때문에 KT는 물류와 재고가 효과적이고 효율적으로 관리하게 되었다.

KT의 전사적 ERP 솔루션을 통한 전략정보 시스템이 시사하는 바는 다음과 같다. 전략정보시스템은 구축도 중요하지만 구축 후 활용 또한 중요하다. KT의 예처럼 전략정보시스템이 기업으로 하여금 기업내의 각 부서를 통합시켜 마치 하나와 같이 유기적으로 운영하게 만들어야 한다. 또한 정보시스템이 기업의 유연성과 생산성을 증가시켜야만 구축이 성공적이라고 할 수 있겠다.

1. 전략정보시스템 구축방법론을 바탕으로 KT의 ERP 도입에 대해 평가하라.

2. 교재 199페이지에 있는 정보시스템 계획에 대한 접근방법 3가지를 통해 KT의 ERP 구축은 어떠한 방법에 속하는지 토의하라.

3. 전략정보시스템 구축방법론과 비슷한 개념으로 ISP(정보전략계획, Information Strategy Planning)이 있다. ISP에 대해 조사하고 전략정보시스템 구축방법론과 비교 분석하라.

주요 단어

Business Process	Business Systems Planning
CASE	Data Class
Information Architecture	Method/1
Top-down vs. Bottom-up	전략정보시스템 계획
정보요구	(SISP: Strategic Information Systems Planning)

토의 과제

1. 기업이 전략정보시스템 계획절차를 통해서 얻으려고 하는 궁극적인 목표와 세부목표가 무엇인지에 대해 설명하시오.

2. 전략정보시스템 계획을 세우기 위해 필요한 사전작업 및 전략정보시스템 계획에 영향을 주는 요소들을 설명하시오.

3. 정보시스템 계획에 대한 접근방법을 나열하고 각각을 설명하시오.

4. 전략정보시스템 계획 방법론을 하나 선정하여 작업단계를 조사하시오.

참고 문헌

1. IBM. Business Systems Planning: Information Systems Planning Guide. IBM Corporation. USA. 1984
2. Lederer, A., V. Sethi. "Key Prescriptions for Strategic Information Systems Planning". Journal of Management Information Systems. 1996
3. Lederer, A., V. Sethi. The Implementation of Strategic Information Systems Planning Methodologies. MIS Quarterly. September. 1988
4. Rogerson, S., C. Fidler. "Strategic Information Systems Planning: Its Adoption and Use". Information Management & Computer Security. 1994

5. Rowley, J., "Strategic Information Systems Planning". Information Services & Use. 15. 1. 1995
6. 일본전략정보시스템연구회, "전략정보시스템 구축론", 푸른산, 1993
7. 이시카와 아키라, "전략정보시스템 입문" 매일경제신문사, 1991

PART V

e-비즈니스 시스템
(Electronic Business Systems)

❈ 벼- 이성부 ❈

벼는 서로 어우러져
기대고 산다.
햇살 따가와질수록
깊이 익어 스스로를 아끼고
이웃들에게 저를 맡긴다

서로가 서로의 몸을 묶어
더 튼튼해진 백성들을 보아라
죄도 없이 죄지어서 더욱 불타는
마음들을 보아라 벼가 춤출 때
벼는 소리없이 떠나간다.

벼는 가을 하늘에도
서러운 눈 씻어 맑게 다스릴 줄 알고
바람 한 점에도
제 몸의 노여움을 덮는다.
저의 가슴도 더운 줄을 안다.

벼가 떠나가며 바치는
이 넓디 넓은 사랑
쓰러지고 쓰러지고 다시 일어서서 드리는
이 피 묻은 그리움,
이 넉넉한 힘

기업이 경영활동을 하는 데 있어서 단지 자신의 업무에만 집중해서 성공하고자 하는 것은 올바른 방법이 아니다. 이성부님은 벼는 서로가 서로의 몸을 묶어 더 튼튼해진다고 표현했다. 벼는 혼자 서 있게 되면 넘어지게 된다. 서로의 몸에 기대어 의지하고 자라난다. 기업도 이와 같다. 기업 내부뿐만 아니라 모든 관련 활동이 유기적으로 맞물려 돌아갈 때 더욱 효과적이고 능률적으로 업무를 수행 할 수 있다. 기업의 내부 프로세스를 전사적 차원으로 관리하기 위해 ERP(Enterprise Resource Planning)를 사용한다. 고객과의 원활한 관계수립과 지속적인 유지를 위해 CRM(Customer Relationship Management)을 이용하며 SCM(Supply Resource Management)을 통해 공급자와의 관계를 지속 및 유지한다. 또한KM(Knowledge Management)을 기반으로 기업의 운영 및 관리 등 기업의 모든 활동에서 발생하는 지식을 관리한다.

출처: *앤더슨 컨설팅*

기업경영 개념도

ERP란 기업 내의 생산, 물류, 재무, 회계, 영업, 판매, 구매, 인사관리 등의 기간 업무에 대한 각종 데이터의 통합과 선진화된 업무 프로세스의 수행을 지원하는 기업통합정보시스템을 말하며, CRM은 신규고객 획득, 기존고객 유지 및 고객수익성을 증대시키기 위하여, 지속적인 커뮤니케이션을 통해 고객행동을 이해하고, 영향을 주기 위한 광범위한 접근(가트너 그룹)이다. CRM은 고객과의 지속적인 커뮤니케이션(Communication)을 지원하기 위한 고객대응 부분과 고객정보 수집 및 분석을 위한 고객학습 부분으로 구분할 수 있다. SCM은 공급자에서 시작하여 구매, 제조, 분배, 유통을 거쳐 소비자에게 이르는 모든 제품 및 서비스 흐름에 수반되는 재료, 정보와 돈의 흐름을 통합하고 연계하여 Supply Chain 전체 시스템을 효율적으로 운영하려는 경영 패러다임(김효근, 1999)으로, 다수의 공급업체, 생산업체, 유통업체, 고객 간의 Supply Chain 상에서는 제품과 정보의 흐름에 심각한 장애가 생기게 되며 이런 장애를 SCM을 기반으로 극복할 수 있다. KM은 개인이나 조직 구성원이 갖고 있는 유기적으로 축적된 지식이나 노하우, 소위 암묵적 지식을 체계적으로 발굴하여 조직 내부의 보편적인 지식으로서 공유하고, 공유된 지식을 통해 조직 차원의 문제해결이나 조직의 가치를 재창출하는 경영방식을 말한다. 다음 장부터 그림에서 소개된 경영개념을 상세히 살펴보고자 한다.

CHAPTER 9

전사적 자원관리(ERP)

1. ERP의 개요

1.1 출현 배경

20세기 후반에 들어서면서 경영환경에 많은 변화가 일어났다. 교통과 통신기술의 발달로 글로벌 경쟁이 심해졌고, 고객의 요구가 다양해졌으며, 또한 제품의 수명주기(Product Life Cycle)가 짧아졌다. 이는 과거의 경영패러다임에서 중요하게 여겨왔던 품질과 가격 이외에도 유연성과 스피드라는 새로운 전략을 요구한다.

이러한 요인들로 인해 기업은 정보기술을 도입하여 비즈니스 프로세스를 효과적으로 재구축하기 위한 노력을 해왔고, 이는 리엔지니어링이라는 경영기법을 통하여 구체화되기에 이르렀다. 최신의 정보기술을 이용하여 각각의 프로세스를 혁신하여 효율성을 높인 것은 두말할 필요가 없지만, 부분적 최적화가 전체적인 최적화로 이어진 것이 아니라서 정보기술투자에 대한 재인식이 필요하게 되었다. 즉 기업은 경영혁신에 엄청난 투자를 해왔지만 그 효과는 기대 이하에 머물렀다. 이에 기업은 통합적인 정보기술을 활용하여 전략적 우위를 가질 수 있는 기업정보시스템을 필요로 하게 되었다.

통합적인 정보기술을 이용한 시스템은 업무흐름의 재설계와 사용자 편의의 환경(GUI: Graphical User Interface)을 바탕으로 프로세스와 구성원간의 원활한 의사소통을 지원해야 하며, 각 사업단위나 기업 간의 전자통신을 가능하게 하고, 종합적인 클라이언트/서버 솔루션을 제공할 수 있어야 한다. 이러한 기술적 요구를 충족시키고, 시스템에 유연성과 확장성을 더하며, 이를 토대로 하여 사람과 프로세스, 그리고 이와 관련된 기술을 바꿀 수 있는 것이 ERP(Enterprise Resource Planning)이다.

지금까지 하나의 기업을 정보화하기 위해서는 필요한 소프트웨어를 대부분 자사의 환경과 요구에 맞게 개발할 수밖에 없었다. 이러한 주문생산방식은 수요자에게 많은 자금과 노력의 부담을 요구하게 되고 대부분 현상을 그대로 전산화하는데 그치는 경우가 많다. 대부분의 정보화가 기업의 경영혁신이나 시스템의 효율을 극대화하기 위해 도입되는 것이라는 것을 감안하면, 이러한 방식의 정보화는 시스템의 부분적 최적화는 이룰 수 있을지 몰라도 시스템 전체의 최적화와 경영 혁신을 이끌어내기에는 역부족이다. 부분적 최적화가 진행되면 될수록 부분과 부분 사이의 통합은 어려워져 전체적 최적화는 더욱 멀어지게 되며 경영혁신은 구호에만 그치게 된다.

ERP는 이러한 문제점을 근본적으로 해결하기 위한 새로운 접근방법이다. 우선 기업의 내부에서 이루어지고 있는 각 부문별 업무내용을 과학적으로 연구·분석하여 중심 업무기능들을 프로세스 단위로 구분하여 합리화하고 표준화한다. 그리고 이러한 모델들을 소프트웨어의 기능으로 구현하고, 산업별로 필요한 수많은 프로세스들을 체계적으로 모아 하나의 거대한 프로세스 뱅크들로 구성한다. 따라서 ERP는 실제로 시스템을 구축하고자 하는 기업들이 프로세스 뱅크에서 자사의 요구와 현실에 맞는 프로세스 부품들을 조합함으로써 마치 맞춤복과 같은 시스템 구성효과를 얻고자 하는 기업 정보화 방법론이라고 할 수 있다. 그러므로 ERP는 종래의 시스템처럼 단순한 전산화가 아닌, 정보기술과 자원을 이용하여 근본적으로 바꾸고, 그 과정에서 축적된 정보들을 생산자원으로 활용하게 하여 조직의 구조를 혁신하고 생산성을 극대화하려는 데 본원적인 목적이 있는 것이다.

따라서, ERP로 인해 기업의 생산·영업·구매·재고관리·회계 팀 모두가 필요한 정보를 단 한번에 동시에 갖게 되어 기업의 모든 부문이 통합적으로 돌아가게 된다. 시장에서 상품에 대한 주문이 들어오면서 모든 기업 활동이 실시간으로 가동되게 되는 것이다. 이를테면 영업 팀에서 주문을 받은 경우, 즉각 SAP 등의 회사에서 구축한 ERP 프로그램이 작동되면서 주문정보는 모든 부서로 입력되고 이에 따라 생산부서는 생산 활동에, 물류부서는 상품배송 준비에 들어가게 된다. 재고관리부서와 구매부서는 생산에 따른 차질이 없도록 부품준비에 만전을 기하게 된다. 기업 전체가 주문(시장의 요구 및 변화)과 동시에 돌아가면서 시간·인력 및 자원소비가 최소화된다. 현재 많은 기업들은 ERP 소프트웨어를 BPR 구현도구로 평가하고 있다.

1.2 발전과정

정보기술의 지속적인 발전은 기업의 여러 가지 요구를 충족시켜 왔고, 이러한 점진적인 발전이 ERP를 생겨나게 했다. 정보시스템 개발도구의 발전과 더불어 4세대 언어의 등장으로 보다 포괄적인 기업정보시스템의 개발환경 조성과 더불어 MRP의 철학을 근거로 하여 기업 비즈니스를 통합관리할 수 있는 유연한 애플리케이션 패키지의 개발이 가능해졌으며, 이로 인해 ERP가 등장하게 되었다.

가. MRP

MRP(Material Requirement Planning)는 학계나 이론에 의해서 개발된 것이 아니라 업계의 경험을 토대로 실무진에 의하여 1970년대에 개발되었다. 기업이 보유하는 재고품목은 크게 독립 수요품목과 종속 수요품목으로 구분된다. 독립 수요품목은 주로 최종제품을 의미하며, 종속 수요품목은 최종제품을 구성하는 구성품을 의미한다. 기존의 독립 수요품목 위주의 재고관리는 원료·부품·중간 수요품목의 관리에는 부적합하다는 것이 밝혀짐으로써 종속 수요품목 관리에 적합한 방법이 필요했고 이에 MRP가 등장하게 된 것이다. 즉, MRP는 종속 수요품목의 생산·구매·재고관리를 합리적으로 처리하는 통합적인 생산계획 및 이를 지원하는 전산화된 시스템을 말한다. MRP는 1960년대 중반 IBM사의 Joseph Orlicky로부터 시작되었고, 1970년대 초부터 업계에 보급되었는데 다른 어떤 재고관리기법보다도 빠른 속도로 보급되었다. MRP가 큰 성공을 거두게 된 것은 생산시스템의 가장 기본적인 문제, 즉 적절한 자재를 적절한 시기에 적절한 장소에 공급하는 문제를 효과적으로 해결할 수 있었기 때문이다.

나. MRP II

MRP II(Manufacturing Resource Planning)는 1980년대 다품종 소량 생산체제로 접어들면서, MRP의 고유 기능(구매, 생산관리, 재고관리, 현장통제, 현장자재 공급)은 물론, 영업·재무계획, 구매·수주계획, 원가관리, 공장회계, 마케팅 및 일반 지원업무까지 포함한 통합적인 시스템이다. MRP 시스템에서 다루는 문제는 일률적으로 정의되는 것이 아니라 회사와 업무의 성격에 따라 여러 가지 변형이 가능하다. 일부에서는 자재요소를 산출하고 이에 따른 구매 및 생산주문을 발주하고 그 결과로써 발생하는 원료와 재고를 관리하는 일종의 재고관리시스템으로 MRP를 이용하고 있고, 일부에서는 MRP 시스템의 범위를 확대하여 용량계획(Capacity Planning)의 기능까지 포함하였다. 이러한 확장된 MRP 시스템은 MRP 계획을 수립하는 기능뿐 아니라 결정된 MRP 계획의 실현가능성을 검토하는 기능, 생산능력을 조정하고 생산계획을 수정하는 기능까지 필요로 하게 되었다. MRP는 단순한 재고관리시스템에서 회사의 모든 제조자원(재고, 생산능력, 자금, 인력, 시설, 장비)의 사용을 통합적으로 계획·통제하는 시스템이 된 것이다.

다. DRP

근래 들어 여러 측면에서 많이 부각되고 있는 것이 물류시스템이다. 이러한 물류시스템의 여러 요건들을 충족시켜 주기 위한 시스템이 DRP(Distribution Resource Planning)이다. DRP는 유통소요계획, 분배소요계획이라고도 하며 재고관리 및 운송에 관련된 역할들과 물류센터 위치선정에 대한 개념이 추가되어 발전되었는데 최근에는 공급망 관리(Supply Chain Management)의 개념으로 확장되어 하청업체와의 물류 흐름뿐 아니라 글로벌 공급개념으로까지 전개되었다. DRP의 개념에서는 MRP와 마찬가지로 시간 차감법(Time Phasing)에 의하여 네트워크상에서 제품소요를 결정한다. 하위센터가 재고를 보충하기 위하여 상위센터의 재고를 끌어당기는(Pull) 것이 아니라 상위센터가 네트워크의 수요를 예측하고 필요한 수량을 하위센터로 밀어내는(Push) 것이다. 각 지역센터에서 예측계산되고 결정된 자료들이 중앙관리 센터로 모두 집계되어 예측 분배계획을 세워 나가는 것이다. 이러한 DRP와 MRP II가 시스템적으로 결합되어 발전된 것이 ERP라 볼 수 있다.

1.3 ERP 정의

ERP는 기업의 이익을 최대화하기 위해 생산 · 구매 · 판매 · 재무 · 회계 · 생산 · 물류 · 재고 · 인사 등 기업의 업무를 파악하여 경영자원의 활용을 최적화하기 위한 계획을 세우고 기업 전체의 최적화를 추구할 수 있도록 기업 내의 전 업무기능을 통합한 정보시스템이다. 기업은 ERP의 통합된 애플리케이션을 이용해 업무를 효율적으로 처리할 뿐만 아니라, 최적의 의사결정을 위한 정보를 제공 받는다. ERP는 기업 내 경영활동을 최적화 · 효율화할 수 있도록 기업 내 비즈니스 프로세스를 가장 효율적으로 지원해야 하며, 기업의 정보활용을 위해 전체적인 기반을 제공하여 정보시스템을 전략적으로 활용할 수 있도록 한다. 다음은 Gartner Group, APICS, The Weekly Economist에서 제시한 ERP의 정의를 간략하게 나타내었다.

표 9.1 ERP 정의

Gartner Group	기업 내의 업무기능들이 조화롭게 상호균형을 이루며 수행할 수 있도록 디자인된 차세대 비즈니스 시스템을 대표하는 애플리케이션들의 집합 (A series of applications into balance and represents the next generation of systems)
APICS (American Production & Inventory Control Society)	고객의 주문에 대한 수주, 생산, 배송, 회계처리 등을 필요한 기업차원의 자원을 파악하고 계획하는 회계위주의 정보시스템 (Accounting-oriented information system for identifying and planning the enterprise-wide resources needed to take, make, ship, and account for customer orders)
The Weekly Economist	생산, 자재, 영업, 인사, 회계 등 기업 활동의 전 부분에 걸친 각종 경영자원을 하나의 체계로 통합적으로 재구축함으로써 생산성을 극대화한 Reengineering 시스템

1.4 장점 및 도입효과

ERP 시스템을 도입하면 다양한 효과를 얻을 수 있다. 통합된 업무의 효율성으로 인해 생산성을 향상시킬 수 있고, 이로 인한 인건비 · 재고관리비용 · 물류비용 등의 전반적인 경비절감이 가능하고 고객주문에 빠르게 응답하여 고객에 대한 서비스의 질을 더욱 높일 수 있다. 시스템 구축 후 유지보수의 노력을 획기적으로 줄임으로써 정보시스템 비용을 현저히 감소시킬 수 있으며 또한 기업 전반의 활동에 대해 경영자가 필요로 하는 정보를 즉시 제공할 수 있어 기업 의사결정의 시간을 단축시키고 정확한 의사결정을 기대할 수 있다.

APICS(American Production and Inventory Control Society)는 ERP를 도입한 기업들을 대상으로 효과를 조사하여 다음과 같은 결과를 발표하였다.

표 9.2 ERP 도입효과

구분	효과
재고감소	10 ~ 40 %
주문처리 기간단축	95% 이상
이윤증가	29%
구매비용 절감	5 ~ 10%
생산 리드타임 향상	50% 이상
인건비 감소	25 ~ 40%

따라서, ERP 시스템의 도입으로 인한 장점은 다음과 같이 요약할 수 있다.

- BPR을 통한 프로세스 혁신
- 업무의 효율화
- 계획생산체제의 구축 및 생산실적 관리
- 영업에서 자재, 생산, 원가, 회계에 이르는 정보흐름의 일원화
- 재고관리 능력의 향상
- 데이터의 중복 및 오류배제
- 필요정보의 공유
- 시스템 표준화를 통한 데이터의 일관성 유지
- GUI 등 사용하기 쉬운 정보환경제공
- 개방형 정보시스템 구성으로 자율성, 유연성 극대화
- 클라이언트/서버환경 구현으로 시스템 성능 최적화

2. ERP의 구조

2.1 ERP 시스템

가. ERP 시스템의 구성도

ERP 시스템은 중앙 데이터베이스를 통해서 데이터를 추출해서 기업의 다양한 기능을 수행할 수 있도록 여러 애플리케이션에 데이터를 제공한다. 중앙에 있는 하나의 데이터베이스를 사용함으로써 시스템이 통합되어 있어서 기업 전체에 정보가 공유되며, 업무처리속도를 향상시켜서 기업 활동의 리드타임을 단축시키고, 기업 내 모든 업무가 연계되어 있어 실시간으로 처리될 수 있다.

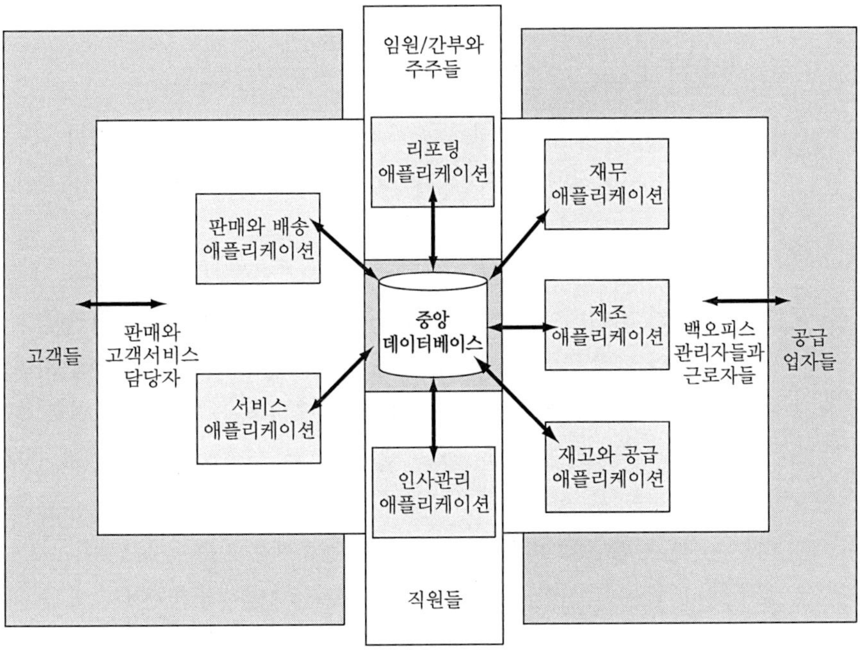

출처: *"Putting an Enterprise into an Enterprise System," Davenport, Harvard Business Review, 1998*

그림 9.1 ERP 시스템의 구성도

나. ERP 시스템의 구성요소

ERP 시스템을 올바로 구축하기 위해서는 기본적으로 기업내의 정보가 통합되고 공유되어야 한다. 이를 위해서 기업 정보시스템은 표 9.3과 같은 기본적인 요구조건을 만족해야 한다.

표 9.3 ERP 시스템의 요구사항

기술적 요구사항	기능적 요구사항	시스템적 요구사항
- 개방 시스템 - 분산 DBMS와 4GL - GUI 지원 - Client/Server 환경 - 객체지향 설계 및 개발	- 설계, 생산, 관리시스템의 통합 - 외부시스템(EDI, WWW 등)과의 연계 - 다양한 생산형태(주문·계획 반복·단속·연속생산) 지원 - 다양한 기업형태(소규모 공장에서 대규모 다국적 기업) 지원	- 편리한 인터페이스 - 풍부한 기능 - 설치 및 운용이 용이 - 확장성

1) 기술적 요소

기술적 요소에는 프로세스 공학(Process Engineering)에 기반을 둔 산업현장의 방대하고도 체계적인 실무지식과 객체지향기술(Object Oriented Technology)과 같은 첨단 소프트웨어 개발기술이 포함된다.

프로세스 공학은 다양한 산업에 속하는 기업들의 조직 내에서 수행되는 업무내용을 충분히 파악하여 단위 프로세스로 인식하는 업무부터 시작해야 한다. 이렇게 인식된 단위 프로세스 내에서도 일을 처리하는 원칙이나 방법에 따라 다수의 처리방법이 있을 경우, 이들 각각의 업무처리방법들을 독립된 모델로 인식하게 된다. 그리고 선정된 업무프로세스들을 체계적으로 분석하여 자동화로 인해 더 이상 필요 없는 기능들을 제거한다. 지속해야 할 기능들도 정보기술을 이용함에 따라 일하는 순서나 방법을 바꿀 필요가 있는 경우에는 이를 개선하여 보다 합리적인 프로세스 모델을 작성한다. 산업현장의 프로세스를 연구하여 모델을 개발하는 것은 업종과 업무에 따라 수백에서 수천 개의 프로세스들을 연구하고 체계화하여 모델링하는 작업을 필요로 하므로 대단히 많은 시간과 노력이 요구된다.

소프트웨어 개발기술은 이렇게 표준화된 수많은 업무프로세스들을 소프트웨어 기능으로 구현하기 위한 제반기술이다. 따라서 수많은 기능들을 얼마나 빠르고 쉽게 구현할 수 있느냐에 기본적인 관심이 집중된다. 그리고 일단 만들어진 기능들이 사용자의 요구변화와 컴퓨팅 환경변화에 얼마나 능동적으로 적응할 수 있느냐가 이 분야 기술의 또 다른 관건이라고 할 수 있다. 그러기 위해서는 이미 구현해 놓은 기능들을 모듈화하고 재사용함으로써 많은 시간과 노력을 절감하고 시스템 기능의 안전성과 호환성을 보장하는 것이 중요하다. 또한 최근 부각되고 있는 인터넷, 인트라넷, 워크플로우, 전자문서관리, CALS/EC, CORBA(Common Object Request Broker Architecture), PDM(Product Data Management) 등과 같은 첨단 정보기술이나 산업 표준 응용기술들을 기본적으로 확보해야 한다.

2) 시스템적 요소

ERP 시스템의 구성요소는 역사적 관점을 통해 설명될 수 있다. 즉, ERP를 MRP의 발전된 형태로 보는 것이다. 이것은 전통적인 기업의 자원관리 개념에서 일반 업무에 대한 요구까지 자연스럽게 수용되면서 ERP로 발전하게 되었다는 의미이다. 따라서 ERP의 구성요소는 기존의 CAD/CAM과 생산 관리에 구매·회계·시장관리 등이 포함되어 MRP II로 발전되었다가 다시 인사·영업 등과 같은 일반 MIS(Management Information Systems)가 통합된 형태로 볼 수 있다. 그러나 이러한 설명으로 ERP를 표현하기에는 조금 부족한 면이 있다. ERP 안에는 최신의 정보기술과 경영기술이 포함되어 있기 때문이다. 여기에 포함되는 정보기술에는 클라이언트/서버 컴퓨팅, 분산 데이터베이스, 그룹웨어, 글로벌 네트워킹이 대표적이다. 이러한 정보기술들은 팀이나 조직 전체의 효율을 증진시키기 위한 촉매제의 역할을 한다.

2.2 전략정보시스템으로서의 ERP

전략정보시스템은 새로운 경영환경 속에서 경쟁자에 대해서 경쟁력을 유지하고, 이윤을 확보하고자 정보를 활용하는 시스템을 의미한다. 이러한 요구를 충족시킬 수 있는 정보시스템이 ERP라 할 수 있다. ERP는 단지 업무의 효율화만 추구하는 것이 아니라 기업의 근본적인 체질을 개선하여 장기적으로 다른 경쟁사에 비해 전략적 우위를 차지하기 위한 정보시스템이라 할 수 있다. 경기 부진이 장기화될수록 비용절감 및 업무 효율화를 어떻게 구현하고, 고객의 요구를 어느 정도 반영하느냐에 따라서 기업의 성패가 좌우된다고 할 수 있기 때문이다. 이는 ERP가 단순한 업무의 전산화나 패키지의 도입만을 목표로 하는 것이 아니라 기업업무 전반에 걸친 통합시스템으로서의 기업 내 정보 인프라를 새롭게 구축하는 작업이라고 할 수 있기 때문이다. 새롭게 구축된 정보 인프라를 활용하여 기업은 전략적 우위를 차지하기 위하여 여러 가지 경영활동을 전개해 나갈 수 있다.

예를 들어 서울에 본사를 두고 미국에 지사를 두고, 노동력이 싼 동남아 시장에 공장을 건설하여 제품을 생산하는 공장이 있다면 고객의 요구를 미국의 지사와 국내 본사의 자본 가용여부, 그리고 동남아 공장의 현지사정 등을 고려해야만 한다.

전통적인 방식은 각 사무실과 공장마다 전화를 걸고, 팩스를 통하여 의사를 교환하고 재고여부 등을 파악하였다. 이러한 방식은 돈과 시간을 많이 낭비하게 되고, 스피드가 중요시되는 요즘의 환경에는 적합하지 못하다. 이러한 상황 하에서 ERP 시스템을 도입하면 정보를 실시간으로 주고받으며 가용한 자원의 유무를 파악하여 생산 및 조달계획을 세울 수 있어서 고객이 원하는 날짜에 제품을 생산할 수 있다. 또한 ERP 시스템이 추구하는 것이 표준화이기 때문에 각국의 환율과 금리 등을 고려하여 지역에 상관없이 회계정보를 신속하게 유지·갱신할 수 있다. 이러한 요소들은 기업이 다른 기업에 비하여 경쟁우위를 확보할 수 있게 한다. 즉 ERP 시스템이 전략정보시스템으로 활용될 수 있다는 것이다.

3. ERP 구축전략

3.1 ERP의 구축방법

ERP의 구축방법에는 ERP를 자체개발하거나 외부 ERP를 도입하여 자사환경에 맞게 수정하여 사용하는 두 가지 방법이 있다. 현재 대부분의 기업에서는 자체개발보다는 패키지를 도입하여 ERP를 구축하고 있는 실정이다. 각각의 방법에 대한 장단점은 다음과 같다.

표 9.4 ERP 구축방법 비교

	자체 개발 (In-house System)	솔루션 구입 (Packed System)
장점	- 사용자 요구사항이 제대로 구현되었는지를 검증하면서 반복적으로 재개발이 가능하므로, 개발 초기에 사용자의 요구사항을 충실히 만족시킬 수 있다. - 사내 보유인력을 활용함으로써 비용을 줄일 수 있다.	- 표준화된 선진 업무프로세스를 받아들임으로써 자연스럽게 BPR 등 업무개선을 수행할 수 있다. - 정보분석을 위한 다양한 툴이 제공되어 활용이 가능하다. - 통합 시스템 환경에서 여타 애플리케이션과 접속이 용이하다. - 지속적으로 최신 정보기술로 구현된 업그레이드 버전을 제공받을 수 있다.
단점	- 개발부서의 업무나 기술구현 지식이 미흡하므로 개발이 지연될 수 있다. - 잦은 요구사항의 변동 때문에 시스템이 복잡해지게 되고, 많은 유지보수 노력이 필요하게 된다. - 새로운 정보기술을 적용할 경우 시스템의 대폭 수정이 불가피할 수 있다. - BPR 등 업무개선기회를 충분히 제공하지 못할 수 있다.	- 패키지 솔루션의 제약으로 사용자의 요구사항이 충분히 반영되지 못할 수 있다. - 도입 초기에 솔루션이나 컨설팅 등 구축비용이 많이 들 수 있다. - 패키지 솔루션에 맞추어 현업의 업무프로세스를 상당 부분 바꾸어야 할 필요가 있다. - 일단 시스템이 적용되면 계속적으로 종속될 가능성이 높다.

출처: *"경영정보시스템 원론," 이재규, 권순범, 법영사, 2002*

3.2 ERP 도입 시 성공전략

ERP 도입은 기존의 업무방식을 근본적으로 재개편하여 새로운 통합시스템을 구축한다는 전사적인 차원에서 출발하여야 한다. ERP 도입의 성공을 위한 전략들을 살펴보면 다음과 같다.

가. 전사적 차원의 혁신의지

ERP 성공을 위해서는 최고경영층으로부터 모든 종업원에 이르는 전사적인 차원의 혁신의지가 매우 중요하다. 전 사원의 업무혁신에 대한 의지가 없다면 ERP가 제공하는 표준업무의 과다한 변경 및 자체개발로는 ERP 성공을 기대하기 어렵다.

그러나 무엇보다도 ERP 도입이 전사적 기능통합을 위한 개선활동이 되기 위해서는 하향식(Top-Down) 의사결정이 필요하다. 대부분의 경영혁신 프로그램들이 그렇듯이 ERP 역시 최고경영자의 강력한 의지와 리더십이 뒷받침 되지 않으면 성공하기 어렵다.

나. 기업에 적합한 ERP의 선택

ERP 도입에 앞서 외국 ERP 소프트웨어 패키지들의 특성, 즉 지원 가능한 영역, 지속적 업데이트 가능성, 기존 전산환경에의 적응성, 프로그램간의 호환성을 잘 파악하여 해당 기업에 적합한 것을 선택해야 한다.

다. 변화관리

ERP를 도입하는 과정에서 발생하는 업무개혁에 대한 변화관리가 중요하다. 경영혁신을 추진하게 되면 현존하는 기업문화와 충돌이 발생할 수 있다. 새로운 경영기법과 시스템을 수용하고 전념할 수 있도록 혁신적인 의지와 노력을 이끌어 낼 수 있는 변화관리가 필요하다.

라. 컨설턴트의 확보 및 교육

기업의 업무와 ERP 패키지에 정통한 컨설턴트의 확보 및 교육이 매우 중요하다. ERP 패키지를 구매한 기업은 누구나 똑같은 내용을 담고 있는 패키지를 공급받게 되는데 이 표준 패키지를 얼마나 기업의 실정에 맞게 커스터마이즈(Customize)하는 것은 기업의 자체적인 프로젝트 팀과 컨설턴트의 몫이다. 따라서 외부 컨설턴트를 적절히 활용하고 내부 전문인력을 확보·육성해야 한다. 이를 위해서는 내부 구성원에 대한 충분한 교육이 병행되어야 하고, ERP 인력이 많지 않은 현실을 고려하여 지속적이고 적극적인 교육·훈련 프로그램을 운영하는 것이 바람직하다.

마. 고객지향적인 사고

ERP가 확장·발전하여 ERP 자체보다 고객중심 시스템인 CRM과의 연계가 중요한 이슈가 되고 있고, 합리적인 사고가 ERP 도입의 성공을 가져오기 때문에 고객지향적인 사고 및 합리적인 사고가 중요하다.

3.3 구축사례

가. 광동제약 주식회사

1) 회사개요

- 설립일: 1963년 10월 16일
- 업 종: 의약 조제품 제조 및 판매
- 품 목: 한방감기약, 항암치료제, 건강드링크
- 자본금: 52,420(백만 원, 2003)
- 매출액: 134,177(백만 원, 2003)
- 종업원: 567명(2003)
- 홈페이지: www.ekdp.com

광동제약은 한방 과학화를 기업이념으로 하여 1963년 창업된 이래 치열한 경쟁 속에서도 매년 30% 이상의 성장을 이루었으며, 1989년 기업공개와 1992년 송탄에 한방 KGMP 공장을 준공함으로써 국민의 기업으로 새롭게 태어나 제2창업의 기틀을 마련하였다. 광동제약은 그 동안 한방과 동양의학의 신비를 규명하고자 최신 과학 설비를 갖추고 꾸준히 연구개발해 왔으며, 송탄의 KGMP 공장에 힘입어 위생적 공정처리와 약효보존에도 큰 진전을 가져오게 되었다.

2) 도입배경

변화하는 경영환경에 대한 능동적 대처와 효율적인 업무처리를 위한 첨단 정보기술 적용, 기업 내 경영 활동을 통합적으로 정보화·자동화하여 기업 경쟁력 강화, 광동제약의 경영목표 달성을 지원할 수 있는 통합 정보시스템을 구축하고자 ERP를 도입하였다.

3) 구축과정

전사의 각 업무프로세스 분석과 우수사례(Best Practice) 도입을 위한 업무모델을 작성하여, K-System 표준 프로세스와의 차이(Gap)를 도출하여, K-System 및 광동제약 특화 프로세스 기능/시스템 추가개발로 ERP 시스템을 구현하였다. AS-IS 분석으로 도출된 전사의 9개의 Mega 프로세스, 67개의 Major 프로세스, 176개 Sub 프로세스를 TO- BE 설계 후 8개의 Mega 프로세스, 26개의 Major 프로세스, 134개의 Sub 프로세스로 표준화하였으며, 기업 금융 고객 기반강화 프로그램 보고서와 현상진단에서 제시된 문제점을 기반으로 영역별(재무/관리회계, 구매자재, 생산관리, 영업물류)로 17개의 핵심과제를 선정하여 To-Be로 개선 추진하였다.

2004년 1월 5일 Big Bang 방식으로 오픈하여 제반 영역업무를 정상적으로 수행·지원하고 있으며 오픈 시 상황실을 운영하여 ERP 효과 극대화 및 혼란 최소화를 기하였다.

4) 구축효과

- 기존인원 대비 증가 없이 업무능력 향상 및 ERP 추진팀의 전문성 제고
- 일일 업무마감으로 업무 긴장도 유지 및 정확한 업무처리 가능
- 중복업무 및 수작업 업무제거, 투명한 업무처리 가능
- 업무프로세스와 IT의 실시간 연계로 개선활동의 자신화
- 주요 핵심과제의 내용을 ERP 시스템에 반영시킴으로써 관리수준 향상
- 영업/생산/물류 프로세스와 연계된 Lot 관리를 통하여 PL법 대응 가능

4. Extended ERP의 향후전망

기업 내부의 최적화에 맞추어졌던 ERP는 인터넷을 통해 모든 조직의 정보시스템을 연결할 수 있게 됨에 따라, 내·외부적인 기업의 모든 활동을 지원하는 방향으로 발전하고 있다. 따라서 Gartner Group는 Extended ERP를 ERP II라는 용어로 명명하고, 제조 및 물류에 적합했던 기존 ERP와 달리 웹을 이용하여 주문 및 재고를 관리하고 고객과 협력업체를 관리하여 기업 내·외 관계자들에게 단일화된 정보를 제공하는 등 비즈니스의 전 영역에서 활용할 수 있도록 하였다. 이를 위해 ERPII는 SCM(Supply Chain Management), CRM(Customer Relationship Management), SEM(Strategic Enterprise Management), EC(Electronic Commerce), DW(Data Ware- house) 등의 솔루션을 포함한다.

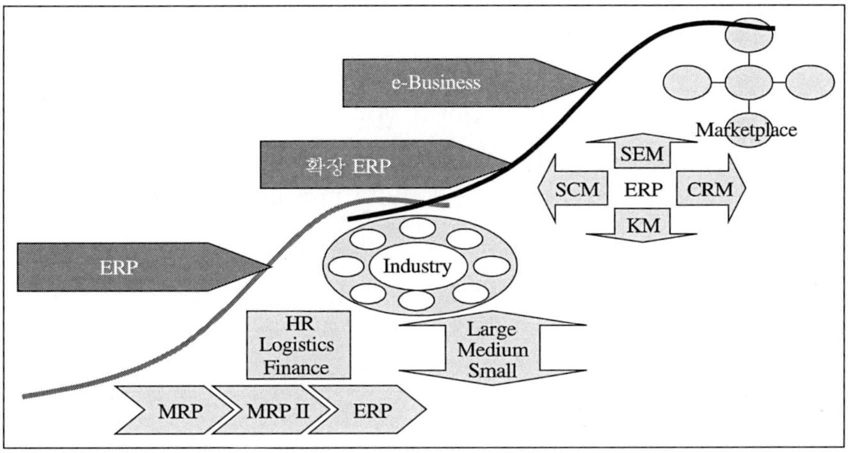

출처: *S/W 부문별 시장/기술 전망 세미나, 한국 소프트웨어산업협회, 2001*

그림 9.2 ERP 발전과정

기업에서는 ERP II를 기업과 기업 간의 협업, 업무와 재무적인 프로세스에 동기를 부여하고 최적화하여 고객과 주주의 가치를 증대하기 위한 비즈니스 전략과 산업별 특화된 프로세스의 집합이라고 의미한다. 다음은 기존 ERP와 ERP II의 차이점을 간략하게 나타내었다.

표 9.5 ERP와 ERP II의 비교

구분	ERP	ERP II
역할	기업 내 비즈니스 최적화	파트너간의 협업을 통한 공급망의 최적화
영역	제조와 유통에 초점	비즈니스의 모든 영역과 계층을 연결
기능	생산, 판매/유통, 재무프로세스에 초점	기업과 기업 간의 연결과 특화된 산업별 표준 프로세스를 포함
프로세스	기업내부의 주요업무 영역에 초점	기업의 외부영역 및 협업프로세스 등 상업적 파트너 간을 연결
구조	웹을 인식, 폐쇄적인 통합시스템	웹 기반, 다른 시스템과 상호작용하며 통합될 수 있는 개방적, 코어 ERP, CRM, SEM 등 컴포넌트들의 집합으로 이루어진 시스템
데이터	기업내부에서 생성되고 사용	동일 정보는 공급 망에서 권한을 부여 받은 협력자들에게 유용하게 제공

출처: *"ERP Is Dead-Long Live ERP II," Gartner Research, 2000*

AMR 리서치에 따르면, 1999년에 기존의 ERP 소프트웨어 대 SCM, CRM 등 Extended ERP 솔루션의 시장규모는 각각 168억 달러(전체 시장의 91%), 1,600만 달러(전체 시장의 9%)였다. 향후 기존의 ERP는 1999년 168억 달러에서 2004년에는 214억 달러로 연평균 5%로 증가하는 데 반해, Extended ERP는 40% 성장할 것으로 전망하고 있다. 따라서, 세계적인 ERP 업체들은 신규수요를 확보하기 위해서 제휴·인수·자체개발 등 다양한 방법을 동원하여 ERP의 기능을 확장하고 있다. 국내업체의 경우는 웹 기반을 강화하려는 노력에 초점을 맞추고 있다. 이는 각 분야별 전문화된 시스템 구축 시 문제점으로 지적되는 기존 ERP 시스템과의 통합 시 따르는 부담이 사라지게 되므로 기존 ERP 시스템의 효용성을 증가시킬 수 있으며, IT 예산도 절감할 수 있다.

그러나 지금까지 유행했던 다른 패키지들처럼 단순히 패키지만 도입하고 실질적인 기업의 변화가 따르지 않는다면 본래 ERP가 추구하는 시스템 효율의 극대화를 이루지 못하고 패키지 도입 자체가 무산되거나 실패할 수도 있다. 따라서 패키지 도입 이전에 달성하고자 하는 기업의 목표를 정의하고, 현장과 충분한 협의가 이루어진 상태에서 BPR을 사전에 수행하는 한편, 경영자의 확고한 의지가 뒷받침되어야 한다. 또한 국내에 성공적으로 ERP를 도입하고자 한다면 국내실정과 기업환경을 고려한 한국형 ERP 개념정립, 중소기업형 ERP 개발, ERP 도입지침개발, ERP 사용성 평가, ERP 컨설턴트 양성 등의 현안이 제기될 수 있으며, 이를 위해서 소프트웨어 개발업자나 시스템 통합업체는 물론 국가적 차원에서 기업과 더불어 협력을 모색해야 한다.

사례연구

[표 1] 코레일의 매출 및 운송량

	승객	KTX	일반철도	화물
운송량	31,416	9,919	9,160	12,337
매출	18,920 억	9040억	9880억	3190억

코레일은 105년 역사를 가진 국내 유일의 철도회사이다. 일본 식민지 시절 국가 기관인 철도 건설국으로 시작하여 2005년 민영화를 시작해서 지금의 코레일이 되었다. 국가 기관이었던 코레일의 현재 자산은 약 18조원이며, 승객 및 물류 수송을 통해서 매출을 내고 있다.

[표 1]에서 보는 것과 같이 대부분의 매출이 승객 수송을 통해 일어나고 있으며 화물 수송을 통한 매출은 승객수송에 비해 그 비중이 상대적으로 낮다. 코레일은 자산대비 매출이 10%에 이를 정도로 많은 매출을 기록했지만 운송업의 특성상 높은 고정비와 운영비를 지출하고 있어 순이익 면에서는 적자를 기록하고 있었다. 코레일의 적자폭은 [표 2]에 나타난 것과 같다.

[표 2] 코레일의 적자

연도	적자(단위: 백만 원)
1980	38,300
1985	10,100
1990	69,000
· · ·	· · ·
2006	525,977

코레일은 또한 관료주의적인 조직 문화가 아직 남아있고 다른 경쟁 운송 서비스인 버스나 비행기에 비해 상대적 경쟁 우위가 없는 것으로 나타났다. 회사는 이러한 문제들이 궁극적으로 회사의 발전에 저해가 될 요소라고 보고 새로운 경영혁신 전략의 필요성을 직감하였다. 회사는 혁신 전략으로 ERP가 적합하다고 보고 구축작업에 들어갔다. ERP 구축을 위해서 회사는 SAP을 솔루션 제공업체로 선정하고 작업하기 시작했다. 코레일이 ERP 구축을 통해 얻고자 했던 것은 크게 전산화를 통한 운영 · 정비 효율의 개선, 효과적인 자산 관리, 합리적인 인적자원관리의 실현 등이었다. 목표 달성을 위해서 회사는 3단계에 걸쳐서 시스템을 구성했다.

첫 번째로 회사 내부에 ERP를 구축한 다음 최적화에 주안점을 두었다. ERP의 핵심 구성요소인 재무, 회계, 인사 등의 기능에 초점을 맞추고 수많은 테스트를 통해서 에러나 실수 등을 발견, 수정하였다. 이는 코레일의 ERP를 외부 회사에 연결하기 위한 발판을 마련하기 위해서였다.

두 번째로 코레일은 테스트 결과를 바탕으로 첫 단계에서 구축되지 않았던 기능들까지 구축하였고 ERP와 사내 다른 프로그램들 간의 상호연동까지도 테스트하였다.

마지막 세 번째 단계에 이르러서는 외부 거래처 회사와 코레일 간에 상호 연동 및 호환성에 중점을 두고 작업을 진행하였다.

코레일은 3단계에 걸친 시스템 구축 후 운영을 위해 직원, 임원, 정보 책임자들을 교육시켰다. 코레일의 ERP 구축은 성공적인 것처럼 보였으나, 직원 교육 과정에서 작은 문제가 발생하였다. 직원들은 ERP 구축이 회사의 구조조정이라 오해하고, 해고나 근무시간 축소 등의 후속조치가 있을 것이라고 생각하였다. 노조는 코레일이 ERP 구축을 중지하지 않는다면 파업이나 태업 등의 방법을 통해 저항 할 것이라고 투쟁을 시작하였다.

결론적으로 코레일은 ERP 시스템 구축에는 성공했지만 노조와 직원들의 비 협조로 인하여 많은 금전적, 시간적 손해를 보았다. 또한 ERP 시스템 구축으로 인한 수혜도 기대치보다 작았다. 코레일의 사례는 다음과 같은 바를 시사한다. ERP를 통한 경영 혁신은 기술적인 시스템 구축도 중요하지만, 시스템 구축에 필요한 전반적인 인프라를 경영진이 만들 수 있어야만 혁신에 성공할 수가 있다. 경영진은 ERP를 구축하기로 결정했다면 사전에 직원과 노조와의 충분한 대화를 통해 전 직원이 ERP 구축의 필요성을 이해하고 납득하게 만들어야 한다. 또한 직원들에게 ERP 구축은 직원들의 업무 효율을 향상시키며 직원의 발전에도 도움이 되는 시스템이라는 사실을 인식시켜야 한다. 만일 경영진이 직원들과 함께 ERP 구축을 위한 긍정적인 분위기를 만든다면 ERP을 통한 경영혁신은 더욱 큰 성과를 걷을 것이다.

1. 코레일이 ERP를 도입해서 얻고자 한 효과는 무엇이 있는지 나열하여라.

2. 위의 사례에서 코레일의 ERP 도입은 기대한 만큼의 효과를 보여주고 있지 못한 것으로 서술되었다. ERP가 코레일에 성공적으로 자리를 잡고 본격적인 궤도에 오르기 위해서 취해야 할 전략은 어떤 것이 있을까?

3. 코레일은 ERP 솔루션을 SAP로 선정했다. SAP이외에 세계적으로 유명한 ERP 솔루션 제공업체를 조사하고 간략하게 각 솔루션의 특징을 서술하라.

주요 단어

DRP(Distribution Resource Planning)
ERP II
ERP System
MRP II(Manufacturing Resource Planning)
ERP(Enterprise Resource Planning)
ERP Package
MRP(Material Resource Planning)
공급사슬관리(Supply Chain Management)

토의 과제

1. ERP가 등장하게 된 전통적 전산환경의 한계점에 대해서 설명하시오.

2. ERP의 정보시스템으로서의 가치와 전략정보시스템으로서의 활용가치에 대해서 설명하시오.

3. 빠르게 변화하는 경영환경과 정보기술환경에서 ERP의 미래가 어떻게 될 것인가에 대해 예측해 보시오.

4. ERP를 성공적으로 도입한 기업의 사례를 찾아서 ERP 도입으로 인해 얻어진 효과에 대해 설명하시오.

5. ERP를 도입할 때 기업이 고려해야 할 사항들을 설명하시오.

참고 문헌

1. Davenport, H.T., "Putting an enterprise into an enterprise system," Harvard Business Review, July-August, 1998
2. Gartner Group, "ERP is Dead-Long Live ERP II," Gartner Research, 2000
3. 오정숙, "소프트웨어편: ERP," 정보통신산업동향, KISDI, 2002
4. 이경근, 노영, "e-biz A to Z," 이프레스, 2005
5. 이재규, 권순범, "경영정보시스템 원론," 법영사, 2002
6. S/W 부문별 동향조사 보고서-ERP, 한국 소프트웨어산업협회, 2001
7. S/W 부문별 시장/기술 전망 세미나, 한국 소프트웨어산업협회, 2001
8. http://www.skcc.com/solution/skyerp_skyerp_case.asp
9. http://www.ksystem.co.kr/success/success_press_view.php?v_serno=19&pagePoint=1&pageOK=&searchWord=&keyfield=
10. http://www.ksystem.co.kr/success/success_press_view.php?v_serno=16&pagePoint=1&pageOK=&searchWord=&keyfield=

Chapter 10

고객관계관리(CRM)

1. CRM의 개요

1.1 출현 배경

그동안 기업 간의 경쟁은 상대적으로 저렴한 가격을 내세워 대중광고를 통해 진행되어온 것이 사실이다. 물론 가격전략은 지금도 유용하다. 그러나 서비스의 범위가 점차 확대되고 상업화되면서 이제 가격이라는 단일요소만으로 경쟁력을 확보하기는 어려운 시대로 접어들었다.

경쟁이란 이제 마우스 클릭 한번으로 이루어진다. 생존경쟁에서 살아남은 기업들은 소비자를 확보하지 않고는 제품을 팔수도, 수익을 올릴 수도 없다는 사실을 깨닫고 있다. 따라서, 기업들은 더욱더 지능적인 영업을 할 수 밖에 없는 상황으로 몰리고 있으며 이는 곧 누가 제품을 사는지에 대해 더욱 치밀하게 연구조사를 해야 한다는 것을 의미한다. 기업 간 경쟁이 치열해짐에 따라 고객 개개인에 대한 더 많은 정보를 바탕으로 고객과 관계를 향상시키고자 하는 노력이 대두되었다. 누가 중요한 고객이며, 그들이 원하는 바가 무엇인지, 또한 떠나는 고객은 이유가 무엇인지에 대한 답을 얻음으로써 효율적인 마케팅 활동을 가능하게 한다.

이와 같은 사실과 더불어 널리 알려진 바와 같이 새로운 소비자에게 제품을 파는 것이 기존의 소비자에게 파는 것보다 6배나 더 많은 비용이 든다는 사실은 기업으로 하여금 기존 소비자와의 관계를 극대화하는 데 노력을 기울이도록 유도하고 있다.

가. 시장의 변화

시장의 규제완화로 인하여 새로운 시장으로의 진입기회가 늘어남에 따라 동일 업종에서 경쟁사가 많아지기 시작했다. 시장의 성숙에 의해서든, 또는 전반적인 경제 침체 때문이든, 시장의 수요가 별로 늘지 않은 상황에서 공급자들이 늘어나고 대체될 만한 상품·서비스가 많아지면 그 시장은 실제 수요자가 중심이 되는 구매자 시장(Buyer's Market)으로 변화한다. 한정된 시장을 놓고 판매업체 사이에는 경쟁이 심화되기 마련이다. 시장에서 실세를 갖고 있는 고객들은 각자의 선호와 욕구에 맞는 상품과 서비스를 찾기 때문에, 기업들은 전과 같은 고객을 동질적 집단으로 간주하고 무차별적으로 공략하는 매스 마케팅 방식에 더 이상 의존할 수 없게 된다.

표 10.1 매스 마케팅과 CRM의 차이

	매스마케팅	CRM
주된 관심분야	매스 마켓	고객과의 일대일 관계
시장접근	제품 밀어 넣기	혜택의 추출
지표	시장 점유율	고객 점유율
판매	거래 기반	가치 기반
서비스	반응적	상화적
전달경로	물리적 단일 채널	통합된 멀티채널

고객 세분화를 통하여 서로 다른 고객집단의 필요와·욕구를 정확히 파악하고, 이들이 원하는 상품과 서비스를 차별적으로 제공하지 않는 기업은 경쟁력을 잃고 도태될 수밖에 없다.

이러한 시장상황 하에서 고객에 대한 정보를 바탕으로 전략적인 고객 세분화를 하여 목표 고객군, 더 나아가서 개별화된 목표고객을 설정하고, 그에 적절한 마케팅 믹스를 기획하고 실행하여 기존고객과의 관계를 강화해야 할 필요성이 대두되었다. 특히 시장의 성숙기에는 신규고객은 제한적이고 업체 간의 경쟁이 치열해지므로 시장 점유율을 유지하기가 힘들어질 뿐 아니라, 종종 지나친 가격경쟁으로 인해 순수익도 줄어들게 되므로 이 경우는 기존고객의 이탈을 최소화하고 이들의 반복구매를 촉진시킴으로써 고객과의 거래관계를 심화시켜 나가는 것이 필요하다. 고객획득을 위한 무차별적인 공략보다는 우선 우량고객이나 오랫동안 관계가 유지되어 왔던 고객에 대한 데이터를 분석하여 그들만의 특성을 구별함으로써, 우량고객과 우량고객 후보자만을 선별하는 것이 매우 시급한 상황을 맞이했다.

나. 기술의 변화

CRM이 등장하게 된 환경적 요인으로 컴퓨터 및 그에 관련된 정보기술의 급격한 발전을 들지 않을 수 없다. 우선 컴퓨터 하드웨어의 저장용량이나 데이터 처리속도 면에서 과거와는 비교가 되지 않을 정도로 컴퓨터의 성능이 향상되었다. 이를 통해 기업들은 나날이 늘어나는 방대한 양의 고객거래 데이터를 데이터웨어하우스(Data Warehouse)라고 불리는 전산시스템에 특정체계를 갖추어 자동적으로 내장하고 관리할 수 있게 되었다. 또한 소프트웨어 면에서도 하드웨어 성능향상을 업고 수많은 응용프로그램들이 출연하였다.

이러한 기술면에서의 빠른 진전과 응용프로그램들은 고객 데이터나 관련 데이터를 과학적인 분석기법으로 처리하여, 고객 및 시장에 관한 중요한 정보와 지식을 다양한 영업활동에 이용할 수 있게 되었다.

그와 더불어 인터넷의 발달은 고객과의 관계를 이끌어나가는 데 새로운 장을 열었다. 인터넷은 양방향 의사소통을 가능하게 하여 소비자가 판매자에게 개인정보를 보다 나은 방법으로 전달할 수 있도록 했다. 전화를 설치하기 위해 우편으로 서류가 도착하기를 기다리는 대신 소비자는 인터넷을 통해 주문서를 보내고 시간을 절약하고 절차상의 문제를 최소화함으로써 기업에 대해 보다 긍정적인 인상을 갖게 되는 것이다.

다. 고객의 변화

최근 들어 고객의 기대와 요구가 다양화되고 있다. 그럼에도 불구하고 고객의 필요와 욕구는 고객조차 모를 정도로 끊임없이 변화하여 고객만족은 더욱 더 복잡해져 가고 있는 실정이다. 비록 상품 자체는 만족한다 할지라도 고객은 끊임없이 더 나은 서비스나 차별화된 대우를 기대하고 요구하는데 이것이 바로 관계에 대한 가치이다. 기업이 이러한 고객의 관계가치에 부응하지 못하면 고객은 다른 업체로 쉽게 옮겨간다.

신용카드 회사들의 고객들을 예로 보면, 기존의 신용카드가 제공하고 있는 기본 혜택을 넘어서 신용금액을 높이거나 연회비 감소 등의 금전적인 추가혜택은 물론, 비금전적인 고객 서비스나 대우에서도 끊임없이 업그레이드를 요구하고 있다. 선택할 수 있는 대체 서비스 상품이 많이 있는 시장에서 구매력을 가지고 있는 고객의 이러한 기대와 요구를 채우지 못한다면 기업의 생존은 어려워질 것이다.

뿐만 아니라 고객의 가치 및 라이프스타일도 시간의 흐름에 따라 매우 달라지고 있는데, 그 대표적인 것이 편의성의 추구이다. 이것은 고객이 시간에 대하여 느끼는 가치가 증대되었다는 것인데, 치열한 기업경쟁 속에서 구매정보는 홍수처럼 범람하고 그 속에서 고객 자신이 진정으로 원하는 것을 찾기란 사막 한가운데서 바늘 찾기보다 힘이 들게 되므로 고객은 정보탐색의 시간에 큰 가치를 부여하고 제품자체의 가격보다도 정보탐색의 기능을 대신해 줄 수 있는 것에 큰 가치를 부여하게 된다. 이에 따라 구매의 패턴 또한 편의성 중심으로 변화하게 되는데, 편의점의 성공이 대표적인 예라 할 수 있다.

이러한 현실에서 끊임없이 변화하는 고객의 기대와 요구에 부응하여 고객과의 관계를 유지하고 적절한 상품과 서비스의 차별화를 통해 장기적으로 기업의 경쟁우위를 고수하는 것이 현재 기업들이 당면한 도전이다. 이를 위해 많은 기업들은 고객 중심적(Customer-centric)인 경영방식인 CRM의 도입을 서두르고 있고, CRM은 기업 필수적인 전략적 선택이라는 생각이 보편화되고 있는 것이다.

라. 마케팅 커뮤니케이션의 변화

기존 마케팅 방식의 비효율성은 광고를 비롯한 마케팅 커뮤니케이션 방식에서도 나타난다. 고객의 이질성이 심하고 이로 인해 시장이 점점 세분화되어 가고 있을 때, 뚜렷이 차별화되지 못한 획일적인 메시지를 불특정 다수의 고객에게 반복하여 뿌리는 매스미디어상의 브로드캐스팅(Broadcasting) 광고는 더 이상 효과적이지 못하다.

날로 심화되는 광고 경쟁 속에서 효과적인 메시지를 고객들이 기억할 수 있게 하기 위해서는 과거보다 점점 더 많은 노력과 광고비를 들여야 하므로 광고의 효율은 떨어질 수밖에 없다. 더욱이 단순히 일방적인 메시지 전달을 위한 광고는 오히려 광고의 역할인 커뮤니케이션 기능을 스스로 제한하는 결과를 가져올 수 있다. 따라서 광고의 효율성을 높이기 위해서는 우선 구체적인 광고의 목표를 세우고 이를 달성하기 위한 타깃 고객을 찾아낸 후에 그들의 필요나 욕구를 채워 줄 수 있는 상품이나 서비스에 대한 차별화된 광고 메시지를 선별하는 것이 필요하다.

또한, 광고를 단순히 상품이나 서비스를 고객에게 알리는 목적으로가 아니라 고객과의 장기적인 관계유지라는 관점에서 전체적인 커뮤니케이션으로 이해하고 그에 맞는 활동을 전개하는 것이 광고의 효율성을 높이기 위한 방안이다.

특히, 인터넷 기반으로 한 전자상거래가 급속히 확산되어 가는 현시점에서 광고는 더욱 중요한 역할을 한다. 전자상거래가 이루어지는 많은 웹사이트에서는 광고와 실 판매가 동시에 진행되기 때문에, 광고와 판매의 경계가 애매해지므로 이 두 가지 기능을 포괄하는 커뮤니케이션 형태가 시급하게 요구되고 있다.

이를 위해 고객이 웹사이트에서 필요한 정보를 찾아 볼 수 있는 수동적인 풀 방식기술(Pull Technology)을 바탕으로 한 커뮤니케이션이나, 판매업체가 그의 웹사이트를 방문한 고객에게 능동적으로 정보를 제공하거나 상품을 추천하는 푸시모형(Push Model)의 커뮤니케이션, 쌍방향 상호작용(Two-way Interaction)을 바탕으로 한 커뮤니케이션 등이 충분히 고려되어야 할 것이다.

더욱이 기존의 상점과 전자상거래를 병행하는 기업들은 멀티채널(Multi-channel)을 통해 영업을 하므로 여러 채널에서 행해지는 광고들이 조정되고 통합되는 소위 통합적 마케팅 커뮤니케이션(IMC: Integrated Marketing Communication)의 실천 없이는 광고의 효율을 높이기 어려울 것이다. 즉 광고가 CRM을 위한 중요한 커뮤니케이션 수단으로 새로이 조정되고 다른 CRM 활동과 통합되어 행해져야만 광고 효율성의 제고를 기대할 수 있게 된 것이다.

이 외에도 신규고객 유치 등을 위한 경품이나 이벤트 등의 프로모션 또한 그 효과가 의문시되는 경우가 많다. 대부분 경품 마케팅의 경우, 매번 참가하는 사람들만 참가하고 프로모션에만 관심을 보이는 체리피커(Cherry Picker)들이 마케팅비용의 수혜자가 되는 문제점이 발견되고 있다. 따라서 좀 더 신중한 타깃 고객분석을 통해 기업에게 진정한 가치를 가져다 줄 수 있는 고객을 찾아내고, 이들을 상대로 하는 일대일 커뮤니케이션을 수행함으로써 프로모션의 효율성과 효과성을 동시에 제고할 수 있는 마케팅 커뮤니케이션 전략의 개발이 시급히 요구되고 있다.

1.2 정의

그러면 CRM이란 무엇인가? CRM은 사용되고 있는 상황이나 비즈니스에 따라 여러 가지 상이한 개념을 가지고 있다.

표 10.2 CRM 정의

기관	CRM 정의
가트너 그룹	신규고객 획득, 기존고객 유지 및 고객수익성을 증대시키기 위하여, 지속적인 커뮤니케이션을 통해 고객행동을 이해하고, 영향을 주기 위한 광범위한 접근
Meta Group	고객에 관한 지식을 지속적으로 듣고, 추출하고, 대응하는 일련의 프로세스들로써 CRM은 기업이 고객의 needs, 기대치 및 행동을 더 잘 이해하게 하고, 이를 통해 사업 기회나 변화에 기민하게 대처할 수 있도록 도와줌
Ovum	기업이 우수고객을 지속적으로 유지하는 동시에 신규고객을 확보하고 고객 관련비용을 최소화하여 기업의 경쟁력을 향상시킴으로써 기업가치를 극대화
한국SW산업협회	기업이 보유하고 있는 고객 데이터를 수집, 통합, 가공, 분석하여 고객 개개인의 특성(Individuality)에 맞게 마케팅 활동을 계획, 수행, 평가, 수정하는 일련의 과정

CRM에 대한 통일된 정의는 없다. 다양한 분야의 사람들이 자기 관점에서 CRM을 이야기 하고 있다. 그러나 고객과의 장기적 관계를 강조한다는 점에서 공통점을 찾을 수 있다. 이러한 공통점을 체계적으로 정리해 보면 CRM이란 고객에 대한 광범위하고 심층적인 지식을 바탕으로 개개인에게 적합한 차별적 제품·서비스를 제공함으로써 고객과의 관계를 지속적으로 강화해 나가는 마케팅·경영혁신 활동이라 할 수 있다.

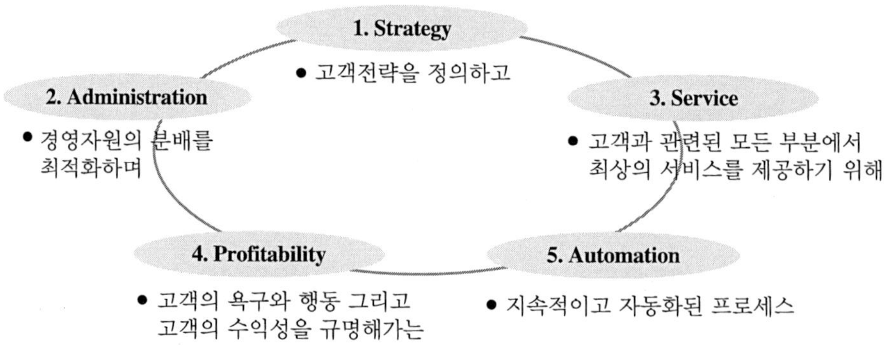

그림 10.1 CRM의 정의

1.3 도입효과

CRM의 핵심은 가치 있는 고객을 파악·획득·유지하는 활동으로써, 고객 개개인이 문제점을 인식하기 전에 정확한 물품 및 서비스를 적시에 제공함으로써 장기적으로 고객과 1:1 관계를 구축하는 데 목적이 있다.

CRM의 도입으로 고객의 평생가치를 극대화하고 고객의 로열티를 강화함으로써, 기업의 수익을 증대시킬 수 있도록 한다. 고객의 로열티 강화는 고객의 양적 증대에서 질적 고도화로 전환시킴으로써, 고객 당 거래건수·거래단가·거래기간 등을 증가시킨다. CRM의 고객확보 활동과 판매촉진 활동은 고객 한 사람 한 사람의 생애가치(Life Time Value)를 높임으로써 보다 가치 있는 평생고객을 확보할 수 있게 된다.

또한 주요고객의 로열티 강화는 고객 당 거래건수·거래단가·거래기간 등을 증가시키고, 고객의 양적증대에서 질적 고도화로의 전환은 매출증가 이외에도, 재고리스크 감소, 매출대비 마케팅 비용감축 등의 효과를 발생시킨다.

CRM을 통한 단기적 매출증대 외에도 장기적 측면에서 마케팅 능력의 향상은 매우 중요한 효과라 할 수 있다.

2. CRM의 구조

2.1 CRM 시스템의 구조

CRM은 기업이 고객관리를 통해 고객 만족도를 향상시킴으로써 수익을 창출하고자 하는 전략과 이를 시스템으로 구현하는 전 과정을 포함한다. CRM은 그림 10.2와 같이 크게 세 가지로 구성되어 있다.

2.2 CRM의 구성요소

CRM은 운영적(Operational) CRM, 분석적(Analytic) CRM, 협업적(Collaborative) CRM으로 구성되어 있다.

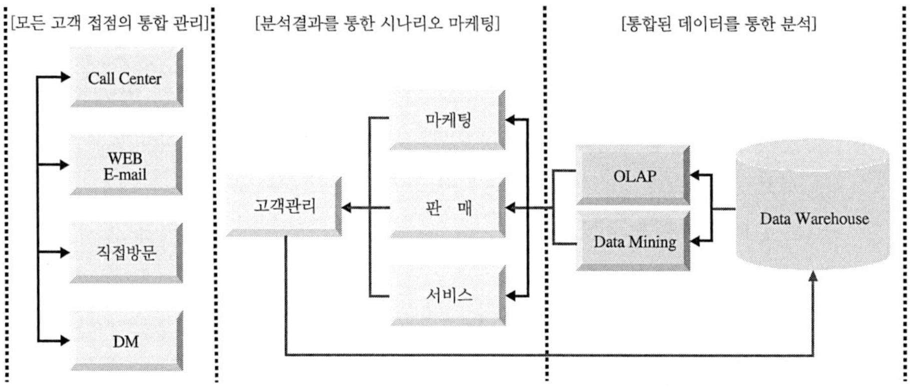

그림 10.2 CRM 시스템의 구성도

가. 운영적 CRM

운영적 CRM은 수평적으로 통합된 비즈니스 프로세스의 자동화로 데이터웨어하우스(Data Warehouse)나 데이터마트(Data Mart)와 같은 데이터웨어하우징 환경의 주요한 요소들을 포함한다. 운영적 CRM은 다양한 고객접점에서 생성된 정보를 통합하고 분류하는 기능을 수행한다. 즉, 고객 및 상품의 특성을 비롯하여 욕구와 불평 같은 고객반응, 그리고 거래 및 캠페인에 관한 정보를 수집하여 통합·관리한다. 또한, 분석적 CRM에서 산출된 분석결과를 관리하는 기능을 수행한다.

운영적 CRM이란, "front-face"라고 알려진 고객과 직접적인 접촉이 이루어지는 상황에서 발생한다. 우리는 이러한 상황을 "터치포인트"라고 하겠다. 터치포인트란 고객이 회사에 문의전화를 걸어오는 상황의 수신형과, 기업이 전화나 이메일(e-mail)을 사용하여 고객과 접촉하는 홍보 캠페인의 송신형이 있다. 오늘날 사용되고 있는 대다수의 CRM 프로그램은 운영적 CRM이다.

나. 분석적 CRM

분석적 CRM에서는 다양한 데이터마이닝(Data Mining) 도구를 사용하여, 운영적 CRM에 의해 생성된 데이터웨어하우스나 데이터마트 내의 자료를 추출하여 분석하고, 이를 기반으로 모델을 만든다. 예를 들어, 고객의 평생가치(Life Time Value)를 비롯하여 고객과 상품에 관한 정보를 산출하고, 고객을 세분화하고, 구매행태를 파악하거나, 상품과 고객 간의 연관성 분석을 통하여 추천상품 선정모형을 만든다. 또한, 개발된 모형을 이용하여 분석한 결과를 데이터베이스에 저장하여 향후 마케팅활동에 활용하도록 한다.

분석적 CRM이란 고객과의 접촉을 통해 고객이 보여준 여러 선택과 행동을 이해하려는 과정이다. 따라서 분석적 CRM을 위해서는 다량의 고객정보를 수집·공정하여 분석할 수 있도록 하는 기술과 고객 접촉형태와 고객 충성도 및 수익률을 향상시킬 수 있는 새로운 영업패턴이 필요하다. 이 분야의 여러 분석가와 전문가들의 압력에 의해 대다수의 요즘 CRM 판매업체들은 분석적 CRM이나 기업정보 제공자들과의 제휴를 통해 CRM 제품에 분석분야를 추가하고 있다.

다. 협업적 CRM

협업적 CRM은 분석적 CRM에서 얻은 결과를 고객 마케팅 활동에 직접 활용하여 고객과 기업간의 상호작용을 촉진시키는 기능을 말한다. 즉, 데이터베이스에 저장된 분석적 CRM의 결과를 활용하여 상품의 교차판매(Cross-selling)와 상승판매(Up-selling)를 수행하거나, 우수고객에게 새로운 서비스를 제공하는 등 고객과의 직접적인 커뮤니케이션을 통한 마케팅 활동을 수행한다. 따라서 대부분의 마케팅 캠페인 관리는 협업적 CRM에 속한다.

이러한 협업적 CRM에서는 일반적으로 고객과 상품에 과한 정보, 세분화 결과, 상품간의 연관성 정보 등이 활용된다. 이때 이용되는 커뮤니케이션 매체로는 판매원을 비롯하여 다이렉트 메일, 전자우편, 개인화된 인쇄물, 전화, 인터넷과 인터넷 커뮤니티 등이 있다.

3. CRM의 활용전략

3.1 성공적인 CRM을 위한 실행전략

가. 자사에 적합한 CRM 전략수립

CRM에서 가장 중요한 것은 자사 상황에 대한 적합성이다. CRM 전략에 좋고 나쁨은 없다. 적합한가 그렇지 않은가 만이 있을 뿐이다. CRM 전문업체에 전적으로 의존하기 보다는 자사의 실정에 적합한 CRM이 무엇인지를 찾아내는 노력이 필요하다. 국내기업의 경우 트렌드를 지나치게 의식하는 경향이 있으나 이는 바람직하지 않다.

나. 장기적인 관점에서 CRM 수행

CRM은 판매촉진을 위한 1회성 마케팅 캠페인이 아니다. 그런데 안타깝게도 이런 식으로 이해하고 있는 경우가 종종 있다. 즉, 특정상품의 판매촉진을 위해 구매가능성이 높은 고객을 분석하여 접근하는 교차판매 혹은 추가판매를 CRM으로 보는 시각이다. CRM의 유사개념인 데이터베이스 마케팅이라면, 이렇게 이해해도 큰 문제가 없다. 그러나 CRM을 이렇게 보는 것은 편협한 시각이다. 교차판매나 추가판매 같은 것은 CRM을 구성하는 하위 활동에 불과하다.

CRM을 1회성 혹은 단기적 활동으로 이해하면, 성과측정도 단기적으로 이루어질 수밖에 없다. 그러나 월 매출, 분기 매출과 같은 단기적 지표로는 CRM의 성과를 측정할 수 없다. CRM의 성과는 장기적 관점에서 고객 유지율·고객 성장률·브랜드 선호도와 같은 지표를 통해 측정되어야 한다.

다. 우량고객에 대한 정확한 이해

우량고객에 대한 관리가 CRM의 전부는 아니지만, 상당히 중요한 부분을 차지하고 있는 것은 분명하다. 제한된 기업의 자원을 효과적으로 활용하기 위해서는 자사의 우량고객이 누구인지를 명확히 해야 한다. 그러나 고객분석만 한다고 해서 우량고객이 저절로 파악되는 것은 아니다. 우량고객의 선정은 상당 부분 전략적 판단의 문제이다. 환경과 경쟁사의 동태, 자사의 사업전략 등을 고려하여 우량고객을 선정해야 한다.

라. 고객의 특성에 적합한 오퍼 제공

개인화(Personalization)에 대한 높은 관심은 개인화의 대상이 되는 고객에 대한 오퍼의 중요성을 상대적으로 낮게 만드는 경향이 있다. 그러나 어떻게 줄 것인가도 중요하지만, 그에 앞서 무엇을 줄 것인가를 결정하는 것도 매우 중요하다.

고객, 특히 우량고객에게 적합한 오퍼가 무엇인지를 알아내기 위해서는 심층적인 고객 인터뷰와 조사가 필요하다. 때로는 고객도 자신이 어떤 오퍼를 원하는 지 잘 모르는 경우도 있고, 고객이 원하는 오퍼는 현실적으로 제공 불가능한 경우도 있다. 이런 경우에는 실현 가능한 최적의 오퍼를 찾기 위해 다양한 자료수집과 분석이 필요하다. 이때 자사가 속한 산업뿐만 아니라, 다른 산업에서 고객에 대한 오퍼의 사례를 광범위하게 참고하는 것도 도움이 된다.

마. 커뮤니케이션 품질개선

고객과의 커뮤니케이션은 CRM의 필수 요소이다. 다음과 같은 4개의 R자로 시작하는 키워드로 설명할 수 있다.

첫째, 반응성(Responsiveness)이다. 고객의 구매의향, 문의나 불만에 대해서는 즉각적으로 응답해야 한다.

둘째, 책임감(Responsibility)이다. 고객과의 커뮤니케이션은 고객 접점에서 책임감 있게 처리되어야 한다. 또, 회사는 그것이 가능하도록 고객 접점에 권한을 부여해야 한다.

셋째, 호혜성(Reciprocity)이다. 고객과의 커뮤니케이션은 회사와 고객 모두에게 도움이 되는 것이어야 한다. 스팸메일은 회사에는 도움이 되는 커뮤니케이션일지 모르나, 고객에게는 도움이 되기는 커녕 고통이 된다.

넷째, 접촉기록(Repository)이다. 고객과의 커뮤니케이션은 그것이 어떤 채널을 통한 것이든지, 예컨대 인터넷을 통한 것이건, 전화 상담원을 통한 것이건, 오프라인 점포를 통한 것이건 간에 기록되어야 한다. 고객을 이해할 수 있는 중요한 정보의 원천 중 하나가 바로 과거의 접촉기록이다.

3.2 구축사례

Dell은 1984년 현 CEO인 Mr. Michael Dell에 의해서 다양한 소비자들의 필요를 정확히 파악하고 각각의 소비자에게 적합한 맞춤형 PC를 직접 판매(Direct Sell)하고자 하는 목적으로 설립되었다(첫해 매출액 $6.2 million). 이 회사는 2000년에 연간 매출액 $25.3 billion, 전 세계 34개국 office에 36,500명 이상의 종업원을 두고 업계에서 가장 빠른 성장 속도를 보이고 있는 미국 내 제1의(세계 제2의) Computer System 판매업체가 되었다.

이 회사에서 취급하고 있는 제품 및 서비스는 다음과 같다.

- **하드웨어:** Desktops / Notebooks / Network Servers / Workstations

- **주변기기와 소프트웨어:** Gigabuys.com
- **관련 services**
  - DellPlus / ReadyWare: 공장 통합 관련 소프트웨어
  - Dellhost.com: 소규모 사업체 상대 webhosting 업무
- **기타:** System Integration / 임대 및 자산관리 / Network 설치 및 지원

주요 고객층은 개인 소비자와 중소기업체, 대기업, 정부교육기관 등으로 다양하며, 그 중에서 대기업과 정부교육기관이 차지하는 비율이 전체 매출의 2/3를 차지하고 있다.

이 회사에서는 회사만의 고유 전략인 'Direct Model'이라는 개념을 도입하였으며, Direct Model이란 고객요구(Needs)에 가장 Customize된 제품을 공급하기 위한 최적의 모델을 일컫는다. Direct Model을 위한 주요 내용을 정리하면 다음과 같다.

표 10.3 Dell의 CRM 추진전략

Selling Channel	Direct-to-customer basis	1. 도소매의 유통과정을 생략 (시간/비용 절약, 고객 지식축적) 2. 카탈로그와 콜센터 3. 비용 절감분을 고객에게 이전
Distribution System	Made-to-order basis	1. Build-to-order 제조방식을 통해 고객요구 맞춤 2. 직접 고객관계 3. 제품과 서비스의 시장 세분화
Performance	Substantial cost advantage basis	1. 상품대금 수납 5일 후 부품 공급자 납품결제 가능 2. 재고 회전율 증가 3. 주문접수에서 상품배송까지 36시간 기준
Incoming parts ordering	JIT (Just in time) basis	1. 부품은 당시 경쟁사(Compaq)보다 평균 60일 이상 빠른 신제품 출시로 이어짐 2. 수익률에 있어서 6% 이상의 경쟁력 확보

이후 Dell 컴퓨터는 e-CRM으로의 혁신을 위해 또 한 번의 변화를 도입하게 된다. 1994년 www.dell.com 홈페이지를 개설한 이후, 전통적인 오프라인 CRM package와의 통합을 기술적으로 현실화시킨다. 이러한 시도는 전자상거래의 확대와 고객의 on-line 지원요구가 증가하는 한편, 효율적인 on-line 접촉을 위한 통합적인 system의 필요성이 대두되었기 때문이다. 1996년 Dell은 B2C의 전자상거래를 시작하여 많은 on-line 고객유치에 성공하였으며, 고객들과 Direct Contact를 유지하게 된다. 이는 전통적인 모델이 dynamic internet transaction을 지원하는 데 한계

가 있다는 점에서 Dell의 성장에 가속도를 붙이는 중요 역할을 수행한 것이다.

이와 같은 끊임없는 Dell의 CRM 시도에 의해 www.dell.com을 운영하는 Dell PowerEdge server는 현재 분기당 35 million회의 방문 실적을 올리고 있으며, Dell Online을 통해 전 세계에 걸쳐 평균 US$40 million/일 매출실적을 보이고 있으며 이는 회사 전체매출의 50%에 육박하고 있다. 또한, sales force efficiency 증진과 service efficiency 향상을 통해 상당한 비용절감의 효과를 보았다.

4. CRM의 향후전망

1990년대 후반 기업들이 고객관리의 중요성을 인식하여 CRM을 본격적으로 도입하기 시작하고, 데이터웨어하우스, 네트워크, 애플리케이션 등 관련기술의 발전에 따라 CRM은 빠른 속도로 발전하기 시작하였으며, 많은 벤더들이 시장에 진입하였다. 특히 기업들이 정보인프라를 제공하는 ERP 시스템의 구축을 완료하고, 정보기술이 제공하는 다양한 전략적인 기회를 활용함에 따라 고객 측면에서 최적의 솔루션을 제공하는 CRM은 빠른 속도로 성장하였다.

표 10.4 데이터베이스 마케팅과 CRM 비교

분야	DB 마케팅	CRM
공통점	- 기업의 내·외부자료를 통합하여 이용	
차이점	- 한정된 고객 접점에서 발생된 고객 정보를 활용	- 전사적인 관점에서 고객의 정보를 취득하여 활용
	- Direct Mail, Telemarketing과 같은 방식에서 활용	- 고객 접점의 모든 채널에서 활용
	- 단기적인 관점에서 고객정보를 취합	- 장기적인 관점에서 고객정보를 취합하여 활용
	- Mass Marketing에서 활용	- 고객의 생애가치(LTV)를 극대화시키자는 전략
	- 데이터 요구감소	- 마케팅 자료가 DW에 저장됨으로써 사용자가 직접 정보탐색 가능

CRM은 종전의 데이터베이스 마케팅이 확장되고 변모하여 형성된 폭 넓은 경영방식이라고 말할 수 있다. 그러므로 CRM이 원활히 되기 위해서는 CRM과 관련된 부분의 지속적인 확장이 불가피하다. CRM의 목적을 달성하기 위해서는 영업과 관련된 공급자, 파트너, 그리고 유통관련업자나 관련된 도·소매업들과의 협조와 제휴가 필수 불가결하다. 기업들은 자신의 영업을 위해 다른 기업에 의존해야 하며 이를 위해서는 정보교환과 공유를 통해 기업 간의 상호의존이 기업통합의 차원으로 변모해야 한다. 이를 위해 기업의 영업 파트너 사이의 파트너 관계관리(PRM: Partner Relationship Management), 기업과 그 기업의 납품업체 사이의 공급체인관리(SCM: Supply Chain Management) 등 새로운 활동들이 많이 출현할 것으로 예측된다.

CRM은 기업이 보유한 다양한 채널을 기반으로 고객과의 일대일 마케팅을 통하여 지속적으로 관계를 유지하는 것이다. CRM에서 추구하는 '고객과의 일대일 관계'를 실행하기 위해서는 실질적으로 막대한 비용이 발생하는 일이기 때문에 현실화시키는 데 어려움을 갖고 있었지만, 인터넷이라는 새로운 고객채널이 일반화되면서 저렴한 비용으로 일대일 마케팅이 가능하게 되었다.

인터넷이 새로운 고객채널로 등장하면서 e-Business 환경 하에서 고객에 대한 인텔리전스를 기반으로 기업의 마케팅, 영업, 서비스 비즈니스 프로세스의 자동화와 최적화를 통한 고객관계관리가 바로 e-CRM이다. e-CRM에서의 궁극적인 목표는 자사의 웹사이트를 방문한 고객들이 최대로 좋은 경험을 할 수 있게 하여 기업에 주는 가치를 극대화시키는 것이다.

CRM과 e-CRM의 차이점을 표 10.5와 같이 비교할 수 있지만, e-CRM은 인터넷의 확산과 더불어 e-Business 기업뿐만 아니라 오프라인 기업들에게까지도 확장되고 있다. 따라서 명확하게 구분하는 것은 큰 의미가 없다.

e-CRM의 기반은 기존의 CRM과 마찬가지로 고객이 기업에 남긴 흔적을 통합한 데이터베이스(웹 웨어하우스)이다. 이러한 웹 웨어하우스를 바탕으로 한 분석을 통하여 고객 세분화, 구매확률, 교차판매 가능성 등을 산출물로 얻을 수 있고, 이러한 분석정보를 바탕으로 상거래에서의 개별화된 오퍼, 각 고객 세부별 표적 캠페인 실행, 고객의 요구사항에 맞는 서비스 제공 등이 가능해진다.

표 10.5 CRM과 e-CRM 비교

구분	CRM	e-CRM
자료수집	- 복수의 분산된 채널: 영업사원 방문, TM, DM	- Web 기반의 단일 통합 채널: 고객 프로파일, Web log, 이메일 반응, 웹 콜센터, 구매 데이터
자료분석	- 전통적인 통계기법, 데이터마이닝	- 실시간 고객성향분석, 고객행동 패턴분석 등의 웹 데이터마이닝
자료활용	- 마케팅 캠페인 관리, 영업력 강화, CTI, 프로모션	- One-to-One Marketing, 실시간 추천 시스템, 개인화된 컨텐츠, Interactive Dialog 등
비용	- 높은 인건비, 대규모의 전사적 DW 구축과 시스템 구축으로 인해 상대적으로 높은 비용	- 초기 IT 비용이 CRM에 비해 저렴하고, 지속적인 관리비용이 낮음
범위	- 제한된 시간, 지역적 한계 존재	- 지역, 시간적 제약 탈피

사례연구

신한은행은 1982년에 영업을 시작한 국내 대형 은행이다. 신한은행은 324개의 지점망을 갖추고 4,300명 이상의 직원을 고용하고 있다. 금융업계에서는 신한은행을 가장 빠르게 발전하는 상업은행 중 하나로 평가하고 있다. 신행은행의 고효율성, 높은 우량 자산비중과 우량 고객서비스는 상업은행을 더욱 발전시킬 요소로 평가되고 있다. 특히 신한은행의 우량 고객서비스는 다른 금융회사들의 벤치마킹 대상이 되고 있다.

다른 은행과 차별화된 신한은행의 고객서비스는 1994년부터 시작되었다. 신한은행은 업계 최초로 폰뱅킹 서비스를 도입하였다. 당시에는 고객들이 은행 업무를 보기 위해서는 지점을 방문하여야만 하였다. 하지만 신한은행은 폰뱅킹 서비스를 시작하여서 고객으로 하여금 계좌이체나 조회 등의 간단한 금융업무는 자택이나 회사에서 볼 수 있게 하였다. 폰뱅킹 서비스는 지점을 방문하는 고객 수를 줄이는 동시에 은행서비스에 대한 고객 만족도도 향상 시켰다. 그리고 폰뱅킹 서비스로 인해 운영비도 감소하여 순이익이 늘어나는 결과를 가져다 주었다.

은행에게 있어서 고객서비스는 매우 중요한 요소이다. 다른 제조업과 다르게 서비스업인 은행업은 고객 하나 하나로부터 수익이 창출되기 때문이다. 제조 상품과 다른 금융상품의 특성 또한 은행으로 하여금 고객서비스에 주안점을 두게 만든다. 금융상품은 일반 제품과 달리 어떤 물리적인 성질을 가지고 있지 않기에, 소비자(고객)는 판매자(은행)를 통해 상품의 가치를 판단 할 수 있다. 또한 상품의 제조(금융업무)와 판매(고객서비스)가 동시에 이루어지므로 소비자와 판매자의 관계가 매출에 직접적인 영향을 미친다. 또한 대부분의 금융상품은 비슷한 특성을 가지고 있기에 판매자가 상품을 다른 경쟁자로부터 뚜렷한 차별화를 할 수 있는 부분은 고객서비스 분야뿐이다.

매출에 중요한 영향을 미치는 고객서비스를 강화하기 위해서 신한은행은 상호의사소통이 가능한 뱅킹 시스템을 선보였다. 이 시스템은 셀프 뱅킹이라 불리는데 고객 스스로 계좌에 대한 정보나, 입금 출금, 이체 등을 할 수 있게 하는 시스템이다. 완벽할 것 같았던 이 시스템도 뱅킹 이용 고객이 늘수록 업무 처리 프로세스에 병목이 생기기 시작하였고 이는 고객의 불만으로 이어졌다. 떨어지는 고객만족도를 개선하기 위해서 신한은행은 획기적인 방법을 모색하기 시작하였다.

해결책으로 신한은행은 SRMS (Shinhan Relationship Management System, 신한 관계관리 시스템)을 개발하였다. SRMS는 CRM을 이용한 다채널 고객 관리시스템이다. 고객의 요구와 불만 등을 웹, 이메일, 그리고 온라인 실시간 채팅을 통해서 해결하여 고객만족도를 증가시키는 것이 시스템의 주된 목적이다. SRMS는 세가지 전략을 가지고 만들어졌다.

첫째, 컴퓨터를 이용하여 고객의 거래실적, 개인정보 등을 통해 고객의 현재 상태를 분석하고, 불만도 등을 데이터베이스화 시켰다. 이는 불상사를 미리 방지하고 미래에 있을 고객의 은행 거래 중지를 막을 수 있게 하였다.

둘째, 상품판매 직원들에게 고객의 생일, 기념일 등이 담긴 정보를 제공하여서 직원들이 마케팅에 활용 할 수 있도록 했다. 이는 고객감동을 통해 고객만족도를 높이는 전략이었다.

마지막으로 각 고객에 맞는 맞춤상품 및 관리 등을 통해 고객의 만족도를 높였다. 컴퓨터를 이용한 데이터마이닝과 통계를 이용하여 각 고객의 니즈를 잘 파악함으로써 고객에게 필요한 서비스를 제공하는 동시에 신한은행 역시 매출 신장을 기록하였다.

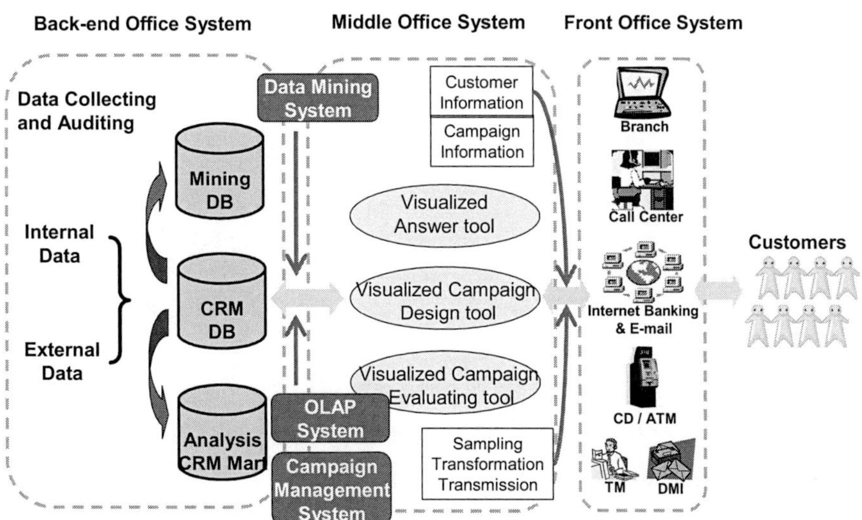

[그림 1] SRMS 의 구조

SRMS 도입 후 신한은행이 얻은 효과는 무수히 많다. 자료의 전산화와 프로그램을 통한 업무관리를 통해서 직원들 본연의 업무에 더욱 충실할 수 있게 되었다.

또한 고객 데이터를 한곳에 모아서 분석하는 일이 가능함에 따라 특정 고객이나 직업 등을 대상으로 한 타깃 마케팅이 가능해졌다. 또한 고객의 모든 연락이 한곳에 집중됨에 따라 효율적이고 효과적으로 고객요구에 대응하는 일이 가능해졌다. 마지막으로 자료들의 집중화로 인해 통합적인 성과측정이 가능해졌다. 궁극적인 SRMS의 성과는 순이익의 증가로 이어졌다. 그림 2에 따르면 SRMS 도입 전인 2001년에는 약 350억 원의 순이익이 났으나 도입 후인 2002년에는 약 500억의 순이익을 내었다. 1년 사이의 40% 이상의 순이익 증가는 SRMS가 신한은행에게 전략적인 우위를 제공했다 것을 보여준다.

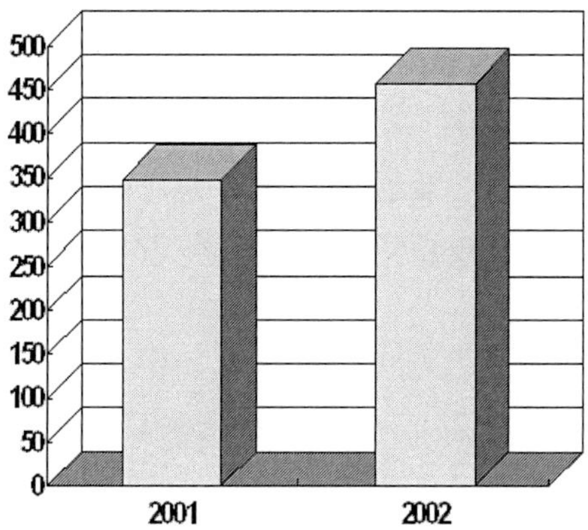

[그림 2] 신한은행의 순이익 (단위: 억 원)

1. 본문에서 나오듯이 CRM은 크게 운영적 CRM, 분석적 CRM, 협업적 CRM으로 구분할 수 있다. 신한은행에서 도입한 CRM은 어떤 CRM으로 분류될 수 있을까?

2. 현재 은행의 서비스는 사례에 서술된 폰뱅킹 뿐만 아니라 인터넷 뱅킹, 모바일 뱅킹 등 훨씬 더 발전하고 있으며 고객에게 보편화되고 있다. 이러한 상황에서 신한은행이 다른 은행보다 효과적인 고객 관리를 하기 위한 아이디어를 제시해 보라.

3. CRM에서 우량고객에 대한 관리는 상당히 중요하게 여겨지고 있다. 파레토 법칙이 이를 잘 설명해주는 법칙이다. 하지만 요즘은 반대의 개념인 롱테일(Long Tail) 법칙이 등장하고 있다. 롱테일법칙에 대해 서술하고 신한은행의 경우 어떠한 법칙을 따르는 것이 옳은 것인지 판단하라.

주요 단어

CRM(Customer Relationship Management)
SFA(Sales Force Automation)
데이터마이닝(Data Mining)
생애가치(LTV: Life Time Value)
PRM(Partner Relationship Management)
개인화(Personalization)
데이터웨어하우스(Data Warehouse)

토의 과제

1. 인터넷의 등장으로 인한 마케팅 환경의 변화에 대해서 설명하시오.

2. CRM의 구조와 그 기능에 대해서 설명하시오.

3. 고객 충성도와 고객 생애가치에 대해서 설명하시오.

4. CRM의 정보시스템으로서의 가치와 전략정보시스템으로서의 활용가치에 대해서 설명하시오.

5. e-CRM의 성공사례를 찾아보고 그 사례의 성공요인에 대해서 설명하시오.

참고 문헌

1. Rygielski, C.,Wang, J.C., Yen, D.C., “Data mining techniques for customer relationship management, Technology In Society, Vol. 24, pp.483-502, 2002
2. Hwang, H.S, Jung, T.S., Suh, E.H., “An LTV model and customer segmentation based on customer value”, Expert systems with applications, Vol.26, pp.181-188
3. Kim, S.Y., Jung, T.S., Suh, E.H., Hwang, H.S., “Customer segmentation and strategy development based on customer lifetime value: A case study”, Expert Systems with Applications, Vol. 31, No.1, pp.101-107, 2006
4. Stone, M., Woodcock, N., Wilson, M., “Managing the Change from Marketing Planning

to Customer Relationship Management", Long Range Planning, Vol. 29, No. 5, pp. 675-683, 1996

5. 김재문, "e-비즈니스 모델에 맞는 e-CRM," 기획출판 거름, 2000
6. 이경근과 노영, "e-biz A to Z", 이프레스, 2005
7. 허순영, "CRM 개괄", Kaist 테크노 경영대학원, 2000

CHAPTER 11

공급사슬관리 (SCM)

1. SCM의 개요

1.1 출현배경

SCM은 1980년대에 미국에서 생성되어 현재까지 발전되어 온 개념이다. 지금까지 SCM이라는 하나의 큰 카테고리 하에서 많은 기법(ECR, QR, CAO, CPFR 등)들이 개발되어 사용되고 있다. 당연히 이러한 기법들을 구현한 소프트웨어가 많이 개발되어 사용되고 있다. 대표적인 업체로 i2 Technologies, Manugistics, AspenTech, SAP 등이 있다.

적자생존이라는 전통적인 시각에 따라 기존의 기업 및 조직의 관계는 제휴나 협력이 제대로 이루어지지 않았다. 하지만 판매정책의 변화, 제품의 소량화 및 다양화, e-Business, 인터넷 및 물류기술의 발전, 정보의 복잡성, 정보의 채찍효과(Bullwhip Effect), 불확실한 변동의 흡수를 위한 과잉재고의 문제 등을 해결하는 것이 기업이 살아남기 위한 필수적인 해결문제로 인식되고 있다. 채찍효과란 고객(Downstream)에서 공급자(Upstream)로 주문정보 등이 전달되면서 정보가 왜곡되고 확대되는 현상을 말한다. 채찍효과가 일어나는 원인은 여러 가지가 있지만 공급사슬을 구성하는 여러 구성원(공급자, 도매상, 소매상 등)이 정보를 공유하지 않고 각각 독립적인 수요예측을 행하기 때문에 발생하는 경우가 많다. 따라서 이러한 문

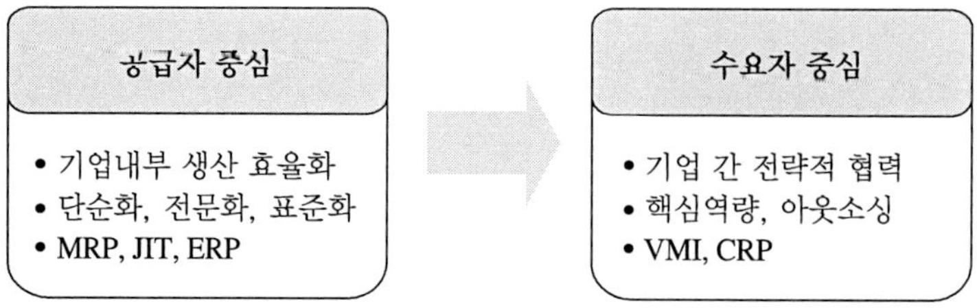

그림 11.1 SCM 출현배경

제점들을 해결하고자 하는 노력이 대두되게 되었고, 각 기업 및 조직들은 시야를 기업내부에서 기업외부 및 기업 간의 관계로 확대하고 상호 협력 및 조정에 눈을 돌리게 되었다.

가. 핵심역량 집중, 외부조달 활성화

공급자(Upstream)가 고객(Downstream)에 대한 지배력을 가지는 수직 계열화는 한때 바람직한 전략으로 인정받았다. 하지만 최근 기업은 핵심사업에 초점을 맞추어 경쟁우위를 가지고 있는 분야에 사업역량을 집중하고 나머지 분야는 외부 업체에 맡김으로써 수직계열화는 퇴조하고 있다.

이러한 아웃소싱의 확대로 모든 부품을 자체 제조하던 업체들이 이제는 완제품만 조립하거나 제조 자체를 외부에 맡기는 형태로의 변화가 증가하고 있고, 배송 및 물류, 서비스 영역도 제3업체에 위임하는 형태도 나타나고 있다.

나. 물류관리에의 새로운 도전

따라서 물류관리에 다음과 같이 몇 가지 새로운 도전이 일어나게 되었다.

- 다수의 공급업체(국내뿐 아니라 해외를 포함한)로부터 물자흐름을 통합하여 조정할 필요성 증대
- 다수의 중개업체를 통한 완제품의 물류과정을 통합, 조정할 필요성이 증대
- 과거의 공급업체와 유통업체와의 상호 적대적 관계의 개선이 요구

1990년대에 들어와서 위와 같은 문제점들을 해결하기 위한 새로운 인식의 틀로써 SCM이 급부상하게 된다. SCM은 가치창출 및 비용감축을 기업 대 기업의 경쟁이 아니라 공급사슬 대 공급사슬의 경쟁으로 파악하고 기업이 속해있는 공급사슬의 전체적인 경쟁력 향상을 추구한다.

1.2 정의

SCM을 바라보는 시각과 범위에 따라 그 정의는 다양하게 내려질 수 있다. 몇 가지 정의를 살펴보면 다음과 같다.

SCM은 고객의 고객에서 공급자의 공급자까지의 모든 프로세스에 걸친 가치사슬(Value Chain)의 최적화를 목적으로 하고 있으며 공급자의 공급자에서 시작하여 공급자, 구매, 제조, 분배, 유통을 거쳐 소비자에게 이르는 모든 재화 및 서비스 그리고 그것의 흐름에 수반되는 가치의 흐름을 통합하고 연계하여 전체적인 시스템으로 이해하고 분석하려는 새로운 경영패러다임이다(Lambert, 2000).

SCM은 원자재를 조달해서 생산하여 고객에게 제품과 서비스를 제공하기 위한 프로세스지향적이고 통합된 접근방법이다(Peter, 1998).

SCM은 자재구매를 위한 의사결정과 계획, 생산 스케줄링 및 고객에게 배송하고 재고를 최적화하는 과정을 지원하는 소프트웨어의 넓은 범위이다(Poirior, 1999).

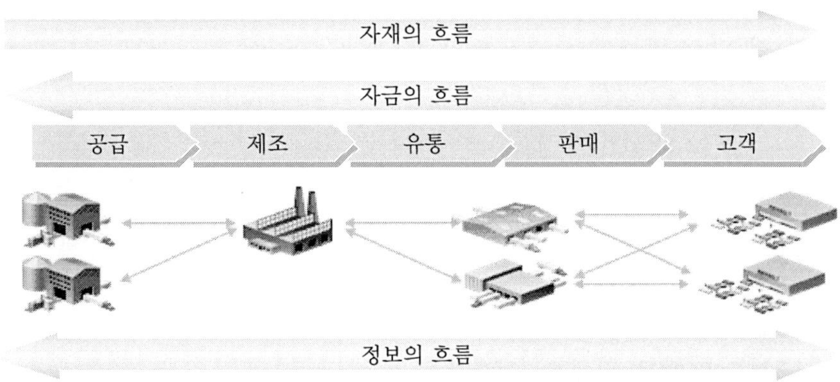

그림 11.2 공급사슬관리의 정의

요약해 보면, 모든 정보·제품·자금의 흐름은 공급사슬에서 비용을 발생시킨다. 따라서 이 흐름에 대한 적절한 관리는 공급사슬의 성공의 열쇠가 된다. SCM은 총 이윤을 극대화하기 위하여 공급사슬의 단계간의 흐름을 관리하는 활동인 것이다.

1.3 도입효과

현재 미국에서는 과거 1980년대와 1990년대 초반의 전통적인 SCM이 성공을 거두었으며, 1990년대 후반 이후 인터넷을 기반으로 하는 SCM도 성공한 것으로 평가하고 있다. 과거의 전통적인 SCM이란 1980년대부터 1990년대 중반까지 미국에서 시행되었던 것으로서 유통비용의 감소를 위한 도소매 통합의 형태를 의미한다. 미국에서는 1982년부터 1996년까지 전통적인 SCM을 통해서 국가 전체적으로 물류비의 약 1/3을 절감한 것으로 평가하고 있다. 또한 인터넷이 1990년대 중반 이후부터 비즈니스 목적으로 활용되기 시작하면서 현재는 인터넷 기반의 SCM이 주로 활용되고 있다. 이와 같은 SCM은 물류비용 축소와 같은 소극적인 측면에만 치중하는 것이 아니라 공급사슬 전체적으로 정보와 제품의 전달을 정확하고 빠르게 수행하면서 소비자의 만족도 향상을 지향하고 있다.

전 세계적으로 SCM의 효과를 얻은 기업들은 많이 열거될 수 있다. 이들은 SCM을 통해서 생산성과 주주가치의 최대화를 도모하였다. SCM의 성공사례로서 언급되는 기업으로는, SCM인 QR(Quick Response)에서 성공한 의류업체인 Benetton이 있고, SCM의 비용을 최소화하는 데 성공한 Wal-Mart, 가상제조와 물류에서 탁월한 성공을 거둔 Microsoft가 있다. 7-Eleven, Toyota 등 많은 업체가 SCM을 도입하여 성공한 사례들을 내고 있다.

물론 SCM을 실제적으로 구현하는 IT 기반의 솔루션들이 모두 성공을 거둔 것은 아니다. 미국에서 지금까지 개발된 SCM의 총 솔루션은 천여 개를 넘는 것으로 알려지고 있는데 약 40% 정도는 SCM의 본래의 목적을 달성하지 못하고 실패한 것으로 추정된다. 하지만 이와 같은 실패사례에도 불구하고 전체적으로 SCM이 많은 효과를 보여 온 것으로 판정되고 있고 이러한 효과측면에서 볼 때 우리나라에서도 SCM을 확대할 필요성이 있다.

2. SCM의 구성

2.1 공급사슬의 구성

그림 11.3은 일반적인 공급사슬의 구성을 나타낸 그림이다. 공급사슬에서 생산

자 쪽을 Upstream이라 하며 고객 쪽을 Downstream이라 한다. 간단히 말하면 공급사슬은 공급, 제조, 유통, 소매, 고객 등의 구성으로 이루어져 있다고 할 수 있다. 이러한 공급사슬의 구성원 간에는 정보(Information), 자재(Material), 자금(Cash)이 교환된다. 이러한 흐름들을 최적화하는 것이 SCM의 또 다른 목적이라고 할 수 있다.

그림 11.3 공급사슬의 구성

2.2 SCM의 구성요소

가. 재고

공급사슬에서 말하는 재고란 단순히 완성된 제품이 창고에 쌓여있는 것을 말하기보다는 공급사슬 전반에 있는 원자재나 재공품 등을 모두 포함한다. 기존의 산업공학에서의 생산관리 등에서 재고수준이나 생산량을 결정하는 것을 다루었던 것과 마찬가지로 SCM에서도 재고는 매우 중요한 변수이다. 성공적인 SCM이라는 것은 얼마나 효율적으로 재고를 관리하는가와 일맥상통한다.

나. 정보

공급사슬의 구성원들 간에는 여러 정보가 교환된다. 고객에 대한 데이터나 재고량, 운송기간, 제품의 가격 등 수많은 정보가 공급사슬에 흐르고 있다. 이러한 정보들을 바탕으로 공급사슬의 구성원들이 의사결정을 내리게 된다. 공급사슬에서의 정보는 매우 중요한데 이 정보가 얼마나 정확한가에 따라서 채찍효과가 얼마나 크게 나타나는가가 결정되며 결과적으로 얼마나 효율적인 공급사슬인지가 결정되기 때문이다.

다. 수송

수송은 공급사슬 내의 제품이나 자재를 다른 곳으로 이동시키는 것을 의미한다. 수송을 하는 데 있어서 고려해야 되는 것이 공급사슬의 대응도와 효율성이다. 고객의 수요를 판단하기 힘들고 자주 바뀌는 공급사슬에서는 고객의 수요변화에 빨리 대응할 수 있는, 즉 대응도가 뛰어난 전략을 취해야 한다. 반대로 수요의 예측이 쉽고 변화가 작은 공급사슬에서는 효율성이 높은 전략을 추구하여야 한다. 이것을 수송의 측면에서 본다면, 대응도를 높이려면 비록 가격은 비싸지만 속도와 정확도를 높일 수 있는 항공 등을 이용하여 제품을 수송하여야 하고, 반대로 효율성을 높이려면 고객에게 제품이 도착하는 기간은 오래 걸리지만 가격이 경제적인 선박 등을 이용하여야 할 것이다.

2.3 SCM을 위한 정보시스템

공급사슬을 전략적이며 성공적으로 구축하고 유지하는 데 필요한 정보시스템은 조직 내와 조직 간에 긴밀한 통합을 요구한다. 내부적으로는 마케팅, 영업, 구매, 내무, 제조, 유통, 운송 등 기능간의 연결, 외부적으로는 공급사슬 전체에 걸쳐 고객, 공급자, 유통업자 사이에 끊임없이 정보가 오갈 수 있도록 하는 조직 내 프로세스와 연결 고리를 창조해야 하는 것이다.

가. 기업 간 정보시스템

공급사슬환경에서 정보가 중요함을 인식한 많은 기업들이 다양한 형태의 기업 혹은 조직 간 정보시스템(IOIS: Inter-organizational Information Systems)을 구축하고 있다. IOIS는 IT로 인해 조직의 경계를 가로지르는 시스템으로, 여러 개의 조직이 활용하는 통합된 데이터 처리 및 교환시스템을 의미한다.

이러한 통합이 최종수준에 도달하게 되면 공급사슬내의 모든 구성원이 실시간으로 필요한 정보와 데이터를 제공 받게 된다. 따라서 조직 간에 컴퓨터에 기초한 전자적 연계를 통해 업무의 자동화가 요구된다. 주문처리, 주문처리상황 검토, 재고수준 조사, 운송현황추적 등 과거에 수작업에 의해 수행되었거나 우편 같은 매체에 의존했던 업무들이 포함된다. 이런 조직 간 정보시스템에 개별기업들이 참여하는 정도는 다음 표 11.1과 같다.

표 11.1 조직 간 정보시스템에서 기업들이 참여하는 정도

원격 입출력 노드 수준	상위수준의 구성원이 지원하는 응용시스템에 원격지에서 참여하는 수준
응용처리 노드 수준	재고조회나 주문처리 같은 단일 응용프로그램을 개발하고 공유하는 수준
다수 참가자 간 교환 노드 수준	사업상의 관계를 맺고 있는 다수의 하위수준 참가자와 자신을 연결하는 네트워크를 구축하고 공유하는 수준
네트워크 통제 노드 수준	여러 유형의 하위수준 참가자들이 활용할 다양한 응용프로그램과 네트워크를 개발하고 공유하는 수준
통합 네트워크 노드 수준	많은 수의 하위수준 참가자와 응용프로그램을 실시간으로 통합하는 문자 그대로의 데이터교환 및 데이터처리 중앙센터가 되는 수준
공급사슬 파트너 노드 수준	네트워크 통제 노드 수준과 유사하지만 IOIS 참가자를 특정수준에 국한시키지 않는다는 점에서 차이. IOIS 참가자들이 이를 개발하고 공유하는 조직보다 상위일수도 하위일수도 있으며 같은 수준일수도 있음

나. SCM 기반에서의 물류정보시스템

기업들은 통합물류의 실현을 위해 SCM을 추진하고 있으며, SCM은 제조업체, 납품업체, 소매업체, 운송회사 등 상품의 유통과정에 관여하는 모든 업체들이 공동으로 데이터베이스를 구축하여 상품흐름에 관한 정보를 공유함으로써 제반 물류비용의 절감에 의한 가격인하와 고부가가치 물류서비스(재고의 최적화, 적기의 상품공급)를 달성하려는 전략을 의미한다.

의류산업의 신속대응(QR: Quick Response)과 식품잡화산업의 효율적 고객 대응(ECR: Efficient Consumer Response)은 SCM의 대표적인 예들인데 물류관리에 대한 개념은 시대적인 요구상황변화에 따라 그 영역이 확대되고 있다. 물류관리와 관련하여 재화와 함께 효율적으로 관리해야 할 것은 재화의 흐름에 필수 불가결하게 수반되는 정보의 유기적인 흐름을 관리하는 것이다.

따라서 정보관리차원에서 물류의 효율화를 도모하는 물류관리시스템은 크게 기획통제기능, 조정기능, 고객서비스·커뮤니케이션 기능을 수행한다.

3. SCM의 구축전략

3.1 SCM의 구축전략

먼저 SCM을 실제로 구축할 때 요구되는 몇 가지 전제조건이 있다. 먼저 SCM 의식을 고취해야 한다. 다음으로 정보인프라의 개선이 필요하며, 각 기업 간의 표준화 노력, 공급사슬 내의 각 업체들 간의 신뢰관계의 형성과 유지 등이 필요하다.

이러한 전제조건이 갖추어 진 후 SCM을 구축하여야 하며 다음 몇 가지 구축전략을 예로 들 수 있다.

가. Mass Customization

개별 수주생산을 기본 골자로 하고 있는 Mass Customization은 다품종의 상품을 생산하여 많은 소비자의 기호에 최대한 부합하도록 하며 각 품종에 대한 소량생산으로 Dead Stock(활용되지 않는 재고)의 위험을 최소화하여 기회손실을 없애자는 전략이다.

이 전략은 SCM을 구축하는 데 있어서 고객 만족도를 최대한 높이는 주문방식과 생산형태를 달성하는 데 매우 유리한 전략이나 이 전략을 추구할 때는 공급계획에서 수주단위로 조정하는 능력이 뒷받침되어야 하는 전제가 필요하다. 또한 신속한 주문정보가 생산라인까지 빠르고 정확하게 전파되어야 하고 제품이 소비자에게 배달되는 리드타임을 최대한 줄여야 한다. 고객이 리드타임에 대한 만족을 얻을 수 있다면 이 전략을 수립하는 것이 가능하다.

나. VMI

VMI(Vendor Managed Inventory) 전략은 리드타임이 고객의 만족을 얻을만한 수준이 되지 않는 경우 이를 개선하기 위해 도입할 수 있다. 통상적으로 소매상은 매장과 물류센터에 재고를 많이 보유하는 것을 원하지 않는다. 이런 경우 재고의 보충을 위해 실수요 정보가 소매점에서 공급자 기업으로 일정기간의 배치형식으로 전달되어야 하지만, 채찍효과에 의해 정보의 왜곡현상이 발생하기 쉽다. 따라서 이러한 채찍효과를 방지하면서 최전방의 수요변동의 정보를 생산자 쪽에서(Upstream) 정확히 파악할 수 있느냐가 중요하다. 이에 따라 공급자가 직접 소매자의 매장과 물류센터의 재고를 관리하는 전략들이 개발되었다. 이것의 대표적인 것이 VMI이다.

VMI는 P&G가 Wal-Mart의 Point-of-Sale(POS) 데이터를 받아서 시행한 데에서 유래한 개념으로써 현재 미국에서는 많이 성행하고 있으며, 우리나라에서도 몇몇 업체들 간에 시행이 되고 있다. VMI를 시행하게 되면 공급자가 생산스케줄을 미리 거의 정확하게 만들 수 있으므로 수송여건도 보다 효율적이 되며 소매점과 도매점에서 중복으로 가지고 있는 재고도 많이 감소되어 서비스 수준의 향상을 가져올 수 있다.

다. CPFR

제조업체 관점이거나 혹은 유통업체 관점에서 SCM이 수행되면 필연적으로 양쪽의 입장차이로 발생하는 문제들이 생길 수 있다. 따라서 제조업체와 유통업체 공통의 관점에서 SCM이 수행되는 것이 바람직하다. 이것은 제조업체와 유통업체가 면밀한 유대관계를 형성하고 정보를 공유하면서 동시에 비밀을 유지할 수 있는 신뢰관계가 형성되어야만 가능하다. 이와 같은 제조업체와 유통업체 공동의 관점에서 수행된 것 중에 최근에 각광을 받고 있는 것이 CPFR(Collaborative Planning, Forecasting and Replenishment)이다.

CPFR은 상호간에 비밀을 유지하면서 소비자 수요에 대한 초과공급으로 생기는 총 공급사슬 내의 제조업체, 도매업체, 소매업체 보유의 재고에 대한 위험과 비용을 참여하는 업체들이 공동으로 부담한다는 의미에서 상당히 현실적인 개념이다. 따라서 거래관계를 형성하고 공급사슬 내의 수요를 하나로 통일하여 예측하고 이러한 예측된 수요를 공급하는 데 대한 각종 장애요인을 제거하는 것에 초점이 맞추어져 있다. 일반적인 CPFR은 9단계로 나눌 수 있으며, 전 단계는 참여하는 제조업체와 유통업체가 공동으로 수요를 예측하고 이에 따른 주문예측과 발주 및 배송과정으로 이루어진다.

좀 더 자세히 보면 1단계와 2단계는 공동업무협약서를 체결하고 수립하는 것이며, 3단계부터 5단계까지는 수요예측을 실시하는 단계이다. 다음으로 6단계부터 8단계까지가 예측된 수요에 맞추어서 주문예측을 하는 것이고 마지막으로 9단계가 발주를 하는 단계이다. CPFR에서 중요한 사항은 비밀의 유지와 제조업체와 유통업체 상호간의 수요예측을 통하여 각 오차가 나는 원인을 규명하여 시정하는 데 있다.

3.2 구축사례

West Marine은 미국에 있는 보트의 엔진부터 시작해서 신발이나 옷까지 보트와 관련된 거의 모든 제품을 판매하고 있는 보트관련 제품 판매업체이다(http://www.westmarine.com/). 현재 West Marine은 400개가 넘는 상점을 보유하고 있고 취급하고 있는 제품은 100,000 종류가 넘는다.

1996년 West Marine은 경쟁업체 중의 하나인 E&B Marine을 합병하게 된다. E&B Marine을 합병하면서 기존의 E&B Marine이 가지고 있던 63개의 상점도 고스란히 West Marine에 넘어오게 되었다. 합병을 통해 회사의 부피가 급속도로 커지면서 필연적으로 많은 문제가 발생하게 되었다.

가장 먼저 상점의 개수가 늘어나면서 고객이 원하는 제품을 제때에 상점에 진열을 할 수 없었다. 따라서 기존의 West Marine과 E&B Marine의 고객들의 신용을 잃게 되었고, E&B의 간판을 모두 철수하고 West Marine으로 바꾸어 기존의 E&B Marine이 보유하고 있던 상품의 종류와 가격을 바꾸게 되어 합병의 장점을 살리지 못하고 단순히 회사의 부피만 커지게 되었다. 또한 West Marine의 경영계층의 경험이 부족했기 때문에 회사의 근본적인 문제점을 진단하고 수정하는 데 많은 어려움이 있었다. 다음으로 회사의 합병으로 인해 공급사슬이 더욱 복잡하게 되는 문제가 있었다. 1,400개가 넘는 공급자들이 있었으며, 마지막으로 여러 정보의 공유부족이 또 하나의 큰 문제점이었다. 공급자들과의 정보공유의 부족뿐만 아니라 회사의 물류센터와 상점이 각각 다른 데이터베이스를 쓰고 있었고, 합병을 통해 E&B Marine이 기존에 가지고 있던 정보들과의 통합 또한 문제가 되었다.

따라서 West Marine은 위에서 언급한 문제들을 해결하기 위하여 CPFR을 도입하게 되었다. 공급사슬을 구성하고 있는 West Marine과 West Marine에 제품을 공급하는 여러 Supplier들이 각각 수요를 예측하던 것을 공급사슬 전체의 수요예측을 West Marine이 담당하는 것이 기본원칙이었다. 이것을 통하여 공급사슬에서 공급자 쪽으로 갈수록 발생하는 정보의 왜곡으로 인한 채찍효과를 고객과 닿아 있는 West Marine이 보다 정확한 정보를 바탕으로 공급자의 수요예측까지 담당함으로써 줄일 수 있기 때문이다.

먼저 West Marine은 비교적 많은 제품을 공급하는 12개의 공급자를 선정하였다. West Marine이 직접 공급자들을 만나 CPFR에 대한 개념과 앞으로의 계획에 대하여 설명하고 이것이 West Marine 측이나 공급자 모두에게 이득이 되는 것을 설득하였다. CPFR을 도입하면서 West Marine은 매주 단위로 수요예측을 수행하였으며 그 결과를 공급자에게 제공하게 되었다. 또한 정기적으로 미팅을 통해 진행 상황 평가와 개선사항에 대한 토의가 이루어졌다. 이것이 성공적인 결과를 가져오자 West Marine은 CPFR을 같이 수행하는 공급자의 수를 150개 이상으로 늘리게 되었다.

West Marine은 CPFR을 통해서 West Marine은 상점의 재고를 효율적으로 관리할 수 있었으며 실제로 재고이용률(Instock Rate)이 96%까지 증가하는 효과를 가져왔다. 또한 수요예측의 정확성도 85%까지 증가시킬 수 있었으며 On-time Shipment도 크게 향상시키는 결과를 가져오게 되었다.

4. SCM의 향후전망

전통적으로 SCM의 문제점으로는 첫째, 처음부터 끝까지의(End-to-end) SCM 과정이 잘 정의되어 있지 않아 수요예측과 생산계획, 부품주문계획 등이 잘 연동되지 않는다는 것이다. 이러한 기능들이 잘 연동되지 않을 경우 때로는 과잉재고 혹은 재고부족 사태를 초래할 수 있다. 둘째로는 수행차원에서 구매·재고관리·배송기능들이 통합되지 않아 정보교류가 원활하지 않고 계획대로 물류기능이 수행되지 않는 경우가 많이 나타나고 있다는 것이다.

e-SCM은 이러한 다양한 SCM의 기능이 통합수행되어 정보가 한 곳에 집중관리되며 네트워크 등을 통해 계획 및 수행정보가 관련부서, 관련회사 등에 신속하고 일관성 있게 전달되는 시스템을 말한다. 전통적으로도 SCM이 있었지만 VAN을 통한 EDI 방식을 사용하기 때문에 많은 한계가 있었다. 그러나 이제는 인터넷의 등장으로 이러한 한계를 극복할 수 있게 되었다. 이러한 인터넷의 등장은 기업에게 기회만 제공하는 것이 아니라 인터넷 상거래의 등장으로 이제는 고객의 욕구에 맞는 제품을 누가 얼마나 빨리 제공하느냐에 기업의 성패가 결정되게 되었다.

이러한 상황에서 가장 중요한 것은 무엇보다도 고객정보를 빨리 획득해서 고객을 만족시키는 것으로, 수시로 변하는 고객의 욕구에 맞는 제품을 고객이 원하는 시간에 고객이 원하는 장소에서 값싼 가격으로 제공하는 것이 중요하게 되었다. 이러한 점에서 e-SCM은 인터넷 기술을 활용해 공급자, 유통업자, 소매업자, 고객과 관련된 물자, 정보, 자금 등의 흐름을 신속하고 효율적으로 관리해 고객요구를 빠르게 충족시킬 수 있게 한다. 다음의 표 11.2는 전통적인 SCM과 e-SCM을 각각의 요소에 따라 비교해 놓은 것이다.

디지털 기술의 발전으로 등장한 인터넷을 통해 기업들은 매우 저렴한 비용으로 상호 연계가 가능하게 되었고, 누구나 활용 가능한 표준제정이 가능하게 되었다. 이를 통해 기업은 과거 Off-Line 환경 하에서의 공급사슬과는 전혀 다른 효율적인 공급사슬관리가 가능하게 되었다. 디지털 기술이 SCM에 미친 중대한 영향으로는 수직적 가치사슬의 해체(Deverticalization), 직거래(Disintermediation), 보유자산의 최소화(Dematerialization) 등이 있다. 향후 e-SCM은 가치사슬의 통합, 자동보충방식, 주문생산방식이 강화되는 방향으로 움직일 것이다.

표 11.2 SCM과 e-SCM 비교

	전통적 SCM	e-SCM
Supply Chain Process	- 예측가능 - 채널의 견고성	- 유동성 - 채널의 붕괴
경쟁력	- 고정자산 - 낮은 비용	- 스피드와 지식 - 고객서비스
변화주기	- 년/월	- 주/일
Supply Chain 직거래	- One-to-One 접점거래 - One-to-Two 고정가격	- N-to-N 전자상거래 - 동태적 가격 결정
Planning	- 관리자와 분석가 - 계획 후 실행	- 모든 참여자 - 계획과 실행의 동시성
업무환경	- 지시와 통제	- 권한의 분산

사례연구

A 기업은 자재운반기기나 휠체어, 산업용 청소기기, 골프 카트 등에 들어가는 배터리를 생산하는 기업이며 미국에 본사를 두고 주로 미국, 캐나다, 멕시코 등 북미지역을 주요 판매시장으로 삼고 있다.

기업 A가 제공하는 산업용 배터리의 시장은 크게 OEM시장과 Replacement시장으로 구분할 수 있으며 또 다른 분류방법으로는 활용분야, 즉 그 산업용 배터리가 어디에 쓰이느냐에 따라서 다시 구분할 수 있다. 기업 A는 OEM과 Replacement용 배터리 모두를 공급하며 크게 자재운반기기, 휠체어, 산업용 청소기기, 골프 카트, Access Platform이 기업 A가 생산하는 산업용 배터리가 주로 이용되는 Application이다.

자재운반기기는 기업 A 배터리의 매출의 60%를 차지하고 있다. 자재운반기기의 OEM 시장은 창고의 자재를 운반하는 차량을 생산하는 기업이나 화물을 운반하는 장비 등을 생산하는 기업을 포함한다. 일본의 자재운반기기 제조기업이 북미시장에 진출하였기 때문에 OEM시장의 배터리 가격은 Replacement 시장보다 훨씬 더 민감하게 반응한다. 또한 다른 분야에 비해서 주문량이 많은 편이며 배송의 신뢰도를 달성하지 못하면 시장 점유율을 잃을 정도로 배송의 신뢰도가 중요하다. OEM 고객의 90% 정도는 2주안에 제품을 공급하여야 하며 나머지 10% 정도는 2주가 지난 이후에도 제품을 공급할 수 있다. 반면에 Replacement 시장의 고객은 자재운반기기를 보유하고 있는 기업이나 정부기관 등이 포함될 수 있고, 그러한 장비의 배터리 수명이 다 했을 때 기업 A이 배터리를 공급하여 준다. 배터리의 수명이 다하면 장비가 작동을 할 수 없으므로 빠른 배송이 매우 중요한 역할을 한다. 고객의 60%는 7일 안에 제품의 배송을 요구하고 있으며 나머지 30% 는 2주안의 배송을 요구하고 있다.

휠체어는 자재운반기기에 비하여 비교적 규모가 작은 분야이다. 매출의 12%를 차지한다. 휠체어의 OEM 시장은 휠체어를 생산하는 9개의 미국회사를 포함하고 있다. 휠체어의 종류는 매우 다양한 편이지만 실제로 거기에 들어가는 배터리의 경우에는 표준화가 되어있는 편이다. 휠체어 배터리 분야에서는 뛰어난 배터리 디자인이 경쟁력을 줄 수 있기 때문에 가격은 그다지 중요한 요소가 아니지만 마찬가지로 배송 신뢰도는 매우 중요하다. OEM 고객의 70%는 14일정도의 배송기간을 요구한다. Replacement 시장의 고객은 병원, 의료장비업자, 약국 등 환자에게 휠체어를 판매하거나 빌려주는 업자들이다. 이 고객들은 대부분 배터리의 재고를 두지 않고 있기 때문에 빠른 배송이 중요하다. 실제로 7일 이상 배송이 지연되면 고객은 다른 업체에 배터리를 주문하고 있다.

산업용 청소기기용 배터리는 기업 A 매출의 9%를 차지하고 있다. 산업용 청소기기를 만드는 기업이 기업 A의 주요 OEM 고객을 구성하고 있다. 청소기기는 여러 종류의 표준 모델을 가지고 있으며, 엔진의 종류도 가솔린, LP가스, 전기 등으로 다양한 편이다. 북미의 산업용 청소기기의 시장의 경쟁이 치열하기 때문에 가격과 배송속도가 중요 요소가 되며 많은 제조업체들이 배터리를 공급하는 업체가 자신들의 JIT(Just In Time)에 맞게 제품을 공급하기를 원하고 있다. 따라서 70%의 기업들은 7일 이내의 배송을 원하고 14일이 넘어가면 더 이상 거래를 하지 않게 된다. Replacement 시장은 제조회사, 시청, 개인 청소업체 등의 고객으로 구성되어 있으며 이들에게 있어 배터리의 수명이 다하면 그만큼 손해를 보는 것이기 때문에 최대한 빠른 배터리의 배송(대부분 7일 이내)을 원하고 있다.

골프 카트용 배터리는 기업 A 매출의 11%를 차지하고 있다. 기업 A의 골프 카트용 배터리의 주요 OEM고객은 골프 카트를 만드는 몇 개의 대형회사와 작은 지역회사이다. 골프 카트는 다양한 형태의 모델이 있지만 거기에 들어가는 배터리는 표준화가 잘 되어 있어 비교적 적은 배터리 모델이 사용되고 있다. 가솔린을 연료로 쓰는 카트도 있지만 75%는 전기를 사용하고 그 비율도 커지고 있어 앞으로 시장이 커질 예상이다. 유럽과 아시아 시장의 진출로 인해 골프 카트용 배터리는 가격에 민감하며 일반적으로 주문량은 다른 것들에 비해서 많은 편이고 골프의 특성상 계절에 따른 주문량의 변화가 있다. 하지만 역시 마찬가지로 빠른 배송이 요구되며 70%정도의 고객은 14일 이내의 배송을 요구한다. Replacement 시장의 주요 고객은 골프 카트 공급자, 골프장 사업자, 개인 등이 되며 휠체어와 마찬가지로 이들 역시 배터리의 재고를 두고 있지 않기 때문에 빠른 배송이 중요한 요소가 된다. 60%의 업체가 7일 이내의 배송을 요구하고 있다.

Access Platform용 배터리는 기업 A 매출의 8%를 차지하고 있다. Access Platform용 OEM 시장은 Access Platform의 생산과 디자인에 특화된 제조업체 4개가 주요고객이며 제품의 종류는 비교적 적으며 표준화가 되어 있다. 하지만 Access Platform Application에 따라 배터리의 사이즈와 용량이 다양하다. 또한 Access Platform의 배터리의 가격이 매우 비싼 편이기 때문에 업체들은 빠른 배송을 요구하고 있다. Replacement 시장의 고객은 건축업자, 전력회사 등 다양한 편이며 Replacement시장에서의 가격은 그리 중요하게 고려되는 요소는 아니다. 하지만 고객의 입장에서 배터리의 수명이 다하는 것은 곧 스케줄에 차질을 빚게 되는 것이기 때문에 배송 속도는 매우 중요한 고려사항이 된다.

산업용 배터리는 하나 혹은 두 개 이상의 셀과 그것을 담는 컨테이너(Outer Container)로 구성되어 있고 각 셀은 덮개와 컨테이너, 양극과 음극을 구성하는 Grid Plate, 전선, 액체 등으로 이루어져 있다. 기업 A의 산업용 배터리 생산라인에서는 약 500개의 제품을 Make to stock의 형태로 생산하고 있다. 배터리의 케이스나 컨테이너 등 많은 부품은 공급자에게 공급을 받고 있으나 양극과 음극의 Grid의 생산은 기업 A에서 직접 생산을 하는 방식을 취한다. 산업용 배터리는 크게 4단계의 과정을 거쳐서 생산된다. 먼저 Grid를 생산하고, Low Volume, High Volume에 따라 Plate Processing, Cell Assembly 과정을 거친 후 최종적으로 배터리의 조립을 하게 된다. 기업 A의 경우는 75% 정도의 제품이 마지막 Assembly과정을 거치지 않고 판매되며 나머지 25%만이 최종 과정을 거친다.

산업용 배터리 시장의 특성을 앞에서 설명했듯이 배터리 시장에서의 배송 신뢰도는 매우 중요하다. 하지만 기업 A은 실제로 배터리를 고객에게 제때 공급해주고 있지 못한 실정이다. 지금도 마찬가지지만 앞으로도 이러한 배송지연이 계속된다면 시장의 점유율이 급속도로 떨어질 것으로 판단된다. 따라서 기업 A은 2년 전부터 증가하지 않는 판매량과 배송문제의 해결을 위해 JIT 도입에 많은 투자를 하였다. 이를 통해 WIP의 감소, Changeover 시간의 감소, 제조 리드타임의 단축 등의 효과를 얻고자 하였다. 현재 배터리 제조 공정 중 Grid Manufacturing, High volume plate processing과 High volume cell assembly가 JIT기반의 공정으로 운영되고 있으나 Low volume 배터리의 경우는 제품의 모델이 다양하기 때문에 JIT가 아닌 Make to order형식의 생산방식을 취하고 있다. 일반적으로 Cell Assembly공정은 하루 정도의 시간이 걸리고 Cell Charging은 3일에서 4일의 시간이 소요된다. Plate processing과 Grid Manufacturing 공정은 각각 1주일씩 소요되고 있다.

1. 기업 A는 공급사슬에서 보았을 때 Upstream에 속하는가 Downstream에 속하는가?

2. 본 사례에서 알 수 있듯이 산업용 배터리 시장은 배송의 신뢰나 속도가 매우 중요하다. 기업 A가 제대로 배송을 하기 위해서 어떠한 SCM 전략을 이용하는 것이 좋겠는가?

3. 2번에서 언급한 SCM 전략으로 기업 A가 얻을 수 있는 기대효과에 대해서 자세히 서술하라.

주요 단어

CPFR(Collaborative Planning, Forecasting and Replenishment)
e-SCM
Mass Customization
VMI(Vendor Managed Inventory)
공급사슬(Supply Chain)
채찍효과(Bullwhip Effect)
Downstream
Upstream
가치사슬(Value Chain)
공급사슬관리(Supply Chain Management)

토의 과제

1. SCM을 추진하는 이유에 대해서 설명하시오.

2. 공급사슬에서 발생할 수 있는 문제점은 무엇이 있는지 설명하시오.

3. SCM을 추진하기 위한 정보기술에는 무엇이 있으며, 최근에는 어떤 정보기술이 사용되고 있는지 설명하시오.

4. SCM을 성공적으로 도입한 기업의 사례를 찾아서 SCM 도입으로 인해 얻어진 효과에 대해 설명하시오.

5. SCM을 성공적으로 추진하기 위해서 고려해야 할 사항들을 설명하시오.

참고 문헌

1. Simchi-Levi, David, Kaminsky, Philip and Simchi-Levi, Edith, "Designing and managing the supply chain, 2nd edition, Mcgraw-hill, 2003
2. 김범열, "디지털 환경과 e-SCM", LG경제연구원, 2000
3. 임규건, 백승익, 이정우, 한창희, "디지털 경제시대의 e-비즈니스 경영", 이프레스, 2005
4. 이영해, "e-비즈니스 시대의 SCM 이론과 실제, 문영각, 2001
5. 한동철, "공급사슬관리: SCM", 시그마인사이트컴, 2002

CHAPTER 12

지식경영 (KM)

1. KM의 개요

1.1 지식의 형성 및 분류

사실은 객관적으로 실재한다. 객관적 실재를 반영하여 그것을 전달할 수 있도록 기호화한 것이 데이터이다. 데이터는 업무, 정보수집 등의 활동에서 발생하는 모든 자료의 원천으로써 특정 목적과 문제해결에 도움이 되도록 가공하여 부가적 의미를 창출해낸 것이 흔히 우리가 말하는 정보가 된다. 정보는 데이터 중에서 사용자에게 어떤 의미를 주는 것으로 데이터와 관련된 관계에 대한 이해가 포함된 것이다. 지식이란 장래 일반적으로 사용하기 위해 정보를 집적하고 체계화하여 보편성을 갖도록 한 것으로, 정보가 타당한 행동기준으로 전환된 상태이다. 따라서, 지식이란 데이터와 정보를 기반으로 형성되는 것이며, 데이터와 정보가 지식으로 전환되는 결과에 따라 경제적 부가가치가 생산되며, 고수익 지식기반의 제품과 서비스를 창출할 수 있는 것이다.

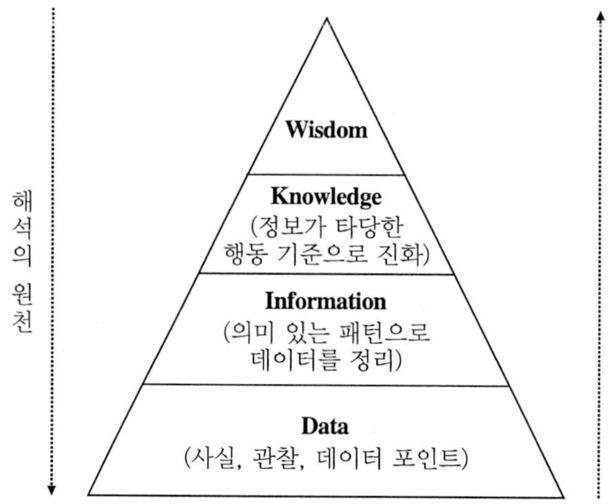

그림 12.1 Allen Kentro의 지식삼각형

한편, 일본의 노나카 이쿠지로는 조직 내의 지식을 크게 암묵지(Tacit Knowledge)와 형식지(Explicit Knowledge)로 구분한다. 암묵지는 학습과 체험을 통해 개인이 소유하고 있지만, 겉으로는 드러나지 않은 상태의 지식이므로, 표현되기 어렵다. 이는 개인, 집단, 조직의 경험, 이미지, 혹은 숙련적 기능, 조직문화, 풍토 등의 형태로 존재한다. 반면에 형식지는 언어와 구조를 갖춘 형태로 존재하는 지식을 의미한다. 이는 제품의 모양, 문서, 데이터베이스, 매뉴얼, 공식, 컴퓨터 프로그램 등의 형태로 표현되어질 수 있다. 암묵지와 형식지에 대한 내용을 간략히 정리하면 아래의 표 12.1과 같다.

표 12.1 지식의 2가지 형태

	암묵지	형식지
정의	언어로 표현하기 힘든 주관적인 지식	언어로 표현 가능한 객관적 지식
획득	경험을 통해 몸에 체득한 지식	언어를 통해 습득된 지식
형태	아날로그(실용적) 지식	디지털(이론적) 지식

노나카가 구분한 암묵지와 형식지는 서로 배타적이지 않고, 상호 순환적, 보완적인 관계를 가지며, 시간이 지남에 따라 상호간의 전이를 통해서 지식이 창조되고 확장된다.

1.2 지식의 전환

암묵지와 형식지는 조직 내에서 상호작용으로 지식을 획득, 공유, 표현, 결합, 전달하는 지식변환 과정을 형성해 나가며, 이러한 지식변환은 개인을 출발점으로 하여 개인의 집합인 집단(부문, 부서, 팀), 나아가 조직차원까지 나선형으로 회전하면서 공유되고 발전해 나가는 과정이다. 지식변환의 상호 작용은 공동화(Socialization), 표출화(Externalization), 연결화(Combination), 내면화(Internalization)의 4가지 단계로 구분되며, 이들 유형은 모두 상호·병렬적으로 작용하면서 순환적인 상승 발전 과정으로 진행된다.

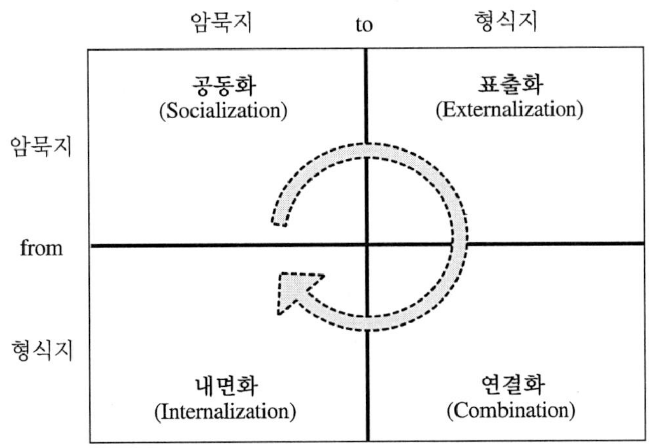

그림 12.2 지식전환의 4단계, 노나카 이쿠지로

즉 암묵지로부터 암묵지를 창조하는 '공동화(또는 사회화)', 암묵지로부터 형식지를 창조하는 '표출화', 개별의 분산된 형식지로부터 체계적인 형식지를 창조하는 '연결화', 형식지로부터 암묵지를 창조하는 '내면화' 등이 그것이다. 한마디로 지식의 변이는 암묵지에서 암묵지 → 암묵지에서 형식지 → 형식지에서 형식지 → 형식지에서 다시 암묵지로의 네 가지 과정을 순환한다. 첫 번째가 공동화로 공동체험을 통해 자신의 몸으로 지식과 정보를 획득, 공유하는 과정이다. 암묵지의 공유는 자유로운 토론이나 상호 학습, 전수 등을 통해 이루어진다. 자유롭고 개방적이며 활발한 토론문화와 일하는 과정 자체가 끊임없는 학습으로 이어지는 학습조직은 공동화의 주요 관건이 된다. 두 번째는 표출화로 암묵지를 형식지로 형태화하는 과정이다. 표출화란 개인이나 집단의 암묵지가 공유되거나 통합되어 그 위에 새로운 형식지인 개념지가 만들어지는 지식프로세스이다. 경영자의 생각을 언어화, 숙련 노하우의 언어화, 고객의 암묵적 요구를 표출하고 현재화시키는 일이다. 지식베이스, 문서화, 제품화 등으로 나타나며, 조직원간의 대화와 광범위한 은유 사용이 중요하다. 세 번째는 연결화로 형식화된 지식을 모아 연결·결합하는 과정이다. 이는 주로 정보기술차원의 문제이다. 다양한 형식지를 조합·가공·분석하여 의미있는 또 따른 형식지를 창조해내는 것이다. 마지막은 내면화로 행동과 실천을 위한 형식지의 체화, 학습과정을 말한다. 새로운 제품사양이나 문서와 같은 형식지가 조직 내에서 공유되는 과정을 통해서 다른 암묵지인 실천지로 확산되는 것이다.

기업에서 생산성을 높여 주는 지식은 단지 정보나 지식의 축적에서 생기는 것이 아니라 암묵지를 형식지로 전환하고 다시 형식지를 암묵지로 재 전환하는 사이클을 통해 끊임없이 신 지식을 창조하는 역동적 작용에 의해 창출되고, 공유되는 과정을 통해서 조직의 지식기반을 형성해 나가는 것이다. 그러나, 조직은 지식을 자체적으로 창조하는 것이 불가능하다. 그러므로 조직은 개인의 암묵지를 조직적 지식창조의 기반 지식으로 활용해서 상기의 네 가지 지식변환방식을 통해 지식을 증폭·창조하는 지식창조과정을 수행해야 한다. 이처럼, 조직적 지식 창조 과정은 개인 차원에서 시작되고, 구성원 간의 상호 작용이 부문, 부서, 사업, 그리고 조직이라는 공동체를 초월하여 상승·확대해 가는 지식나선(Spiral) 과정이다.

1.3 기업의 핵심역량

기업경영에 있어서 지속 가능한 경쟁우위 요인은 무엇인가? 이는 주지하는 바와 같이 그 기업이 보유하고 있는 차별적인 핵심역량일 것이다. 예컨대 어떤 기업에게는 이것이 신제품 개발과 관련된 핵심기술일 수도 있고, 또 다른 기업에게는 마케팅 역량일 수도 있을 것이다. 그러나 궁극적으로 이러한 역량의 근간을 이루는 것은 바로 그 조직 구성원들과 조직에 알게 모르게 축적·체화된 노하우, 프랙티스, 지식인 것이다. 심화되는 경쟁 속에서 최근 지속 가능하고 모방 곤란한 경쟁우위의 원천으로 '무엇을 알고 있는가?', '알고 있는 것을 어떻게 활용하는가?', '새로운 것을 어떻게 빨리 알 수 있는가?' 등 지식관련 요인들이 제기되고 있다.

지식경영을 한다는 것은 경쟁력의 근간을 구성하는 기본요소인 지식을 조직 내에 축적·개발하고, 모든 구성원들에게 효율적으로 공유·전파하며, 여러 지식 체제들을 적절히 통합하고 제대로 활용하도록 장려하고, 이를 뒷받침할 수 있는 제도적 장치나 인프라를 마련하는 것이라 할 수 있다. 이러한 지식경영을 통해 기업

조직은 일반적으로 경쟁력 확보를 위해 다음과 같은 효과를 도모할 수 있다. 첫째, 보다 빨리 제품혁신을 가능하게 하고, 둘째, 중복노력의 낭비를 줄일 수 있으며, 셋째 연구개발 등과 같은 지식창조작업의 비용을 줄일 수 있으며, 궁극적으로 구성원의 능력개발 및 능력발휘를 통해 만족도를 제고할 수 있다.

2. KM의 구조

2.1 KM의 구성요소

지식경영은 사람, 문화, 제도와 조직, 시스템으로 구성된다. 이러한 구성요소들의 바탕에는 지식프로세스가 있다. 지식프로세스란 지식의 변환과 활용, 새로운 지식의 창출이 연속적인 순환과정을 통해 새로운 부가가치 창출에 결정적 기여를 함으로써 고객에게 만족스러운 가치를 제공하고 기업에게는 이윤을 가져다주는 메커니즘을 말한다. 지식의 프로세스와 관련된 지식경영의 요소를 정리하면 그림 12.3과 같다.

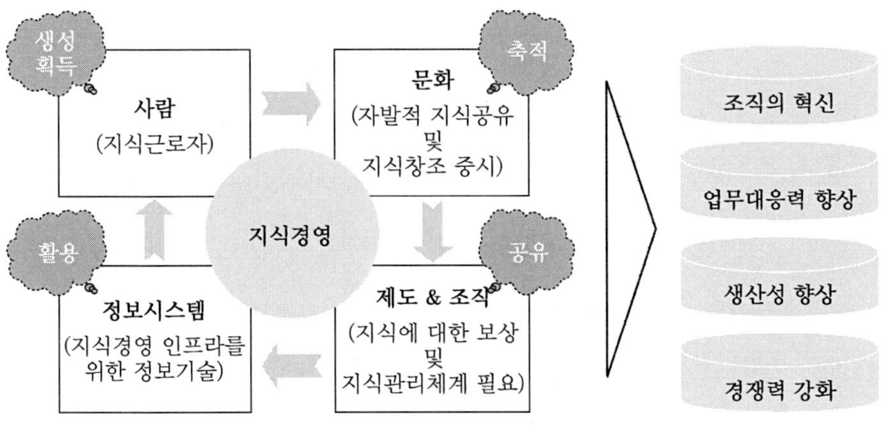

그림 12.3 지식경영의 구성 및 목적

델파이 그룹에 따르면 지식프로세스는 다음과 같다.

- **지식의 획득(Capturing):** 기업은 외부에서 지식을 획득하거나 연구나 경험을 통해 내부적으로 지식을 창조한다.
- **지식의 공유(Sharing):** 기업이 언제 어디서든 지식에 접근 가능하도록 만든다. 지식의 공유를 통해 조직의 학습능력을 크게 증진한다. 지식의 공유는 조직 내에서 배울 수 있는 유일한 방법이다. 지식관리시스템이 중점을 둔 분야는 대부분 지식의 공유이다.
- **지식의 레버리징(Leveraging):** 기업의 지력을 이용하여 지식을 더 나은 제품과 서비스로 전환하는 과정이다. 이 과정은 새로운 지식을 창출한다. 이러한 지식은 기업의 지식으로 축적되어 지식프로세스에 다시 기여할 수 있다.
- **지식의 공급(Feeding):** 지식을 제품에 체화시켜 제품의 가치를 증진시킨다. 제품에 체화된 지식은 유통망을 통해 확산된다.

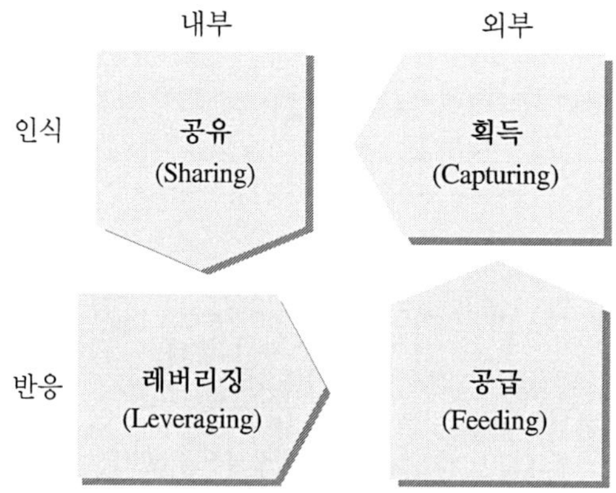

그림 12.4 지식체인

이는 기업과 외부환경의 지식순환 사이클을 말하는데, 기업은 외부환경을 통해 끊임없이 지식을 획득하고 그러한 지식과 기존 지식의 상호작용을 통해 새로운 지식을 창출하여, 그 지식을 제품과 서비스라는 매개를 통해 다시 사회에 공급하는 사이클을 말한다. 본질적으로 기업이 생산해내는 것은 다름 아닌 새로운 지식이고, 기업의 경쟁력은 지식의 생산성에 좌우된다.

2.2 지식(적)자본

기업경영에서 요체가 되는 지식을 지식자본이라 할 수 있다. 즉 기업이 보유한 지식으로, 이는 기업의 가장 중요한 자산이며 구조화·창출·획득의 과정을 거쳐 품질, 부가가치, 시장창조, 성장, 경쟁대응력, 자산활용능력 등 경영 전반에 영향을 미치는 가치창출의 근원이다. 이러한 지식자본은 이미 대차대조표 상의 자산가치보다 훨씬 커진 것이 일반현상이다. 예를 들면, Coca Cola와 MS의 경우 대차대조표상의 기업가치와 주식시장에서 평가 받은 기업가치의 차이는 무려 1,500억 달러에 이르고 Intel의 경우 1,000억 달러에 이른다.

	구분	자산(97년 말)	시장가치(98.3.18)	배율
A 그룹	GM	2,289억 달러	542억 달러	0.2배
	Ford	2,790억 달러	739억 달러	0.26배
	Chase Manhattan	3,655억 달러	582억 달러	0.16배
B 그룹	Microsoft	144억 달러	1,990억 달러	13.8배
	Intel	289억 달러	1,257억 달러	4.4배
	Coca Cola	169억 달러	1,849억 달러	10.9배

→ A 그룹 기업과 B 그룹 기업의 차이는 어디에서 발생하는가?

Microsoft : 고부가가치 기술개발
Intel : 끊임없는 기술개발
Coca Cola : 최고 수준의 마케팅 능력

→ 지식관리 능력을 통한 핵심역량 구축

출처: *요거시 말호트라, 김성희(2001), LG CNS 지식관리센터, "e-지식경영; e-비즈니스 환경에서의 지식경영" 2001*

그림 12.5 지식경영능력과 기업경쟁력 원천

Skandia의 Edvinsson은 지식자본을 인적자본과 구조적 자본으로 구분하고 있다. 여기서 인적자본은 개인들에 저장되어 있는 지식, 경험, 노하우를 일컫는 것으로 혁신의 원천이 된다. 구조적 자본은 개인에게 귀속된 것이 아니라 조직에 귀속된 것으로 인적자본을 증폭시키는 역할을 한다. CIBC(Canadian Imperial Bank of Commerce)에서는 구조적 자본을 다시 내부자본과 고객자본으로 구분한다.

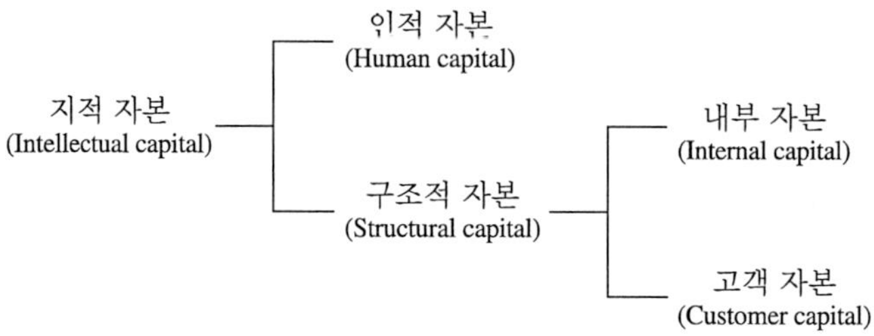

그림 12.6 지적자본의 구성

이러한 지식자본을 측정·평가하는 것은 경영자들에게 기업의 가치가 어디에 있는지를 정확히 이해시키고, 기업의 성공과 성장을 평가하는 중요한 잣대가 되며, 기업 활동에서 외부 자금조달의 기준자료로 활용되기 때문에 필요하다. 이러한 필요에도 불구하고 사실 지적자본의 가치를 회계적으로 처리할 수 있는 방법은, 많은 연구가 진행되고 있지만 아직 구체적인 성과가 없다.

2.3 지식관리시스템의 특징과 구성

지식관리시스템(Knowledge Management Systems)은 기존의 정보시스템과 어떻게 다른가? 사용되는 요소기술적 측면은 전혀 다를 게 없다. 제반 요소기술들은 굳이 지식관리시스템이라는 명칭 없이도 이미 보편적으로 사용되는 것들이다. 단지 기술요소들이 무엇을 위해 구현되었는가 하는 활용성에 따라 기존 시스템일 수도 있고 지식관리시스템일 수도 있는 것이다. 지식관리시스템은 기존 정보시스템들과의 유기적 결합을 통해 컴퓨터상에 저장된 데이터나 정보뿐 아니라 문서, 그래픽, 동영상, 모델, 노하우 등 다양한 형태로 조직 내에 분산되어 있는 지식을 효과적으로 저장·관리·활용할 수 있는 통합된 개념의 정보시스템이라 할 수 있다.

지식관리시스템은 조직의 지식관리프로세스를 지원하는 정보시스템으로 일반적인 정보시스템과는 다음과 같은 차이가 있다.

표 12.2 정보시스템과 지식관리시스템의 차이

정보시스템의 특징	지식관리시스템의 특징
명시된 정보의 기록과 처리에 초점을 둠	명시된 정보뿐만 아니라 암묵적인 정보의 채집 및 활용에도 초점을 둠
다양한 정보원으로부터 정보를 채취하여 정리한 후 DB 시스템에 저장함	하나의 정보원으로부터 채취된 정보를 다른 상황에서 재사용되도록 장려함

표 12.2 정보시스템과 지식관리시스템의 차이 *(계속)*

정보시스템의 특징	지식관리시스템의 특징
정보의 저장 및 관리가 중앙집중적 임 (정보시스템 중심)	정보의 접근·저장 및 관리가 분산적임 (사용자 중심)
매우 잘 정리된 정보저장소를 강조함 즉, 정보의 수집·분류 및 분배에 관심이 있음	협업과 공유를 강조함 사용자가 정보의 관계 및 요구사항을 정의할 수 있음
잘 정의된 질의어를 사용함	지식을 발견하기 위한 기술(지식지도 등)이 필요
조직의 핵심 데이터를 관리하기 위해 필요	성장·혁신 및 발전을 할 수 있는 부가가치를 창출함
업무효율향상을 위한 생산성이 중요	혁신을 위한 생산성이 중요

지식관리시스템 아키텍처의 기본으로 가장 많이 이용되는 것이 영국의 지식관리 컨설팅 기관인 Ovum에서 제시한 모델이다.

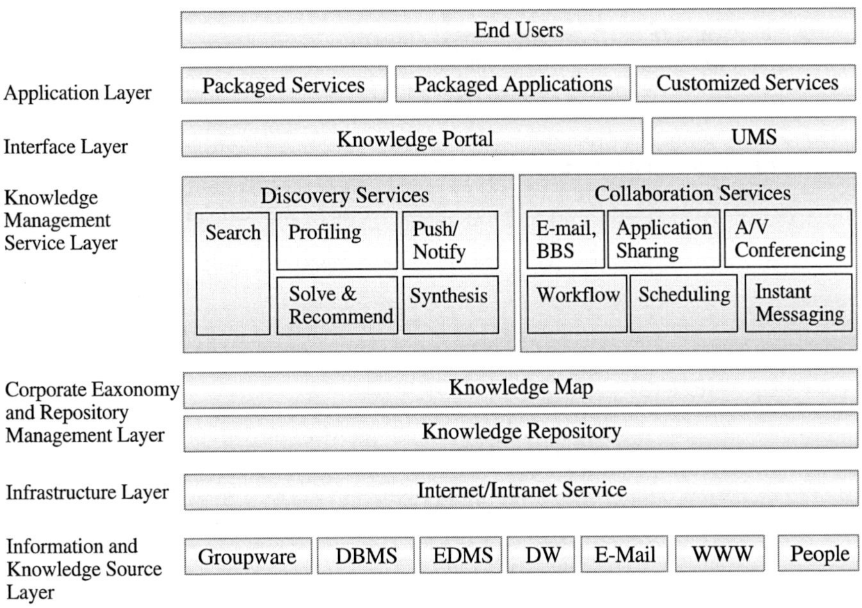

그림 12.7 지식관리시스템 아키텍처, Ovum

가. 정보 및 지식소스 계층

지식관리시스템의 가장 기본이 되는 부분은 정보와 지식으로, 조직 내에 그룹웨어, 전자문서관리시스템, DB 등의 다양한 형태로 존재한다.

나. 인프라스트럭처 계층

정보 및 지식을 내부 인프라로 구축되어진 전자우편이나 파일서버, 인터넷/인트라넷 등을 통하여 정보를 공유하게 한다.

다. 지식 분류체계 및 보관 관리계층

지식의 체계적인 관리 및 이용을 위하여 지식의 특성에 따라 지식을 분류하고, 지식을 이러한 분류체계에 따라 별도로 보관하는 서비스를 지원하다.

- **지식지도(Knowledge Map)**
  조직차원의 지식을 누구나 쉽게 찾아볼 수 있고 전체적인 구성을 이해하는 데 도움이 되도록 정보기술을 활용하여 조직의 지식체계를 논리적으로 표현한다.
- **지식저장소(Knowledge Repository)**
  지식을 물리적으로 저장하는 지식저장소이다.

라. 지식관리서비스 계층

관리되고 있는 지식을 사용자가 효과적으로 사용할 수 있도록 지원해 주는 기능을 담당하는 계층으로 검색, 사용자 관리, 지식유통, 전문가 검색, 협업을 위한 각종 기능을 수행한다.

마. 인터페이스 계층

실제로 사용자에게 보여 지는 화면이다. 즉, 사용자 중심의 인터페이스 화면을 지원하며, 향후 사용자 환경의 변화를 고려한 이동성(mobility)도 고려되어야 한다.

- 지식 포탈(Knowledge Portal)
- 통합메시지시스템(UMS: Unified Messaging Service)

바. 응용계층

사용자의 특성에 따른 서비스 제공을 지원한다.

3. KM의 전략

3.1 KM의 구축전략

지식경영은 21세기에 기업의 생존을 좌우할 수 있는 새로운 경영패러다임이다. 그러나, 경영자들이 막상 지식경영을 도입하고자 할 때, 자사의 상황에 맞는 모델을 찾기가 쉽지 않은 것이 현실이다. 지식경영을 위해서 정보기술보다 중요한 것은 기업이 다루는 지식의 내용이다. 지식의 내용은 기업의 사업특성에 따라 달라질 수밖에 없다. 조직 내에 존재하는 지식은 크게 암묵지와 형식지로 구성된다. 암묵지는 지식 보유자와의 직접 접촉, 경험학습 등을 통해서만 전수가 가능하기 때문에, 지식을 공유하는 것이 쉽지 않다. 반면, 형식지는 데이터베이스 등 정보시스템을 통해 효율적으로 공유가 가능하나, 공유할 지식을 생성하기까지 비용이 많이 든다.

소속 산업이나 경쟁의 특성에 따라 기업마다 요구되는 지식의 특성이나 지식의 구성비율은 다르다. 따라서 지식경영 전략도 달라져야 한다. 지식경영 전략은 표 12.3과 같이 지식의 특성에 따라 성문화 전략과 개인화 전략 두 가지로 대별될 수 있다.

표 12.3 지식경영 전략유형

성문화 전략	구분	개인화 전략
신속하고 저렴한 가격의 표준화된 제품/서비스 제공	경쟁전략	창조적이고, 정밀하며, 전략적인 고객 맞춤 제품/서비스 제공
재사용 경제학: 기존 문서와 자원의 재사용, 표준화	경제학적 모델	전문가 경제학: 독특한 문제에 대한 전문가적이고 창조적인 해결책 제시
지식의 재사용 전략: 개인적 지식의 문서화 중시 (people to document)	지식경영 전략	대면지식 공유 전략: 대인간 접촉 중시 (people to people)
지식을 문서화, 저장, 공유하고 반복적으로 재사용할 수 있는 전자문서 시스템 개발	추진방법	암묵적이고 지식이 공유될 수 있도록 구성원을 연계시키는 네트워크 개발
형식지	지식의 성격	암묵지

표 12.3 지식경영 전략유형 *(계속)*

성문화 전략	구분	개인화 전략
높음	정보기술 의존도	비교적 낮음
지식저장소를 이용한 표준화된 교육	인적자원 육성	일대일 멘터링을 통해 전문성을 도제식으로 전수
시스템 컨설팅: Anderson Consulting, Ernst & Young	대표적 사례	전략 컨설팅: McKinesy, Bain, Boston

가. 성문화(Codification) 전략

형식지를 기반으로 하는 성문화(코드화) 전략은 대규모의 정보기술 투자를 필요로 한다. 이 전략의 전형적인 모델은 지식센터를 구축한 후에 이 센터를 중심으로 정보를 수집하고 저장하여 배분할 수 있도록 하는 것이다. 이 전략은 구성원들에 의해 지식센터의 지식이 재사용되어 업무를 효율적으로 수행할 수 있도록 하는 것이 초점이다. 따라서 성문화 전략의 목표는 평범한 수준의 지식을 광범위하게 공유하여, 원가절감, 업무프로세스 개선, 고객서비스 향상 등과 같은 기업의 경쟁력으로 연결되도록 하는 것이다.

성문화 전략의 장점으로는 세 가지를 생각해 볼 수 있다. 첫째, 지식센터에 풍부한 지식자원이 있고 이를 관리하고 지원하는 전담인력이 있기 때문에 구성원들이 필요로 하는 지식으로의 접근이 용이하다. 둘째, 지식의 재사용을 통해 중복되는 작업을 줄이고, 의사소통 비용을 줄일 수 있다. 이는 고객들에게 신뢰할만한 서비스를 다른 경쟁자들보다 저렴한 가격에 빨리 제공할 수 있는 경쟁력의 밑거름이 된다. 셋째, 산업특성에 따라서 정보기술에 바탕을 둔 새로운 형태의 사업을 전개할 수 있다. 세계적인 컨설팅 회사인 Ernst&Young의 "Ernie"라는 상품은 컨설팅 산업에 '소매 컨설팅'이라는 새로운 사업을 창출하였다.

성문화 전략을 도입할 경우에는 다음과 같은 점들을 유의해야 한다. 첫째, 지식센터를 구축하는 데 투자비용이 많이 드는 반면 그 효익을 정확하게 측정하기가 힘들다. 둘째, 지식경영의 주도권이 주로 경영층에 있기 때문에 구성원들로 하여금 자발적으로 지식경영에 동참하도록 하는 문화를 만들기가 쉽지 않다. 셋째, 정보를 잘 관리하지 않으면 데이터, 정보, 지식이 아무런 구분 없이 지식센터에 올라오기 때문에 오히려 혼란만 초래할 수도 있다.

나. 개인화(Personalization) 전략

암묵지를 기반으로 하는 개인화(대면화 또는 인간화) 전략은 구성원들이 문제를 해결하기 위해서 조직 내·외부에 흩어져있는 동료나 전문가들에게 자문을 구할 수 있도록 대인 네트워크 시스템을 구축하는 것이다. 이 전략은 구성원들이 업무수행에 필요한 효과적인 해법을 구하도록 하는 데에 초점을 맞추고 있다. 이 전략의 구체적인 수단으로는 전문가 시스템, 사내 컨설팅, 직무 순환 등과 같은 것들이 있다.

개인화 전략의 장점은 코드화 전략의 단점으로부터 유추할 수 있다. 먼저 개인화 전략은 데이터와 정보를 무작정 만들어 내는 오류를 줄이고 업무수행에 유용한 정보와 지식만을 창조하도록 할 수 있다. 이 전략은 문제해결에 초점을 맞추고 지식을 찾는 것이기 때문에 보다 효과적인 지식경영이 가능하다. 둘째, 지식경영의 주도권이 조직 구성원들에게 있기 때문에 구성원들이 자발적으로 지식경영에 참여할 수 있다. 경영층이 할 일은 구성원들이 동료들이 필요로 하는 지식을 스스로 찾고 학습할 수 있도록 동기를 부여하는 것이다. 셋째, 대규모의 IT 투자가 없어도 되기 때문에 전체적으로 지식경영에 드는 비용이 상대적으로 저렴하다. 이 전략을 택한 기업에게 중요한 것은 정교한 정보기술을 활용하는 것보다도 구성원들이 필요로 하는 자료가 어디에 있고 그것을 작성한 사람이 누구인지 알 수 있게 하는 것이다.

그러나 개인화 전략 역시 몇 가지 단점을 가지고 있다. 첫째, 깊이 있는 지식은 구조화되기가 힘들기 때문에 지식을 공유하는 데에 시간과 비용을 많이 들이게 된다. 둘째, 지식을 공유하는 것에 대한 평가와 보상이 쉽지 않기 때문에 구성원들이 지식 창조 및 공유에 소극적일 수 있다. 셋째, 기존의 조직 내에서 활용되는 관행 위주로 지식경영을 하기가 쉬워 사업수행방식에 있어 혁신적인 아이디어를 기대하기가 어렵다.

3.2 구축사례

Ernst & Young과 McKinsey의 지식경영전략

지식경영이 가장 활발하여 전략유형이 분명하게 구별되는 산업이 컨설팅 산업이다. 컨설팅 산업의 경험은 지식경영을 시도하고자 하는 다른 산업의 기업들에게 좋은 교훈이 될 것이다.

세계적인 컨설팅 회사로 잘 알려진 미국의 Ernst & Young은 주로 세무, 회계 감사와 경영 컨설팅을 담당하는 회사로 코드화 전략 중심으로 지식경영을 하고 있다. Ernst & Young은 지난 93년 'Future State 97'이라는 새로운 전략을 채택하면서 본격적으로 지식경영체제로의 전환에 나섰다.

새로운 전략에 따라 지식경영을 담당할 혁신센터, 기술센터, 지식센터 등 세가지 비즈니스 센터가 구성되었다. 각 센터는 역할을 달리했는데 비즈니스 혁신센터는 새로운 지식을 창출하는 역할을, 비즈니스 기술센터는 창출된 지식을 통합하기 위한 정보기술의 방법론을 제공하는 역할을, 비즈니스 지식센터는 기업이 습득한 지식과 외부지식을 수집하고 축적하는 역할을 하였다. 시간이 흐르면서 비즈니스 지식센터의 기능이 확대되어 Ernst & Young의 지식경영전략에 필수적인 요소로 자리 잡았다.

이 센터는 1996년 말까지 100명 이상의 전문가를 확보하고 컨설턴트의 문의에 답하는 일종의 도서관과 같은 역할을 맡았고, 한편으로는 컨설턴트가 보유한 지식의 데이터베이스를 만들었다. 또 이 센터에서는 전문가를 양성하여 이들이 컨설팅팀에 충분히 참여할 수 있도록 하는 데도 많은 노력을 기울였다.

이 센터의 매니저들은 지식 네트워크를 구성하는 책임을 졌다. 이 네트워크는 지식을 주요 영역별로 분류했는데 미국 내 업무와 관련해서만 22개의 네트워크를 구성했다. 이들 네트워크는 에너지, 철강 등의 산업별, 리엔지니어링 등의 컨설팅 업무별, SAP 패키지 등의 사용 가능한 기술별로 나눠어 구성되어 있다.

주로 전략분야의 컨설팅을 하는 맥킨지에는 단순한 정보창고와는 완전히 차별화된 FPIS라 불리는 데이터베이스가 있다. 이 데이터베이스에는 누가 어떤 분야에 전문가이며 이런 저런 프로젝트에는 어떤 팀들이 움직였는지, 새로운 프로젝트팀을 짠다면 누가 적격인지를 알려주는 전문가 파일이 담겨있다. 맥킨지는 아무리 생소한 분야의 프로젝트를 의뢰 받더라도 이 데이터베이스를 활용하여 신속하게 문제의 본질에 도달할 수 있는 것이다. 맥킨지 프로젝트 중 약 20%가 다른 사무소로부터 파견된 인력에 의해 수행되고 있는 것도 이 데이터베이스와 관련된다.

맥킨지가 만드는 책자 하나하나에도 대인전략을 통한 지식공유의 의지가 담겨져 있다. "지식자원찾아보기(Knowledge Resource Directory)"라는 4백 페이지에 가까운 분량의 책에는 맥킨지에 근무 중인 컨설턴트의 이름, 주소, 전화번호는 물론 전문분야까지 상세히 기술되어 있다. 이 책을 보고 동료가 도움을 청할 경우 담당자는 즉시 응답해 주도록 되어있다.

또한 맥킨지의 "신속 응답 네트워크(Rapid resource network)" 역시 맥킨지의 지식자원을 활성화시키는 엔진 중 하나이다. 전문 컨설턴트 70명이 자원봉사 형태로 운영하는 이 신속 응답 네트워크는 전 세계 3,200여 컨설턴트가 문의하는 어떠한 내용에도 24시간 이내로 응답하도록 설계되어 있다. 맥킨지의 대인 중심의 지식공유전략은 여기에 그치지 않는다. "한 번 맥킨지는 영원한 맥킨지"라는 표현이 나올 정도로 맥킨지는 회사를 떠난 이들에 대핸 세심한 배려를 하고 있다. 일례로, 맥킨지에서는 퇴직자라는 말 대신 '동문(Alumni)'이라는 표현을 사용하고 있다. 퇴직자들은 사외의 네트워크로 작용하여 세계 경제계에 맥킨지 사단을 구성하는 견인차가 되고 있다.

4. KM의 향후전망

4.1 KM과 e-비즈니스

우리는 e-비즈니스에 관한 많은 지식과 정보를 언론매체 등을 통하여 접하고 있다. e-비즈니스를 여러 가지로 정의할 수 있겠지만, 인터넷 기반 비즈니스, 네트워크 기반의 비즈니스, 네트워크 디지털화 시대의 비즈니스라고 생각할 수 있다. 지식경영이 궁극적으로 만들고자 하는 조직형태는 학습조직, 또는 스마트 조직이다. 다시 말해서, 지식경영으로 우리가 도달하고 싶은 조직의 형태는 스마트(smart) 조직, 곧 고부가가치 조직의 구현이다. 스마트 조직이 되기 위해서는 이 시대의 특징인 네트워크로 모든 것을 재조명하여야 할 것이다. 네트워크 시대의 지식경영은, 네트워크 기반의 각종 정보와 지식 및 소스에 효과적으로 접근하고, 각 소스로부터 선별적이며 효과적인 정보를 채취하여 온라인상에서 활용할 수 있게 하는 정보채널의 틀을 구성하는 것이라 할 수 있다. 이 정보채널의 틀은 이제 우리에게 새로운 e-비즈니스 모델을 구상할 수 있게 해주며, 이러한 네트워크 기반, 지식과 정보채널 기반의 e-비즈니스 모델을 통해 기업은 고부가가치를 얻을 수 있는 것이다.

4.2 e-비즈니스 환경 하에서 지식경영의 중요성

지식경영의 중요성은 다음 네 가지 필요에 기인한다고 본다.

첫째, 부가가치 창출에 따르는 지식의 중요성 증대이다. 기업의 경우 그 가치는 회계장부상의 자산의 규모가 아닌, 고객에게 제공할 수 있는 기업의 부가가치 창출역량에 달려있다. 기업의 부가가치 창출역량은 결국 해당기업의 지식 창출과 관리능력에 따라 결정된다. 자산으로는 GM의 규모에 비교가 되지 않는 마이크로소프트사가 주식가격으로 환산한 시장가치는 GM의 그것을 훨씬 상회한다는 사실은 우리에게 간과할 수 없는 의미를 준다.

둘째, 차별화를 통한 핵심역량의 확보가 필요해졌다. 경쟁기업들이 쉽게 모방할 수 없는 지식자원을 효과적으로 활용한다면 생산성·효율성·창의성을 도모할 수 있다. 이는 해당 기업에 차별화된 경쟁력을 가져다주어 고객에게 고부가 가치를 제공할 수 있게 해준다.

셋째, 지식사회/지식산업의 도래이다. 21세기는 급격한 환경변화와 끊임없는 신기술 등장, 심화되는 경쟁환경 등의 특성을 가지는 초경쟁적 환경이라는 지적이 있다. 과거에는 노동력과 자본력이 부의 원천이 되었던 반면에 앞으로는 지식이 유일한 부의 원천이자 개인과 기업의 경쟁력이 되는 지식사회로 변모하게 될 것이다.

넷째, 지식노동자의 역할 증대로 학습조직의 구축이 필요해진 데에 기인한다. 지식창출은 개인으로부터 이루어진다. 세계적인 컨설팅 회사인 델파이 그룹은 중요한 위치를 차지하고 있는 미국 내의 700개 조직 중 60%는 현재 고용인의 60~100%를 '지식 노동자'로 생각하고 있다고 지적한다. 개인의 암묵지를 형식지화하여 조직레벨로 끌어올린 다음, 이를 다시 구성원들로 하여금 학습을 통해 체화시키고 활용하게끔 하는 과정을 원활히 하기 위해서는 결국 빠르고 지속적으로 스스로를 변화시킬 수 있는 역량을 갖춘 조직, 즉 학습조직을 창출해야 한다.

사례연구

1953년 창업한 SK 그룹은 현재 국내 유수의 재벌그룹이다. 50개가 넘는 자회사로 이루어져있으며 이중 12개는 대한민국 증권시장에 상장되어 있는 상장회사들이다. SK는 2006년 약 70억 달러의 매출을 기록하였으며 4만 명이 넘는 종업원을 고용하고 있다. SK 그룹의 50개의 회사는 크게 세가지 사업부분으로 즉 에너지와 화학, 통신, 물류와 건설로 나누어져 있다.

SK 그룹은 그룹의 도약을 위해서는 지식경영이 필요하다고 보고 본격적인 지식경영 시스템 구축에 나섰다. SK 기업의 지식 관리 능력은 국내업계의 평균보다는 높지만, 세계적인 기업들과 비교해서는 부족하였다. 세계적인 기업으로 나아가기 위해서 SK는 iOK와 SKMS 라는 지식경영 시스템을 갖추기로 하고 구축작업에 들어갔다.

SKMS(SK Management System)는 SK고유의 경영관리체계로서 SK구성원의 합의를 통해 정립된 경영철학이자 방법이다. SK가 추구하는 경영원칙과 경영방법이 SKMS 안에 들어 있다. 1979년에 처음 정립된 이래, 지금까지 계속 수정, 보완되고 있다. SKMS는 지식경영에 관한 내용도 포함되어있는데 SKMS에서는 지식경영을 회사운영에 필요한 정확한 정보의 공유라고 정의하고 있다. 또한 SKMS는 SK가 원하는 지식경영의 철학과 원칙도 자세히 기술되어있다. SK는 지식경영이 조직의 한 문화로 인식되고 또 지식경영을 통해 회사가 보다 건설적인 방향으로 나가기를 원했다. SKMS는 SK가 원하는 지식경영의 목표를 3단계를 통해 이룰 수 있다고 적혀있다.

첫 번째 단계는 기대치의 변화인데, 회사 경영진과 회사 직원 그리고 회사 조직 자체가 긍정적인 자세로 좀더 유연하면서도 경쟁적이고 또한 성과를 위해 노력해야 한다고 말하고 있다. 또한 가치사슬을 변화시키고, 전략적 협력을 강화하고 또한 위기에 대한 대처의식을 가져야 한다고 기술하고 있다. 두 번째 단계로는 첫 번째 단계에서 묘사된 방법을 가지고 지식경영을 통해 개인과 회사의 역량을 키워야 한다고 서술되어 있다. 각 개인은 피드백을 통해서, 회사는 지적 자산을 통해 그 역량을 키울 수 있다. 세 번째 단계는 두 번째 단계의 성과를 가지고 회사가 목표한 성과를 달성하고 달성한 결과를 회사 운영에 적용하는 것을 말한다. 이는 지식경영의 궁극적 목표와 같다. SKMS는 세 단계를 성공적으로 도달한다면 회사는 글로벌 기업으로 우뚝 설 수 있다고 말한다.

SKMS가 원론적으로 회사의 지식경영 원칙을 기술했다면 iOK 시스템은 SK의 지식경영에 필요한 구체적인 방법을 담고 있다. SK C&C가 SK 그룹의 요청에 의해 구축한 이 시스템은 지식경영에 필요한 전반적인 인프라를 담고 있을 뿐만 아니라 인적 자원 관리 시스템, 그룹웨어 관리 시스템 등 지식경영에 간접적인 도움이 되는 모든 정보를 포함하고 있다. iOK 시스템의 지식경영은 크게 3가지 부분으로 구성되어있다.

첫 번째는 working room이라 불리는 작업장이다. 작업장에서는 지식의 창조나 관리가 이루어진다. 작업장은 실행공동체(CoP)의 역할을 하기도 한다. 즉 프로젝트에 관련하여 한 자리에서 만나기 힘든 전문가나 업무에 관련된 사람들이 네트워크를 통해 서로의 지식을 공유하고, 피드백을 통해 수정시킬 공간을 마련해 줄 수 있는 것이다. 작업장은 Q&A 나 토론방 혹은 전문가 지도 등을 통해서 실행공동체의 능력을 향상시켜준다.

두 번째는 지식정보처리소이다. 지식정보처리소에서는 작업장에서 모아진 지식들을 재가공하여서 좀더 질적으로 향상된 지식으로 만드는 것이다. SKMS, cases, know how 등 기업이 기업활동을 통해 생겨난 지식들이 이곳에 저장되게 된다.

세 번째는 솔루션 팩이다. 이는 지식정보처리소에서 재가공된 지식들을 정리하여 미래를 위해 쓰여지게 하나의 통합된 해결책으로 만드는 것이다. 솔루션 팩은 과거로부터 얻은 지식들을 체계적으로 분류하여서 미래에 비슷한 문제가 발생할 시에 합리적이고 체계적인 접근을 가능하게 만들어준다. SKMS와 iOK 등의 시스템을 통해서 SK가 효과적이고 효율적인 지식경영을 할 수 있었지만 이는 일부분에 지나지 않았다. SK는 지식경영시스템을 그룹에 효과적으로 정착시키기 위해 최고 경영진과 정기적인 회의를 갖고 지식경영 상황을 보고 하였다. 또한 지식경영시스템에 대한 교육에 많은 투자를 하였다. 이메일을 통해 모든 직원에게 지식경영시스템의 사용방법을 교육시켰고 훌륭한 지식경영 사례를 홍보하였다. 그리고 지식경영시스템의 상태를 수시로 체크하고 문제점을 수정하여 시스템이 최적의 상태로 유지하게 하였다.

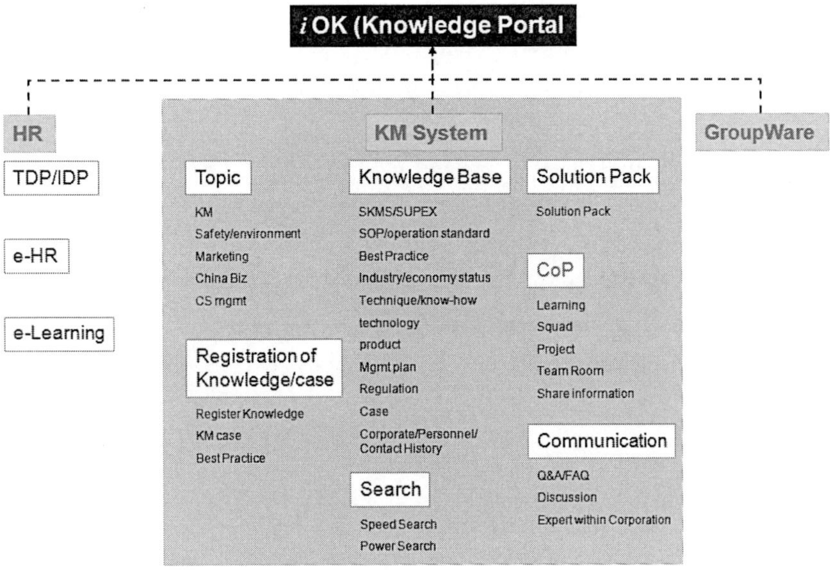

[그림 1] iok 시스템의 전반적인 개요도

1. SK가 지식경영을 도입한 이유에 대해 서술하라.

2. SK는 우리나라에서 대표적인 지식경영 성공기업으로 꼽힌다. SK에서 지식경영이 훌륭한 성과를 얻을 수 있는 요인에 대해서 토론하라.

3. 지식경영을 도입한 모든 기업들이 성공적인 성과를 거두고 있지는 못하다. 상당 수의 기업에서 지식경영은 유명무실한 경우도 발생한다. 지식경영이 실패하는 원인은 어떠한 것이 있을지 토론하라.

주요 단어

개인화 전략(Personalization Strategy)
내면화(Internalization)
암묵지(Explicit Knowledge)
지식(Knowledge)
지식관리시스템(Knowledge Management Systems)
지식프로세스(Knowledge Process)
표출화(Externalization)
공동화(Socialization)
성문화 전략(Codification Strategy)
연결화(Combination)
지식경영(Knowledge Management)
지식지도(Knowledge Map)
지적(식)자본(Intellecture Capital)
형식지(Tacit Knowledge)

토의 과제

1. 데이터와 정보, 그리고 지식을 각각 정의하고 설명하시오.

2. 지식을 분류하고 각각에 대해서 설명하시오.

3. 지식변환 4단계에 적용될 수 있는 정보기술에 대해서 설명하시오.

4. 지식경영의 등장배경과 지식경영과 지식관리시스템의 관계에 대해서 설명하시오.

5. 지식경영 전략유형에 따른 사례를 찾아서 지식경영 도입으로 인해 얻어진 효과에 대해서 설명하시오.

6. 지식경영의 실패사례를 통해서 기업이 지식경영 도입 시 고려해야 할 사항에 대해서 설명하시오.

참고 문헌

1. E. Lank, "Leveraging Invisible Assets: the human factor", Long Range Planning, Vol.30, No.3, 1997

2. Hansen, M.T., Nohria, N., Tierney, T., "What's your strategy for managing knowledge?", Harvard Business Review, March-April 1999, pp.106-116
3. Nonaka I. and H. Takeguchi, "The Knowledge Creating Company", New York: Oxford University Press, 1995
4. 김재봉, "국내 은행의 지식경영시스템 활용전략", 대은경제리뷰, 2003, 9/10, pp.8-21
5. 박형근, "우리 기업에 적합한 지식경영모델은?", LG주간경제, 4월 7일, pp.44-49, 1999
6. 신원무, "기업의 핵심역량은 지식경영에서", LG주간경제, 3월 4일, pp.48-55, 1998
7. SKC&C와 유영만, "지식경영과 지식관리시스템", 서울: 한국언론간행회, 1999
8. 요거시 말호트라·김성희·LG EDS 시스템 지식관리센터, "e-지식경영(e-KM)", 서울:물푸레, 2001
9. 한국정보통신기술 협회, "지식관리시스템 구축 기술 보고서", 2001

Chapter 13

e-비즈니스 (e-business)

1. e-business의 개요

1.1 디지털 경제와 e-business

가. 디지털 경제의 의의와 특징

디지털 경제는 '재화와 서비스의 생산, 분배, 소비 등 주요 경제활동이 디지털화되고 네트워크화된 정보와 지식이라는 생산요소에 주로 의존하는 경제'를 의미한다. 인터넷경제, 정보경제, 네트워크경제, 지식기반경제 등의 용어들이 디지털 경제와 유사한 개념으로 사용되고 있으나 포괄하는 범위나 강조하는 측면에서 다소의 차이가 있다.

디지털 경제의 핵심개념인 정보, 디지털 기술, 네트워크의 물리적·기술적 특징이 디지털 경제의 성격을 규정하는 기본원리가 될 것이다. 첫째, 디지털 기술은 정보를 이진수로 표현함으로써 정보의 해석, 가공, 복사, 전송 및 저장을 용이하게 한다. 둘째, 네트워크는 상호성, 신속성이라는 특성과 함께 사용자의 수가 늘어날수록 기존 사용자의 효용이 늘어나는 수요측면의 외부효과를 가지고 있다. 마지막으로 정보는 경험재, 소비의 비경합성 등의 특성을 가지고 있다.

디지털 경제의 주요 특징으로는 다음과 같이 네 가지로 분류할 수 있다. 첫째,

디지털 경제에서는 디지털 기술발전으로 정보의 가공, 복제가 용이해지고 가공된 정보가 네트워크를 통해 실시간으로 상호 교환됨으로써 정보의 자유로운 교류가 이루어진다. 둘째, 네트워크의 광속성, 쌍방향성은 물리적인 입지의 중요성을 점차 축소시켜 경제의 글로벌화를 진전시킨다. 셋째, 급격한 기술변화로 경쟁이 변화무쌍하게 전개되는 디지털 경제에서는 미래를 예측하는 것이 더욱 어렵다. 마지막으로 디지털 재화의 수확 체증적 성격, 네트워크 외부성 등에 의해 시장선점의 중요성이 커진다.

나. 디지털 경제와 전자상거래

좁은 의미에서 디지털 경제는 IT 산업과 인터넷을 기반으로 하는 전자상거래의 역할을 중시하는 개념이다. 디지털 경제가 출현하기 위해서는 IT 산업, 통신망, 그리고 인터넷이 상호연관지어 발전해야 한다. 이러한 세 부류의 발전은 제각기 이루어지기 보다는 서로 연결됨으로써 기존의 경제적 특성과는 다른 새로운 특성을 형성해 나가기 시작했다. 그리고 이러한 디지털 경제의 실질적인 개화를 가능하게 한 것이 인터넷을 매개로 한 전자상거래이다.

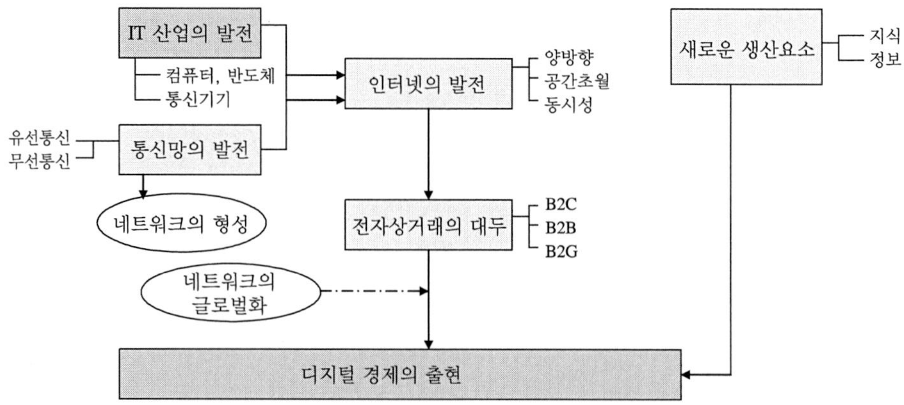

출처: *"2003 e-business 백서", 산업자원부 한국전자거래진흥원*

그림 13.1 디지털 경제와 전자상거래

인터넷을 매개로 한 전자상거래가 시작될 당시 경제 주체의 관심을 끈 것은 쇼핑몰로 대변되는 기업과 소비자 간(B2C: Business to Consumer) 전자상거래이다. 기업들은 이러한 거래형태를 통하여 자신들이 생산하는 상품의 새로운 유통통로를 발견했을 뿐 아니라, 새로운 시장의 가능성도 발견했다. 그래서 기존 오프라인(실물 경제공간) 상의 상점들이 대거 온라인(인터넷의 가상공간) 상에 상점을 개설했을 뿐 아니라, 벤처기업의 형태로 새로운 온라인 상점들이 다수 출현하였다.

바로 이러한 점에서 전자상거래는 디지털 경제의 가장 중요한 요인의 하나로 등장하기 시작했다.

1.2 e-business의 정의

전자상거래와 e-business는 별다른 구분을 하지 않을 경우 대개 같은 의미로 사용된다. 사실 많은 사람들이 이 둘을 함께 사용하고 있다. 그러나 굳이 구분하자면, 전자상거래는 협의의 전자상거래로 좀 더 거래 중심적이며 IT 기술 중심이고, e-business는 협의의 전자상거래를 포함하면서도 디지털 경제 시대에서 모든 기업과 산업의 변화해 가는 모습과 상호 간의 관계를 지칭하는 포괄적인 의미로 사용되는 사업 중심의 광의의 의미로 분류할 수 있다.

본서에서는 e-business를 인터넷과 IT를 이용하여 구매-제조-유통-판매-서비스로 이어지는 비즈니스의 전 과정을 재조정하여 경영 활동의 효율성과 생산성을 높이며, 새로운 사업기회를 창출하는 계획적으로 조직된 혁신 활동으로 정의하겠다. 이러한 정의가 가지는 의미는 다음과 같다.

첫째, 앞서 살펴본 여타의 개념과 같이 e-business 역시 인터넷과 IT를 기업과 산업에 응용하는 것이다.

둘째, 기업 혹은 산업의 전 과정을 재조정하는 것이다. 따라서 e-business를 새로운 유통채널로 해석하거나 기업경영의 일부를 전자화하는 형태로 해석해서는 안 된다. 구매, 제조, 유통, 판매, 서비스로 이어지는 전 과정을 재조정하기 위해서는 우선 내부기업 혹은 외부기업과 연결되는 가치사슬의 재조정도 이루어져야 한다. 이들 가치사슬에 대한 논의는 조금 뒤에 보다 깊이 이루어질 것이다.

셋째, e-business는 혁신 활동이다. 이는 단순한 원료의 조달과 생산과정을 변화시키는 것이 아니라, 기업조직, 기업문화, 기업관행에 대한 근본적인 재해석과 변화를 함께 요구한다.

1.3 e-business의 시장현황 및 전망

가. 전 세계 전자상거래 규모

정보통신기술 발전과 인터넷의 확산에 힘입어 세계 전자상거래 시장도 고속성장을 지속했는데, 전체 시장규모는 2001년에 9,280억 달러로 2000년 대비 90%나 증가한 것으로 나타났다. 그 중 B2B가 전체의 80% 정도인 7,400억 달러이며, B2C가 전체의 19%인 1,760억 달러로 각각 조사되었다. 지역별로 보면 북미지역이 세계 전자상거래의 74%를 차지하여 비중이 제일 높은 것으로 나타났고, 다음으로 서유럽이 16%, 아시아는 9%를 각각 차지하고 있다.

전자상거래 시장은 2002년 이후에도 매년 60% 이상씩 성장을 지속하여 2006년에는 시장규모가 10조 달러를 돌파할 전망이다. 2005년에도 북미지역이 세계 전체 전자상거래 시장의 45%를 차지하며 우위를 보이겠지만, 점차 그 비중은 현저히 낮아질 것으로 보인다. 또한, 아시아와 서유럽의 전자상거래 규모가 급속히 성장하여 그 비중이 높아질 것으로 예상된다. 2002년 이 후에도 기업들의 비용 절감과 부가가치 창출을 위한 비즈니스 프로세스 개선이 지속될 것이기 때문에 B2B가 세계 전자상거래의 85% 이상을 차지하며 전자상거래 시장을 계속해서 주도할 전망이다.

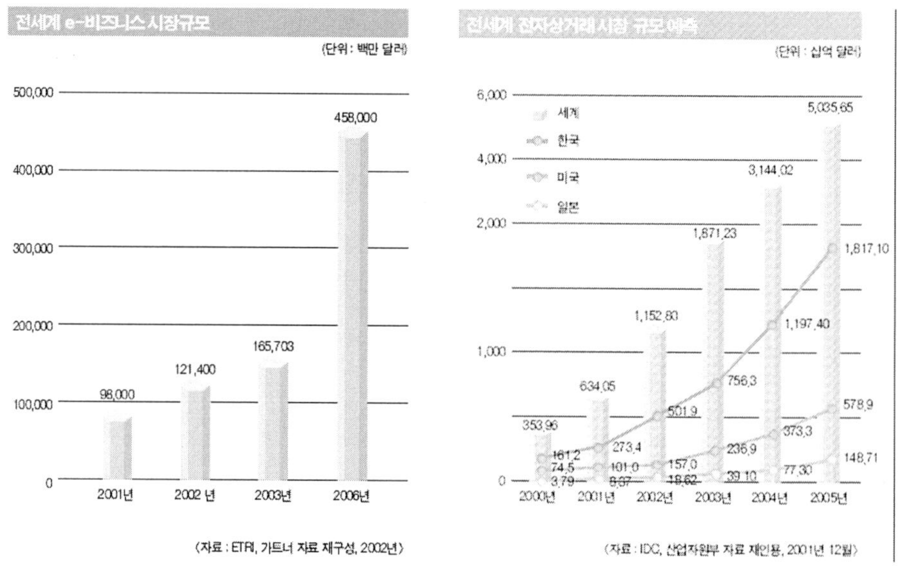

그림 13.2 전 세계 e-business와 전자상거래 시장규모추이 및 전망

나. 국내 e-business 동향

국내 산업자원부에서 2004년 12월 8일에 발표한 '2005 e-business 현황 및 전망 세미나' 자료에 의하면 표 13.1과 같이 2004년 우리나라 전자상거래 시장규모는 300조 원으로 전년대비 28%가 증가하였다고 하며, 전체 거래규모 중 전자상거래 비중이 19.1%에 이른다고 한다. 기업의 e-business에 대한 투자도 2003년 2조 7,476억 원에서 2004년에는 3조 313억 원으로 10.3% 증가하였다고 한다.

표 13.1 국내 전자상거래 규모

	2000	2001	2002	2003	2004
전자상거래 시장규모(증가율)	57조	118조 (107%)	177조 (49%)	235조 (33%)	300조 (28%)
총거래액	1,270조	1,308조	1,386조	1,426조	1,570조
전자상거래율	4.5%	9.1%	12.8%	16.7%	19.1%

이와 같은 e-business의 성장은 경쟁력 있는 전통산업의 고부가가치화와 비용절감을 달성하고, 신성장 산업육성에 도움을 줄 것으로 예상된다. 정부발표에 따르면 e-business화로 인해 2003년 이후 매년 GDP의 0.87%인 약 4조 2000억 원의 부가가치가 추가로 창출되고, 연간 50조 원 이상의 비용절감 효과를 거두는 것으로 추정된다.

2. e-business의 구성

2.1 e-business의 구성분류

본 절에서는 기술계층구조 및 IT 서비스 관점위주로 분류되었던 기존 e-business 및 전자상거래 기술체계에 대해 전자상거래 프로세스 관점을 보강한 기술분류체계를 제시한다. 전자상거래 관련 기술구조는 그림 13.3에서 보는 바와 같이 시간이 흐르면서 변화해 왔으며, 최근 e-business 및 전자상거래와 관련된 국내·외 기술을 통합기술, 응용기술, 요소기술 위주로 살펴보고자 한다.

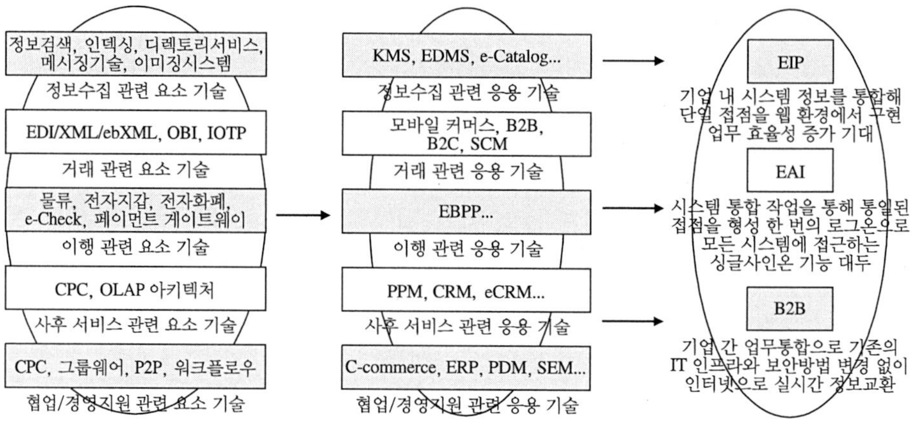

출처: "2003 e-business 백서", 산업자원부 한국전자거래진흥원

그림 13.3 e-business 기술구조의 변화

2.2 e-business의 기술동향

가. e-business 통합기술

1) 기업포털

기업포털(EP: Enterprise Portal)은 각종 시스템에 산재한 정형 및 비정형 정보, 애플리케이션 등을 통합적으로 사용할 수 있는 환경을 제공하는 새로운 개념의 비즈니스 플랫폼이다. 구체적으로 기업 내(B2E)는 물론 협력업체(B2B), 고객(B2C) 대상 정보시스템을 하나의 사이트로 통합한다. 이 같은 비즈니스 플랫폼 하에서 직원들은 사내의 각종 시스템에 흩어져 있는 데이터와 인터넷 상의 수많은 외부자료를 종합해 자신의 역할과 업무에 적합한 정보와 지식을 추출할 수 있다. 기업 역시 이런 인터넷 기반의 단일화된 플랫폼을 통해 직원은 물론 고객과 협력사에 이르기까지 각종 정보를 맞춤형으로 통합제공할 수 있다. 즉 EP는 기업과 구성원 간 프로세스와 정보의 단절을 극복하는 창구이며, 동시에 방대한 기업의 지적자산을 관리하고 조직과 개인의 관점에서 내, 외부로 유통시키는 일종의 기업 관문인 셈이다. 기업정보포털(EIP: Enterprise Information Portal)은 EP 중에서 정보의 통합에 중점을 둔 개념이다.

현재 국내에는 다양한 EP 솔루션들이 출시되어 있는데 이들은 편리한 사용, 광범위한 정보접근, 최신정보의 다양한 활용이 가능하다는 점을 장점으로 내세우고 있다. 또한 관리가 용이하고, 협업, 개인화 기능과 함께 강력한 보안기능, 많은 사용자의 동시 다발적인 정보요청에 대응하는 확장성을 자랑한다.

2) EAI(Enterprise Application Integration)

기업의 경쟁환경이 변화하면서 정보시스템이 기업 경쟁력에 미치는 영향력이 증대하고, 새로운 가치창출을 위한 해법으로 다양한 시스템 및 애플리케이션들이 기업정보시스템에 편입되었다. 이들 시스템 및 애플리케이션이 기업의 업무효율화에 공헌한 것은 사실이지만, 그 때문에 각 기업의 정보시스템이 매우 복잡해진 것 역시 사실이다.

또한 이질적인 애플리케이션과 플랫폼으로 시스템 간 데이터의 일관성을 보장하기 어렵고, 기업 활동 전체에 대한 정보를 관리할 수 있는 시스템이 없어지게 되었다. 이에 따라 기업들은 다양한 애플리케이션들이 독립적으로 가동되어서는 비즈니스 프로세스를 효과적으로 관리하기가 힘들고, 급변하는 시장상황에 실시간 대응이 어렵다고 판단하게 되었다. 이에 따라 애플리케이션 통합에 대한 요구가 자연스럽게 대두되었고, 이에 부응하여 나타난 것이 바로 EAI(Enterprise Application Integration)이다.

3) 기업 간 업무통합

기업 간 업무통합(B2Bi: Business to Business Integration)은 문자 그대로 기업 간 전산시스템을 연동하는 것이다. 단일 기업의 이기종 애플리케이션을 통합하는 것을 EAI로 정의한다면, B2Bi는 대상 범위가 기업 간(B2B)으로 확대된 것이다. 즉 B2Bi는 기업과 기업, 기업과 e-마켓플레이스, e-마켓플레이스와 e-마켓플레이스 등 기업 간 전자상거래에서 발생하는 비즈니스 프로세스를 효과적으로 지원하기 위해 전산시스템과 문서포맷, 애플리케이션을 서로 통합·연동한다는 것이 기본개념이다.

4) eAI(e-business Application Integration)

최근 EAI와 B2Bi를 결합한 새로운 조류로 eAI(e-Business Application Integration)가 대두되고 있다. EAI를 통상 사용하고 있는 좁은 의미로 생각하여, 비즈니스 프로세스를 중심으로 기업내부의 각종 애플리케이션 간 상호연동이 가능하도록 통합하는 솔루션이나 방법론을 의미한다고 보고, B2Bi를 그러한 EAI를 기업 간으로 확대한 것으로 정의할 때, 이 둘을 포괄하는 eAI는 새로운 기술흐름임에 틀림없다.

eAI는 기업내부는 물론 기업과 기업 간 e-business에 필요한 각종 데이터와 애플리케이션, 그리고 프로세스를 연동시켜 주는 일종의 미들웨어로 볼 수 있다. 이는 eAI가 기존 애플리케이션을 변화시키지 않고 이들 간의 통신을 가능하게 하기 때문이다. 다만 기존의 미들웨어가 포인트 투 포인트(Point-to-Point) 애플리케이션 연결에 사용되는 데 비해, eAI는 기업이 비즈니스 프로세스를 중심으로 여러 애플리케이션 간의 네트워크를 통합적으로 관리한다는 점에서 기존 순수 미들웨어와는 구별된다고 볼 수 있다.

나. e-business 응용기술

1) 지식관리시스템

지식관리시스템(KMS: Knowledge Management Systems)은 기업 내, 외부의 경험적인 지식이나 아이디어, 혹은 정보들을 디지털화하고 인터넷을 통해 언제 어디서나 최적의 지식을 사용할 수 있도록 구현하는 시스템이다. 궁극적으로 지식의 분배, 공유와 검색에만 있는 것이 아니라, 지식의 생성과정을 지원하는 역할을 담당해야 한다. 이에 따라 KMS의 기능은 매우 포괄적인데, 지식의 포착 및 저장, 검색 및 도출, 개인과 그룹에 맞는 주요정보의 전송, 지식의 분류 및 구조화, 공유 및 협력, 맞춤정보 제공, 해결 및 권고안 제시, 기존의 애플리케이션 통합, 유지, 보수 기능 등이 그것이다. 나아가 개개인의 지식을 추출하는 작업, 자료를 분류하는 작업 등을 해야 한다. KMS는 인트라넷, EDMS(Electronic Document Management Sys- tems, 전자문서관리시스템), 정보검색시스템, 그룹웨어, DW(Data Warehouse) 등과 같은 기반기술에서 ERP 같은 응용기술까지 활용한다.

2) 전사적자원관리

전사적자원관리(ERP: Enterprise Resources Planning)는 1970년대의 MRP(Material Requirement Planning)와 1980년대의 MRP II(Manufacturing Resource Planning)를 비롯하여, 생산관리분야의 JIT(Just In Time), TQM(Total Quality Management), 경영분야의 MIS(Management Information Systems)의 발전에 그 뿌리를 두고 있다. ERP는 이러한 기술들이 가지고 있는 기술적 한계를 극복하는 전사적이고 통합적인 자원관리시스템으로 볼 수 있다. 이는 생산관리, 판매관리, 인사관리, 재무관리

등 기업의 모든 기본적 업무를 컴퓨터 시스템을 사용하여 밀접하게 관련시켜 실행하는 것으로 인력·생산재·물류·회계 등 기업의 모든 자원을 전체적으로 관리하여 최적화된 기업 활동을 가능하게 하는 전산시스템이다.

최근에는 ERP를 기업 내부업무 통합뿐만 아니라 기업외부로 확장시킨 확장 ERP가 각광받고 있다. 확장 ERP는 기업내부의 전사적인 자원관리에 중점을 둔 전통적 ERP와는 달리 기업을 둘러싼 여러 관계들 간의 통합적인 자원관리에 목표를 두고 있다.

3) 전략적 기업경영시스템

최근 확장형 ERP 모듈의 하나로서 각광받고 있는 것이 전략적 기업경영시스템(SEM: Strategic Enterprise Management)이다. 기존의 ERP가 기업내부에서 활동하는 정보를 한 눈에 보여주는 것이라면, SEM은 그 정보들을 분석하고 가공하여 기업 내의 의사결정자들이 기업 활동의 개선여부와 실행을 할 수 있도록 도와주는 역할을 한다.

SEM은 기업의 각종 경영시스템 및 인프라에 흩어져있는 정보를 통합해 목표기준을 설정해 주고 이를 실시간으로 점검하여 합리적인 의사결정과 경영성과의 제고를 위해 직접 활용할 수 있도록 해주는 프로그램이다. 즉 SEM은 무차별적으로 쏟아지는 정보의 홍수 속에서 경영자로 하여금 최적의 의사결정을 내릴 수 있는 환경을 조성해 주고, 정보처리에 드는 비용을 획기적으로 줄일 수 있는 현대 e-business의 전략적 접근 중 하나이다.

SEM 시스템은 조직의 최소 단위별(각 직원별)로 목표를 설정하고, 그에 대한 활동을 지표로 수치화한다. 지표 자체가 구체화되면 해당 단위의 관리가 용이해진다. 이렇게 생성된 기업정보들은 실시간으로 관리가 되며, 기업 활동에 있어서 결과 및 개선여부를 신속히 파악할 수 있다. SEM은 통합된 정보를 요약하여 각 단위 또는 개인에게 핵심성과지표(KPI: Key Performance Indicator)를 제시하여 각자의 업무 활동에 반영하게 한다. 정확한 계량적 자료에 의해 업무 프로세스가 진행되므로 보다 합리적이며 투명한 기업경영이 가능해진다.

4) 고객관계관리(Customer Relationship Management)

과거의 대중 마케팅(Mass Marketing), 세분화 마케팅(Segmentation Marketing), 틈새 마케팅(Niche Marketing)과는 확실하게 구분되는 마케팅의 방법론으로 데이터베이스 마케팅(DB Marketing)에서 진화한 요소들을 기반으로 등장했다.

CRM이란 영업, 마케팅, 고객서비스 및 고객지원영역에서 고객관계관리와 관련된 비즈니스 프로세스를 자동화하고 개선시키는 데 초점을 두고 있다. 이는 판매주기와 판매비용을 절감하고 수입을 증가시키며, 확장시켜야 할 새로운 시장과 채널을 확인하고, 고객가치 · 만족 · 수익성 및 고객유치증대를 목표로 한다.

CRM은 고객 데이터의 세분화를 실시하여 신규고객 획득, 우수고객 유지, 고객가치 증진, 잠재고객 활성화, 평생고객화와 같은 사이클을 통하여 고객을 적극적으로 관리하고 유도하며 고객의 가치를 극대화시킬 수 있는 전략을 통하여 마케팅을 실시한다.

5) B2B e-마켓플레이스

B2B e-마켓플레이스는 불특정다수의 공급자와 수요자 간에 거래를 온라인으로 중개하는 가상시장을 말한다. e-마켓플레이스는 다양한 형태로 진화하고 있다. 업계에서는 e-마켓플레이스를 흔히 수직 또는 수평시장으로 가른다. 수직적(vertical) e-마켓플레이스란 화학, 플라스틱, 철강, 자동차 등 산업별로 특화된 사이버 장터를 말한다. 이때 구매업체든 판매업체든 어느 한쪽이 e-마켓플레이스의 중심에 선다.

오프라인의 구매부서를 온라인으로 옮긴 후 부품 공급업체들을 실시간 경쟁 입찰체제로 묶어 구매 중심의 e-마켓플레이스를 만들 수도 있다. 반대로 PC 구매업체들이 델컴퓨터 서버에 접속해 이른바 실시간 주문(Make-to-Order) 시스템을 갖춘 경우엔 판매자 중심의 e-마켓플레이스가 되는 셈이다.

반면 수평적(horizontal) e-마켓플레이스는 버티컬넷(www.VerticalNet.com), 트레이드아웃(www.Trade-Out.com), MRO닷컴(www.MRO.com)처럼 여러 업종에 걸쳐진 사이버 장터이다. 물론 수직과 수평시장이 결합할 수도 있다.

때로는 참여업체가 어떤 형태로 얼마만큼 단단한 협력관계를 맺느냐에 따라 '직접거래형', '커뮤니티형', '중개거래형', '연합거래형'의 4가지 종류로 e-마켓플레이스를 구분하기도 하지만, 직접거래형은 제조업체가 거래를 원하는 희망업체와 개별적으로 협상하기 때문에 실제로는 e-마켓플레이스의 범주에 넣기 힘들다.

6) C-커머스

C-커머스(Collaborative Commerce)가 등장하게 된 배경은 최근의 시장흐름을 반영하고 있다. 협업형 전자상거래로 불리는 C-커머스는 고객중심의 제품개발을 수행해야 하는 글로벌한 무한경쟁시대에 기업활동에 있어서 좀 더 적극적인 거래 당사자 간의 의사소통을 목적으로 하고 있다.

C-커머스는 기존의 인터넷 기반 기술의 e-business를 확장하여, 기업 내·외부의 다수 조직이 협동으로 작업을 가능하게 하여, 전체 참여조직이나 기업에서 비용을 줄이거나, 매출을 증대할 수 있는 기반을 가질 수 있도록 한다. 기존의 e-business 관점에서는 판매와 구매, 서비스를 인터넷으로 연결한 단순한 상거래 형태로 생각할 수 있다.

하지만 C-커머스는 단순한 트랜잭션 처리를 뛰어넘어, 마치 협력업체가 하나의 회사처럼 움직일 수 있도록, 실시간으로 중요 정보의 공유 및 의사 결정을 지원한다. 또한 제품, 생산, 영업에서의 중요 정보를 공유하여 전체를 고려한 작업이 가능해진다.

다. e-business 요소기술

1) EDI/XML/ebXML

EDI(Electronic Data Interchange)는 거래 상대방과의 업무처리에 있어 종래의 종이서류 대신에 서로 합의한 표준화된 전자문서를 컴퓨터 간에 교환하는 방식을 말한다. EDI의 구성요소로는 표준, 사용자 시스템, 통신 네트워크(VAN), 거래약정을 들 수 있다. 전통적인 EDI는 범 산업적/개방형 표준으로 보안과 법규가 상호 보완되어 있으며, 툴 및 서비스 공급자가 많고 업무효과가 입증된 장점이 있다. 그러나 실제 적용에 있어서 메커니즘이 취약하고 표준에 대한 유지보수와 갱신, 도입을 위한 과다한 비용과 시간 등에 대한 단점이 있다.

최근에는 XML을 기반으로 하는 XML/EDI의 기술개발과 표준화가 활발하게 진행되고 있다. XML 표준은 국제적인 인터넷 표준화 기구인 W3C(World Wide Web Consortium)에서 1999년 제정된 국제표준으로, 운영체제 및 플랫폼에 무관하게 인터넷을 통한 전송이 용이하며, 문서처리시스템의 개발 및 문서작성 등이 쉽고 간단하게 구축될 수 있는 장점이 있다.

2) 전자지급/결제기술

전자지급/결제시스템이란 네트워크상에서 디지털화한 지불수단을 통해 지급과 결제를 처리하는 것을 말한다. 이러한 전자지급·결제시스템에 쓰이는 전자화폐는 IT를 응용하여 기존의 화폐가 수행하는 기능과 역할을 보다 효율적이고 편리하게 개선하기 위해 네트워크상으로 옮겨 디지털화한 무형의 화폐 혹은 지불수단을 의미한다.

전자화폐는 크게 가치저장형(Mondex, K-cash 등), 지급·결제지시형(Cyber-Cash, First Virtual), 네트워크형(Ecash, Netcash)으로 구분할 수 있으며, 전자화폐와 관련된 표준으로는 스마트카드나 IC 카드에 관련된 표준, 보안 프로토콜에 관련된 표준, 플랫폼이나 운영체계에 관련된 표준, 인터넷 뱅킹에 관련된 표준 등을 들수 있다.

전자지급/결제기술 중 최근에 각광받고 있는 것이 모바일 지불결제 분야이다. 모바일 지불결제는 '온라인과 오프라인 상에서 이루어지는 서비스와 재화구매 시 이동통신기기를 이용하여 대금을 지불하는 결제 서비스'로 정의할 수 있다. 모바일 지불결제는 이동전화에 신용카드·전자화폐·교통카드 등 다양한 결제수단을 칩카드방식으로 탑재해 실물 가맹점이나 교통수단, 자동판매기 등을 폭넓게 활용토록 해주는 금융서비스로, 최근 상용화가 급진전되면서 기존 결제환경을 대체해 가고 있는 추세이다.

3) 보안기술

최근 국내 보안기술 시장의 큰 변화 가운데 하나는 그 동안 보안시장을 선도해 왔던 안티바이러스(Antivirus)의 비중이 감소하고, PKI(Public Key Infrastructure), 침입탐지시스템(IDS: Intrusion Detection Systems) 등 3A 시장의 비중이 커졌다는 점이다.

인터넷 보안산업은 크게 파이어월, 암호, 바이러스, 3A 등 4가지 시장으로 구분할 수 있다. 3A란 Authentication(인증), Authorization(권한부여), Administration(관리) 등 세 분야를 통칭하는 말로, 기업들이 고객이나 파트너와의 신뢰 기반을 만들어 주는 핵심 보안기술을 지칭하고 있다.

기업들이 정보보안을 아웃소싱해서 얻는 혜택을 깨닫기 시작하면서 보안서비스 제공(MSSP: Managed Security Service Provider) 분야도 급성장하고 있다. MSSP는 기업체나 기관 내 전산실 보안업무를 아웃소싱해서 전문가에 의한 관리를 보장해 주는 것으로, 보안관제 서비스와 유사한 개념이라고 할 수 있다.

4) 모바일 커머스

모바일 커머스를 일률적으로 정의하기는 상당히 어렵지만 '여러 사업 주체들이 무선 단말기와 이동통신업체의 망을 이용하여 서비스를 제공하는 모든 활동'이라 할 수 있다. 주요 특징을 들면 ① 이동통신업체의 무선망과 연계되고 ② 무선 단말기(핸드폰, PDA, 노트북 등)와의 접속이 이루어지며 ③ 여러 추진 주체(이동통신업체, 금융권, 솔루션 제공자, 포털사업자 등)가 개입된다는 점이다.

기술적으로는 모바일 커머스가 이루어지기 위한 기반은 충분히 갖추어졌다는 평가를 받고 있다. 다만 수익성의 문제가 사업을 원활하게 추진할 수 없도록 사업의 추진 주체들에게 부담을 주고 있을 따름이다.

3. e-business 서비스

3.1 가치사슬

e-business와 전자상거래의 가치사슬은 기업의 공급측면(원재료, 내부 물류, 생산과정)과 수요측면(외부물류, 마케팅 및 판매)을 연결시키는 일련의 부가가치 활동을 기술하는 모형이다. e-business에서는 일종의 가상적 가치사슬로서 거래가 이루어지기 위해 사전에 필요한 정보를 수집, 가공하는 정보수집 단계로부터 최종적으로 거래된 상품이나 서비스에 대한 사후서비스 단계까지를 포괄하고 있다.

3.2 서비스 유형

e-business는 개인과 조직에 다양하고 유용한 e-services들을 제공해 준다. 본 절에서는 실제 다양한 분야들에서 e-business가 우리 생활에 어떠한 도움을 주는지를 살펴본다. 나아가 대표적인 서비스들로 전자상거래와 사이버 쇼핑몰, 전자금융과 지불, 물류 수송 배달체계, 보안 및 인증, 사이버 언론 및 광고, 엔터테인먼트, 의사소통, 교육, 전자정부, 무선인터넷 등의 서비스들을 살펴본다.

가. 전자상거래와 사이버 쇼핑몰

e-service의 가장 대표격은 사이버 쇼핑몰이다. 인터넷의 가상공간에 상품을 진열하고 판매하는 상점을 의미한다. 전자상거래는 처음 B2C의 쇼핑몰에서부터 시작되었다. 인터넷의 이용 가능성 및 사용자 확대, 웹사이트 구축비용의 감소에 따른 유통비용과 광고비용의 절감효과는 쇼핑몰의 등장을 촉진시키는 주요한 요인으로 작용하였다. 쇼핑몰 운영자가 상품의 모습과 정보를 컴퓨터 화면으로 볼 수 있도록 진열해 놓으면(e-catalog), 소비자들이 사이트를 방문하여 상품을 찾아 주문하고 대금을 지불하면 주문한 상품이 고객에게 배달된다.

전세계 인터넷 사용자를 고객으로 삼아 거래할 수 있는 새로운 교역형태로서 소비자 입장에서 보면 직접 상점을 찾는 일 없이 전 세계의 상품을 가격 및 품질 등을 비교해가며 값싸게 살 수 있는 장점이 있다. 운영자 입장에서는 실제 매장을 갖추는 데 비하여 비용이 적게 들고, 시간·공간적 제약이 없으며 운영비도 크게 줄어들어 저렴한 가격에 상품을 판매할 수 있는 장점이 있다.

나. 전자금융과 지불

전자금융서비스의 대표적인 것은 온라인 뱅킹(사이버 은행)과 사이버 증권거래를 들 수 있다. 현재 사이버 증권거래는 기존의 전화나 오프라인을 통한 거래를 훨씬 앞질러 70%에 가까운 거래가 온라인으로 이루어지고 있다. 개인이 사이버 트레이딩 시스템을 활용하여 빈번한 거래를 하는 데이트래이더(Day Trader)라는 용어도 새로이 탄생하였다.

온라인 뱅킹이란 인터넷 상에서 기존의 은행업무를 모두 처리할 수 있는 기능을 가진 은행을 말한다. 인터넷 상에만 존재하는 최초의 사이버 은행은 SFNB (Security First Network Bank)였는데, 이 은행은 1995년 10월에 자본금 800만 달러로 설립되어 1996년에는 1,780만 달러 이상의 수신고와 6,600개 이상의 구좌를 보유하기도 하였다. 현재는 모든 오프라인기반 은행들도 온라인상의 인터넷 뱅킹 서비스를 제공하고 있다.

이러한 전자금융의 발달로 인해서 전자상거래에 대한 지불이 전자적으로 가능하게 되었다. 전자결제를 하게 되면 비용과 시간, 운영상의 효율을 증대시킬 수가 있다. 전자결제는 후불방식으로는 SET(Secure Electronic Transaction)나 SSL(Secure Socket Layer) 프로토콜을 활용한 신용카드기반의 전자지불방식, 직불방식으로는 인터넷 온라인 뱅킹을 통한 자금이체, 그리고 후불방식으로 전자화폐를 이용한 지불 등을 들 수 있다.

다. 물류수송 배달체계

물류는 수송, 하역, 보관, 포장, 정보 등의 요소로 물자를 공급자로부터 수요자에게 이동시키는 것으로 시간적, 장소적 가치를 창출한다. 기업은 물류관리를 마케팅 및 유통경로 활동과의 전체적인 맥락 속에서 고려하여야 하며, 기본적인 수송과 보관 외에 비용 효율화와 신속한 배송, 안전한 배송 등 고객의 다양한 욕구를 만족시켜 주는 경쟁적 우위를 확보하는 전략적 도구로 활용하여야 한다. 물류관리의 발전을 위해 중요하게 다루어야 할 사안은 사이클타임 단축과 공급망 관리, 고객서비스의 제고, 전략적인 리드타임관리, 조직통합, 산출관리, 글로벌화 등이 있다.

특히 전자상거래의 발달은 고객이 물품을 수령해 가는 것이 아니라 배송을 통해 하게 되므로 다양한 택배서비스가 발달하게 된다. 특히 화물추적서비스 등이 요구되며, 기업 입장에서는 전체적으로 배송체계를 자동화하고 최적화해야 하는 문제가 있다.

라. 보안 및 인증

인터넷을 활용한 e-business를 하는 데 있어 이슈화되고 있는 것 중에 하나가 보안에 관한 것이다. 해킹과 개인정보유출 등 인터넷 범죄의 발생이 급증하고, 정보의 보호와 안정적인 서비스 체계의 구축을 위해 보안 및 인증서비스에 대한 요구가 증대되고 있다.

전자상거래에서의 보안의 요구조건은 거래내용을 중간에서 볼 수 없도록 하는 기밀성(Confidentiality), 거래내용의 변경을 막아주는 무결성(Integrity), 사용자의 신분을 확인하는 인증(Authentication), 거래내용에 대해서 나중에 부인을 못하게 하는 부인봉쇄(Nonrepudiation) 등이 보장되어야 한다.

방화벽, 침입탐지시스템 등 이러한 문제를 해결할 수 있는 여러 가지 보안기법들이 개발되어 있는데 이중 기본적인 것이 암호화 방식이다. 암호화 방식은 대칭키와 공개키 방식이 있으며, 공개키 방식을 활용한 암호화 기법이 전자상거래에서는 유용하게 사용될 수 있다.

마. 사이버 언론 및 광고

인터넷의 빠른 보급에 맞춰 기존부터 있던 뉴스나, 신문 등 언론매체를 온라인 상에서 쉽게 볼 수 있도록 만든 유즈넷뉴스, 오마이뉴스, 딴지일보, 프레시안 등과 같은 새로운 형태의 인터넷상의 언론 즉 사이버 언론이 구축되기 시작되었다. 이러한 사이버 언론의 특징 중 하나는 기존 언론과 달리 거리감이 가깝고 상호작용이 용이하다는 것이다. 사이트에 올라와 있는 기사를 보고 밑에 댓글(Reply)을 통해 그 기사에 대한 논쟁도 쉽게 할 수 있으며 사용자는 독자적이면서 자신이 기자가 되기도 한다. 또한 현실에서는 말하지 못하던 일들 역시 인터넷이란 도구의 익명성을 통해 신랄한 비판이 가능하다는 것 또한 사이버 언론만의 특징이라 할 수 있다. 또한, 멀티미디어 데이터를 다루며 다양한 인터페이스를 통해 컨텐츠를 주고받을 수 있는 인터넷상의 사이버 언론은 신문과 TV, 잡지, 방송의 구분을 거의 없애 주고 있다.

인터넷의 언론적 측면과 불가분의 관계에 있는 것이 광고이다. 인터넷 광고는 대표적으로 웹페이지의 배너광고에서부터, 검색엔진의 URL 등록, 게시판의 등록, e-mail을 통한 push형 광고 등이 있다.

바. 엔터테인먼트

인터넷을 통한 서비스 중 가장 많은 서비스들이 엔터테인먼트 분야일 것이다 인터넷방송, MOD(Movie On Demand) 등의 인터넷 영화관, 동호인, 게임, 채팅, 공연, 만화, 소설, 음악, 레저, 관광, 예매 등 다양한 분야에서 엔터테인먼트 서비스가 제공되며 e-business가 이루어지고 있다.

사. 의사소통

인터넷의 가장 강력한 기능 중의 하나는 의사소통을 원활하게 해주는 커뮤니케이션의 기능이다. 전자메일을 통한 의사소통은 팩스나 전화를 대체하는 현대인에게는 필수적인 의사소통 수단으로 자리 잡혔으며, 커뮤니티 사이트를 통한 다양한 정보의 교류, 메신저(Messenger) 사용 및 화상회의가 가능해 졌다. 메신저의 장점은 인터넷에 접속해 있는지 확인이 가능하고 실시간으로 대화를 주고받을 수 있기 때문에 e-mail보다 훨씬 신속하고 컴퓨터로 다른 작업 중에도 파일 전송 등 메시지를 주고받을 수 있다. 또한, 1:1 채팅에서 벗어나 다자 간 채팅도 가능하고 음성, 동화상으로 채팅이 가능하며 핸드폰에 문자 메시지를 보낼 수도 있고 그밖에 뉴스, 증권, 음악 서비스 등 다채로운 서비스가 가능하여 채팅의 단계를 넘어서 e-business에서 업무용으로도 활용되고 있다.

아. 교육

인터넷을 통해 다양한 교육 프로그램을 진행할 수가 있다. 특히 원격교육이 가능해짐으로 인해 공간과 시간의 제약을 넘어서 교사와 학생, 학생과 학생이 쌍방향으로 대화할 수 있는 인터넷 교육(e-learning)이 가능하다. 또한 직장에서는 사원들의 직무교육을 인터넷을 통해 할 수 있으며, 지식을 형식화하여 보관할 수 있다. 이제는 가상공간에 세워진 사이버대학도 등장하였다. 이러한 사이버교육은 학생수에 제한이 없고, 교수와 1:1 교육이 가능하며, 사전 작업을 통해서 양질의 컨텐츠를 제공할 수 있다. 또한, 오프라인으로 만나기 힘든 우수한 강사의 강의를 들을 수 있으며, 과제는 전자우편이나 게시판에 제출하고 평가할 수 있으므로 시간과 공간의 제약을 받지 않고 질 높은 교육을 실시할 수 있다.

자. 전자정부

디지털 경제시대에는 한 국가의 경쟁력이 정보화 정도에 따라 결정된다. 정보통신기술을 활용하여 업무처리방식을 개혁함으로써 행정의 효율성과 생산성을 높이고, 국민에게 신속하고 질 높은 서비스를 제공하는 "전자정부(e-government)" 시대가 다가왔다. 정부로부터 필요한 정보나 서류를 얻기 위해 굳이 관공서를 방문하지 않고 인터넷을 통해 대부분의 민원을 해결할 수 있으며 주민등록등본이나 납세증명서를 발급받기 위해 발품을 팔 필요 없이 일상생활이 간편해져 그만큼 시민생활이 편리해질 것으로 기대된다. 또한 정부도 재정, 인사, 조달 등 핵심 행정업무를 정보화함으로써 행정의 생산성과 투명성을 크게 높일 수 있을 것이다.

차. 무선인터넷

무선통신의 발달로 인해 인터넷 환경이 차츰 무선으로 바뀌고 있다. 특히 휴대폰 단말기의 기하급수적인 보급은 무선인터넷의 대중화를 이끌고 있다. 무선인터넷은 사용자가 시간과 장소에 구애받지 않고 이동전화, PDA 스마트폰 등, 무선단말기로 이동 중 무선망을 통하여 인터넷 서비스에 접속하고 정보를 제공받을 수 있도록 하는 환경과 기술이다.

3.3 비즈니스 모델

가. e-business 모델의 정의

비즈니스 모델이란 목표고객을 정의하고 고객들에게 어떤 제품과 서비스를 제공할 것인가를 결정하는 것이다. 제품인 경우 물리적 제품을 판매할 것인지 디지털 상품을 판매할 것인지에 대해 결정하며, 거래 쌍방의 주체에 따라 구분할 경우 기업이 기업을 상대로 할 것인지, 기업이 소비자를 상대로 할 것인지를 결정하게 된다.

Timmers(1998)는 비즈니스 모델을 '제품·서비스·정보흐름 등의 구조, 다양한 비즈니스 활동자가 얻을 수 있는 잠재적 이익에 대한 기술 및 수익원에 대한 기술'로 정의하고 있다. 즉, e-business 모델은 인터넷 상에서 고객과 제품 및 서비스의 정확한 목표를 달성하기 위한 전략적 활동이라고 볼 수 있다. e-business를 성공하기 위해서는 우선 인터넷 비즈니스 모델을 결정하고, 사업의 목표에서부터 구체적인 전략적 실행 안들을 수립해 나가야 한다.

비즈니스 모델에서 기업은 사업의 목표를 명확하게 규정할 수 있으며 목표시장과 목표고객을 구체적으로 설정할 수 있다. 또한, 비즈니스 모델은 사업전략과 마케팅전략과 같은 중요한 경영의사결정에도 지대한 영향을 미친다. 따라서 e-business 모델은 전체 e-business 사업의 기본 틀을 제시해 줄 수 있다.

나. e-business 모델의 유형

e-business 모델을 정의하는 대표적인 유형은 여러 학자들에 의해 연구되었다. 대표적 e-business 모델의 유형은 Timmers에 의해 제시되었는데 그는 가치 사슬에 의해 비즈니스 모델을 11개의 유형으로 분류하였다. 그 밖에 Jutla는 상품전달과정과 제품 근원지를 기준으로 크게 제조업자, 브로커, 경매의 세 가지로 분류하였으며, Berryman은 시장 주도자가 누구인가에 따라서 구매자 통제시장, 판매자 통제시장, 중립적 시장으로 분류하였다.

1) Timmers의 가치사슬에 의한 분류

티머스는 인터넷 상거래에서의 가치사슬(value chain)의 파괴 또는 재조합 여부에 따라 인터넷 비즈니스 모델을 11가지로 분류하였는데 각각을 혁신의 정도와 기능의 통합적 차원에서 배열하여 구분하였다. 여기서는 각각의 모델에 대해 다이어그램 형태로 모형화시켜 보았다. 각 모델을 설명하기 위해 사용된 도형의 의미는 다음과 같다.

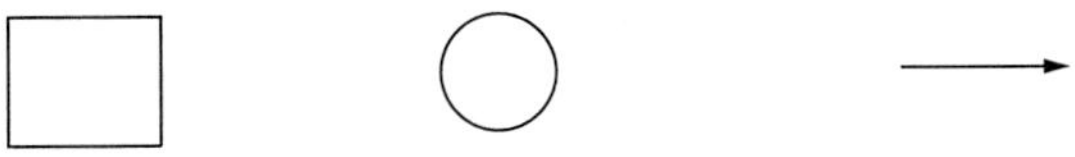

사업주도자 참여자(고객, 공급자, 파트너) 정보 · 상품의 이동

표 13.2 Timmers의 인터넷 비즈니스 모델분류

비즈니스 모델	다이어그램	특징
상점형 (e-shop)	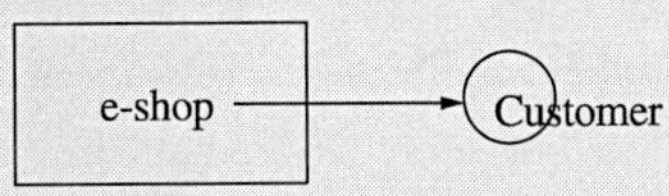	가장 기본적인 형태
조달형 (e-procurement)	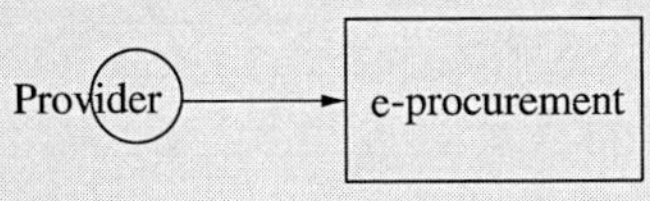	공급자를 찾는 것이 주 목적
경매형 (e-auction)	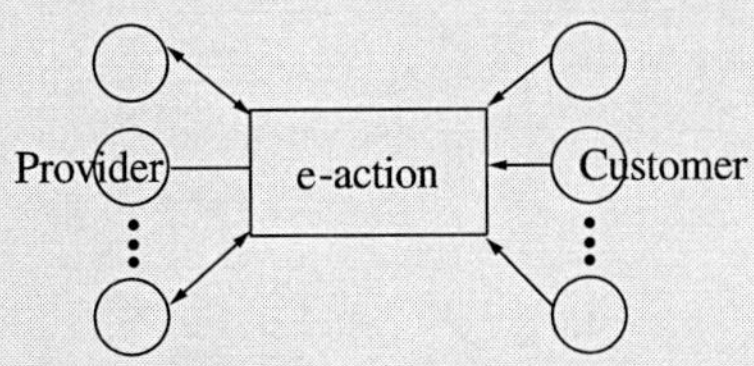	거래 계약 전 상품과 거래 당사자가 이동할 필요 없음
몰형 (e-mall)	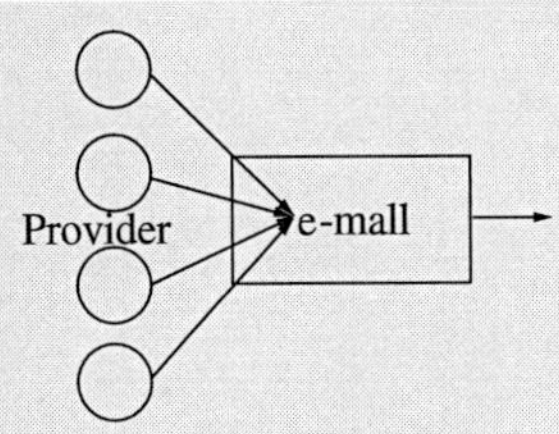	e-shop의 집합체로서, 하나의 브랜드 이름을 사용하고, 여러 종류의 상점을 모아둠으로써, 고객에게 편의성을 제공함
가상 커뮤니티형 (Virtual Community)	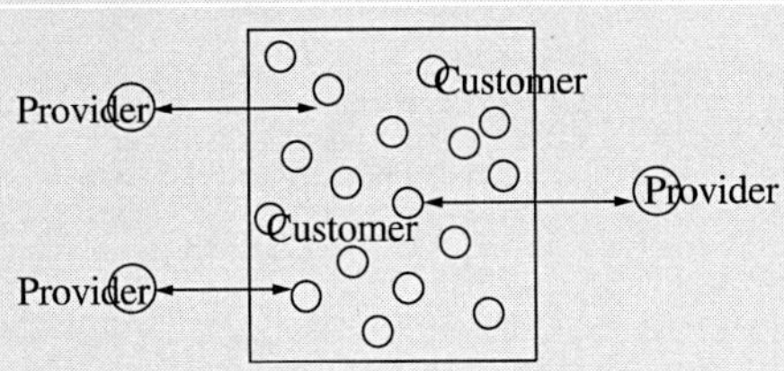	회원 간의 의사소통을 통해 부가가치 생성, 최근 급격히 성장
써드파티 시장형 (Third Party Marketplace)	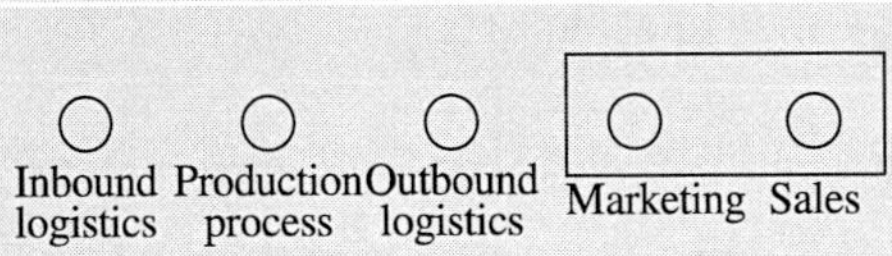	웹 마케팅을 제 3자에게 위탁; 지불 · 물류 · 주문 · 안전한 거래처리 제공

표 13.2 Timmers의 인터넷 비즈니스 모델분류 *(계속)*

비즈니스 모델	다이어그램	특징
가치사슬 서비스 제공형 (Value Chain Service Provider)		가치사슬에서 특정한 기능만을 전문화
가치사슬 통합형 (Value Chain Integrator)	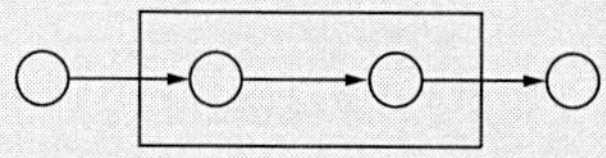	가치사슬의 여러 단계를 통합한 형태
협력 플랫폼형 (Collaboration Platform)	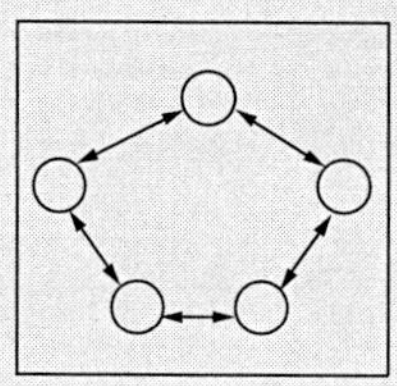	기업 간 공동작업을 위한 도구와 정보기반 제공·공동설계, 엔지니어링 등 특정기능 집중
정보중개형 (Information Brokerage)	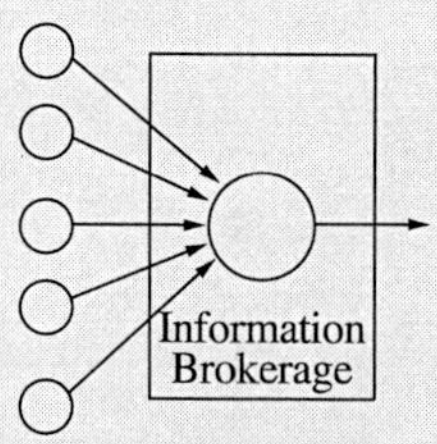	정보서비스 제공, 검색엔진, 사업중개, 투자자문
보안서비스 제공형 (Trust Services Provider)	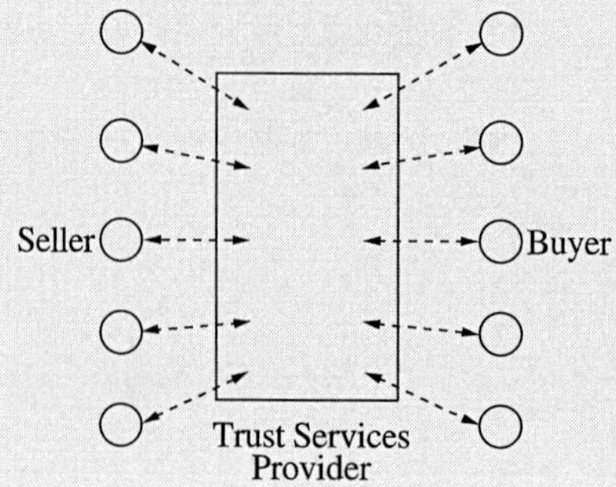	인증기관, 전자공증 등의 신뢰제공서비스

2) Berryman의 비즈니스 모델분류

시장 주도자에 의한 분류에서는 마켓 파워를 보유하고 있는 주체에 의해 판매자가 통제하는 시장(Seller-controlled Marketplaces), 구매자가 통제하는 시장(Buyercontrolled Marketplaces), 중립적 시장(Neutral Marketplaces)으로 분류할 수 있다.

① 구매자 통제시장 모델

이 시장은 일반적으로 가치를 획득하려는 의도를 가진 구매자에 의해 형성된다. 대부분 구매자는 중개상과 연계하나 강력한 힘을 가진 구매자의 경우 중개상 없이 자체적으로 시장을 형성한다. 예를 들어, 재팬 에어라인은 플라스틱 쓰레기봉투, 일회용 컵 등과 같이 다량의 비행기 내 물품을 필요로 하는 회사로 최적의 공급자를 찾기 위해 온라인에서 구매광고를 띄운다.

② 판매자(공급자) 통제시장 모델

판매자에 의해 통제되는 시장은 다수의 구매자와 거래를 하는 벤더에 의해 형성된다. 이 시장의 목표는 모든 거래에서 시장의 가치와 마켓 파워를 획득하고자 하는 것이다. 예를 들어, 시스코 시스템의 사이트는 구매자가 그들 자신의 판매경로와 리드타임을 체크하고, 기술 전문가와 협의할 수 있도록 해준다. 뿐만 아니라 온라인에서 기술적 자료를 제공하고, 소비자에게 주문정보를 제공해줌으로써 시스코는 인쇄, 주문비용, 컨피규레이션 에러(Configuration Error), 전화를 사용한 기술지원 부문에 드는 노력 중 연간 2억7000만 달러를 절약할 수 있었다. 판매자에 의해 통제되는 시장에서는 주문속도를 높이고, 주문과정을 소비자가 직접 체크할 수 있도록 함으로써 소비자 충성도를 높이는 노력을 하는 것이 중요하다.

③ 중립적 시장 모델

중립적 시장(Neutral Marketplaces)은 구매자와 공급자를 연결해 주는 일을 하는 3자 중개상에 의해 주도되는 시장이다. 중립적 시장의 최대 장점은 모든 구성원이 이익을 도모할 수 있다는 것이다. 판매자는 기존 중개상을 통해 판매하는 것보다 더 높은 가격을 얻을 수 있고, 구입자는 중개상보다 더 낮은 가격에서 시장가격에서 제품을 구입할 수 있다. 예를 들어, 이스트파트(EastParts)는 전자부품 재고를 거래하는 시장을 운영하는데, 판매자들로부터 유용한 재고정보를 얻은 다음 온라인 경매를 통해 구매자와 판매자를 연결시켜 준다. 또한 이스트파트에서 제품을 먼저 조사하기 때문에 품질이 보장된 제품을 소비자는 구입하게 되며, 이스트파트는 약 8%의 수수료를 받는다.

3) Jutla의 비즈니스 모델분류

주트라는 제품이 공급자로부터 최종 소비자에게까지 전달되는 과정과 상품의 제조 근원지를 기준으로 인터넷 상거래 비즈니스를 3개의 유형으로 분류하였다.

① 중개자형 모델(Cyber-mediary Model)

사이버미디어리(Cyber-mediary)라고도 불리는 중개자(e-broker)는 공급자와 소비자 사이에서 중개인 역할을 한다. 이 모델은 공급체인과정에서 재고를 통제하기 위해 필요한 인적자원, 창고, 자본 등을 필요로 하지 않고, 무엇보다도 제조업자에서 소비자에게 이르기까지의 전 과정에서 전문성을 추구할 수 있다는 장점을 가지고 있다. 상품 공급자는 제품생산계획, 재고통제, 제조에 집중하고, 중개자(e-broker)는 마케팅과정을 전문적으로 수행한다. 각자의 역할에 최선을 다할수록 소비자가 구매하게 되는 상품의 질은 더 우수해지는 것이다. 이런 특징으로 인하여 중개자형은 소규모 기업들에게 매력 있는 모델이며, 각자 아웃소싱을 수행하게 된다. 이때 중개자는 FedEx(페더럴 익스프레스), UPS와 같은 제 3자 물류채널을 이용해 상품을 공급자에게서 소비자에게로 직접 전달하는 일을 맡는다. 또한 최상의 중개조건을 찾기 위해 유사한 목적을 가진 다른 중개자들과 제휴해 서로 의견을 교환하기도 한다.

② 제조업체형 모델(Manufacturer Model)

중개형 모델에서는 기업은 상품에 아무런 가치를 더하지 않는다. 즉, 단순히 완성된 제품을 소비자가 원하는 적정 가격에 구입해 소비자에게 중개해 주는 역할을 할뿐이다. 이에 비해 제조업자형(Manufacturer) 모델에서는 기업내부의 제조과정을 통해 완제품에 새로운 가치를 추가한다. 이 모델은 재조합이 가능한 제품을 생산하고, 전문적인 마케팅 부서를 가지고 있으며, 세련된 소비자 서비스를 수행하는 기업에 적합한 모델이다. 델컴퓨터, 시스코 등이 이 모델에 속하며 자동차 제조회사, 컴퓨터 테크놀로지 기업에서 이 모델을 사용한다.

제조업자형 모델의 장점은 소비자가 자신이 원하는 제품을 직접 설계할 수 있다는 것이다. 예를 들어 자동차를 구입하려는 소비자는 자동차 사이트에서 자신의 차에 장착하게 될 옵션을 직접 클릭하고, 그 차의 가격에서부터 배달방법까지 다양한 정보를 얻을 수 있다. 이 모델의 또 다른 장점으로는 소비자로부터 사전에 정보를 획득하여 중개인을 거치지 않고 직접 제품을 공급함으로써 소비자와 공급자 모두에게 더 많은 이익이 돌아간다는 것이다.

③ **경매형 모델(Auction Model)**

경매형(Auction) 모델은 상품을 구매하고자 하는 측에서 먼저 제품의 구입가격을 제시한 후 공급자가 그 가격에 동의하면 제품의 거래가 이루어진다. 따라서 공급자도 고객이 된다. 경매 사이트에서 하는 일은 고객과 공급자를 연결시켜 주는 일이다. 이 모델의 전략은 소비자에게 초점을 맞추고 있으며, 소비자에게 요금을 부과하지 않고 거래가 성사된 공급자에게만 수수료를 받는다. 때문에 경매형 모델은 가격에 민감한 소비자들에게 매력적인 모델이며, 다양한 제품정보를 필요로 하는 소비자에게도 유용하다. 국내의 옥션(www.auction.co.kr), 해외의 이베이(www.ebay.com) 등이 경매형 모델의 대표적 사례이다.

4. e-business의 경쟁전략

기업은 경쟁우위를 획득하고 유지하기 위해서는 다른 경쟁기업들이 시장에 진입할 수 없도록 진입장벽을 계속해서 높이고, 고객의 요구에 부응하는 차별화된 제품·서비스를 끊임없이 고객에게 제공해 주어야 한다. 특히 기업의 경쟁우위를 결정짓는 정보기술의 급격한 발전에 발맞추어 기존의 경영방식이나 전략적 의사결정에 새로운 패러다임을 필요로 한다. 인터넷과 같은 정보기술은 더욱 새로운 패러다임을 필요로 하며, e-business 경쟁환경 하에서 자신들의 경쟁우위를 획득하고 유지하기 위해서는 장벽(Block)전략, 혁신(Run)전략, 팀업(Team-up)전략 등과 같은 기본 전략을 선택 혹은 결합하여 e-business 전략을 수립해야 한다.

4.1 장벽전략

장벽전략은 기업이 자사의 상품시장 주위에 장벽을 쌓는 것이다. 기업은 두 가지 방법으로 시장에 장벽을 쌓을 수 있다.

첫째, 기업이 가지고 있는 어떤 사업 모형의 구성 요소 중 어떤 사업 수행 능력이 모방이 불가능하거나 고객에게 특유의 가치를 제공할 수 있을 만큼 확실한 것이어야 한다. 기업이 지적 재산권, 예를 들어, 특허, 저작권, 소프트웨어, 도메인 자산, 상표권 등을 가지고 있어서 잠재적인 모방자에게 경고할 수단이 있는 경우가 좋은 예가 된다. 1999년에 아마존이 자사의 "원클릭(1-Click)" 기술을 모방한 것에 대해 반스 앤 노블에 소송을 건 사건을 예로 볼 수 있다.

둘째, 모든 기업이 기업 활동에서 동일한 사업수행능력을 수행할 수 있는 경우 기존의 기업들은 새로 진입하려는 기업에게 그 기업이 진입하면 앞으로 가격이 낮아질 것을 알림으로써 해당 기업의 진입을 막을 수 있다. 이것을 위해 기업이 할 수 있는 몇 가지 방법이 있다. 예를 들어 특정 사업모형의 한 구성요소를 모방하고자 하는 다른 기업에 대해 보복함으로써 명성을 얻는 방법이 있다. 다른 방법으로는 관련 자산에 대한 대규모의 투자를 하는 방법이다. 예를 들어 한 기업이 수백만 달러를 들여서 그 지역의 모든 가정에 광통신 서비스를 제공하고 있는 상황에서, 다른 기업이 같은 고객들에게 접근하려 한다면 기존 서비스 제공기업은 가격을 낮추는 형태로 반응을 할 것이다. 일반적으로, 이러한 가격의 인하의 신호는 이익을 위해 진입하려는 잠재적인 경쟁자를 막는 수단이 된다.

장벽전략은 기업의 사업수행능력이 특별하거나 흉내 낼 수 없고 진입장벽이 지속될 때까지만 유효하다. 그러나 경쟁자들도 특허와 저작권을 우회할 수 있고, 고객의 기호와 요구의 변화, 그리고 급진적인 기술적 변화와 같은 불연속적 사건이 발생하면 그 장벽이 사라질 수 있다. 인터넷의 정보 비대칭성 축소라는 특성도 장벽효과가 오랫동안 지속되지 못할 것으로 전망된다.

4.2 혁신전략

진입장벽이 아무리 높다 하더라도 언젠가는 다른 경쟁사의 혁신에 의해 무너질 수 있다. 진입장벽만을 높이고 있다고 하면 경쟁자들로부터 쉽게 추월당할 기회를 줄 수 있다. 따라서 혁신전략을 추구할 필요가 생기는데, 혁신전략은 고객에게 더 나은 가치를 제공하기 위해서 사업모형의 몇 가지 구성요소 또는 사업모형의 연결관계를 바꾸거나 아니면 전체 사업 모형을 새로 만드는 것을 말한다.

1990년대에 델 컴퓨터사는 경쟁자들이 자사의 판매전략을 모방할 때 새로운 개인용 컴퓨터 판매방법을 제시했다. 이렇게 혁신전략은 그 기업에게 이른바 최초 진입자가 누리는 우위들 중 많은 것을 제공하게 되는데, 그중 하나가 기업이 환경의 일부를 통제할 수 있는 사업수행능력을 가지게 된다는 점이다. 급속한 기술 변화의 시대에는 진입장벽전략이 매우 어렵기 때문에 혁신전략이 매우 중요하다.

혁신전략은 종종 자사의 경쟁우위 제품을 다른 경쟁자보다 먼저 잡아먹기도 한다. 즉, 혁신전략에 의해 생산된 신제품이 기존의 자사제품의 경쟁력을 떨어뜨림으로써 기존제품의 판매력을 감소시키거나 퇴출시키게 된다.

4.3 팀업전략

e-business를 수행하려는 기업은 전략적 제휴, 합작투자, 인수, 지분소유 등의 방법을 통해 다른 기업과 팀을 구성하는 팀업전략을 필요로 한다. 팀을 구성함으로써 기업은 필요로 하는 자원을 굳이 구매하거나 소유하지 않고도 그러한 소요자원들을 활용할 수 있다. 그러나 팀업전략을 추구하는 기업은 다른 기업의 자원에 지나치게 의존하게 됨으로써 자신의 기술과 사업역량을 계속 유지하기 어렵게 될지도 모른다. 때로는 혁신전략을 위해서 팀업전략을 필요로 한다. 예를 들어 한 기업이 감당할 수 없는 많은 자원이 요구되는 경우에 팀업전략이 요구된다. 예를 들어, 도시바(Toshiba), IBM, 시멘스(Siemens)가 256M 메모리칩의 개발을 위해 기업간 제휴했던 것이 좋은 예이다.

사례연구

인터파크는 1996년 6월 처음 생긴 국내 최초의 인터넷 쇼핑몰이다. 인터파크는 일반 인터넷 쇼핑몰과, 온라인 서점 그리고 온라인 티켓 예매대행사, 여행사 등으로 구성되어있다. 500만 명이 사이트 회원으로 가입되어 있으며 하루 평균 약 85만 명이 인터파크 웹사이트를 방문하고 있다. 약 30만 점이 넘는 상품들이 인터파크를 통해 판매되고 있다.

처음에는 데이콤 내의 작은 벤처기업으로 시작한 인터파크는 사세를 불려 현재는 월 매출 600억 원에 350명 이상의 직원 수를 가진 기업으로 성장하였다. 인터파크의 회사는 크게 두 조직으로 구분되어 있다. CEO와 사장을 포함한 재무 부서, 경영전략부서 그리고 마케팅 팀 등 회사 운영을 지원하는 부서들과 상품계획부서, 오픈마켓부서, 북파크 부서, R&D 부서 등 실질적인 영업을 담당하는 부서들로 나누어져 있다. 인터파크의 이러한 조직 구조는 의사결정을 쉽고 간단하게 하여 빠른 행동을 가능하게 만들었다. 조직구조에 따른 빠른 행동은 회사의 성장에 결정적인 역할을 하였다. e-비즈니스에서의 풍부한 경험 또한 인터파크의 가파른 성장세에 일조하였다. 가장 먼저 생겨난 인터넷쇼핑몰로서 인터파크는 다른 회사가 가지고 있지 않은 풍부한 노하우와 마켓 데이터 등을 가지고 있었다. 이런 데이터 등을 바탕으로 인터파크는 각 고객에 맞는 개인화 전략 등을 구사하며 성장 할 수 있었다.

하지만 탄탄대로를 달리던 인터파크의 미래에도 암운이 드리우기 시작하였다. 한국으로 닥쳐온 IMF 외환위기는 소비시장을 전반적으로 위축시켰으며, 산업구조에도 영향을 미쳤다. 인터파크도 IMF의 여파로부터 예외는 아니었다. 모기업이었던 데이콤으로 분사되었으며, 기존 오프라인 시장에서 한계를 늦긴 대기업들이 우후죽순으로 인터넷 쇼핑몰로 진출하기 시작하였다. LG, 현대, CJ 그룹 등이 쇼핑몰을 차리고 인터파크와 경쟁하기 시작하였다. 이들의 진출은 인터파크에게 악재로 작용하였다. 다른 기업들이 오프라인과 온라인 시장에서 사업하고 있다는 것을 시너지 효과로 삼아 브랜드 이미지를 높이고, 소비자들을 끌어 오는 동안, 인터파크는 주춤하고 있었다. 조사 당시 LG 홈쇼핑의 브랜드 인지도가 18% 이고 CJ 홈쇼핑의 브랜드가 15% 인데 반해 인터파크가 8% 인 점은 인터파크가 어려움에 처했다는 점을 여실히 보여주고 있었다. 고객이 상점을 물리적으로 방문할 수 없는 인터넷 쇼핑몰의 특성상, 브랜드 이미지와 인지도는 e-비니지스의 성공에 결정적인 요소였다.

LG홈쇼핑	18%
CJ 홈쇼핑	15%
INTERPARK	8%

[그림 1] 쇼핑몰의 브랜드 인지도

브랜드 인지도를 높이고, 이미지를 개선하고자 인터파크는 유명스타를 기용한 공격적인 마케팅을 사하였다. 인터파크가 다른 홈쇼핑몰보다 가격 경쟁력에 우위가 있다는 점을 강조하기 위해 영화배우 정준호를 기용하여 '싸니깐 믿으니깐 인터파크' 라는 슬로건 아래 마케팅을 진행하였다. 마케팅 전략은 성공적으로 끝나 인터파크의 브랜드 인지도는 16% 올랐다. 마케팅을 진행하는 2~3달 동안 인터파크는 약 20억에서 30억 원을 사용했는데, 이는 인터파크의 재무구조에 큰 부담을 주었다. 따라서 인터파크는 마케팅 비용을 상계할 만큼의 매출을 올릴 방법을 모색하기 시작하였다.

경영진 내부에서는 매출의 극대화를 위해 무료 배송 서비스가 의논되었으나, 무료 배송 서비스로 인해 건당 2000원의 운송료가 발생한다는 점이 걸림돌이 되었다. 이 점을 해결하기 위해 DSS(의사결정 지원 시스템)를 도입하였다. 인터파크는 DSS의 도움을 얻어 충분한 매출을 얻어, 무료 배송 서비스로 인해 발생하는 적자마저 감소 시킬 수 있을 것으로 예측하였다.

인터파크의 DSS는 인터파크의 매출에 영향을 미치는 3가지 요소를 분석하였다. 첫 번째로 DSS 시스템은 소비자가 얼마나 많은 책을 한번에 구입하는지 분석하였다. DSS 분석에 따르면 1권이나 2권씩만 사는 작은 거래들의 발생건수가 전체 거래의 50%를 차지했으며 이 거래들이 인터파크가 무료배송을 실시할 경우, 적자매출의 원인이 된다고 보았다. 두 번째로는 무료배송서비스에 의하여 얼마나 많은 매출 상승이 있을 것인지를 분석하였다. DSS는 무료 배송서비스에 따른 인터넷 사이트 트래픽 변동 량, 상품 판매 증감 량 등을 분석하였다. DSS는 무료배송서비스에 의해 실질적인 매출증가가 있다는 결론을 내렸다. 세 번째로는 DSS는 인터파크의 무료배송서비스 제공에 따른 경쟁사들의 전략 패턴이나, 추정 매출 변화, 수익 변화 등을 분석하였다. 그 결과 무료배송서비스를 제공하여도 회사가 적자를 벗어날 만큼의 충분한 수익을 올릴 수 있다는 결론이 내려졌다. DSS 결과에 따라 인터파크는 2003년 6월 18일을 기점으로 무료배송서비스를 제공하기로 결정하였다.

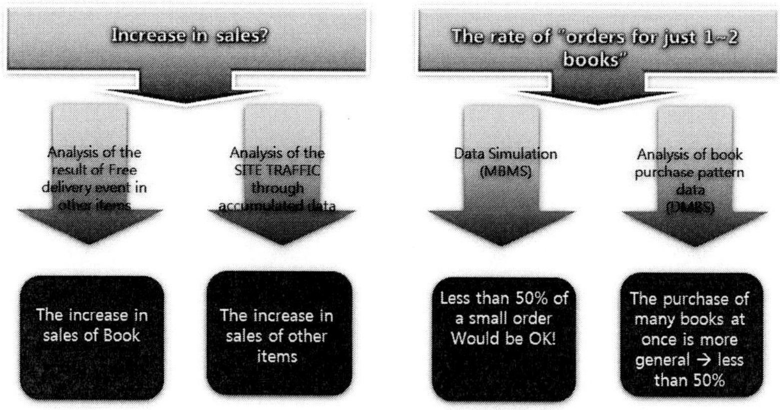

[그림 2] DSS 시스템의 의사결정 분석 예시

무료배송서비스가 시작된 다음 인터파크는 인터넷쇼핑몰 1위 자리를 다시 탈환할 수 있게 되었다. 비록 40% 의 고객이 회사에 적자를 발생시키는 소량주문을 하였지만, 무료배송서비스에 의해 매출은 4배 상승하여 회사는 적자에서 벗어 날 수 있게 되었다. 인터파크의 예는 e-비즈니스도 전략이 필요하다는 점을 보여준다.

1. 현재 인터넷 쇼핑몰 시장은 e베이가 G마켓을 인수하기로 함으로써 큰 변동이 생길 것이라고 예상할 수 있다. 인터파크가 취해야 할 전략은 무엇일지 토론하라.

2. 표 13.2의 Timmers의 인터넷 비즈니스 모델 분류에서 인터파크는 어떤 유형에 속하는지 파악하고 다른 여러 유형의 인터넷 비즈니스도 하나씩 예를 들어 서술하라.

3. 14장과 15장에는 모바일 커머스와 유비쿼터스 컴퓨팅에 대하여 소개하고 있다. 이 둘의 개념이 본격적으로 실현될 때 e-비즈니스 역시 변화를 맞을 것으로 예상된다. 예상되는 변화에 대해 논의하라.

주요 단어

B2B(Business to Business)
e-business
e-business 모델
경매(Auction)
디지털 경제(Digital Economy)
온라인 뱅킹(on-line banking)
전자문서교환(EDI: Electronic Data Interchange)
전자상거래(EC: Electronic Commerce)
혁신전략(Innovation Strategy)
B2C(Business to Consumer)
e-마켓플레이스(e-marketplace)
m-커머스(mobile-commerce)
기업포털(Enterprise Portal)
역경매(Dutch Auction)
장벽전략(Block Strategy)
전자 지불(e-payment)
팀업전략(Team-up Strategy)

토의 과제

1. 디지털 경제의 한계점에 대해서 설명하시오.

2. 전자상거래와 e-business를 구분하여 설명하시오.

3. e-business 환경 하의 경쟁세력모형을 구성하는 다섯 가지 경쟁요인은 무엇인지 설명하시오.

4. e-business 모델이 왜 근래에 들어서 많은 기업에서 이슈가 되고 있는지 설명하시오.

5. e-business 서비스 유형별 사례를 찾아서 각각을 설명하시오.

6. e-business 기술구조의 변화에 대해서 설명하시오.

참고 문헌

1. Mahadevan, B., "Business Models for Internet-Based e-Commerce", California Management Review, Vol.42, No.4, pp.55-69, 2000

2. Stephen, C., "Strategic Management of e-Business", Wiley, 2001
3. Timmer, P., "Business Models for Electronic Markets", Electronic Markets, Vol.8, No.2, 1998
4. 산업자원부, "국내 기업 e-business 현황 조사 결과", 2002
5. 산업자원부 · 한국전자거래진흥원, "2003 e-business 백서", 2003
6. 산업자원부 · 한국전자거래협회, "2004한국전자상거래 백서, 2004
7. 신현암 · 이웅희, "인터넷 비즈니스 모델의 성공조건", CEO Information, 제235호, 삼성경제연구소, 2000
8. 이경전 · 송영주, "인터넷 비즈니스 모델의 통합분류", 1999
9. 한국전산원, "e-business 국가 비전 및 추진전략에 관한 보고서", 2001

PART VI

정보경영의 새 경향

❆ 누가 하늘을 보았다 하는가 - 신동엽 ❆

누가 하늘을 보았다 하는가
누가 구름 한 송이 없이 맑은
하늘을 보았다 하는가.

네가 본 건, 먹구름
그걸 하늘로 알고
일생을 살아갔다.

네가 본 건, 지붕 덮은
쇠 항아리,
그걸 하늘로 알고
일생을 살아갔다.

닦아라, 사람들아
네 마음속 구름
찢어라, 사람들아,
네 머리 덮은 쇠 항아리.

아침 저녁
네 마음속 구름을 닦고
티없이 맑은 영원의 하늘
볼 수 있는 사람은
외경(畏敬)을
알리라.

기술이 급속도로 발전하여 생소한 단어들이 등장하기는 하지만 곧 보편화 된다. 특히 언론매체를 통해 m-커머스, 유비쿼터스 컴퓨팅을 관련한 단어들이 자주 등장하여 낯설지 않다. 이렇듯 앞으로도 정보경영에는 새로운 것들이 창출되겠지만 곧 사람들의 머리 속에 내재될 것이다. 그러므로 현재 볼 수 있는 것만이 전부가 아니며 언제든지 더 발전되고 기업의 효율성을 가져다 주는 기술이 나타날 것이다.

신동엽님의 시 '누가 하늘을 보았다 하는가' 에서는 사람들이 지금까지 보고 믿었던 하늘이 전부가 아니므로 고정된 생각을 버리라 한다. 즉, 현재의 눈에 보이는 정보만을 믿는 닫혀진 사고가 아니라 새로운 것을 받아 들일 수 있는 열린 사고를 가지라는 것이다.

Chapter 14

모바일 커머스 (m-commerce)

1. m-commerce의 개요

1.1 m-commerce의 정의

m-커머스란 간략히 상품의 구매와 대금의 지급결제에 무선통신 단말기(이동전화 단말기, PDA, 노트북 등 무선통신망에 접속이 가능한 모든 단말기)와 네트워크를 이용하는 것이다. 통신수단으로 이용되던 이동전화의 용도가 상거래와 지급결제의 수단으로까지 다양해진 것이다. 이와 같은 개념정의가 모호할 수 있으나, 현재 이용되는 대부분의 정의들도 m-커머스의 개념을 매우 포괄적으로 규정하고 있다. Durlacher(1999)는 m-커머스를 "무선통신망을 통해 이루어지는 금전적 가치가 수반된 모든 형태의 거래"로 정의하였으며, Ernest & Young(2002)은 "전자상거래의 한 유형으로 기업 간(B2B), 기업－이용자(B2C), 이용자－이용자(P2P) 간 거래를 포함"하는 것으로 정의하고 있다. 또한 호주의 통신규제기관인 ACA (2003)는 m-커머스를 "무선통신 단말기를 통해 이루어지는 상업적 거래"로 매우 폭넓게 규정하고 있다. 이와 같은 정의들을 종합해 보면, 기존의 전자상거래(e-commerce)가 유선인터넷을 이용하는 것과 달리 무선인터넷을 이용하고, 음성통화뿐만 아니라 상거래와 지급결제 수단으로서의 역할을 포괄하는 것이라는 공통점을 찾을 수 있다.

이와 같은 m-커머스의 개념을 광의와 협의로 구분해 볼 수 있다. 광의의 m-커머스는 이동통신망과 단말기(이동전화, PDA, 노트북컴퓨터 등) 상에서 이루어지는 모든 형태의 가치전달 활동을 의미하며, 협의의 m-커머스는 재화 및 서비스의 거래, 광고, 금융서비스만을 포함한다.

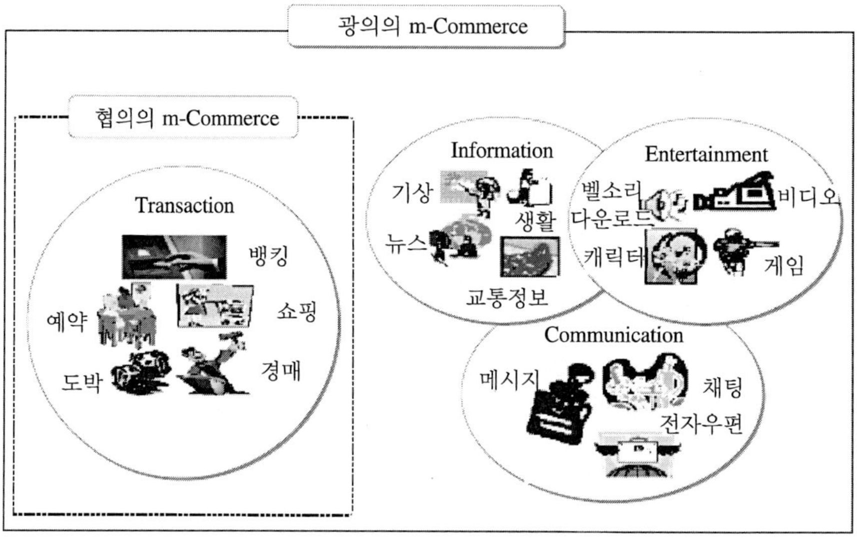

그림 14.1 m-커머스 개념 구분

1.2 m-commerce와 전자상거래

m-커머스는 개념상 전자상거래의 한 유형이다. 전자상거래가 '모든 형태의 전기적 특성을 갖는 네트워크(Network) 설비를 이용하여 이루어지는 상업적 거래'를 의미하므로, 무선통신망을 이용하는 상거래를 의미하는 m-커머스는 전자상거래의 한 유형이 된다. '모든 형태의 전기적 특성을 갖는 네트워크 설비'를 이용한다는 포괄적인 개념에도 불구하고 기존 전자상거래가 주로 유선인터넷 기반에 한정하여 제공되었으나, 무선통신기술이 발전되고 이용이 증가함에 따라 무선통신망에서도 상거래가 가능해진 것이다.

이러한 무선기반의 m-커머스는 기존 유선인터넷 기반의 전자상거래와 차별화된 특성을 갖는다. 우선, m-커머스는 무선통신망, 특히 이동통신망을 이용하므로 이동성, 편재성, 접근성, 보안성 등 이동통신망의 장점을 활용할 수 있다. m-커머스 이용자는 전국적 이동전화망(편재성)을 기반으로 언제, 어디서나 접근(접근성, 이동성)하여 원하는 상대방과 거래할 수 있으며, 무선 액세스 구간에서의 보안유지, 무선데이터망의 상대적 폐쇄성 등으로 보안성 측면에서도 우수하다. 또한 향후 무선구간의 접속속도가 개선되고, 개인의 특성이나 이용자의 위치에 맞는 정보가 제공된다면 편리성도 확대될 수 있다. 그러나 다른 한편으로 아직까지 무선통신 단말기의 저장능력이나 협소한 단말기 화면 등 이용자 인터페이스는 m-커머스를 이용하기에 불편하다. 또한 무선통신망 대역폭(Bandwidth)의 한계로 인해 접속속도가 유선 전자상거래에 비해 취약하다는 문제도 안고 있다.

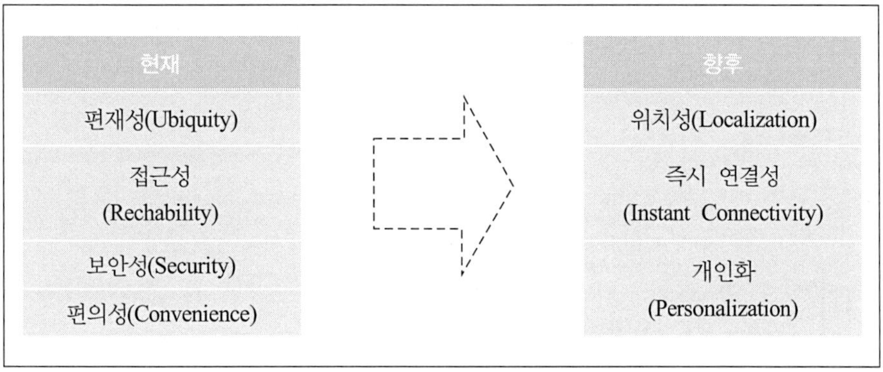

출처: *"Mobile Commerce Report", Durlacher, 2000*

그림 14.2 무선통신의 특성

m-커머스는 3G 이동통신, 2.3GHz 휴대인터넷 등 통신기술의 발전으로 접속속도와 단말기 환경이 개선되고, 위치기반 서비스(LBS)나 이용자의 특성에 맞는 개인화 서비스(Personalization)가 가능하게 되면 유선 전자상거래와 차별화되거나 이를 보완하는 서비스를 제공할 것으로 예상된다. 이미 유선인터넷 기반의 전자상거래는 온라인 거래에 대한 이용자의 친숙도를 높임으로써 무선통신환경에서 m-커머스가 제공될 수 있는 기반을 마련하였으며, 향후 유/무선 인터넷 망 연동이 보편화되어 무선단말기 상에서 유선 전자상거래의 컨텐츠를 이용할 수 있다면 m-커머스 성장에도 기여할 것이다.

표 14.1 전자상거래와 m-커머스의 비교

구분	전자상거래	m-커머스
브라우징	쉽다	어렵다
장소	제약	언제, 어디서나 가능
기기	PC, TV	이동전화기, PDA 등
속도	고속	저속
이용형태	장시간 사용	필요할 때만 잠깐 이용
디스플레이	큰 화면	작은 화면
서비스요금	대부분 무료	유료
시사점	소비자들이 적극적으로 자신이 원하는 물품을 탐색하고 구매	소비자들은 상대적으로 수동적인 태도를 보이기 때문에 개인화된 서비스를 제공

출처: *무선인터넷 백서, 소프트뱅크 리서치, 2001*

2. m-commerce 관련기술

2.1 m-commerce 관련기술의 개관

m-커머스 관련기술은 모바일 기반기술과 모바일 응용기술로 구분할 수 있다.

표 14.2 m-커머스 관련기술

대분류	중분류
모바일 기반기술	무선망 기술, 무선인터넷, 무선 보안기술, 응용서버, 단말기술
모바일 응용기술	모바일 지불, 위치기반 기술

가. 무선망 기술

무선통신망의 발전에 따라 1세대 AMPS 망을 이용한 CDPD와 같은 초기형태에서 출발하여, 2세대인 IS-95/GSM을 거쳐 3세대인 IMT-2000 기반의 무선인터넷, 그리고 All-IP망 및 최대 100Mbps 전송속도를 지향하는 제 4세대를 모두 지칭한다. 2세대 무선통신망의 등장으로 m-커머스가 도래되었으며, 전송속도가 제한적이다. 3세대 무선통신 기술은 전송속도는 향상되었지만 이동 시 급속도로 전송속도가 떨어진다는 단점 등 기술적 취약점이 있다. 4세대 무선망 기술은 이동성과 높은 전송속도를 구현할 수 있는 기술로 평가되고 있다.

나. 무선인터넷

무선인터넷은 무선으로 음성/데이터/영상정보를 송·수신할 수 있는 서비스라고 정의할 수 있으며, 무선환경에서 인터넷을 비롯한 다양한 데이터 통신망에 접속하여 정보를 송·수신하는 기술에 기반 한다.

프로토콜의 표준화 경쟁으로 인한 기술발전이 빠르게 이루어지고 있는데, OMA (과거 WAP Forum) 가입 회사들을 중심으로 한 WAP 방식, MS와 Qualcomm 연합의 Mobile Explorer 방식, NTT DoCoMo의 I-mode 방식이 경쟁하고 있으며, 이중 일단 무선인터넷 프로토콜은 WAP을 중심으로 표준화되면서 통신사업자, 시스템 제조업체, 단말기 제조업체, 컨텐츠 사업자들 사이에 제휴 및 상호협력이 가속화되고 있다.

WAP은 기업정보 접근을 위한 보안문제와 IMT-2000과 관련되어 음악과 동영상 등의 멀티미디어 정보처리, 프록시 서버(proxy server)의 과부하와 관련된 네트워크 관리문제에 관한 표준이 계속적으로 연구되고 있다. Mobile Explorer의 경우는 무선단말기에 맞게 설계된 실시간 운영체제인 Windows CE를 기반으로 하고, XML을 기초로 한 HTML과 WML 모두를 지원하는 Dual Browser를 제공한다.

다. 모바일 보안

m-커머스를 구성하고 있는 여러 가지 기술 중에서 이용자와 직접적인 이해관계가 있기 때문에 보안과 지불은 가장 중요시되고 있고, 민감한 요소임에 틀림없다. 재화나 서비스를 구매한 뒤 보안과 지불에 대한 신뢰도가 낮다면 이용자가 서비스를 이용함에 있어 큰 장애가 될 것이기 때문이다. 따라서 m-커머스가 보다 활성화되기 위해서 보안과 지불에 대한 신뢰성을 확보하는 것은 중요한 사항이다.

기술적인 측면에서 서로 다른 차원의 수많은 네트워크 보안이 있다. 네트워크 트랜잭션에서 보안을 위해서는 인증(Authentication), 비밀성(Confidentiality), 무결성(Integrity), 부인방지(Non-repudiation) 등과 같은 몇 가지 핵심적인 보안사항들이 요구된다.

라. 모바일 응용서버

모바일 응용서버란 기존의 유선인터넷 환경에서 뿐만 아니라 무선인터넷 환경에서도 이용할 수 있는 여러 응용서비스를 쉽게 개발하고 운영할 수 있는 소프트웨어 플랫폼으로서, 복잡한 하부구조에 대한 지식이 없이도 애플리케이션을 구성하는 분산 컴포넌트 로직을 쉽게 개발할 수 있음은 물론 개발된 로직을 효율적으로 관리할 수 있는 서버 측 미들웨어이다. 이 경우, 응용서비스는 무선단말기의 제약성과 이동통신망의 간헐적 단절성을 극복할 수 있는 모바일 비즈니스 서비스로서, 기존의 인터넷 환경에서의 기업내부 비즈니스나 기업 간 비즈니스 등 유선인터넷 서비스를 포함한다.

웹 응용서버와는 달리 모바일 응용서버의 경우 국제적으로 공인된 산업표준이 없으며, 따라서 조사 기관 및 관련연구들도 개별적인 시스템 구조를 제안하고 있다. 즉, 이동단말의 소프트웨어 구동환경, 액세스 게이트웨이(Access Gateway), SMS, MMS, J2EE, .NET, 워크플로우 등의 개별표준은 존재하지만 모바일 응용서버 전체 프레임워크 및 관련기능에 대한 표준은 존재하지 않는 실정이다.

마. 모바일 단말기술

모바일 단말기술은 음성 중심의 휴대폰(Voice Centric Phone), 다양한 기능을 내장한 다기능 휴대폰(Rich Featured Phone), 데이터 통신을 강화한 스마트폰(Smart Phone), 컴퓨팅 환경을 강화한 PDA 등으로 분류할 수 있다. 이는 멀티미디어 환경에 대응하기 위한 복합화와 기본 통화기능 중심의 소형경량화라는 두 가지 측면의 사용자 요구를 동시에 충족시키면서 각각의 독특한 플랫폼으로 발전하고 있으며 기술의 발전과 새로운 시장요구에 의해 음성과 데이터 서비스가 서로 융합(Convergence)되어 가고 있다. 무선단말기는 PC 시장을 대체할 수 있는 PostPC의 가장 밀접한 대안기술로 평가받고 있다.

PDA 등 무선단말기를 위한 운영체제(OS: Operating Systems)는 마이크로소프트의 Windows CE, Symbian의 EPOC, Palm Inc.의 Palm OS 등이 있다.

바. 모바일 지불

이미 일본과 유럽 지역의 몇몇 선진국에서는 m-커머스를 활용한 은행거래, 주식거래, 티켓예매 등이 중점적으로 활용되고 있으며, m-커머스에 있어서의 전자지불기술도 주요 이슈로 대두되고 있다. 모바일 결제는 기술적으로 분류하면 아래

표 14.3과 같다. 여기에서는 m-커머스 상의 전자지불유형을 간단히 살펴보고 현재 상용화되고 있는 대표적인 모바일 전자지불 솔루션을 소개한다.

표 14.3 모바일 결제의 기술적 분류

구분	종류	내용
스마트카드(IC칩) 내장 또는 탈착여부	카드 기반 (H/W식)	- 스마트카드(칩)에 결제정보를 담아 인증 및 결제서비스 - 싱글슬롯, 듀얼슬롯, 듀얼칩, 원칩(통신칩, 신용카드칩)
	비카드 기반 (S/W식)	- 무선네트워크를 통하여 실시간 인증 및 대금결제 (폰빌방식) - 휴대폰 메모리에 결제정보를 저장하는 Mobile Wallet 방식(클라이언트형, 서버형) - 바코드 방식
무선 네트워크 이용여부	온라인 방식	- 무선인터넷에 접속, 모바일 뱅킹 또는 무선 PG를 이용한 온라인 쇼핑몰 등에서의 대금지급결제(통화료 부담) - 폰빌, Remote Payment
	오프라인 방식	- 휴대폰과 POS 단말기, ATM 등 간에 근거리 통신기술(RF, IrFM, 블루투스, 2D 바코드 등)을 이용, 대금지급결제 - 통화요금 부담하지 않음
이동통신업체의 참여정도	직접결제 방식	- 이동통신업체가 직접 지급결제서비스 제공 주체 - 지급결제과정 전반을 이동통신업체가 관리하고 책임 부담 - 폰빌(휴대폰 통합과금), SKT의 네모서비스
	간접결제 방식	- 금융기관과 제휴하여 간접적으로 서비스 제공 - 선불, 직불, 신용카드, 계좌이체 등

출처: *지급결제와 정보기술, 김시홍, 2002*

전자지불유형은 지불인, 수취인, 거래에 참여하는 기관의 관계에 따라 세 가지로 분류된다. 첫 번째 전자지불유형은 지불인과 수취인 사이에서 지불이 직접 이루어지는 유형이며, 두 번째 전자지불유형은 거래 당사자 사이의 대금 이전을 관리하는 은행의 뱅킹 시스템에 의한 지불유형이다. 세 번째 전자지불유형은 지불인과 수취인 사이에 있는 제 3의 독립기관을 통한 지불유형이다. 세 가지 유형 모두 사용자가 지불처리과정을 최적화하기 위해 계좌번호, 인증데이터, 배달주소 등의 정보를 저장하고 있는 전자지갑 애플리케이션을 사용한다.

네트워크 제공업자와 서비스 제공업자는 서비스 제공업자가 가상 모바일 네트워크 오퍼레이터인 경우만 제외하고는 동일하다. 이와 같은 모바일 지불 가치사슬에서 상인, 광고업자, 지불 수행자, 무선통신업자 등은 중요한 역할을 수행한다.

m-커머스에서 신용과 보안은 가장 중요한 요소이다. 전자거래에 있어서 소비자는 신용과 보안이 불확실한 거래를 꺼려할 것이고, 따라서 컨텐츠 제공업자와 지불관련 서비스 제공업자는 소비자가 불편함을 느끼지 않도록 신용과 보안에 특별히 신경을 써야 한다.

3. m-commerce 서비스

3.1 m-commerce의 가치사슬

m-커머스의 가치사슬(Value-chain)을 이해하는 것은 회사가 어떤 방향으로 사업을 접근해야 하는 것을 이해하는 것을 파악하는 것이다. m-커머스 가치사슬의 특징은 크게 3가지로 나눌 수 있다. 첫째, 가치사슬에는 다양한 참여자가 존재한다. 그림 14.3과 같이 통신망사업자, 컨텐츠사업자, 금융서비스 사업자 등 다양한 참여자가 존재한다. 둘째, 단독 솔루션은 부재하다. 어떠한 사업자도 단독으로 고객에게 end-to-end 서비스를 제공할 수 있는 솔루션을 가질 수 없다. 셋째, 사업자 간 제휴의 필요성이다. 서로 다른 시각과 동기를 가진 다양한 사업자들을 통합하여 이용자들을 만족시킬 수 있는 서비스 제공이 핵심과제이다.

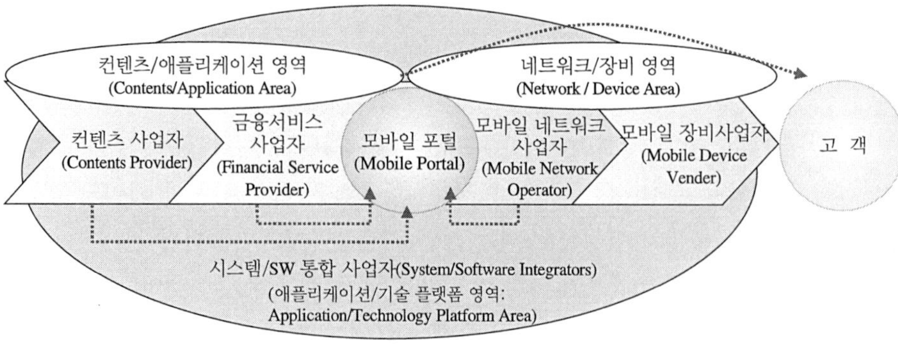

출처: *"Mobile e-commerce Market Strategies", Ovum, 2000*

그림 14.3 m-커머스 가치사슬

가. 콘텐트 / 애플리케이션 영역

컨텐츠/애플리케이션 사업자들은 게임, 영화, 제품 등 다양한 서비스를 가지고 m-커머스 가치사슬의 가장 전방에 위치한다. 이들은 모바일 포털 또는 네트워크 사업자와 계약을 맺고 고객에게 상거래 서비스를 제공하며, 이 과정에서 인증, 결제를 위한 금융서비스 사업자가 개입한다. 이동통신업자들이 이 관계의 주도권을 갖고 있고, 이들이 모바일 포털을 운영하고 있기 때문에 주로 애플리케이션 사업자들은 이동통신업자들에게 락인(Lock-in)되어 있는 상태이다.

나. 모바일 포털(Mobile Portal)

모바일 포털은 단순히 유선포털을 무선환경으로 확장한 것이라기보다는 m-커머스의 독특한 특성(편재성, 접근성, 보안성, 편의성)을 반영하고 있다. 모바일 포털의 핵심기능은 무선환경에서 정보탐색비용을 줄이는 것이지만 무선단말기의 불편한 인터페이스가 큰 제약요인으로 작용한다. 따라서 모바일 포털은 먼저 컨텐츠 및 애플리케이션 패키지를 휴대폰과 스마트폰, PDA의 협소한 디스플레이 및 인터페이스 환경에 맞게 변환시켜 주어야 할 것이며, 이렇게 변환된 컨텐츠 및 애플리케이션을 이용자의 요구에 맞춤 서비스를 제공하고 원하는 정보에 대한 검색이 편리하게 맞춤 인터페이스를 제공할 수 있어야 한다.

표 14.4 참여 사업자별 Value Source

구 분	컨텐츠/애플리케이션 사업자 (Contents/Application)	금융서비스 사용자 (Financial Service Provider)	네트워크 사용자 (Network Operator)	모바일 포털 (Mobile Portal)	장비 사업자 (Device Vender)	애플리케이션/기술 사업자 Application Technology
Primary Service	●	●	●	●		
광고	●		●	●	●	
컨텐츠 관리		●	●	●		
애플리케이션 관리		●	●		●	●
위치기반 정보 서비스	●		●	●	●	

출처: *"Mobile e-commerce Market Strategies", Ovum, 2000*

또한, 모바일 포털서비스 제공자는 반드시 이용자의 환경에 맞게 맞춤서비스를 제공하여야 부가가치를 높일 수 있으며, m-커머스 이용자는 주로 이동 중에 서비스를 이용하는 경우가 많으므로 필요한 정보가 위치와 관련된 정보가 많기 때문에 무선 위치확인기술은 이용자에게 가장 적합한 서비스 제공이 가능하다.

다. 네트워크 / 장비 영역(Network / Device Area)

네트워크사업자(이동통신사업자)는 m-커머스 및 무선인터넷 서비스에 있어서 지배적인 역할을 수행하고 있다. m-커머스 가치사슬 상에서 이동통신사업자가 추구하는 것은 단순한 네트워크 서비스 제공을 넘어서서 자체 무선포털의 독점적 위치를 계속 강화하고 관련 서비스산업의 진출을 통해 m-커머스 전체 가치사슬에 대한 지배력 유지를 원한다. 이는 m-커머스 서비스의 잠재수익이 음성통화수익보다 커질 것이라는 점과 네트워크의 발전에 따라 이동통신망이 IP 기반으로 전환되어 개방되면 자신들의 역할이 단순 ISP(Internet Service Provider) 역할로 축소될 위험성 때문이다. 이동통신사업자의 경쟁우위는 이미 가입자와 빌링관계를 확보하고 있으며 타 사업자들에 비하여 투자여력이 풍부하기 때문이다.

라. 시스템 / SW 통합사업자(System / Software Integrator)

시스템 소프트웨어 통합사업자들은 네트워크 인프라 장비업체서부터 단말기 운영체제와 마이크로 브라우저 개발업체, WAP(Wireless Application Protocol) 게이트웨이나 미들웨어, 소프트웨어를 제공하는 애플리케이션 플랫폼업체를 포함한다. m-커머스는 하드웨어뿐 아니라 서비스와 애플리케이션 관리 측면에서 새로운 수익원이 될 수 있다. 소프트웨어 플랫폼 제공업체는 무선단말기 운영체제인 Windows CE, EPOC, Palm OS 등을 공급하는 업체들과 WAP 마이크로 브라우저와 게이트웨이 서버를 공급하는 오픈 웨이브 등이 대표적이다.

3.2 m-commerce 서비스 유형

가. 상품

재화로서 m-커머스의 주요 애플리케이션으로는 먼저 B2C 부문에서 쇼핑, 자동판매, 주식정보 및 거래 애플리케이션 등이 있으며 B2B 부문에는 조달, 거래 애플리케이션 등이 있다.

1) 쇼핑

기존의 전자상거래의 확장된 개념으로 모바일 단말기 사용자는 가정과 사무실 같은 고정된 위치가 아닌 이동 중에 손쉽게 재화를 구입할 수 있게 되었다. 서비스의 잠재력은 상당히 크나, 네트워크와 지불승인 및 인증과 관련된 보안문제와 작은 화면으로 인한 인터페이스 문제점을 안고 있다.

2) 자동판매

자동판매는 이동통신 단말기를 활용하여 해당 상품에 대한 비용을 지불할 수 있도록 한 애플리케이션이다. 자동판매기기는 사람들의 이동이 빈번한 장소에 위치하여 있으며 자동판매되는 해당 상품은 충동구매가 가능하도록 노출되어 있다. 따라서 대개의 경우, 비용부담 규모도 적어 비교적 간단하고 낮은 보안수준으로도 가능한 애플리케이션이다.

3) 주식거래

주식거래 애플리케이션은 이동통신 단말을 활용하여 인터넷에 접속하여 주식정보를 획득하고 주식을 매도, 매수할 수 있도록 하는 애플리케이션이다. 주식거래 애플리케이션에서 거래되는 정보는 표준화되어 있으며, 비교적 간단하므로 제한된 디스플레이 화면을 가진 이동통신 단말을 활용하는 데 적합한 애플리케이션이다.

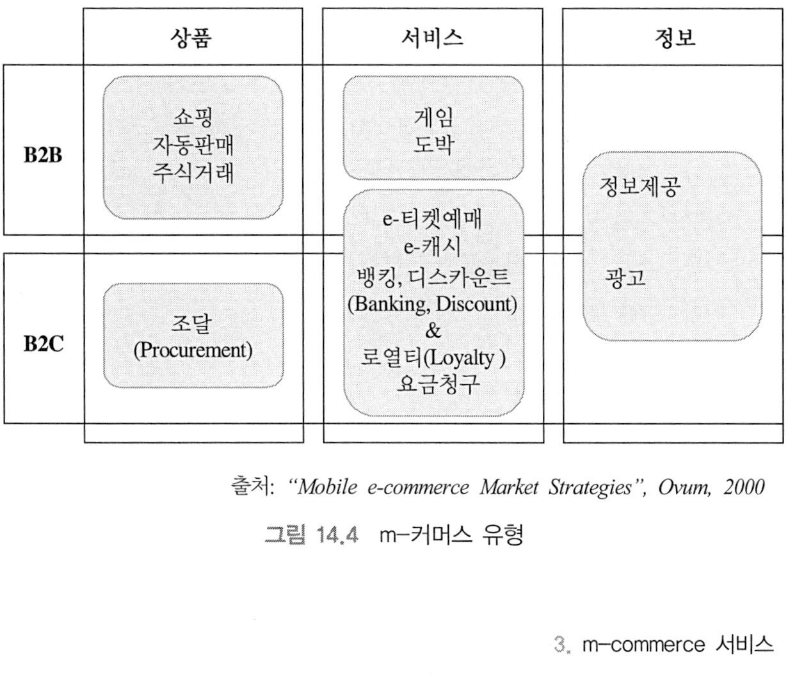

출처: *"Mobile e-commerce Market Strategies", Ovum, 2000*

그림 14.4 m-커머스 유형

4) 조달(Procurement)

조달은 전형적인 B2B 부문의 상거래라고 할 수 있는데 이 또한 m-커머스에서도 하나의 중요한 애플리케이션이 된다. 경우에 따라서는 조달의 대상이 정부가 되는 경우도 있어 B2G(Business-to-Government)도 해당된다.

나. 서비스

m-커머스의 서비스 부문에 포함되는 주요 애플리케이션은 그림 14.4에서 보는 바와 같이 B2C와 B2B 부문에 중첩되는 뱅킹, 요금청구와 지불, e-cash, 티켓예매, 게임 및 도박, 로열티와 디스카운트 등이 있으며 B2C에 주로 해당되는 게임과 도박이 있다.

1) 뱅킹(Banking)

뱅킹은 은행에서 입출금, 잔액조회, 계좌이체와 같이 비교적 간단하면서 거래량이 많은 업무를 고객이 이동통신 단말기를 활용하여 직접 수행할 수 있도록 하여 번거롭게 은행창구를 찾지 않도록 해준다. m-커머스 상의 뱅킹은 고객서비스 개선과 비용절감 효과를 통해 해당 은행의 경쟁력을 향상시킬 수 있으며 아울러 고객은 장소와 시간에 구애 받지 않고 저렴한 비용으로 은행업무를 수행할 수 있다.

2) 요금청구

요금청구는 오프라인 상에서 우편으로 요금청구서를 보내는 대신에 고객의 이동통신 단말기에 요금 청구서를 보내고 고객은 서비스 이용내역을 조회할 수 있도록 하는 애플리케이션이다. 기업은 이동통신 단말기를 통한 과금으로 청구서 발송비용과 지불처리과정의 비용을 절감하는 효과도 있다. 고객은 자신의 요금청구서를 분실 염려 없이 이동통신 단말기를 통해 전송 받은 내용을 언제 어디서든 조회할 수 있어 편리하다.

3) e-캐시(e-cash)

e-캐시는 온라인상에서 화폐가치를 대신하는 전자 지불 수단으로 e-캐시 애플리케이션은 전자상거래에서 재화나 서비스 이용 시 이용대금 결제를 위하여 사용되는 지불 애플리케이션이다. e-캐시의 변형인 선불 애플리케이션은 휴대전화 시

장에서 특히 유행하는 애플리케이션으로 미리 약정된 금액 범위 내에서 재화를 구매하거나 서비스를 사용하는 애플리케이션이다.

4) e-티켓예매

티켓예매 및 예약 애플리케이션은 간단하게 구조화된 정보를 이동통신 단말기로 조회하여 극장표를 예매하거나 식당, 공연을 예약하거나 교통수단인 비행기, 버스, 기차 등의 좌석예매에 사용할 수 있는 애플리케이션이다. 티켓예매 및 예약 애플리케이션은 사용자에게 시간과 장소에 제약 받지 않고 승차권이나 예약권을 확보하는 편리성을 제공하고, 사업자에게는 비용을 절감시켜 준다.

5) 로열티(Loyalty)와 디스카운트(Discount)

로열티 애플리케이션은 지속적으로 방문하는 우수고객들의 행위를 분석하는 애플리케이션이다. 예를 들어 '항공권 마일리지'는 사용자의 서비스 이용정도에 따라 마일리지를 적립하여 다시 적립된 마일리지로 서비스를 활용할 수 있도록 하여 계속적인 이용을 유도하는 대표적인 로열티 애플리케이션이다. 디스카운트 애플리케이션은 기존 가격에서 할인된 가격으로 재화나 서비스를 제공하여 구매를 유도하는 애플리케이션이다.

6) 게임 및 도박

온라인 게임 및 도박 애플리케이션은 고객이 이동통신 단말을 통해 어디서나 쉽고 편하게 즐거운 게임과 도박을 즐길 수 있도록 하는 모바일 애플리케이션이다. 이는 오락을 제공하는 것인데 게임과는 달리 도박 애플리케이션은 법규제 및 정보보호의 문제로 인해 활성화되기 어렵다는 문제가 있으며 게임의 경우도 소형 화면을 이용하는 한계에 부합되는 수준이어야 한다는 제한이 있다.

다. 정보

정보는 B2B 부문과 B2C 부문 둘 다에 해당되는 것으로 m-커머스의 정보 부문에 해당되는 주요 애플리케이션으로 정보제공, 광고 등이 있다.

1) 정보제공

정보제공(Paid for Information)은 사용자가 이동통신 단말을 활용해 시간과 공간의 제약을 받지 않고 필요한 정보를 제공받을 수 있도록 하는 애플리케이션이다. 이는 두 가지 측면이 있는데 하나는 전반적인 상거래를 가능하게 하는 기초 지원으로서의 정보서비스적 측면과 그 자체가 거래대상이 되는 상품으로서의 정보적 측면이다. 이는 흔히들 기본서비스와 부가서비스로 구분되는 물리적 분류와 함께 정보제공 애플리케이션을 구성한다.

2) 광고

광고는 이동통신 단말에 광고가 전송될 수 있도록 하고 광고에 따른 효과분석이 가능하도록 하는 애플리케이션이다. m-커머스의 광고는 지금까지 행해져 왔던 무차별적인 광고와는 달리 개인의 기호, 지역적 환경에 따라 개인화된 타겟광고를 행할 수 있다.

앞에서 설명한 m-커머스의 유형을 보다 자세하게 분류하면 다음과 같다.

표 14.5 m-커머스의 유형

Enabling Service	B2C Application	B2B Application
- E-mail - Mobile Instant Messaging - Unified Messaging - Mobile Chat - Mobile Video Telephony - Mobile PIM (Personal Information Management)	- Mobile Financial Services - Mobile Security Services - Mobile Shopping - Mobile Advertising - Mobile Dynamic Information Management - Mobile Information Provisioning - Mobile Entertainment - Mobile Telematics - Mobile Customer Care	- Mobile Supply Chain Management - Telemetry / Remote Control - Job Dispatch - Fleet Management - Mobile CRM - Mobile Sales Force Automation - Wireless Application Service Provider

출처: *"Wireless Internet", Merrill Lynch, 2000*

3.3 비즈니스 모델(Business Model)

m-커머스는 단순 정보제공에서부터 금융 및 엔터테인먼트까지 수많은 서비스를 제공할 수 있다. 서비스를 제공으로 구독료(Subscription Fees), 거래세(Transaction Fees), 모바일 운영자로부터 수익분배(Share of Traffic Charges), 스폰서들로부

터 얻는 광고료, 커미션 등과 같은 다양한 형태로 수익을 얻고 있다.

가. 사용료 비즈니스 모델

서비스를 접속하는 이용자들로부터 직접 받는 방법으로 크게 두 가지로 구독료(Subscription Fee)와 사용료(Usage Fee)로 나눌 수 있다. 첫째, 구독료는 신문과 우유와 같이 일정기간 내에 요금을 지불하고 사용하는 것과 같이 웹상에서 일정기간 동안 사이트를 이용하거나 탐색하기 위해 고객으로부터 구독료를 받는 모델로서 월스트리트를 대표적인 예로 들 수 있다. 둘째는 사용료로 고객의 행동에 따라 요금을 요구하는 것으로 고객이 일정부분의 정보를 탐색하거나 이용하고자 할 때 요금을 지불하도록 하는 모델로서 ESPN Sports가 대표적인 사례이다.

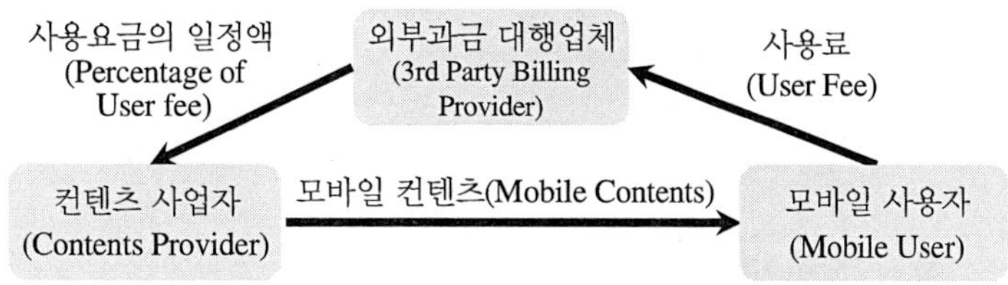

그림 14.5 사용료(User Fee) 비즈니스 모델

나. 쇼핑 비즈니스 모델

이용자들이 인터넷 등을 이용하여 상품과 서비스를 구매하는 전자상거래와 같이 모바일을 이용하여 컨텐츠, 상품, 서비스를 구매할 수 있다. 시간과 장소에 구애받지 않는 모바일의 특성(Anytime, Anywhere) 택시나, 티켓구매 등 이동성과 이용자의 위치에 민감한 서비스에 응용할 수 있다.

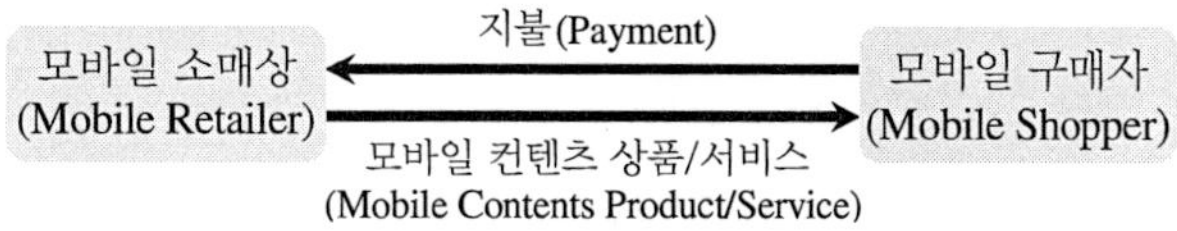

그림 14.6 쇼핑 비즈니스 모델

다. 마케팅 비즈니스 모델

정통적인 소매업체(Brick and Mortar)나 온라인 업체들도 핵심 비즈니스를 위해

마케팅을 보조도구로 이용하여 모발일 인터넷을 이용자들에게 제공할 수 있다. 즉, 오프라인 또는 온라인 등에서 상품구매나 서비스 이용행위는 쇼핑 비즈니스모델과 같지만, 모바일을 강력한 마케팅 도구로 이용하여 기존 사업의 수익과 매출을 증가시키는 행위를 말한다.

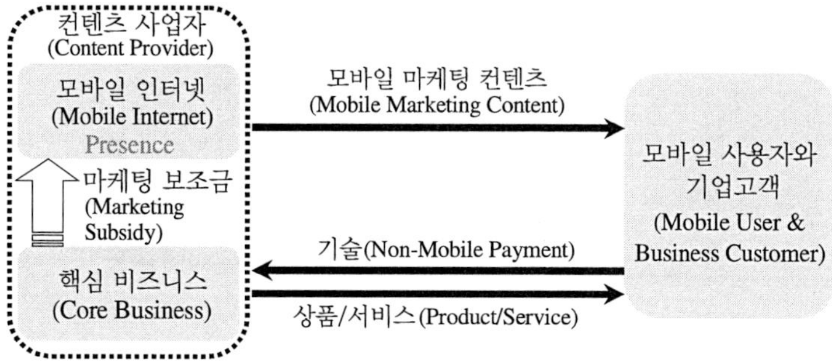

그림 14.7 마케팅 비즈니스 모델

라. 효율개선 비즈니스 모델

모바일을 이용하여 기존 운영비용과 고객서비스를 개선하는 모델이다. 모바일 전자결제를 전철, 버스, 대형 마트 등에서 이용함으로써 운영비용을 줄일 수 있고, 판매원 등이 고객방문 시 모바일을 이용하여 즉시 불만사항을 시정할 수 있다.

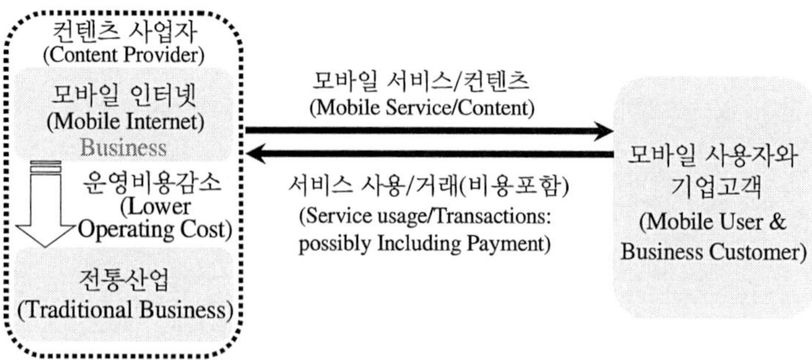

그림 14.8 효율개선 비즈니스 모델

마. 광고 비즈니스 모델

모바일 광고는 스크린이 작다는 특성 때문에 일반 미디어 매체나 컴퓨터 인터넷 광고와 달리 목적에 정확한(Targeted) 접근방식이 필요하다. 비즈니스 모델은 기간 내 정해진 금액을 지불하는 정액요금(Flat Fee) 방식과, 광고가 전달되는 횟수만큼 금액을 지불하는 Traffic 기반요금 방식과, 정해진 행동을 행하는 수 주문량에 따라 금액을 지불하는 Performance-based Fee 등이 있다.

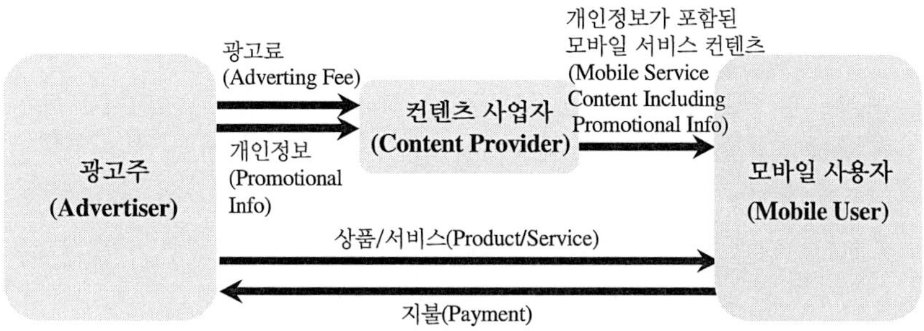

그림 14.9 광고 비즈니스 모델

바. 수익분배 비즈니스 모델

m-커머스는 모바일운영자, 포탈제공자, 컨텐츠제공자 등 다양한 형태로 구성된다. 따라서 이들 간에 적정한 수익분배가 필요하다.

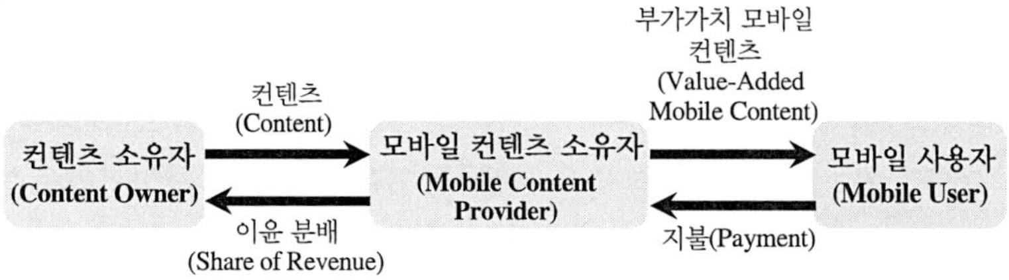

그림 14.10 수익분배 비즈니스 모델

4. m-commerce 활용방안

4.1 m-commerce 사업기회 도출방법

기업이 새로운 기회를 창출하기 위해서는 전략적 접근이 필요하다. 모바일을 이용한 사업기회를 도출하기 위한 접근방법은 4단계로 나눌 수 있다.

첫째, 기존 전자상거래에서 사업기회 도출이다. m-커머스가 가능한 영역은 상품, 서비스, 정보로 구분할 수 있고 이는 다시 B2B, B2C로 구분할 수 있다. B2B와 B2C 영역에서 모바일이 적용될 수 있는 것은 모바일을 응용한 사이버 대리점, 모바일을 응용한 고객서비스, 모바일을 이용한 지불, 결제 솔루션 등 다양하다.

둘째, 인터넷 비즈니스 분류에서 기회도출이다. 인터넷 비즈니스 유형은 다양하게 나눌 수 있으며 여러 형태로 모델화될 수 있으며, 모바일 특성을 고려하여 새로운 기회의 도출이 가능하다. 스크린과 키패드의 특성 때문에 손쉬운 검색, 주제별 정보 디렉토리 서비스가 대표적인 서비스이며, 모바일을 이용한 전자카탈로그, 모바일을 이용한 주문추적시스템 등 다양하게 서비스를 이용한 사업기회가 도출될 수 있다.

셋째, 기업 내 가치사슬 분류에서 사업기회 도출이다. 제조기업 또는 서비스 기업 등이 회사의 핵심역량 강화 및 고객서비스 강화를 위해 모바일의 적용 방안을 강구하는 것과 모바일 솔루션을 판매하는 기업이 해당 솔루션을 어떻게 기업에 적용할 수 있을까 고민하는 부분에서 많은 대안을 찾을 수 있다.

넷째, 기업 내 기존(Legacy) 시스템에서 사업기회 도출이다. 기업의 내·외부 시스템과 모바일이 수평적 수직적으로 연계 통합함으로써 새로운 기회 도출이 가능하다. 생산관리 시스템, 영업관리시스템, 경영관리시스템, 그룹웨어 등 기업 내 기간 시스템에서 모바일을 적용할 수 있다.

4.2 제휴전략

모바일은 가치사슬의 특징에서 제휴 필요성에 대해 언급한 것과 같이 통신망사업자, 단말기 제조업체, 금융서비스 사업자, 컨텐츠사업자 등 다양한 참여자들이 존재할 수 있으며, 어떠한 사업자도 단독으로 고객에게 end-to-end 서비스를 제공할 수 없다. 따라서 m-커머스에서 성공하기 위해서는 전략적 제휴에 대한 검토가 필요하다.

제휴를 성공적으로 추진하기 위해서는 5단계가 필요하다.

첫째, 분명한 제휴논리가 설정되어야 한다. 제휴논리를 설정하기 위해서는 제휴 목적 설정, 핵심역량 분석, 제휴논리 명확화, 타 대안비교분석을 거쳐야 하며, 결국 타당한 제휴논리는 상호간 주고받을 것이 분명하여, 제휴결과 상호 상생효과가 극대화될 수 있는 방안을 찾는 것이다.

둘째, 후보업체 선정이다. 후보업체를 선정하기 위해서는 후보업체 DB 구축, 평가기준 수립, 후보업체 프로필 작성, 매력도 평가의 단계를 거친다. 후보업체를 선정하기 위해서는 Sourcing과 Screening 단계를 가진다. Sourcing 단계는 잠재적 시너지 규모 측정, 브랜드 가치 및 유통망 범위, 목표고객 부합성, 컨텐츠 확보정보 등을 확인하는 것이고, Screening 단계에서는 자사와 제휴할 의지나 가능성이 있는 후보업체들을 매력도 평가 등의 방법을 이용하여 골라내는 단계이다. 매력도 평가는 상호양립성, 핵심역량 평가, 제휴의지와 노력정도 등으로 평가한다.

셋째, 후보업체 평가단계이다. 이 단계에서는 최소한의 노력에 최대한의 효과를 얻기 위해 우선순위를 정하는 Scoring 단계와 우선적으로 접근할 대상과 차후로 미뤄야 할 대상의 Ranking을 매기는 단계가 포함된다.

넷째, 제휴협상 프로세스 및 제휴체결이다. 제휴협상을 하기 전에 전략적 제휴의도 파악, 협상전략 수립, 예상효과 평가 등 사전작업이 필요하며, 내부미팅을 통하여 참가하는 당사자들이 공통된 의지를 가지고 최소한과 최대한의 의사결정 폭을 위양 받아 제휴협상에 임해야 하고 제휴결과에 대해서는 양사가 협상의 목적, 추진방법 및 일정에 대하여 충분히 공지할 수 있도록 해야 한다.

다섯째, 제휴효과측정과 반성 그리고 미래 전략수립이다. 효과측정을 위해서는 공동마케팅의 경우 수익배분 전략수립, 수익배분 프로그램 선정, 거래측정, 객관적 자료구축, 제휴만료 후 대비 등 사후관리 노력이 필요하며, 상호보완적 전략적 제휴인 경우에는 전략적 제휴 이후 경쟁사들의 대응방안 탐색, 점진적 접근을 통한 효과 극대화 방안 강구, 전략결렬 이후 대안 강구 등이 필요하다. 일반적으로 제휴 합의서에 의거한 문제해결보다는 오픈 마인드로 예상하지 못했던 사안에 대한 해결노력을 중시해야 한다.

4.3 m-commerce 연계방안

가. m-ERP(mobile Enterprise Resource Planning) and m-SCM(mobile Supply Chain Management)

이제부터는 단순히 정보를 수집, 축적하는 지금까지 개념의 IT 기술 활용을 넘어서 정보자체를 실시간으로 장소에 구애 없이 업데이트, 갱신 그리고 최종적으로는 활용하는 Mobile IT Solution을 이용하여 시공간 제약의 해소를 효과적으로 기업전략에 적용, 활용하는 기업들이 성공할 것이다. 따라서, 전사적이고 유기적인 정보공유가 가능하도록 전략 및 계획을 수립하고, 실시간 고객(Real Time) 정보 기반 데이터베이스를 구축하여 업무에 활용하도록 해야 한다.

모바일 오피스와 메시징 애플리케이션을 이용하여 현장에서 재고파악이 실시간으로 가능하고, 영업사원은 판매리드를 모니터하고, 고객과의 스케줄을 조정하고, 연락정보를 접속하며, 고객반응을 조정할 수 있다. 또한, 기업들은 모바일을 통한 전자입찰, 입찰결과 확인, 수주입력, 생산 및 납품현황 등의 확인을 즉시 할 수 있다.

나. m-CRM(mobile Customer Relationship Management)

일반 대중에게 호소력이 높이기 위해서는 포커스가 좁아야 한다. 예를 들면, 고객을 대상으로 한 애플리케이션 시장에서 타겟 고객층을 선별해야 한다. 일단 타겟 고객층이 선별되고 나면 마케팅과 개발자원을 낭비를 최소화할 수 있다.

모바일을 이용하여 CRM을 이용하는 경우 콜센터(Call center)와 함께 지원하는 경우가 바람직하다. 미국의 GM의 경우 고급 차량에 무선장치를 이용하여 차량의 이상 유무와 긴급상황을 자동감지하고 핸드폰을 걸어 고객의 상황을 확인하고 지원태세를 갖추고 있다.

사례연구

KTF 는 대한민국의 통신업체로서, 이동통신 서비스 제공을 주로 하고 있다. 1999년 탄생한 이 업체는 대한민국의 m-commerce의 선두 업체이다. KTF는 2002년부터 m commerce를 한국시장에 특화 시켜 k-merce라는 이름으로 서비스하고 있다. K-Merce는 KTF의 독자적인 브랜드로서 m-comerce의 문제점으로 지적되었던 보안 문제를 해결하여 사용자들의 정보를 안전하게 보관하는데 주안점을 두었다. 또한 K-Merce는 기존에 서비스되던 KTF의 서비스인 magic n, www.n016.com, www.m018.com 등을 아우르는 토털 솔루션 성격을 지니고 있다.

K-Merce가 제공하는 서비스는 크게 라이프, 금융, 쇼핑, 결제의 4가지로 나누어져 있고, 각 분야가 제공하는 서비스는 다음과 같다. K-Merce의 라이프 부분은 공연, 영화, 여행, 항공사 등의 예매업무 및 할인혜택을 제공한다. 금융부분은 다른 회사와의 제휴를 통해 보험, 증권, 대출 서비스 등을 제공한다. ALEX라는 회사와 제휴를 통해 KTF는 증권 정보를 실시간으로 고객에게 제공하고 있으며 삼성캐피탈을 통해 대출을 주선하며, 동부화재와의 제휴를 통해 보험 서비스를 가능케 했다. 쇼핑부분은 한솔 홈쇼핑과 제휴를 통해 쇼핑몰, 온라인 옥션, 공동구매를 서비스 이용자가 이용할 수 있게 하였다. 결재 부분은 휴대폰을 이용하여 금융기관의 납부나, 결제 등을 가능케 하였다.

KTF의 K-Merce을 좀더 자세히 알아보면 그림 1과 같은 구조로 이루어져있다.

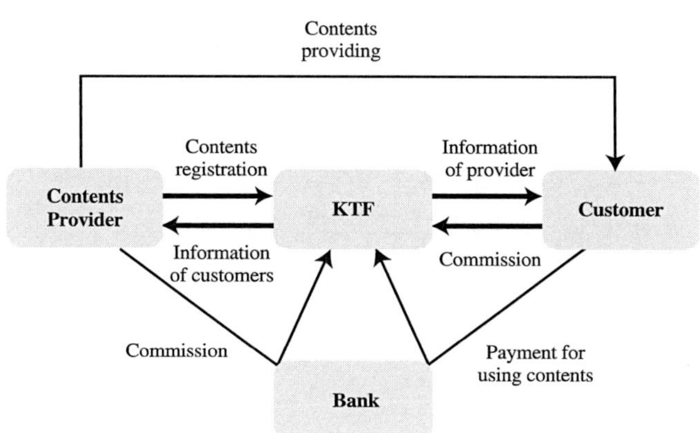

[그림 1] K-Merce의 구조도

K-Merce는 KTF, 서비스 이용자, 콘텐츠 제공자, 은행이 유기적인 협조를 통해 이루어 진다. 각 부분의 K-Merce의 역할은 다음과 같다.

A. KTF: KTF는 콘텐츠 제공자와 고객을 이어주는 다리 역할을 한다. 또 고객이 은행을 통해 콘텐츠 제공자에게 대금을 지불하는 고리역할도 한다.
B. 콘텐츠제공자: 콘텐츠 제공자는 서비스 이용자가 원하는 콘텐츠를 KTF을 통해 제공하게 된다.
C. 은행: 은행의 역할은 K-Merce의 쉬운 거래를 돕는 역할을 한다.
D. 서비스 이용자: 서비스 이용자는 K-Merce의 최종 고객으로 콘텐츠제공자가 이용자가 원하는 콘텐츠를 제공할 수 있도록 필요한 정보를 제공하는 역할을 한다.

침체기에 빠졌던 m-commerce 시장은 K-Merce 의 시장 진출로 인해 중흥을 맞게 되었고, 다른 업체들도 m-commerce를 도입하는 계기가 되었다. KTF가 K-Merce를 통해 m-commerce 시장에 선두 진입해서 사용자 편의성이나 편리성 면에서는 우수하다는 평가를 받지만, 후발 도입업체인 SK-Telecom이 다른 회사와의 전략적 제휴 부분에 있어서 더 우수하다는 평가를 받았다. 이는 KTF에게 m-commerce 시장에서 새로운 전략이 필요하다는 것을 의미하였다.

KTF는 m-commerce 시장에서의 주도권을 잃지 않기 위해 다음과 같은 전략 등을 실행하였다. 첫 번째로 다른 많은 회사들과 제휴 관계를 강화하려고 노력하였다. KTF는 그 동안 경쟁사에 비해 취약하다고 지적되어왔던, 콘텐츠 제공자 수나 내용을 강화하기 위해 좀더 많은 업체들과 제휴관계를 모색하였다. 이 전략을 통해 KTF는 KTF 서비스 이용자가 원하는 콘텐츠를 좀 더 효과적으로 제공할 것으로 보고 있다.

두 번째로 보안회사와의 제휴를 통해 좀더 안전하고 빠른 m-commerce 환경을 제공하려고 했다. 이는 고객 정보를 보호하고 더 나아가서는 고객의 신뢰를 쌓는데 도움이 될 것이라고 보고 있다. 세 번째로는 다른 경쟁사들과 협력을 통해 m-commerce 시장의 표준화에 힘썼다. 이는 K-Merce를 운영하는 비용을 절감시키는 효과가 있다고 예상되었다.

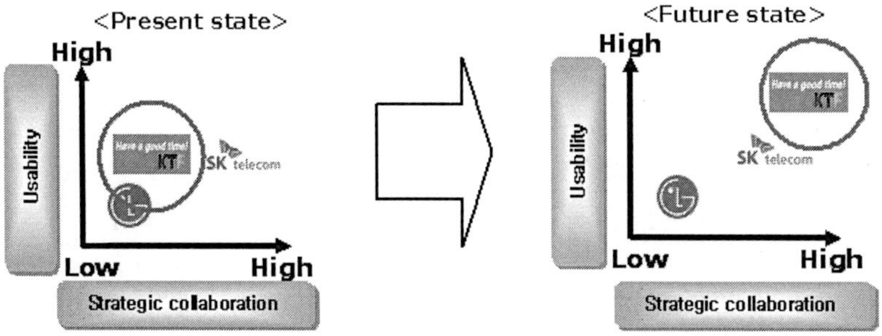

[그림 2] M-commerce 시장에서의 KTF 위치

M-Commerce 시장에서의 전쟁은 아직 끝나지 않았다. KTF의 M-commerce 전략이 예상대로 성공한다면 KTF의 K-Merce는 m-Commerce 시장에서 굳건히 위치를 지킬 수 있을 것이다.

1. 현재 자신이 이용하고 있는 M-commerce를 나열하고 본문에 나와있는 여러 비즈니스 모델 중 어떤 유형에 해당하는지 구분하라.

2. 현재 휴대전화는 3G로 넘어오면서 인터넷 풀 브라우징이 가능한 제품들이 많이 등장하고 있다. 풀 브라우징을 비롯한 새로운 기술 및 제품이 M-commerce에 끼칠 영향에 대해 서술하라.

3. KTF의 K-Merce에 대응하는 것으로 SK텔레콤에서 서비스하는 모네타가 있다. 두 서비스를 비교하여 유사점과 차이점 등을 서술하라.

주요 단어

m-커머스(mobile commerce)
m-커머스 가치사슬
모바일 기반기술
모바일 응용기술
모바일 포털
m-커머스 business model
m-커머스 service
모바일 보안
모바일 지불
무선인터넷

토의 과제

1. 전자상거래와 m-커머스를 구분하여 설명하시오.

2. m-커머스 가치사슬의 변화에 대해서 설명하시오.

3. m-커머스의 비즈니스 모델과 각각의 사례를 찾아서 설명하시오.

4. m-커머스 서비스 유형별 사례를 찾아서 각각을 설명하시오.

5. 전자상거래와 m-커머스의 연계전략을 제시하시오.

6. m-커머스 애플리케이션의 성공조건에 대해서 설명하시오.

참고 문헌

1. 김희수 외 3인, "m-commerce의 확산에 따른 공정경쟁 이슈 분석－모바일 지급결제를 중심으로", 정보통신정책연구원 연구보고서, 2003
2. 김시홍, 외, "모바일 금융서비스 사례와 시사점" 금융제원 지급결제와 정보기술, 2002. 9~10월호
3. 나혜원, "모바일 비즈니스 성공 리포트", 길벗, 2003
4. 박천교, "m-commerce 기술 및 시장동향" 주간기술동향 1083호 2003. 2.18

5. 오정연, "모바일 비즈니스(55기업 사례로 본)", 대청, 2001
6. 이유재, "M-commerce에 대한 이해 및 주요 서비스 분석", 서울대학교 경영대학원 전자상거래 지원센터, 2003
7. 이연성외 2인, "무선전자상거래", 한국과학기술정보원 심층정보분석보고서, 2003
8. Durlacher, "Mobile Commerce Report", 2000
9. J. Davison, D. Brown, A, Walsh, "Mobile E-Commerce: Market Strategies", Ovum, 2000
10. Merrill Lynch, "Wireless Internet", 2000
11. Norman Saden, "M-commerce technology, services, and business models", wiley computer publishing, 2002

CHAPTER 15

유비쿼터스 컴퓨팅

유비쿼터스(Ubiquitous)는 라틴어에서 유래된 말로 언제 어디서나 늘 존재하는 자연상태를 의미한다. 1998년 유비쿼터스란 용어를 처음 소개한 미국 제록스 팰로앨토연구소의 마크 와이저(Mark Weiser) 소장은 유비쿼터스 컴퓨팅 기술이 지금까지 IT 기반의 역할을 해왔던 메인프레임과 PC를 잇는 제3의 정보혁명의 물결이 될 것이라고 밝힌 바 있다. 사카무라 켄 일본 도쿄대 교수는 그의 저서 유비쿼터스 컴퓨팅 혁명에서 "선진국의 경우 저성장 사회로의 이행이 가속화되고 있는 상황에서 유비쿼터스 컴퓨팅은 지속적 성장이 순환형 시스템의 정착을 가능하게 해줄 것"이며 "유비쿼터스 환경 하에서는 정보습득과 활용이 최적화되어 소모성 자원의 효율적인 사용이 가능해질 것이며, 유비쿼터스 컴퓨팅이 대량생산의 획일적인 '하드와이어드' 사회를 개개인의 다양성에 적절하게 대응할 수 있는 '프로그래머블' 사회로 탈바꿈 시켜줄 것"이라고 전망했다(NETWORK TIMES 2003년 09월호). 혹자는 산업혁명, 정보혁명 그리고 유비쿼터스 혁명이라는 표현을 사용할 정도로 유비쿼터스 기술이 사회전반을 바꿔 놓을 것이고, 기존에 있어왔던 패러다임 변화의 충격과는 비교할 수 없을 정도의 엄청난 진보를 인류에게 가져다 줄 것이라고 말한다. 이와 같이 근래에 들어 u-Government, u-class 등 유비쿼터스라는 단어가 일반인들 사이에서도 유행처럼 사용되고 있으며, 중요성이 점점 더 증대되고 있다. 따라서 본 장에서는 유비쿼터스 컴퓨팅의 기본적인 개념을 설명하고, 이를 구성하는 요소기술 및 세계 각국의 연구동향을 소개한다. 또한 유비쿼터스 컴퓨팅

기술이 정보시스템에 어떻게 적용되어 전략적으로 어떻게 활용될 수 있는가에 관하여 논의하고자 한다.

1. 컴퓨팅의 역사

지난 50년 간 컴퓨팅의 역사를 보면, 크게 3가지의 뚜렷한 패러다임이 존재했는데, 하나는 메인프레임, PC, 그리고 마지막으로 유비쿼터스로 요약할 수 있다. 메인프레임 시대에는 한 대의 컴퓨터에 많은 단말(사람)이 붙어 있었고, PC 시대에는 한 대의 컴퓨터에 한 사람이, 그리고 유비쿼터스 시대에는 한 사람 주변에 수많은 컴퓨터들이 존재하는 모습이 된다. 인터넷이 등장하면서 온라인, 즉 버추얼 공간 개념이 등장했고 실체를 온라인 공간에 옮기는 것이 지금까지의 인터넷 발달 과정인 것에 비해 유비쿼터스는 반대로 모든 실체에 컴퓨팅 공간 개념을 심는 것이다.

유비쿼터스 컴퓨팅이란 단어는 1988년 미국 제록스(Xerox) 팰로알토 연구센터(Palo Alto Research Center)의 마크 와이저(Mark Weiser)가 인간과 컴퓨터의 정보화 과정을 설명하면서 처음 사용되었다. 마크 와이저는 컴퓨터의 역사 속에서 메인프레임(Main Frame), PC(Personal Computer), 유비쿼터스(Ubiquitous)의 세 가지 뚜렷한 패러다임을 발견했는데, 메인프레임 단계에는 한 개의 컴퓨터에 많은 단말기들이 붙어있고, PC 단계에서는 한 개의 컴퓨터와 개인, 그리고 유비쿼터스 단계에서는 개인 주변에 수많은 컴퓨터들이 존재한다고 말하고 있다.

그림 15.1은 마크 와이저가 설명한 세 가지 패러다임을 보여준다. 각 시대 별 특징은 다음과 같다.

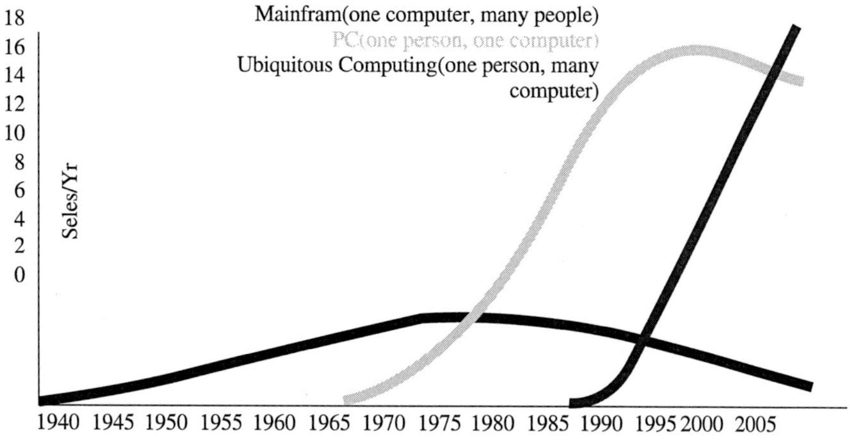

그림 15.1 인간과 컴퓨터의 정보화 단계

1.1 PHASE I – 메인프레임 시대

메인프레임 시대에는 몇 명의 전문가가 단말기를 이용하여 한 대의 컴퓨터를 사용하는 시대였다. 한정된 컴퓨팅 자원을 다수가 공유하는 시대였다. 메인프레임 컴퓨팅은 특정한 목적에 한정되지 않고 다양한 데이터를 처리할 수 있는 범용 목적의 대형 컴퓨터를 이용하여, 이 컴퓨터에 다수의 단말기(Terminal)를 연결하여 많은 사람들이 동시에 복잡한 작업을 수행할 수 있는 컴퓨팅 방법이다. 메인프레임 컴퓨팅은 오늘날에도 이용되고 있다. 대용량의 처리를 요하는 일이나, 지역적으로 격리된 다수가 하나의 프로젝트를 수행하는 경우, 처리용량이 큰 시뮬레이션 작업 등에 메인프레임 컴퓨팅을 현재에서도 이용하고 있다.

1.2 PHASE II – PC 시대, Internet

애플과 IBM-PC의 등장으로 PC 시대가 되자 PC를 클라이언트(Client)로 사용하는 클라이언트 시대와 각각의 PC를 네트워크로 연결해 사용하는 랜 환경으로 컴퓨팅환경이 변화했다. 메인프레임이 처리했던 복잡한 업무는 서버가 대신 처리하고 PC를 단말기 형태로 사용하는 '서버(Server)-클라이언트(Client)' 구조를 가지게 된 것이다. 인터넷을 기반으로 한, PC 컴퓨팅 시대는 현재 가장 보편화된 컴퓨팅 방법이다.

1.3 PHASE III – 유비쿼터스 컴퓨팅 시대

새로운 컴퓨팅 방법으로서, 등장하고 있는 것이 바로 유비쿼터스 컴퓨팅이다. 메인프레임 시절에는 하나의 컴퓨터를 다수가 공유하는 형태였으며, PC 시대에는 개인당 하나의 컴퓨터를 사용하는 시대였다. 그러나 유비쿼터스 컴퓨팅 시대에는 개인마다 수십 개의 컴퓨터를 사용하는 시대이다. 컴퓨터와 사용자와의 관계가 1:n에서 1:1로 그리고 n:1의 관계로 발전하고 있는 것이다. PC 시대에는 개인마다 소유한 컴퓨터를 이용하여, 가상공간 즉 인터넷이라는 가상공간에 접속했지만, 유비쿼터스 컴퓨팅 환경에서는 사람이 위치한 사실 공간 자체가 컴퓨팅 공간이 되게 된다. 주위에 부착된 센서(Sensor)와 정보를 전달할 수 있는 네트워크, 이를 처리할 수 있는 컴퓨터를 통해, 실제 공간 자체가 컴퓨팅 공간이 되게 된다.

2. 유비쿼터스 컴퓨팅의 개요

2.1 유비쿼터스 컴퓨팅의 개념

유비쿼터스 컴퓨팅에서 유비쿼터스라는 단어는 '도처에 존재하는', 편재하는' 등의 뜻을 지닌 'ubique'라는 라틴어에서 유래한다. 어원상으로도 알 수 있듯이 유비쿼터스 컴퓨팅 환경이란 '모든 장소에 컴퓨터가 있어 그것을 자유롭게 누구나 쓸 수 있는 환경' 또는 '누구나 언제 어디서든지 어떠한 경로를 통해서라도 자신이 원하는 일을 처리할 수 있도록 IT의 모든 디바이스가 유/무선 네트워크로 연결되어 있는 환경'을 의미한다. 유비쿼터스 환경은 5C 요소의 실현을 통해 4가지 요구를 만족시킨다. 5C는 Calm, Computing, Connecting, Communication 및 Contents이다. 5C의 요소를 구현하여 유비쿼터스 컴퓨팅의 요구사항인 Anything, Anywhere, Anytime, Anyone을 만족시킬 수 있다.

한편, 정보가전 기반의 컴퓨팅 환경을 의미하는 일본의 유비쿼터스 네트워크처럼 유비쿼터스 컴퓨팅을 더 넓은 의미로 해석하려는 경향도 존재한다. 또한, 여러 가지 다양한 디바이스(Device)를 가지고 다닐 필요 없이 모든 장소에 디바이스가 탑재되어 서비스를 제공받는 노매딕 컴퓨팅(Nomadic Computing), MIT에서 1996년경 추진하기 시작한 컴퓨터를 사람의 몸에 착용하는 개념인 웨어러블 컴퓨팅(Wearable Computing), 컴퓨터의 편재성을 강조하는 퍼베이시브 컴퓨팅(Pervasive Computing), 사물에 내재되는 기능성을 강조하는 임베디드 컴퓨팅(Embedded Computing) 등은 모두 유비쿼터스 컴퓨팅과 유사하거나 동일한 개념들이다. 즉 이들은 모두 실제 공간이 컴퓨터 속에 실현되는 가상현실(virtual reality)과는 정 반대개념으로 컴퓨터가 사물이나 환경에 내재되어 그것들이 지능화됨을 의미하고 있다. 사물과 환경이 지능화된다는 것은 컴퓨터가 사물의 일부로서 주변공간의 상황을 인식할 수 있고, 주변환경의 변화를 지각할 수 있음을 의미한다. 즉, 사용자에게 능동화된 서비스 제공이 가능하다는 것이고, 사용자 관점에서는 수동적으로 자동화된 서비스를 누릴 수 있다는 것을 말한다.

2.2 유비쿼터스 컴퓨팅의 특징

마크 와이저는 그의 논문에서 유비쿼터스 컴퓨팅 및 유비쿼터스 컴퓨팅으로 제공되는 서비스의 특징을 다음과 같은 네 가지로 언급하였다. 첫째, 네트워크에 연결되지 않은 컴퓨터는 유비쿼터스 컴퓨팅이 아니다. 즉, 모든 디바이스들은 서로 무선 또는 유선으로 연결되어 있고 정보를 서로 교환해야 한다. 기존의 컴퓨팅 환경에서는 필요한 정보가 디바이스 내에 저장되어 있고 이러한 정보는 정해진 규칙을 기반으로 사용자에게 서비스를 제공하는 Push 시스템이다. 하지만 유비쿼터스 컴퓨팅 환경은 기기들 간 정보공유가 자유롭고 이러한 정보공유는 사용자에 적합한 서비스를 제공하기 위하여 사용되므로 Pull 시스템이라고 할 수 있다. 둘째, 인간화된 인터페이스로써(Calm Technology) 눈에 보이지 않아야(Invisible) 한다. 모든 디바이스들은 사람의 눈에 보이지 않고 사람 또는 환경에 내재되어 사용자는 디바이스의 존재를 의식하지 않는다. 즉 사용자의 간섭(Intervention) 없이 능동적인 서비스 제공이 가능하여야 한다. 셋째, 가상공간이 아닌 현실세계의 어디에서나 컴퓨터의 사용이 가능해야 한다. 사용자는 언제든지(Anytime) 그리고 어디에서든지(Anywhere) 컴퓨터에 접속 가능하여야 하고, 도처에 내재되어 있는 모든 디바이스들은 항시 사용자를 파악하고 있어야 한다. 넷째, 사용자 상황(장소, ID, 장치, 시간, 온도, 명암, 날씨 등)에 따라 서비스가 변해야 한다. 즉, 이렇게 도처에 내재되어 있고 항시 상호작용하고 있는 디바이스들은 사용자의 모든 상황을 파악하고 이러한 상황에 적합한 서비스를 사용자의 간섭 없이 제공하여야 한다.

마크 와이저가 제시한 특징들을 요약하면 다음과 같다. 우선, 사용자의 디바이스는 주변환경 또는 기기에 내장되어 사용자와 시스템 간의 통신을 가능하게 하여야 한다(Embeddedness). 또한 사용자가 지니는 디바이스는 어디에서든 연결이 가능한 네트워크에 연결되어야 하며(Mobility), 사용자의 휴대가 가능하도록 작고 가벼워야 한다(Portability). 시스템은 이동 중인 사용자에게 풍부한 컴퓨팅 및 통신능력을 제공해야 하며(Nomadicity), 사용자의 매뉴얼 조작을 최소화시켜 사용자의 사용에 따른 편의성을 극대화해야 한다(Invisibility). 마지막으로 시스템은 스스로 사용자가 원하는 행동을 미리 유추하여 상황에 적합한 서비스를 제공해야 한다(Proactiveness).

이러한 특성들은 유비쿼터스 컴퓨팅 및 유비쿼터스 컴퓨팅 기술로 제공되는 서비스의 특성들로, 기존의 전자상거래나 전통적인 사용자 환경과는 큰 차별성을 보이고 있다. 다만 이러한 특성들은 제공하는 서비스에 따라 몇 가지의 특성은 생략될 수도 있고 중요한 몇 가지 특성이 나머지들 보다 강조될 수 있다. 예를 들어 정보시스템에 유비쿼터스 컴퓨팅 기술을 적용한다고 했을 때 이동성이나 유목성을 강조할 수도 있을 것이며 사용자의 의도를 파악하여 선응적인 서비스를 제공해 주는 선응성이 특별히 강조될 수도 있을 것이다.

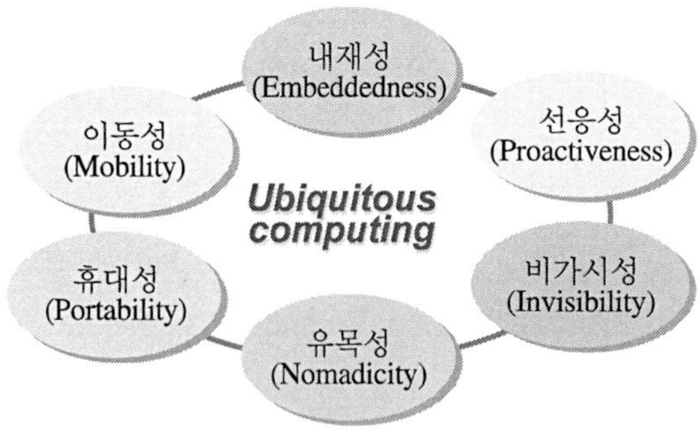

그림 15.2 유비쿼터스 컴퓨팅의 특성

3. 유비쿼터스 컴퓨팅의 기술동향

3.1 유비쿼터스 컴퓨팅의 기반기술동향

위에서 언급한 유비쿼터스 컴퓨팅의 특성들을 구현하기 위해서는 여러 분야의 기술이 복합적으로 접목되어야 한다. 표 15.1은 유비쿼터스 컴퓨팅 환경을 구현하기 위한 기술유형 및 세부 요소기술들을 보여준다. 이러한 요소기술들은 시스템, 네트워크, 애플리케이션, 어플라이언스, 그리고 플랫폼 기술로 나누어 볼 수 있다. 각 요소기술 별 세부 기술은 다음의 표 15.1과 같다.

표 15.1 유비쿼터스 관련 기술

기술유형	세부 기술내용
유비쿼터스 시스템 기술	flexible personalized system 기술, 이동성 제어관리 기술, 고정밀 광역 위치 측정 기술, profile portability 기술, 환경정보처리, 고도 센싱 시스템기술, 데이터 그리드 기술, 유비쿼터스 어드레스 운용관리시스템 기술, 뉴 테크놀로지 적응형 네트워크, 아키텍처 기술, 실시간 OS 기술
고성능 네트워크 기술	이종 네트워크 간 무결절 접속기술, 포토닉 네트워크 기술, 풀 IPv6 네트워크 기술, 대용량 무선기술, 네트워크 총괄형 Zero administration 기술, 네트워크 간 QoS 기술, flexible 경로제어기술, 네트워크 부하 분산기술
애플리케이션 고도화 기술	고 현실 영상 스트리밍 배신 기술, 인텔리전트 컨텐츠 기술, 트랜스 코딩기술, u-에이전트 기술, 다언어 대응 화상음성 융합 인식 처리기술
어플라이언스 기술	초소형 원 칩 컴퓨터 기술, 저소비 장수명 전력기술, 오감활용 인터페이스 기술
플랫폼 기술	IC 카드 고도 인증기술, 개인인증기술, 고기능 과금 결제시스템 기술, DRM 기술, 자기 최적형 보안시스템 기술

유비쿼터스 컴퓨팅의 5대 요소 기술로서, 센서, 프로세서, 커뮤니케이션, 인터페이스와 보안기술로 구분한다. 외부의 데이터를 받아들이는 기술이 센서기술이며, 수집된 데이터의 처리와 정보교환을 위한 프로세서와 커뮤니케이션 기술이 있다. 또한 최종사용자와 의사소통을 위한 인터페이스 기술과 최종사용자의 프라이버시 보장 및 정보의 왜곡과 공유를 방지하기 위한 보안기술이 있다. 각 기술 별 세부 기술은 다음의 표 15.2와 같다.

표 15.2 유비쿼터스 컴퓨팅 5대 요소기술

기술유형	세부 기술내용
센서기술	수동형 기술 - RFID, 액티브 뱃지(식별자의 칩을 리더기가 감지) 능동형 기술 - 스마트 더스트, 음식인식(이용자의 소리를 통해 사용자 구분)
프로세서 기술	TRON - 일본에서 개발한 OS로써, 프로세스의 복잡도에 따라 유연하게 OS 변환 가능 TinyOS - Smart Dust의 OS
커뮤니케이션 기술	근거리 무선통신 기술 - Bluetooth, UWB, Zigbee Ad hoc 네트워크 기술 - 시시각각 이동하는 센서와 기기들의 연결을 가능케 하는 네트워크 기술 IPv6 - 모든 사물에 주소를 가지게 하는 기술
인터페이스 기술	음성인식, 문자인식, 동작인식을 지원하는 인터페이스 기술, 이용자의 기분 및 상황을 파악하는 능동적으로 대응하기 위한 인터페이스 기술
보안기술	보안에 취약한 면을 해결하기 위한 진화된 암호기술 및 인증기술 필요-생체암호 인식기술

출처: *유비쿼터스 컴퓨팅-비즈니스 모델과 전망, 2003*

3.2 유비쿼터스 컴퓨팅관련 세계연구동향

세계 각국은 서로 다른 사회 여건과 주력 기술영역의 차이로 유비쿼터스 컴퓨팅 관련한 차별화된 연구를 진행하고 있다. 일본의 경우 1984년 사카무라 켄 교수에 의해 추진된 TRON 프로젝트를 배경으로 기기 간 네트워크 중심의 연구를 진행하고 있다. 미국은 정부와 대학연구소, 기업의 산학연을 중심으로 다양한 프로젝트를 추진 중이다. 특히, 장치위주의 기술개발에 집중하고 있으며 HCI 기술과 표준개발에 주력하고 있다. 유럽은 2001년 EU 정보화사회 기술계획(IST)의 일환으로 미래 기술계획(FTE)이 자금을 지원하고 있는 사라지는 컴퓨팅 계획(Disappearing Computing Initiative)을 중심으로 연구를 추진 중에 있다. 사라지는 컴퓨팅(Disappearing Computing)이란 정보기술을 일상사물 및 환경 속에 보이지 않게 통합하여 인간의 생활을 지원해 주고 개선하는 기술을 말하며, 이는 유비쿼터스 컴퓨팅의 개념과 일맥상통한다고 할 수 있다. 표 15.3은 각국의 연구동향과 개념의 차이를 설명해 준다.

표 15.3 미국, 유럽, 일본의 유비쿼터스 컴퓨팅 개념비교

	미국	유럽	일본
컴퓨팅 개념	유비쿼터스 컴퓨팅, Pervasive 컴퓨팅	Disappearing Computer, Ambient 컴퓨팅	유비쿼터스 Network
주요 특징	자율형 컴퓨팅 장치에 의한 서비스 (Service by smart devices)	정보 인공물에 의한 자율적 협업 (Intelligent cooperation by information artifacts)	소형칩, 스마트 카드, 문맥 로밍에 의한 어디서나 연결 (Anywhere connection by small chip, smart card, context roaming)
집중 개발 분야	장치 (Computer Devices)	일상적 사물 (Everyday Objects)	네트워크(Network)
공통점	자율형+네트워크+이동성(Smart+Networking+Mobility) 근거리 무선통신, 센서, MEMS, 소형 컴퓨팅 객체(칩)		
주요 프로젝트	EasyLiving(MS), Thinking That Think(MIT Media Lab), Auto ID(MIT), Oxygen Project (MIT), BAT(AT&T), CoolTown(HP), Smart Space(NIST), Smart Dust(UC Berkeley), Smart Kindergarten (UCLA), E-Class (Georgia Tech)	T-engine (TRON) eHII (Matsushita)	Smart Its (ETH) Paper++(Kings college, HP, Anitra, Arjo Wiggins)

세계 각국은 다양한 프로젝트를 통하여 유비쿼터스 관련 연구를 진행하고 있는데 이들 중 대표적인 연구를 간략히 소개한다.

가. 이지리빙(Easy Living)

Microsoft는 이지리빙(Easy Living)이라고 불리 우는 프로젝트를 추진 중에 있다. 이지리빙 시스템은 사용자의 상황정보(Context)를 수집하고 이를 이용하여 개인화된 서비스를 제공하는 것을 목표로 하고 있다. 분산된 컴퓨팅 환경이 사용자의 위치정보와 선호정보를 결정해서 실시간으로 제공되는 응용서비스와 연결되는데, 이러한 이지리빙 프로젝트는 상황인식과 위치감지 컴퓨팅 그리고 분산 컴퓨팅, 이동, 무선 컴퓨팅을 통한 프로그램 이전과 더불어 유비쿼터스 컴퓨팅에 대한 많은 가능성을 보여 주고 있다. 이지리빙은 지능환경(Intelligent Environment), 인지력과 월드모델(Perception and World model), 개인확인(Personal Identity), 분산 컴퓨팅(Disaggregate Computing), 자동행위(Automatic Behavior), 음악연주응용(Music Player Application) 등의 환경을 구현하고 있다. 이들 중 인지력과 월드모델환경을 살펴보면, 벽에 설치된 카메라들이 제공하는 정보를 통하여 실내에 몇 명의 사람이 있는지와 그들이 어디에 있는지를 인식하고 이러한 정보는 다른 카메라로 사람을 추적하는 시스템에 제공된다. 이러한 정보에 기반 하여 연구실의 시스템은 자동으로 전등을 켜거나 끌 수 있다. 이러한 기능은 센서들에 의해서도 실시간 정보를 얻고 장소정보가 지능환경시스템의 동작공간에 따라 수정되어 사용자의 정확한 위치파악 및 추적이 가능하게 한다.

나. 스마트-잇(Smart-Its)

유럽의 스마트-잇(Smart-Its)은 사라지는 컴퓨팅 계획(Disappearing Computing Initiative)의 연구 프로젝트의 일환으로 유럽의 유비쿼터스 관련 프로젝트 중 가장 대표적이다. 이는 사물에 소형의 내장형 디바이스인 'Smart-Its'를 삽입하여 감지, 인식, 컴퓨팅 및 무선통신 등의 기능을 사물에 부여하여 지능화시킨다. 예를 들어 일반 컵에 Smart-Its를 내장하여 컵과 관련한 정보를 인식하고 처리하는 기능을 컵

에 부여한다. 이러한 지능화를 통해 컵의 이동경로 및 사용자 정보를 인식하고 컵 안의 내용물의 상태정보를 사용자에게 제공해 준다.

다. 트론(TRON)

트론(TRON: The Realtime Operating system-Nucleus) 프로젝트는 1984년 일본의 사카무라 켄 교수에 의해 추진되었다. 트론 프로젝트에 의해 추진된 지능형 주택의 경우 약 100평 넓이의 주택에 총 1000개 이상의 컴퓨터가 이식되어 미래의 생활환경을 구현하였다. 대부분의 창문이 컴퓨터로 제어되고 기후를 파악하여 악 기후 조건일 경우 자동으로 창문을 닫고 공기를 내부 순환시키는 등의 자율시스템을 갖추고 있다.

4. 유비쿼터스 컴퓨팅 서비스

4.1 디지털 홈

디지털 홈서비스는 외부 서비스 제공자가 인터넷을 통해 디지털 홈의 Server에 접근함으로써, 집 안의 모든 기계 및 환경을 관리하는 서비스를 이야기 한다. 외부에서 단순 기계 조작뿐만 아니라, 방범 및 화재관리와 단지 내 상거래관리 등과 같이 집 내·외부에서 발생할 수 있는 모든 일을 관리 및 통제할 수 있는 서비스를 이야기 한다. 제공하는 서비스로는 IT 관련 기계 및 AV와 집 내부의 기계조작을 외부 또는 서비스 제공자에 의해서 스스로 관리 및 통제를 가능케 하는 서비스와 보안관련 서비스가 있다.

4.2 텔레매틱스 서비스

텔레매틱스 서비스 이동통신산업과 자동차 산업은 물론, 시스템 통합(SI), 컨텐츠 및 단말기 산업과 보험, 중고차, 부품, 렌트카, 차량정비 등 다양한 오프라인 산업에도 지대한 파급효과가 예상되며, 우리나라가 국제경쟁력을 확보하고 있는 초고속 인터넷과 이동통신망을 기반으로 조기에 산업화가 유망한 서비스 분야이다.

4.3 기업부문 유비쿼터스 서비스

한국정보사회진흥원에서 구분한 기업부문 유비쿼터스 서비스는 다음 표와 같다.

표 15.4 기업부문 유비쿼터스 서비스

서비스	내 용
u-기술 서비스	칩이 내장된 휴대폰, 무선인터넷, 디지털 TV, PDA 등을 이용하여 각종 결제 및 금융거래를 언제 어디서나 이용하는 서비스 - 주차장 게이트 등에서 간단하게 결제 후 통과하여 운행시간 단축 - 금융서비스의 편리성 및 시장경제의 투명성 제고
u-물류 관리 서비스	운송수단, 제품이나 박스에 부착된 칩을 통해 지속적인 이동경로추적 및 이력관리가 가능 - 조달물품 및 출하물품의 운송이 시작되었는지, 현재 어느 지점까지 이동했는지 여부를 다양한 단말을 통해 실시간 조회 가능 - 운송물품에 대한 정보를 통해 안전한 배송방법 선택 가능
기업 간 협업지원 서비스	협력 파트너 간 설계, 생산, 재고, 물류, 영업 등 제반정보의 실시간 공유 지원 - u-IT를 활용한 새로운 부가가치 창출이 가능한 새로운 형태의 기업협업군을 모색하여 이들 간 협업을 촉진하는 데 활용 - 기업 간 협업에 필요한 u-SCM, u-CRM, u-PDM 등 total u-collaboration solution template 제공
u-Biz 지원서비스	전통산업의 경쟁력 제고를 위해 u-IT를 활용하여 전통산업의 재활력 촉진 - 전통산업의 u-Transformation에 필요한 다양한 IT 서비스 및 제품을 과도한 초기 투자비용 없이 쉽게 이용할 수 있도록 제공 - u-IT를 활용한 무인화 생산 및 재고관리 등 지원서비스

표 15.4 기업부문 유비쿼터스 서비스 *(계속)*

서비스	내 용
u-Promotion 서비스	다양한 채널과 다양한 단말을 이용하는 소비자에게 자사의 제품 및 서비스를 노출시키는 서비스 - LBS를 이용하여 특정 지역 내에 머무르고 있는 소비자에게 음식점, 편의시설 등 서비스업체 정보제공 - 고객과 실시간 interaction이 가능한 수단 제공
u-Office 지원서비스	사내·외에서 다양한 단말을 이용하여 자사의 업무관리시스템에 접속하여 언제, 어디서나 업무수행 가능 - 외근이 많은 영업사원들이 기업 외부에서도 필요한 자료를 검색하고, 획득자료 입력 가능 - 이동이 많은 임원들이 언제 어디서나 결재를 하고, 의사결정에 필요한 정보접근 가능

5. 유비쿼터스 컴퓨팅 기술의 활용

5.1 유비쿼터스 컴퓨팅 시대의 정보시스템 진화

현재 진행 중인 유비쿼터스 관련 연구들은 대부분 실생활에 이용 가능한 장치나 네트워크 또는 관련 애플리케이션 분야에 집중되어 있다. 정보시스템 분야에 유비쿼터스 컴퓨팅 기술을 적용하는 연구는 아직까지 미미하다. 하지만 앞서 설명한 유비쿼터스 컴퓨팅 기술이 기존 정보시스템의 기술적 진보를 이룰 수 있게 할 뿐만 아니라, 보다 전략적인 활용이 가능하게 할 것이라는 예측은 충분히 가능하다. 본 장에서는 기존 정보시스템에 유비쿼터스 컴퓨팅 기술을 적용한 연구를 제시하고 이를 통하여 미래의 정보시스템을 조망하려 한다.

권오병 외(2005)는 기존의 의사결정지원시스템(Decision Support Systems)에 유비쿼터스 컴퓨팅 기술을 적용한 유비쿼터스 의사결정지원시스템(UbiDSS)인 CAMA-myOpt를 제안하였다. 기존의 의사결정지원시스템과는 달리 유비쿼터스 의사결정지원 시스템은 컨텍스트 서브시스템(Context Subsystems), 모델 관리 서브시스템(Model Management Subsystems), 데이터베이스 서브시스템(Database Subsystems), 지식기반 서브시스템(Knowledge base Subsystems), 대화 서브시스템

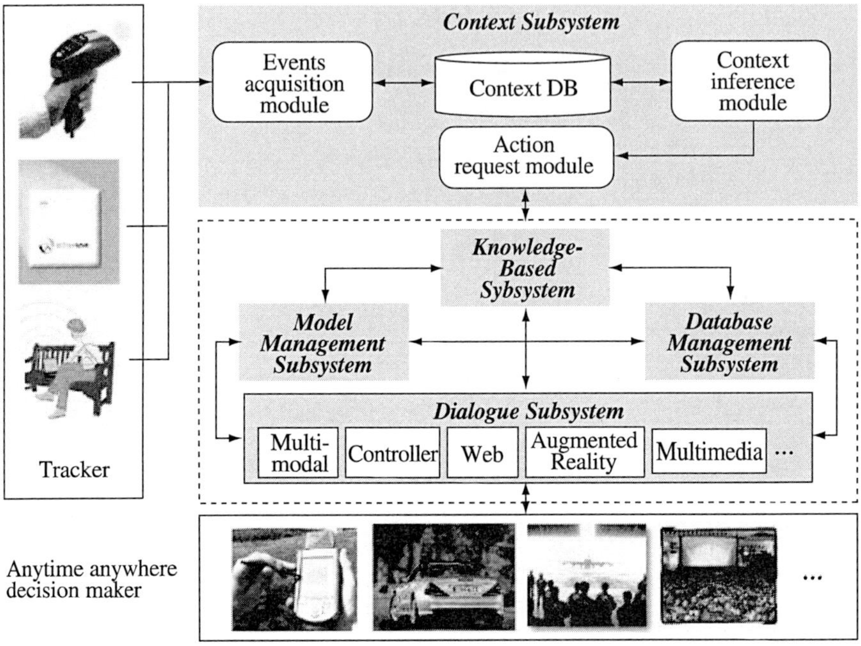

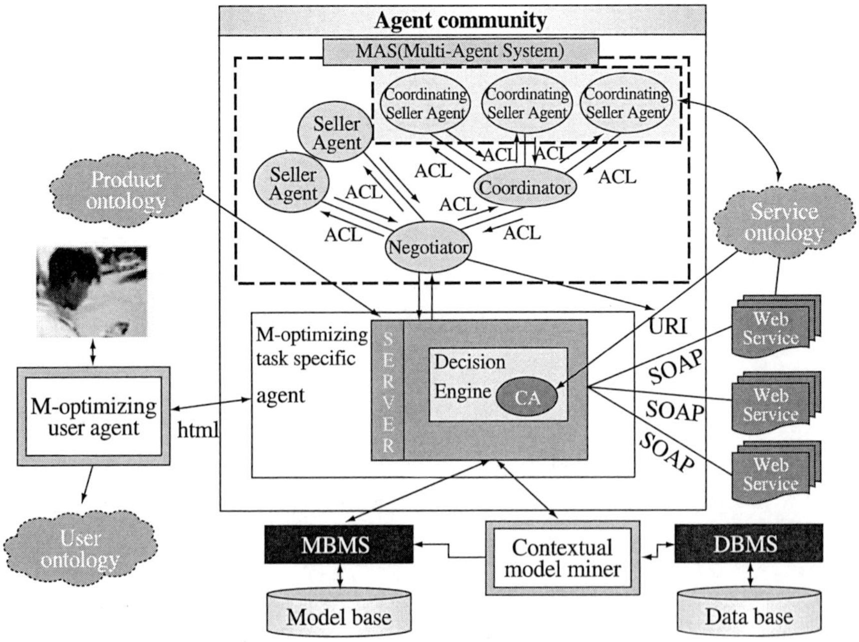

그림 15.3 상: ubiDSS의 전체 프레임워크, 하: CAMA-myOpt의 시스템 아키텍처

(Dialogue Subsystems)으로 이루어져 있으며, 기존의 의사결정지원시스템에 에이전트 기술과 웹서비스 기술을 이용한 유비쿼터스 기술을 이용하여 선응적이고 개인화된 서비스를 사용자에게 제공하여 준다. 그림 15.3은 유비쿼터스 의사결정지원시스템의 프레임워크와 이러한 프레임워크를 이용하여 개발한 CAMA-myOpt의 시스템 아키텍처를 보여준다.

CAMA-myOpt는 사용자가 지니고 있는 PDA로 메인 정보시스템 서버에 접속을 하면 사용자 에이전트는 기존에 저장되어 있던 사용자 프로파일 및 선호도를 파악하고 사용자의 현 주변상황을 고려하여 사용자에게 가장 적합한 서비스를 인식한다. 사용자의 PDA 화면에는 이러한 서비스 목록이 실시간으로 보여 지게 되고 사용자는 이러한 추천을 기반으로 의사결정을 하게 된다. 이러한 시스템은 앞서 설명한 유비쿼터스 컴퓨팅 기술로 제공되는 서비스의 6가지 특성(이동성, 휴대성, 유목성, 선응성, 비가시성, 내재성)을 모두 지니고 있다. 또한 이러한 특성을 지닌 CAMA-myOpt 시스템은 차세대 정보시스템의 전형적인 모델이 될 수 있다.

홍대근 외(2004)는 기존의 경영정보시스템(Management Information Systems)에 유비쿼터스 컴퓨팅 기술을 적용한 유비쿼터스 경영정보시스템(UbiMIS)인 CBAS (Context-based Business Assistant Systems)를 구현하였다. 기존의 경영정보시스템은 사용자의 간섭(Intervention)으로 지식획득이 가능했고, 사용자의 능동성을 기반으로 의사결정을 지원했다. 하지만 유비쿼터스 컴퓨팅 기술이 적용된 유비쿼터스 경영정보시스템에서는 지능화된 지식획득 및 선응적인 의사결정지원기능이 수행된다. 이를 위해서 기존의 DBMS 위주의 경영정보시스템에 컨텍스트 기반의 서브시스템(Context-based Subsystems)과 룰 기반의 서브시스템(Rule-based Subsystems)이 추가된다. 그림 15.4는 유비쿼터스 경영정보시스템의 프레임워크와 CBAS의 시스템 아키텍처를 보여준다.

CBAS에서는 정보시스템을 이용하여 출장신청을 할 경우 호텔이나 항공기 예약시 사용자의 선호도 정보와 제공 가능한 서비스 목록을 비교하여 사용자에게 가장 적합한 정보를 다중에이전트(Multi-agent) 기술을 이용하여 선응적으로 제공해주고 있다.

위의 두 가지 사례는 향후 유비쿼터스 컴퓨팅 기술이 기존의 정보시스템을 어떠한 형태로 진보시킬 것인가에 대한 방향을 제시해 준다. 즉, 정적인 사용자를 대상으로 했던 기존의 정보시스템에 이동성의 개념이 부가되어, 사용자가 이동하면서 정보시스템을 이용하여 여러 가지 업무를 볼 수 있을 것이다. 또한 기존 정보시스템의 경우 사용자가 원하는 정보를 입력하면 시스템이 반응을 보였던(Reactive) 것과는 달리, 시스템 스스로가 사용자의 컨텍스트(Context: 어떤 사물이나 환경의 특성을 설명하는 데 사용되는 모든 정보)를 파악하고 사용자의 컨텍스트에 적합한 서비스를 선응적으로 추론하여 제공하는(Proactive) 서비스가 가능해질 것이다.

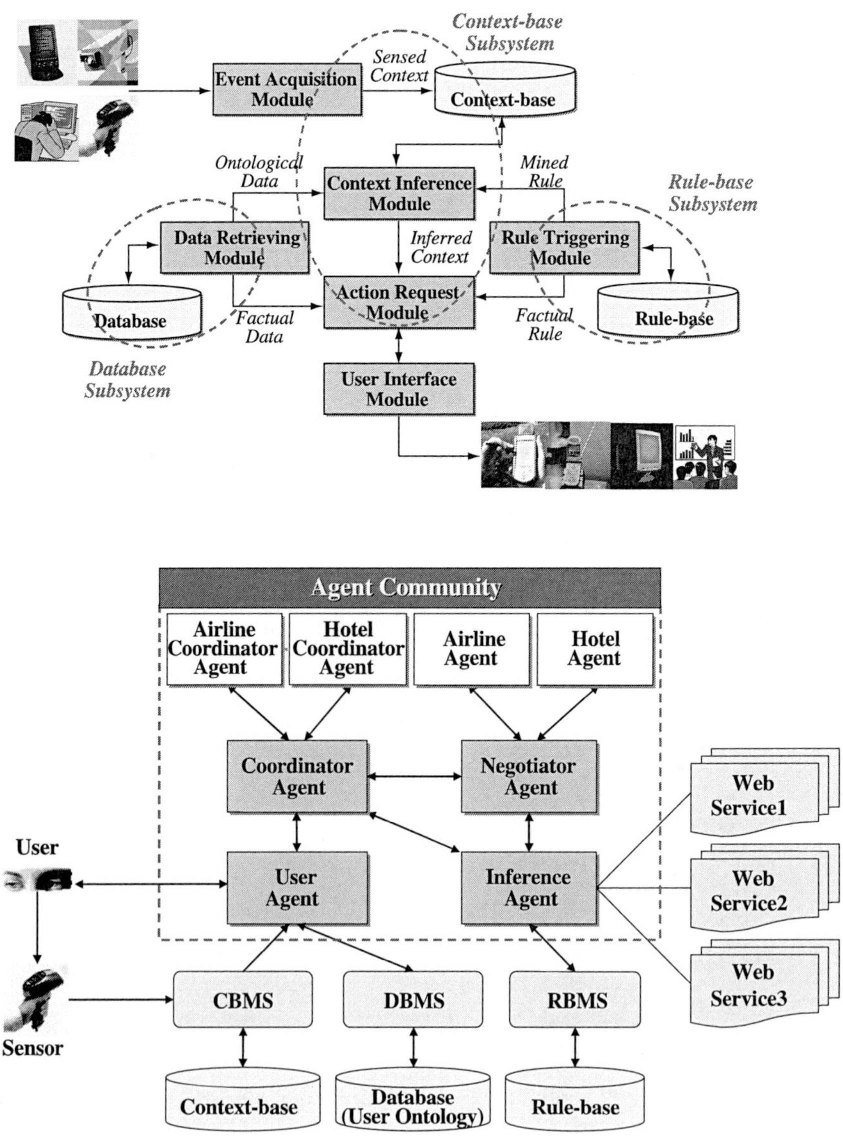

그림 15.4 상: 유비쿼터스 경영정보시스템(ubiMIS)의 전체 프레임워크, 하: CBAS의 시스템 아키텍처

5.2 유비쿼터스 환경 하에서 정보의 전략적 활용

1990년대 인터넷 기술의 급격한 발전은 전자상거래라는 패러다임의 변화를 이끌었다. 최근 유비쿼터스 컴퓨팅 기술의 발전은 유비쿼터스 커머스(u-commerce)의 등장을 예측 가능하게 한다. 이미 전 세계적으로 유비쿼터스 커머스에 관한 연구가 활발히 진행 중이며 다양한 전략 및 대응 방안이 도출되고 있는 실정이다. 일반적으로 유비쿼터스 커머스는 유비쿼터스 네트워크를 통한 상거래를 의미한다. 즉, 인터넷과 같은 전통적인 컴퓨팅 및 네트워크 디바이스를 통한 전자상거래와 핸드폰, PDA와 같은 무선기기를 통한 모바일 커머스를 포괄하는 개념이다. 이러한 유비쿼터스 커머스 환경에서는 모든 기기나 시스템들이 지능화되어 서로 항상 접속되어 있고(Always Connected), 언제나 인식할 수 있기(Always Aware) 때문에 단순한 상거래뿐만 아니라 경영관리, SCM, CRM, 물류관리, 재고관리 등의 다양한 분야에 응용되어 기존의 경영방식이 혁신되고, 경쟁기업과 차별화되어 경쟁우위에 다다를 수 있는 기회가 창출되게 된다. 이러한 경쟁우위의 획득은 유비쿼터스 커머스환경 하에서의 유비쿼터스 컴퓨팅 기술들을 회사내부의 정보시스템과의 적절한 연계를 통하여 얻을 수 있다. 예를 들어, 유비쿼터스 컴퓨팅 환경에서 각광받는 디바이스 중에 하나인 RFID의 적용은 기존의 TPS에서 사용자의 입력작업 자체를 사라지게 함으로써 정확한 정보입력이 가능하게 되고 이렇게 수집된 정확하고 풍부한 판매 및 물품정보는 정보시스템 상에서 가공되어 고급정보로써 상위계층의 의사결정에 도움을 줄 수 있다. 또 다른 예로, 온도나 습도 등의 환경변화에 민감한 제품들의 경우 다양한 센서에 의해 수집된 주변환경에 대한 정보가 정보시스템에 자동으로 입력되고, 다양한 분석을 통하여 보다 효과적인 재고관리 및 유통관리를 가능하게 한다. 또한 모든 지능화된 기계들과 부품간의 정보교환 및 상황정보수집을 통해서 불량을 줄이고 생산성을 높일 수 있다.

사례연구

마이크로소프트사의 이지리빙(EasyLiving)은 사용자의 단순한 행위(Single User Experience)와 다양한 입출력 기기(I/O Device)의 결합을 통해 구현되는 지능화된 환경(Intelligent Environment)을 위한 아키텍처 및 기술을 개발하는 프로젝트이다. 즉, 입력과 출력을 위한 기존의 다양한 기기들(마우스, 키보드, 모니터, 스피커 등)이 사용자의 행동과 경험을 감지하여 사용자가 처해있는 상황에 적합한 서비스를 제공할 수 있는 사용자 기계 상호작용 시스템의 구현을 목적으로 한다.

[그림 1] 이지리빙 시스템을 갖춘 거실의 예

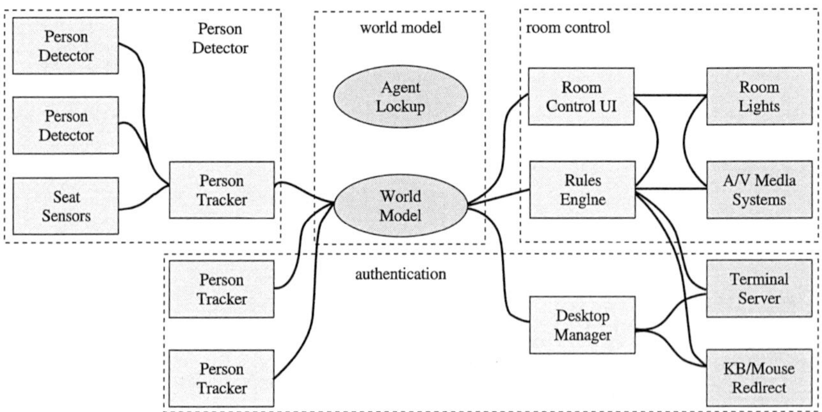

[그림 2] 이지리빙 시스템 아키텍쳐

그림 2에서 볼 수 있듯이, 이지리빙 시스템을 구성하는 핵심적인 구성기술은 다양한 기기들 간의 네트워크 통합을 위한 미들웨어(Middleware) 기술, 현실세계의 사람과 사물 간의 상호작용을 묘사하는 기하학적 모델링(Geometric World Modeling) 기술, 그리고 기기들 간의 신호를 감지하고 전송하기 위한 인지(Perception) 기술로 나뉜다.

이지리빙 시스템에서는 두 종류의 기기 통합의 경우를 볼 수 있다. 즉, 통신 주체인 주변 기기와 이들 간의 통신을 중계하는 중앙 서버와의 통합과 독립적으로 통신이 가능한 주변 기기(Standalone Device)들 간의 통합이다. 각 경우 모두 구축비용과 통신효과 측면에서의 일장일단이 있으나, 미래의 상황을 고려할 경우 기기 간의 직접적인 통신이 가능하도록 기기를 통합해주는 후자의 경우가 더욱 바람직하다. 이러한 다양한 주변 기기들 간의 통신표준을 일치시키기 위한 기존의 DCOM, Java, CORBA 등과 같은 동기식 시맨틱(Synchronous Semantics) 통신의 문제점과 메시지 업데이트에 따른 비효율성 문제를 갖고 있다. 따라서 이지리빙 시스템은 비동기식 메시지 전달(Asynchronous Message Passing) 방식과 기기별로 독립적인 주소를 갖는 XML 기반의 메시지 프로토콜을 사용하는 인콘서트(InConcert) 미들웨어 플랫폼을 사용한다.

이지리빙시스템은 데스크탑 컴퓨터는 화면, 마우스, 키보드 등이 고정된 위치의 하나의 기계에 연결되어 있는 것을 가정한다. 그러나 분산환경에서는 기기의 출현양상(Presence)과 물리적인 위치가 이러한 정적인 관계로 표현된다고 볼 수 없다. 즉, 기하학적 지식(사람, 기기, 장소, 그리고 사물 간의 물리적인 관계를 나타내는 기하학적 정보)이 특정 상황의 특정 상호작용을 위한 사용자 인터페이스(UI)의 집합형태로 표현된다. 사용자와 시스템 간의 보다 자연스러운 상호작용을 위하여 기하학적 모델이 다수의 사용자가 쉽게 이해할 수 있는 은유적 정보를 표현한다. 이 기하학적 모델을 EZLGM 이라고 부른다

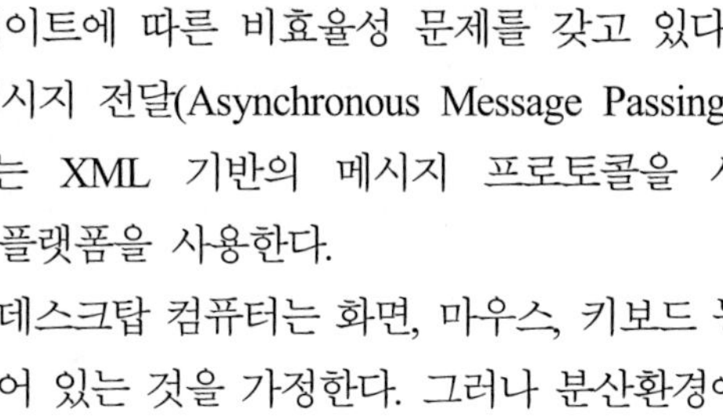

[그림 3] 이지리빙 기하학적 모델 (EZLGM)

이지리빙 기하학적 모델(EZLGM)은 유비쿼터스 컴퓨팅을 위한 일반적인 기하학적 서비스를 제공하는데, 특히 다수의 사용자를 지원하는 많은 입출력, 인지 및 컴퓨팅 기기가 있는 집과 사무실의 실내공간에 적합하게 고안되었다. EZLGM은 다수의 인지기술과 함께 응용되며, 애플리케이션의 특정 감지 방식(Sensing Modality)을 추상화시켜 표현한다 ([그림3] 참조).

EZLGM에 의해 제공되는 정보는 실제 환경에 배치되어 있는 센서로부터 얻어진 데이터에 의해 만들어진다. 즉, 센서로부터 얻어낸 데이터를 데이터베이스에 실시간으로 저장하고 분석하여 변화된 기하학적 모델을 제공한다. 이러한 센서를 통한 인지를 위하여 이지리빙 시스템에서는 영상방식, 사용자 추적 방식 레이더, 사용자 파악 방식, 기기 추적 방식이 이용된다.

이지리빙 시스템은 지능화된 환경을 구현하기 위한 프로젝트이므로 사람이 살고 있는 모든 환경이 지능화되기까지는 지속적으로 연구가 진행될 계획이다. 즉, 현재의 이지리빙 시스템의 적용 범위는 사무실 또는 작은 주거형 공간에 맞추어 적용되었으나, 향후 이를 확장시켜 건물 전체, 더 나아가 도시 전체에 적용할 수 있는 기하학적 모델의 개발, 네트워크 확장, 그리고 인지기술의 개발이 이루어질 것으로 보인다. 점점 급속하게 진행되는 인지기술의 개발에 의해, 이지리빙 시스템은 우리의 생활을 편리하게 하는데 많은 공헌을 하게 될듯하다.

이지리빙 시스템은 주거공간 네트워킹 성격을 갖고 있는 다른 프로젝트들과 유사한 특성을 갖고 있다. 그러나 다른 프로젝트에 비하여 현실세계의 묘사를 위한 기하학적 모델링 부분과 영상을 활용한 상황 및 위치의 인지 기술이 매우 구체적이고 특징적이다. 즉, 보다 현실적인 지능화된 환경을 구현하기 위하여 현실세계를 정확히 묘사하려는 이지리빙의 기하학적 모델(EZLGM)은 다른 프로젝트에서는 찾아보기 어렵다. 또한 스테레오 카메라를 활용한 영상 추적기술은 위치 및 상황 인지결과의 신빙성을 배가시킬 수 있으며, IR/RF 기술과 혼용되어 보다 정확한 인지를 보장한다.

하지만 연결되는 기기와 사용하는 사용자의 수가 증가함에 따라 현재 인지된 상황에 대한 대안을 제공하는 기능이 아직까지는 미약하다. 즉, 인지된 특정 상황을 하나의 정해진 사건(Event)으로 분류하고 그에 대한 대안(CD 플레이어가 작동을 멈춘 후에는 어떤 작업이 이루어져야 하는가?)을 생성해내는 기능이 보강되어야 한다. 또한 기하학적 모델로 정의되어 있는 각종 상황에 대한 데이터가 아직까지는 매우 적어 사용자가 원하는 현실적인 서비스를 제공하지 못한다. 즉, 개발된 인지기술 및 모델의 충분한 학습이 미약한데, 이는 오랜 기간 동안 시행착오를 거쳐 충분한 데이터를 확보함에 따라 점진적으로 해결되어야 할 문제이다.

현 단계에서의 이지리빙 프로젝트는 완전한 지능화된 환경이 구축될 때까지 계속 진행될 것으로 보인다. 따라서 현 진행단계는 일종의 프로토타입에 대한 개발이 완료된 것으로 볼 수 있다. 현재 개발이 완료된 부분으로는 6대의 컴퓨터 상에서 동작하는 20개 이상의 에이전트를 보유한 분산 프로그래밍 시스템, 사람을 추적하고 각 개인의 정보를 유지하는 컴퓨터 비전 소프트웨어, 위치상의 사물과 사람에 대한 정보를 기록하는 기하학적 모델의 데이터베이스, 각 사용자의 정보를 인식하는 지문인식기, XML과 웹 페이지 인터페이스가 포함된 미디어 플레이어와 전등제어기, 사람의 움직임에 대응하는 이벤트 시스템(event system)과 스크립터 시스템(scripter system), 각 개인별 처리 환경 스크립터, 기하학적 카메라 입력 내용을 규명하는 절차 등이다.

1. 주위에서 볼 수 있는 유비쿼터스 컴퓨팅이 구현된 사례를 말하라.

2. 현재 한국에서도 U-city, U-health 등 여러 프로젝트가 진행 중에 있다. 이들 프로젝트들의 주요 특징을 파악하고 이들 프로젝트에서의 예상 시나리오를 설명하라.

주요 단어

내재성(Embeddedness)
노매딕 컴퓨팅(Nomadic Computing)
디지털 홈(Digital Home)
비가시성(Invisibility)
선응성(Proactiveness)
스마트-잇(Smart-Its)
유목성(Bomadicity)
유비쿼터스 서비스(Ubiquitous Service)
유비쿼터스 컴퓨팅(Ubiquitous Computing)
이동성(Mobility)
이지리빙(Easy Living)
임베디드 컴퓨팅(Embedded Computing)
웨어러블 컴퓨팅(Wearable Computing)
퍼베이시브 컴퓨팅(Pervasive Computing)
휴대성(Portability)
텔레매틱스(Telematics)
트론(TRON: The Real-time Operating system-Nucleus)

토의 과제

1. 마크와이저가 제안한 패러다임 쉬프트에 대해서 설명하시오. 또한, 유비쿼터스 컴퓨팅의 지향점은 무엇인지 설명하시오.

2. 유비쿼터스 컴퓨팅(Ubiquitous)과 상황인식 컴퓨팅(Context-aware)의 관계를 규명하고 각각에 대해서 설명하시오.

3. 컨택스트 어웨어 서비스로 분류되는 개인화(Personalization), 수동적 상황인식(Passive context-aware), 능동적 상황인식(Active context-aware)에 대해서 예를 들어 설명하시오.

4. '유비쿼터스'라는 용어가 왜 최근 들어서 많은 기업에서 이슈가 되고 있는지 설명하시오.

5. 유비쿼터스 서비스 유형별 사례를 찾아서 각각에 대해서 설명하시오.

참고 문헌

1. Weiser, M., "The Computer for the 21st Century", Scientific American, 1991
2. Weiser, M., "Some Computer Science Problems in Ubiquitous Computing," Communications of the ACM, July 1993
3. Weiser, M., "The world is not a desktop", Interactions of the ACM, 1994, Jan, pp.7-8
4. Weiser, M., and John Seely Brown, "The Coming Age of Calm Technology", 1996
5. Kwon, O.B., Yoo, K.D. and Suh, E.H., ubiES: Applying ubiquitous computing technologies to an expert system for context-aware proactive services", Electronic Commerce Research and Applications, Volume 5, Issue 3, Autumn 2006, Pages 209-219
6. Kwon, O.B., Yoo, K.D. and Suh, E.H., "UbiDSS: a proactive intelligent decision support system as an expert system deploying ubiquitous computing technologies", Expert Systems with Applications, Vol.28, No.1, 2005, pp. 149-161
7. 삼성경제연구소, 유비쿼터스 컴퓨팅-비즈니스 모델과 전망, 2003
8. 전자부품연구원 전자정보센터, 유비쿼터스 컴퓨팅 연구의 현황 분석
9. 한국전산원, 유비쿼터스사회연구시리즈

찾아보기

N ~ P

S

T

ㄱ

ㄴ~ㄷ

ㄹ~ㅁ

ㅂ

ㅅ

ㅇ

정가 23,000원

e-전략정보시스템 -개정판-

2010년 2월 10일 개정판 인쇄
2010년 2월 20일 개정판 발행
저 자 : 서의호
발행자 : 우명찬 · 송 준
발행처 : **홍릉과학출판사**
주 소 : 서울시 강북구 인수동 455-60
142-885
등 록 : 1976년 10월 21일 제5-66호
전 화 : 999-2274~5, 996-8341, 903-7037
팩 스 : 905-6729
ISBN : 978-89-7283-836-4
e-mail : hongpub@hongpub.co.kr
http://www.hongpub.co.kr

인 지
첨 부